EDUCAÇÃO, GÊNERO E SEXUALIDADE

(IM)PERTINÊNCIAS

Dados Internacionais de Catalogação na Publicação (CIP)
(Câmara Brasileira do Livro, SP, Brasil)

Educação, gênero e sexualidade : (im)pertinências / Fernando Seffner, Jane Felipe (orgs.). – Petrópolis, RJ : Vozes, 2022.

Vários autores.
Bibliografia.
ISBN 978-65-5713-698-0

1. Identidade de gênero 2. Identidade de gênero na educação 3. Educação – Aspectos sociais I. Seffner, Fernando. II. Felipe, Jane.

22-110511   CDD-305.3

Índices para catálogo sistemático:
1. Identidade de gênero : Sociologia 305.3

Cibele Maria Dias – Bibliotecária – CRB-8/9427

FERNANDO SEFFNER
JANE FELIPE
(orgs.)

EDUCAÇÃO, GÊNERO E SEXUALIDADE

(IM)PERTINÊNCIAS

EDITORA VOZES

Petrópolis

© 2022, Editora Vozes Ltda.
Rua Frei Luís, 100
25689-900 Petrópolis, RJ
www.vozes.com.br
Brasil

Todos os direitos reservados. Nenhuma parte desta obra poderá ser reproduzida ou transmitida por qualquer forma e/ou quaisquer meios (eletrônico ou mecânico, incluindo fotocópia e gravação) ou arquivada em qualquer sistema ou banco de dados sem permissão escrita da editora.

CONSELHO EDITORIAL

Diretor
Gilberto Gonçalves Garcia

Editores
Aline dos Santos Carneiro
Edrian Josué Pasini
Marilac Loraine Oleniki
Welder Lancieri Marchini

Conselheiros
Francisco Morás
Ludovico Garmus
Teobaldo Heidemann
Volney J. Berkenbrock

Secretário executivo
Leonardo A.R.T. dos Santos

Editoração: Maria da Conceição B. de Sousa
Diagramação: Raquel Nascimento
Revisão gráfica: Anna Carolina Guimarães
Capa: Érico Lebedenco

ISBN 978-65-5713-698-0

Este livro foi composto e impresso pela Editora Vozes Ltda.

Sumário

Prefácio – O enredo de um grupo, 7
   Guacira Lopes Louro

Apresentação – Deste livro e de como ele foi feito, 17
   Fernando Seffner e Jane Felipe

1 A politização contemporânea do feminino e da maternidade – Como se atualiza uma tese?, 23
   Dagmar Estermann Meyer, Maria Cláudia Dal'Igna e Carin Klein

2 "Minha mãe me vestiu de Batman, mas eu sou a Mulher Gato" – Discussões sobre *scripts* de gênero, sexualidade e infâncias, 56
   Jane Felipe e Bianca Salazar Guizzo

3 Masculinidades, raça e infâncias – Um olhar sobre a Erer e o extermínio de meninos negros no Brasil, 75
   Gládis Kaercher

4 Balbucios imagéticos – Cinema de horror e o idioma do caos nos governos da infância e do feminino, 91
   Michele de Freitas Faria de Vasconcelos, Diogo Oliveira Teles e Marcos Ribeiro de Melo

5 O "lobo mau" ronda a casa – Quando a proteção vira erotização nos casos de violência/abuso sexual, 116
   Monise Gomes Serpa

6 Docência na Educação Infantil de periferia e a infantilização da inclusão social, 138
   Catharina Silveira

7 "Mães atípicas"? – Impactos no exercício da maternidade de crianças com diagnóstico de autismo, 167
   Sandra dos Santos Andrade e Letícia Prezzi Fernandes

8 A formação em pesquisa – Caminhos investigativos e políticos na/para a Educação Física, 192
   Priscila Gomes Dornelles-Avelino e Ileana Wenetz

9 Eu, perfeita! – Estética corporal e *scripts* de gênero (re)produzidos em aplicativo de editoração de imagens, 220
   Liliane Madruga Prestes

10 Não há nada tão raro quanto o normal – O homem comum, a virilidade política e a norma em tempos conservadores, 234
   Fernando Seffner

11 Gênero, sexualidade e envelhecimento – Modos de pesquisar em educação, 268
   Fernando Altair Pocahy e Luiz Fernando Calage Alvarenga

12 Um currículo de masculinidade em movimento, 289
   Gustavo Andrada Bandeira

13 O gênero e a sexualidade na educação em tempos violentos, 314
   Rosimeri Aquino da Silva e Rosângela de Fátima Rodrigues Soares

14 A narrativa "ideologia de gênero" – Impactos na educação brasileira e nas políticas de identidade, 335
   Jimena Furlani

15 Gênero, performatividade e interpelação – Fragmentos e memórias de uma pesquisa(dora), 362
   Patrícia Abel Balestrin

Sobre as autoras e os autores, 389

Prefácio

O enredo de um grupo

Guacira Lopes Louro

Um grupo pode surgir do acaso, de um lance circunstancial. Pessoas com interesses ou propósitos comuns se reúnem e ficam juntas enquanto os interesses persistem ou até que os propósitos sejam alcançados. Apóiam-se por um tempo. E depois se separam. O grupo se desfaz e cada uma vai para o seu lado tocar sua vida.

Um grupo pode surgir de um enredo. Pouco a pouco se combinam desejos, disposições, oportunidades. Tramam-se condições. Reúnem-se pessoas. Aparecem outras que se juntam às primeiras. Agregam-se desejos e projetos. Remexem-se e renovam-se interesses. O grupo se alarga, se espalha. E, em movimento, continua.

Foi um enredo desse tipo que viveu – e vive – o Grupo de Estudos de Educação e Relações de Gênero, o Geerge. Este livro tem a ver com sua história.

Era o final dos anos de 1980 – tempo de escancarar, com todas as letras, todas as cores, todos os sons, o que tinha sido censurado e punido pelas décadas da ditadura. Por certo, não se deixara de pensar e de criar, de resistir e de brigar, ao longo daquele tempo, mas agora se experimentava uma espécie de desafogo. Intelectuais, artistas, ativistas, militantes expressavam sem pudor sua resiliência e energia. Alardeavam seus projetos, sonhos e lutas. Deixavam-se também tocar e contagiar por ideias e práticas que chegavam de fora, trazidas por gente que estivera longe e retornara. Era época de intensos debates e agitações culturais.

Talvez não soubéssemos, mas já vivíamos a pós-modernidade. Movimentos e grupos culturais historicamente sujeitados ganhavam visibilidade, e poucos anos depois ganhariam protagonismo. Mulheres, negros, gays, lésbicas reivindicavam seus direitos, narravam suas histórias, expressavam seus desejos. Entre outros espaços, as universidades se tornavam permeáveis a esses movimentos.

Aqui no sul, na Faculdade de Educação da UFRGS, o Programa de Pós-graduação tinha vivido, recentemente, uma espécie de revolução. A organização do curso, currículos e práticas eram discutidos e redesenhados, em acaloradas reuniões que congregavam docentes e estudantes. As trajetórias de estudo de mestrandos e doutorandos tornavam-se mais flexíveis. Ampliavam-se e diversificavam-se os seminários, as leituras dirigidas, as disciplinas. O Programa, ainda que resistindo, assumia a tônica da eleição, da escolha. Construia-se um espaço receptivo para o "novo" no campo das teorias, das práticas, das temáticas.

Eu voltava para casa, para minha instituição de origem, depois de concluir o doutorado na Unicamp. Como costuma acontecer a quase todos recém-doutores, voltava animada com os estudos e as experiências vividas e trazia uma tese que me entusiasmava: uma pesquisa no campo da história da educação das mulheres no Rio Grande do Sul. Encontrei no PPGEdu da UFRGS um clima estimulante: novos colegas, estudantes engajados, muitos debates, um programa aberto. Armavam-se as condições para apresentar uma temática que, se não era completamente inédita, ainda não entrara efetivamente no Programa: os estudos das mulheres. Ofereci, então, os primeiros seminários avançados sobre "Mulher e Educação" e, com satisfação, observei sua receptividade. Mais do que uma temática, o que se abria era um novo campo, o dos estudos feministas.

Inicialmente foram elas, as estudantes, que acorreram às aulas. Buscavam referências, registros, análises capazes de preencher o vazio e o silêncio reservado às mulheres em tantas áreas, incluindo a da Educação. Os seminários eram geralmente muito participativos, animados por suas perguntas e depoimentos. No entanto, ainda que aqueles encontros se revelassem espaço importante para autoexpressão e questionamento, pareceu indispensável reforçar seu caráter acadêmico, distinto dos grupos de conscientização e militância. Era fundamental investir em estudos teóricos para fortalecer o debate e sustentar as questões. Foi o que fizemos. A imersão na literatura feminista contemporânea acabaria por nos levar a uma guinada teórica significativa: dos estudos das mulheres passávamos aos estudos de gênero.

Já observava, então, estudantes (e não apenas mulheres) particularmente interessados, com desejo de realizar pesquisas e desenvolver suas dissertações de mestrado na área. Mas havia muito a explorar, um mundo de estudos e produções acadêmicas de distintas perspectivas teóricas... Para responder a esse desejo e necessidade passamos a nos reunir fora da situação de aula. Em conjunto, decidimos, então, criar um grupo de estudos voltado fundamentalmente para as questões de gênero em articulação com a educação, nosso campo comum. Chamamos este grupo de Geerge – Grupo de Estudos de Educação e Relações de Gênero – e "oficializamos" sua existência em novembro de 1990.

Gênero tinha surgido como uma ferramenta teórica potente. Produtiva, útil e também polêmica. Formulado no contexto da luta discursiva feminista, o conceito ampliava e modificava o olhar e a perspectiva de investigação. O foco deixava de ser exclusivamente as mulheres e passava às relações entre os polos feminino e masculino. Gênero pretendia, precisamente, acentuar o caráter construído e social da produção desses polos, chamando a atenção para a pluralidade e diversidade no interior de cada um deles. Abria-se, pois, a possibilidade de examinar, a par das feminilidades, a produção das masculinidades.

Por esta época, já haviam se organizado no país vários grupos e núcleos ligados aos estudos feministas (alguns vinculados a universidades ou a centros de pesquisa). O debate ou a disputa entre os estudos da mulher e os estudos de gênero ficava evidente entre esses grupos, tal como acontecia internacionalmente. Além desse recorte, os grupos também se distinguiam pelas diferentes perspectivas teóricas que adotavam. O campo se vitalizava com esses confrontos.

Elegemos gênero como conceito-chave de nossos trabalhos. Parecia-nos mais produtivo para analisar não apenas a subordinação ou a invisibilização das mulheres, mas também processos educativos ou processos de construção de sujeitos femininos e masculinos; útil ainda para analisar instituições, campos disciplinares, produtos culturais, normas... O intenso ambiente de discussão teórica que o PPGEdu vivia na época estimulou o Geerge a se voltar para os estudos pós-estruturalistas. Este foi um processo desafiador, que empreendemos coletivamente em muitas sessões de estudo, pontuadas muitas vezes por inseguranças e dúvidas. Neste momento (como em tantos outros) a diversidade de formação dos integrantes do grupo se mostrou um elemento interessante. O Geerge era constituído por gente da Psicologia, da Enfermagem, da Educação Física, da História, das Ciências Sociais, da Biologia etc., o que ajudava a diversificar o olhar, a pluralizar (e também a complicar) os enfoques. Convencidas da potencialidade da perspectiva pós-estruturalista, acabamos por nos destacar por esta escolha teórica entre os outros grupos e núcleos de gênero do país.

Logo se torna evidente que gênero não é um conceito absoluto nem monolítico. Sua potencialidade analítica vai se revelar quando ele é compreendido em articulação com outros marcadores sociais, tais como classe, etnia/raça, geração, sexualidade, religião... A diversidade desses arranjos ou articulações só pode levar a complexas e intrincadas redes de poder, daí se mostrar difícil ou mesmo impossível simplificar todo processo numa equação única do tipo "dominante *versus* dominada". Examinar como se dão esses arranjos, quais seus efeitos, como ou por onde passa o poder são alguns dos desafios que as estudiosas e os estudiosos de gênero enfrentam.

Nos anos seguintes são concluídas várias dissertações de mestrado e, antes do final da década, as duas primeiras teses de doutorado na área. Essas pesquisas, por mim orientadas, tiveram todas o Geerge como espaço de discussão qualificada. O grupo já era, então, reconhecido pelo CNPq como instância formadora de pesquisadores. A coordenação, que eu assumira na época da fundação do Geerge, passa, no ano de 2000, a ser exercida pela professora Dagmar E. Meyer, que recentemente concluira seu doutorado. Neste mesmo ano, Dagmar e eu propomos ao PPGEdu a criação de uma nova linha de pesquisa, intitulada Educação e Relações de Gênero. Originária do Geerge e a ele estreitamente vinculada, a nova Linha de Pesquisa se tornava de certo modo uma ampliação do grupo. A temática passava agora a participar oficialmente da estrutura e da grade curricular do Programa de Pós-graduação e isso representaria, é claro, crescimento no número de estudantes, de pesquisas, seminários e publicações.

Por outro lado, o Geerge também vinha desenvolvendo há algum tempo uma interação mais direta com professoras e professores das escolas públicas e privadas. O cotidiano escolar desses profissionais deixava evidente a importância e a carência dos estudos de gênero em sua formação. Sob diferentes formas, buscamos dar apoio a esta demanda. Logo observamos que entre as questões que mais os mobilizavam estavam as ligadas à sexualidade (particularmente a homossexualidade era por eles referida, de forma recorrente, como um "problema"). Esta demanda nos incentivou a aprofundar os estudos sobre sexualidade e nos fez buscar apoio, para além da literatura feminista, na vigorosa produção dos estudos gays e lésbicos.

As questões de sexualidade acabam por levar o Geerge a encontros especialmente significativos. Salienta-se, por um lado, a interface com o campo da saúde; por outro, a proximidade com os movimentos militantes ligados à diversidade sexual. Por essa época, vários organismos de estado, entidades públicas e privadas de diversas ordens bem como organizações não governamentais se ocupavam da sexualidade. Ações de prevenção de doenças sexualmente transmissíveis, em especial a Aids, e de educação sexual ganhavam destaque. Também se tornava mais visível a luta por reconhecimento das chamadas identidades sexuais "minoritárias"; e grupos organizados, engajados nesta luta, exigiam liberdade de expressão, garantia de direito à saúde, à educação etc. Há muito o Geerge já se tornara um espaço que atraía e acolhia os "diferentes", os "desviantes". No grupo eles e elas encontravam eco para suas questões. O Geerge vai, então, estabelecer parcerias tanto com pesquisadoras, professores, programas e núcleos da área da saúde quanto com grupos como Nuances e Somos, ONGs de intensa atuação no campo da diversidade sexual. Essas parcerias, muito produtivas, são de "mão dupla", de reciprocidade, e se fazem através de várias ações, como cursos, palestras, seminários, pesquisas, publicações.

É notório que os campos ou áreas de conhecimento que sustentam as ações do Geerge (de estudo e pesquisa, ensino e extensão) carregam, todos, uma forte dimensão política. Provavelmente sua melhor caracterização é a de que se trata de campos teórico-políticos. Os estudos feministas e os estudos gays e lésbicos se originam dos movimentos sociais e se desenvolvem, isto é, produzem teoria, conceitos, pesquisas e análises comprometidos com essas lutas originárias. O mesmo acontece com os estudos culturais, outro campo referencial especialmente profícuo e importante para o Geerge. Com o aporte dos estudos culturais amplia-se expressivamente o leque de pesquisas que o grupo vai empreender. Conceitos como o de "pedagogias culturais" permitem estender a compreensão dos processos educativos muito além da tríade família, escola e igreja. Uma amplíssima gama de produtos culturais, tais como revistas, jornais, cinema, televisão, música popular, literatura, brinquedos, jogos; ou espaços como clubes, academias, shoppings, centros comunitários, arenas de futebol, salas de bate-papo, sites, canais da internet e outros entra na mira das estudiosas e estudiosos do Geerge. Esses produtos e espaços passam a ser analisados sob a ótica da produção de gênero e sexualidade, ganhando especial atenção os processos de legitimação e deslegitimação de sujeitos e práticas.

A participação de professoras e professores ligados ao Geerge em eventos, como congressos, conferências, seminários, e em bancas de mestrado e doutorado, em várias instituições do país e internacionalmente, produz, ao longo dos anos, o reconhecimento e a consolidação do grupo. Indispensável mencionar entre esses espaços a Anped, fórum máximo da pesquisa e da pós-graduação em educação no Brasil. Nesta Associação, junto com colegas de outros núcleos e universidades, o Geerge vai atuar significativamente para a criação de um Grupo de Trabalho voltado para a área de gênero e sexualidade. O GT 23 – Gênero, sexualidade e educação – é oficialmente constituido em 2005. Nele se faz expressiva a participação do Geerge, tanto na apresentação de pesquisas (espaço significativo para novos mestres e doutores debaterem seus estudos) quanto nas instâncias de coordenação e comitês científicos de avaliação e seleção de trabalhos.

O Geerge se movimenta. Os focos de estudo se ampliam e se diversificam na medida em que outros colegas, docentes e estudantes se agregam ao grupo. Infâncias, culturas juvenis, processos de envelhecimento, políticas do corpo e da saúde, masculinidades, violência são alguns dos eixos de pesquisa que surgem e se consolidam. O campo teórico também se movimenta. A chamada Teoria Queer se desenha, provocativa, perturbando e sacudindo compreensões sobre gênero e sexualidade. Estudiosas e estudiosos do grupo percebem nesse novo campo potencialidade para pensar os desafios e os desconfortos dos estranhos e dos excêntricos; os enigmas e as dores das ambiguidades e das transições. No movimento se constrói a permanência do grupo.

Em 2004, a coordenação do Geerge passa a ser exercida pela professora Jane Felipe. Ciclos de cinema é uma iniciativa que o grupo vai promover a partir desta época. Os ciclos são realizados na "Sala Redenção" da UFRGS, com acesso gratuito e aberto ao público em geral. Exibíamos filmes que eram seguidos de debates, reunindo, além de um/uma representante do Geerge, um ou dois colegas de outras áreas, como antropólogos, historiadores, psicanalistas, cineastas, gente da literatura ou dos movimentos sociais. A proposta era uma leitura sob a perspectiva do gênero e da sexualidade, mas obviamente o olhar se alargava no debate. O tom informal dos encontros favorecia a participação dos espectadores e o seu diálogo com os debatedores. A atividade, no campus central da universidade, atraía um público bastante diversificado, gente de todas as idades e situações, o que propiciava uma troca de experiências e saberes bastante produtiva para todos. Foram várias as edições desses ciclos de cinema. Em 2010, a proposta foi ampliada para um *ciclo das artes*, agregando o teatro como espaço de discussão.

A atenção aos professores e professoras das redes de ensino pública e privada ganha uma dimensão maior a partir de 2008, quando Geerge desenvolve o primeiro curso de especialização em "Educação, Sexualidade e Relações de Gênero". Aulas concentradas nos finais de semana (sextas-feiras à noite e sábados pela manhã) atraem docentes desejosos de suprir a carência dessa área na sua formação. Os responsáveis pelas disciplinas e orientações dos trabalhos de conclusão do curso (TCC) são professores ligados ao Geerge ou pertencentes aos quadros da Faced/UFRGS e ainda outros professores convidados. A boa receptividade leva a uma nova edição do curso de especialização em 2011. O Geerge já era, então, desde 2009, coordenado pela professora Rosângela Soares.

Nos anos seguintes, outros cursos dirigidos aos docentes são promovidos. Trata-se agora de cursos de aperfeiçoamento, voltados para a temática "Gênero e diversidade na escola: sexualidade, violência, olhares sobre práticas contemporâneas" e desenvolvidos sob a modalidade de formação à distância. Oferecidos de forma gratuita, contavam com o apoio da UFRGS e do MEC, e tinham por objetivo a formação continuada de professores da educação básica. Após um primeiro encontro presencial, as atividades se desenvolviam de forma virtual, com acompanhamento de tutores. Todo o material didático era produzido pelo Geerge, que também selecionava e apoiava as tutorias. Uma empreitada grande, que atingiria um número significativo de docentes não apenas de Porto Alegre, mas de várias cidades do interior do Estado. Entre os anos de 2011 e 2015, duas edições do curso de aperfeiçoamento foram realizadas nesta modalidade. A partir de 2013, o Geerge passava a ser coordenado pelo professor Fernando Sefnner.

Em 2015, a Anped distingue o Geerge com o Prêmio Paulo Freire, numa homenagem à sua "valiosa contribuição ao desenvolvimento da educação pública como direito de todos". O grupo seguia. O diálogo com outros núcleos de estudos e pesquisas do país continuava, bem como o apoio na formação de pesquisadores, os estudos e as publicações, as parcerias, as iniciativas conjuntas...

No movimento, com permanências e com mudanças, o Geerge segue. Tornou-se maior, muito maior do que podia imaginar aquele punhado de gente reunida em 1990. Muitos foram os que chegaram e se sentiram tocados pelo grupo. Alguns ficaram, outros se espalharam por aí, carregando as ideias, os propósitos, as teorias, as políticas e os valores que experimentaram. Houve quem replicasse, do seu modo, a experiência, criando ou apoiando grupos com disposições semelhantes. Assim, talvez seja possível ver respingos da história do Geerge em Fortaleza e no Rio, em Salvador e no Recôncavo Baiano, em Aracaju e em João Pessoa, em Florianópolis, em Vitória, em Ijui, Santa Maria, Rio Grande, Bagé... O enredo continua.

* * *

Nota

É da potência dos encontros que falo neste texto. Paradoxalmente, eu o escrevi num tempo de isolamento, em agosto de 2020. É a versão da história do Geerge que consegui contar numas poucas páginas. Deixei de nomear os personagens que teceram esta história propositalmente. Só assinalei a mudança de coordendores, pois sabia que era grande o risco de perder alguém. E eu não queria perder ninguém neste enredo. Espero que cada uma/um se reconheça na narrativa, aqui ou ali. Este texto é dedicado a vocês que fizeram e que fazem o Geerge.

Apresentação

Deste livro e de como ele foi feito

Fernando Seffner

Jane Felipe

O livro que você tem em mãos aborda largo conjunto de questões no grande campo dos estudos em gênero, sexualidade e educação no Brasil. Ele marca também o aniversário de 30 anos do Grupo de Estudos de Educação e Relações de Gênero (Geerge), da Faculdade de Educação da Universidade Federal do Rio Grande do Sul (UFRGS), criado pela Profa.-Dra. Guacira Lopes Louro em 1990. O livro, suas autoras e seus autores, buscam, assim, tomar parte nos debates em gênero, sexualidade e educação que, no cenário contemporâneo brasileiro, agitam a vida pública de modo muito vigoroso. Fazemos isso a partir de nossas trajetórias de pesquisa, tanto individuais quanto no grupo, e dos compromissos com o campo dos direitos humanos. Conforme se poderá verificar percorrendo os textos, muito do que se discute hoje em dia tem raízes históricas longas no campo das disputas em gênero e sexualidade. O livro é composto por 15 capítulos e uma apresentação, e sua produção envolveu um total de 25 pessoas que passaram pelo grupo ou que ainda hoje nele permanecem, a maioria atuando na docência em várias universidades do país, ou mesmo em outros níveis de ensino, sendo 19 mulheres e 6 homens. A produção que aqui apresentamos é uma pequena amostra do quantitativo de teses e dissertações, bem como de monografias de especialização, trabalhos de conclusão de curso e artigos, ou ainda que mobilizaram grande número de pesquisadoras e pesquisadores, professoras e professores, alunas e alunos, na linha de pesquisa Educação, Sexualidade e Relações de Gênero do Programa de Pós-Graduação em Educação UFRGS. Conforme se poderá ver ao final do livro, estão aqui representadas várias redes de pesquisa e grupos de estudos em diversos locais de atuação docente.

Considerando a amplitude do campo de estudos e pesquisas em gênero, sexualidade e educação, difícil foi escolher o que seria narrado aqui. Tomamos a decisão de privilegiar temas com forte vínculo no contexto político contemporâneo e na cultura e as marcas de temas que não foram selecionados podem ser percebidas no que aqui se apresenta. Fazemos nossa inserção nos debates atuais com as ferramentas e as preocupações que desde muito guiam a produção teórica e metodológica e o envolvimento político do grupo. Lidamos com os conceitos de gênero, sexualidade, corpo, pedagogias do gênero e da sexualidade, artefatos culturais, currículo, produção de masculinidades e feminilidades, infâncias, culturas juvenis, velhice, preocupações relativas à norma, à heteronormatividade e à cis-heteronormatividade, políticas públicas, procurando estabelecer conexões principalmente entre raça, classe, gênero, sexualidade e geração, mas também dialogando com outros marcadores sociais da diferença. Alicerçamos nossa posição teórica e política nas produções feministas, nas teorizações queer, no pós-estruturalismo e com aportes das pedagogias decoloniais, em preocupação com a interseccionalidade, dentre as principais orientações.

Reconhecemos os constrangimentos e ataques que hoje em dia cercam a abordagem dos temas em gênero e sexualidade, especialmente no ambiente escolar, derivadas, dentre outros, de grupos conservadores e de extrema direita, como o movimento "escola sem partido" e o movimento "ideologia de gênero". Mas celebramos também a politização das questões de gênero e sexualidade, através do interesse renovado de professoras e professores pela abordagem destas questões em sala de aula e pela procura cada vez maior de pessoas advindas da militância, buscando aprofundar ainda mais as discussões sobre essas temáticas. Não poderíamos deixar de mencionar aqui as ocupações das escolas públicas ocorridas no Brasil entre 2015 e 2016, que mostraram a decidida importância desses temas para as culturas juvenis e para a cultura escolar. Percebemos que as conexões gênero, sexualidade e educação estão no centro de estratégias políticas do campo conservador e neoliberal, e são também responsáveis por um ativismo político vigoroso no campo progressista. As questões em gênero e sexualidade passaram de uma presença marginal no campo educacional a uma centralidade sem precedentes, o que se revela pelo exame dos debates em campanhas eleitorais, pelas proposições de leis em casas legislativas e disputas no âmbito do judiciário, e pelas recorrentes notícias na grande imprensa envolvendo escolas, alunos e alunas, professores e professoras e a abordagem didática desses temas na sala de aula. Todo esse movimento teve impacto no ambiente acadêmico, com o crescimento exponencial das pesquisas, teses e dissertações, produção de dossiês de revistas sobre temas envolvendo gênero e sexualidade na educação, aumento no número de grupos de pesquisa e especialmente na realização de eventos científicos. Nos debates acerca da escola e das políticas públicas de escolarização, gênero e sexualidade tomaram protagonismo, em tensão muitas vezes com as demandas de setores religiosos, que buscam colonizar o espaço escolar com valores particulares, em oposição aos ideais republicanos, que devem pautar os espaços públicos. Pela via dos enfrentamentos em gênero e sexualidade, o campo educacional retomou o debate de questões antigas, como a laicidade da educação e a educação em e para os direitos humanos, bem como a eterna discussão acerca das fronteiras entre educação pública, educação privada e educação doméstica, essa última hoje conhecida pelo termo *homeschooling*, que lhe deu nova roupagem.

    Os artigos foram por nós ordenados levando em conta temas afins, parcerias e metodologias. O exame do sumário permite conhecer o percurso de leitura proposto, bem como as autoras e os autores e suas trajetórias acadêmicas. Aqui queremos apresentar os movimentos teóricos, metodológicos, de memórias, de afetos e outras composições que guiaram a produção dos artigos. São esses movimentos que dizem da produtividade dos temas com os quais trabalhamos, especialmente no que diz respeito às pedagogias do gênero e da sexualidade, em suas conexões com outros marcadores sociais da diferença no campo educacional nos dias de hoje. Um desses movimentos é a retomada de escritos antigos, para mostrar, contestar ou modificar sua atualidade, exercício teórico e metodológico dos mais produtivos, revisitando teses e outros trabalhos de pesquisa, e verificar seu diálogo com questões do contemporâneo no mesmo tema. É um exercício de coragem, pois sempre podemos chegar à conclusão de que o que foi escrito não tem mais valor, ou tem pouco valor. Também podemos verificar que as questões levantadas anos antes podem trazer colaboração para pensar ou interrogar o contexto contemporâneo.

Outro movimento é o de problematizar experiências pessoais utilizando categorias e teorizações do pensamento acadêmico em questões de educação, gênero e sexualidade, na combinação com outros marcadores sociais da diferença, como raça, corpo ou pertencimento familiar, como mencionamos anteriormente. O estudo dos temas em gênero e sexualidade em geral não marca apenas as carreiras acadêmicas, marca as vidas e os relacionamentos com os demais. As trajetórias pessoais de alunos e alunas, professoras e professores, pesquisadoras e pesquisadores que constituem o amplo campo da pesquisa em gênero, sexualidade e educação se cruzam com variadas formas de ativismo cultural e político. Tal assertiva apenas reafirma o que já publicamos em artigos: gênero e sexualidade são elementos estruturantes da vida social e da vida de cada um e cada uma. Inserir-se em um grupo de estudos que lida com os temas gênero e sexualidade, na sua conexão com o campo educacional, nos marcou para sempre, com reflexos nos modos de compreensão das nossas próprias trajetórias pessoais. Afetou nossa rede de relações pessoais e profissionais, produziu inflexões em nossas carreiras, nos constituiu. Tomar tal dimensão como objeto de reflexão é outro movimento que se encontra em artigos desse livro.

Uma característica do campo acadêmico da educação é ser ponto de chegada para pessoas com muitas e diferentes formações profissionais. Tal traço fica multiplicado quando se lida com as questões em gênero e sexualidade nesse campo, e mais ainda quando operamos com os conceitos de pedagogias culturais, artefatos culturais e pedagogias das relações de gênero. A formação inicial de quem buscou esse campo de estudos, e de quem compõe esse livro, é das mais diversas: Pedagogia, História, Educação Física, Psicologia, Fisioterapia, Sociologia, Enfermagem, Teatro, Letras, Artes, Direito, Biologia, Comunicação, dentre outras. Tal dispersão de áreas de formação alimenta um movimento de produtiva reflexão, a saber, que impacto os estudos em gênero, sexualidade e educação tiveram em uma área específica? De que modo tais profissionais formados na pesquisa e na docência nessas questões se inseriram em suas respectivas áreas de formação? De que forma as memórias de constituição de si enquanto pesquisadoras e pesquisadores em cada um dos campos profissionais auxiliam a compreender a importância do gênero e da sexualidade como elementos fundantes da vida em sociedade? Que contribuições as diversas disciplinas e campos teóricos profissionais agregaram aos estudos em gênero, sexualidade e educação?

O foco de todos os artigos são as relações de gênero, em diálogo com outros conceitos e abordagens, no grande campo da educação. Há artigos com ênfase na produção de masculinidades, das feminilidades, e das conexões entre gênero e sexualidade. O marcador geração, importante organizador do campo educacional, mas também na formação de grupos culturais – culturas juvenis, culturas ligadas à terceira idade, infâncias – aparece no livro articulado de muitas maneiras, e mostra como esses campos teóricos são produtivos no diálogo com geração. Somos, ao longo da vida, muitos e muitas em termos de gênero e sexualidade. Mas o marcador geração também dialoga em alguns artigos com a noção de vulnerabilidade social, produzindo-a em conexão com gênero e sexualidade. Tais situações se associam com outra conexão infelizmente potente nos dias de hoje, aquela que lida com violências e conflitualidades no campo do gênero e da sexualidade, e que ocorre dentro e fora da escola. Nessa esteira, artigos problematizam o movimento "ideologia de gênero", as situações de vulnerabilidade que podem ocorrer na produção do sujeito torcedor de futebol e no fenômeno das torcidas de futebol, a vulnerabilidade das infâncias, o cinema de horror, as situações de violência/abuso sexual, as violências na busca do corpo perfeito.

Em termos de metodologias de produção de dados e de formas de narrativa, temos o uso de etnografia de cenas cotidianas, com ênfase nas cenas da cultura escolar; análise de políticas públicas de educação e outras políticas públicas; intenso uso da análise de artefatos culturais; narrativas que partem de experiências pessoais ou da proximidade com movimentos sociais; escritas oriundas de coletas diversas de informações em mais de um ambiente, uso do recurso das entrevistas e da história oral e história de vida, anotações em diários de campo ao longo de um percurso de ações, inserção em movimentos sociais, narrativas a partir do exercício profissional. Em relação aos locais de pesquisa, tanto se privilegia a escola quanto outros ambientes e variados artefatos culturais. Há em alguns artigos proposições de ações e avaliação de ações educativas em gênero e sexualidade. Tudo isso confirma que as conexões entre gênero, sexualidade e educação são, para os e as integrantes deste livro, uma mistura de momentos de pesquisa e momentos de ativismo social e político e cultural.

Nossa metodologia de produção do livro comportou encontros iniciais com o grupo que historicamente veio compondo a linha de pesquisa estudos em gênero, sexualidade e educação, e a partir dali muitas rodadas de consultas foram realizadas para definir temas e autoras e autores, além de discutir prazos e outros detalhes pertinentes à elaboração de um livro. Definidos temas e autores/as, tivemos um período de produção escrita e formação de parcerias. Colhidos pela pandemia, alguns eventos que havíamos planejado ao longo do processo foram modificados ou cancelados. Os textos produzidos passaram por uma revisão entre pares, em duas rodadas de leituras, para possíveis sugestões de modificações, com leitura cruzada entre colegas. O produto final foi estruturado pelos organizadores da obra, em diálogo com o coletivo. Tudo foi feito respeitando o distanciamento social, o que não implicou isolamento social, pelo contrário, mostrou que o tema nos une e encurta fronteiras. Desejamos uma boa leitura, e renovamos com esse livro nosso compromisso com o vasto campo das questões em gênero, sexualidade e educação. Resistiremos!

Porto Alegre, inverno de 2021.

1
A politização contemporânea do feminino e da maternidade

Como se atualiza uma tese?

Dagmar Estermann Meyer
Maria Cláudia Dal'Igna
Carin Klein

Por que reescrever um texto e atualizar sua tese?

Em *Carta a D. História de um amor,* endereçada à sua companheira de mais de 50 anos, André Gorz (2008, p. 2) começa afirmando que precisa "[...] reconstituir a história [...] para apreender todo o seu significado", porque essa história "[...] permitiu que nos tornássemos o que somos." Em um dos diálogos com D. que o autor rememora, ele escreve:

> Eu precisava de teoria para estruturar meu pensamento e argumentava com você que um pensamento não estruturado sempre ameaça naufragar no empirismo [...]. Você respondia que a teoria sempre ameaça se tornar um constrangimento que nos impede de perceber a complexidade movediça da realidade [e que], sem intuições e afetos, não há nem inteligência, nem sentido (Ibid., p. 41).

A citação desses trechos do belo livro de Gorz dá sentido à republicação deste texto, agora em versão atualizada e assinada por três autoras que integram o Grupo de Estudos de Educação e Relações de Gênero (Geerge). Fruto de uma história coletiva de estudos, a tese que nele defendemos alavancou várias pesquisas de mestrado e de doutorado[1] e contribuiu, assim, para que muitas de nós, que, nestes anos todos, estudamos e atuamos na universidade, na escola e na vida que se constrói ao redor dessas instituições, "nos tornássemos o que somos".

A primeira versão do texto resultou de um empenho de compreensão e sistematização fundamentada de um conjunto disperso, porém recorrente, de enunciações discursivas que foram identificadas e analisadas a partir de distintos artefatos culturais e em documentos normativos e didático-pedagógicos de políticas públicas, nos quais se atribuía o desenvolvimento físico, cognitivo e afetivo saudável do feto e da criança a sentimentos, comportamentos e formas de cuidar e de relacionar-se com filhos e filhas, com forte ênfase no exercício da maternidade. Apesar das pautas feministas e das inovações tecnológicas que se fortaleciam já há algumas décadas, tais enunciações pareciam contribuir para transformar o exercício da maternidade em uma tarefa cada vez mais complexa, difícil e abrangente.

A prática do aleitamento materno, tal como vinha sendo enfatizada no Programa "Hospital Amigo da Criança" e na Política Nacional do Aleitamento Materno, nos anos finais do século XX, pode ser tomada como um exemplo emblemático desse processo (MEYER, 2003). Frente a essas percepções, passamos a utilizar a noção de "politização contemporânea da maternidade" em nossos trabalhos, inspiradas por Marilyn Yalom (1997), quando se referiu à *politização do seio feminino* para descrever a emergência de um longo e multifacetado processo sócio-histórico e político que incorporou e reposicionou a mulher, como mãe, no centro da vida familiar – reposicionamento também enfatizado por Michel Foucault (1993) ao analisar as *políticas de gestão da vida* nas sociedades ocidentais modernas.

---

1. Carmem Duro (2002); Ivete Dutra (2005); Carin Klein (2003; 2010); Maria Simone Schwengber (2006); Aline Abichequer (2007); Leticia Fernandes (2008); Maria Claudia Dal'Igna (2011); Catharina Silveira (2014); Jamile Peixoto (2015), além das pesquisas realizadas por Dagmar Meyer (2003; 2005; 2008; 2014, 2019). Algumas dessas pesquisas receberam apoio parcial das seguintes agências de fomento brasileiras: Conselho Nacional de Desenvolvimento Científico e Tecnológico (CNPq) e Coordenação de Aperfeiçoamento de Pessoal de Nível Superior (Capes/Brasil). Além das pesquisas citadas, referimos o cap. 6, de Catharina Silveira, publicado neste livro.

Elaboramos e sistematizamos, assim, um argumento/tese para uma agenda individual e coletiva de pesquisa que evitasse criar constrangimentos para perceber a complexidade movediça da realidade e que também possibilitasse acolher intuições e afetos, sem os quais a produção acadêmico-política feminista perde grande parte de seu sentido. Elaborado, então, como tese, o construto da politização da maternidade, em seus complexos desdobramentos, ancorou uma agenda de pesquisa na qual, ao longo de 20 anos, foram explorados diferentes artefatos culturais (publicidade, cinema, música, revista, jornal, entre outros), políticas públicas e equipamentos sociais, por meio da qual se formou um contingente de pesquisadoras hoje inseridas em redes estaduais e municipais de saúde e de ensino, e em diversas instituições de Ensino Superior do país.

A inscrição dessa agenda de pesquisa em uma abordagem teórica pós-crítica (em que se articulam principalmente estudos de gênero, estudos culturais pós-estruturalistas e estudos foucaultianos) permitiu-nos não só evitar o fechamento, como também ampliar, questionar e movimentar essa tese continuamente. Da problematização de discursos sobre maternidade e sobre o posicionamento de mulheres – especialmente de mulheres pobres – como responsáveis pelo sucesso/fracasso de seus filhos e como parceiras do Estado, passamos a analisar também noções de família (que, ao mesmo tempo em que se abriam para evidenciar a multiplicidade de arranjos familiares existentes, reiteravam a centralidade de mulheres cis e heterossexuais nas relações de cuidado com as filhas), até nos sentirmos provocadas a descrever e analisar o processo que chamamos de "feminização da inclusão social" (MEYER et al., 2014). Uma feminização que se desenhava por dentro das políticas em ação, na relação de profissionais com mães e famílias, conformando processos de trabalho, sujeitos e protocolos profissionais, distribuição de recursos e estratégias de ação em áreas como a educação, a saúde e o desenvolvimento social. Articulando a tese da politização da maternidade e o processo de feminização da inclusão social, argumentamos, por exemplo, que,

> [...] mulheres de diferentes estratos sociais estão sendo posicionadas como importantes agentes de implementação de ajustes econômico-sociais que redundam em cortes e/ou diminuição de serviços sociais – a chamada "ressignificação das funções do Estado", produzida pelas políticas neoliberais –, e isso tem intensificado tanto o trabalho que elas realizam no

> plano familiar quanto fragilizado o seu trabalho no plano profissional. [...] mulheres têm sido interpeladas [...] cada vez mais incisivamente, como "produtoras" de educação e de saúde no âmbito de suas famílias, em suas comunidades e em seu contexto profissional, uma vez que as profissões/ocupações envolvidas com proteção, promoção e provisão de cuidado são desenvolvidas predominantemente por mulheres. [...] a feminização da inclusão social à qual nos referimos [inclui] dificuldades, entraves, capacidade de resistir, de fazer muito com pouco, de doar-se e resignar-se o que, ainda com muita frequência, é apresentado como "competências" e capacidades que integrariam uma suposta "natureza feminina"; competências que, reconhecida e efetivamente, contribuem para transformar cotidianos de vidas muito complexos [...] e que, exatamente porque estão alocadas no domínio da "natureza", passam a ser representadas como competências "tácitas" (Ibid., p. 887).

Ao longo dos séculos XIX e XX, no universo da cultura ocidental, multiplicaram-se os discursos sobre cuidados direcionados aos corpos femininos, sobre eles exercidos de maneira cada vez mais específica e complexa. Aminatta Forna (1999), dentre outras, chamava atenção, ainda nos anos 90 do século passado, para o fato de que a criação de filhos segue sendo uma tarefa quase exclusivamente feminina que, com o incremento dos conhecimentos Psi e das biotecnologias, já começa antes mesmo do momento da concepção:

> [...] as responsabilidades da mãe dobraram: a estabilidade emocional e o desenvolvimento cognitivo e psicológico dos filhos também estão a seu encargo. [...] [elas] são bombardeadas com mais informações do que conseguem absorver e o conselho é sempre apresentado como o "melhor para o seu bebê", porém envolve vários outros interesses [ou problemas] sociais, políticos e culturais (Ibid., p. 15).

A problematização dessa discursividade tornou possível, então, a referência a uma politização da maternidade, e que, como indicam vários estudos históricos[2], não era inovadora, mas permitia atualizar, exacerbar, complexificar e multiplicar investimentos educativo-assistenciais com foco nas mulheres e, especialmente, nas mães. Essa politização vem sendo incorporada, difundida e atualizada, com diferentes ênfases e formatos, por políticas de Estado e de Governos, por manuais, revistas, jornais, televisão,

---

2. Cf. no Brasil, p. ex.: Ana Paula Martins (2005) e Maria Lúcia Mott et al. (2005).

cinema e publicidade, e por práticas educativo-assistenciais, dentre outros artefatos e práticas culturais. Assim, apesar de todos os avanços instaurados pelos feminismos da segunda onda, do emprego massivo de tecnologias e da ampliação de direitos civis e trabalhistas para as mulheres, o exercício da maternidade tem se transformado, na contemporaneidade, em uma tarefa cada vez mais desafiadora e abrangente.

Essa discursividade sobre a centralidade materna na vida familiar e na conformação do Estado atravessa e constitui determinados tipos de conhecimento que sustentam e dão forma a políticas e programas públicos, ênfases educativas, instrumentos de diagnóstico e modos de assistir e monitorar famílias, mulheres e mães, na atualidade. São contingências que contribuem para ressignificar as relações mãe-crianças e reinscrever corpos femininos (cis e trans) em poderosos regimes de vigilância e regulação. Forjam-se discursos sobre maternidade que, a nosso ver, estão na confluência de movimentos ou forças sociais que se intensificaram ao longo do século XX e vêm se atualizando nestas duas primeiras décadas do século XXI, com ênfase na constituição de um tipo de sujeito materno cisheterocentrado inscrito na articulação da racionalidade neoliberal com o processo de globalização[3].

Ao nos referirmos a uma *articulação* de movimentos e forças sociais, utilizamos um termo que, nesta perspectiva teórica, carrega sentidos – como contingência, instabilidade e historicidade – fundamentais para esse modo de conceber e analisar culturas de maternidade e os processos pelos quais são produzidas e reformuladas. No contexto desta discussão, a noção de articulação (HALL, 1996, apud MORLEY; CHEN, 1996) sugere que é na conexão – provisória e historicamente situada – de diferentes discursos sobre maternidade ou de alguns de seus elementos que se materializa a produção de outro discurso, aparentemente unitário, sobre "a" maternidade (em um sentido essencial, homogêneo e universal), e é nesse processo que se define o que chamamos de politização. Ao indicar que aquilo que conhecemos e tomamos como unidade resulta de uma articulação contingente, a noção permite, exatamente, colocar em questão tais unidades e seus sentidos objetivos e precisos.

---

3. Na terceira e quarta seções, retomaremos essa perspectiva de análise para demonstrar por meio de exemplos como isso tem se expressado na contemporaneidade.

A perspectiva da articulação torna-se ainda mais produtiva porque, no espaço de tempo (2000 a 2018) em que a mobilizamos, no Brasil, vivemos um movimento de ampliação de políticas de caráter distributivo e inclusivo, e de direitos sociais, orientadas pelo princípio da transversalidade de gênero, raça/cor e classe social; e porque enfrentamos, formalmente desde 2016, uma paulatina e cada vez mais dura reação conservadora, com a qual se tem procurado impedir ou fazer retroceder direitos sociais para reativar valores morais e uma pauta de costumes tradicionais que oficialmente orientam a ação do Estado, de suas Instituições e de suas políticas. Faz sentido, então, revisitar nossa tese para interrogar se ela segue fazendo sentido e como se pode atualizá-la para responder aos desafios deste tempo – de pandemia e pós-pandemia de Covid-19, de crise socioeconômica e política profunda, de recrudescimento de desigualdades sociais e de redução de direitos – que estamos a viver de forma cada vez mais intensa nestes últimos anos.

Que discursos, que forças sociais, que poderes e que saberes se conectam para definir, atualizar, eventualmente rasurar e, assim, reposicionar corpos reconhecidos como femininos e maternidades a eles vinculadas? Entender que essa suposta unidade (sujeito/corpo feminino materno) é o resultado ou o efeito de práticas articulatórias possibilita, por um lado, que se opere com a perspectiva de desarticulá-la; por outro lado, ela é também uma estratégia teórica e metodológica que fricciona, relaciona e reconecta teorias e conceitos que ampliam as possibilidades e os alcances das análises.

Esse processo de fricção analítica, que exercitamos ao longo destes anos, permitiu que a tese da *politização do feminino e da maternidade* fosse continuamente escrutinada e movimentada no encontro entre teoria, empiria e contexto histórico. Com isso, queremos ressaltar que passamos a mobilizar o conceito de gênero, em articulação com os conceitos de governamentalidade e de biopolítica[4], nas perspectivas teóricas já apresentadas, para ampliar a própria tese inicial; acrescentamos a expressão "feminino" à tese da politização da maternidade para rejeitar e problematizar noções essencialistas e universais de mulher e de maternidade, bem como para identificar e examinar formas de

---

4. Na próxima seção deste texto apresentaremos os conceitos aqui mencionados.

condução da conduta de mulheres-mães, atentando para o pressuposto de que o feminino e a maternidade são construções relacionais e interdependentes.

A discursividade que produz e sustenta esse processo de politização também articula, explícita e intensamente, problemas sociais contemporâneos (em especial, de educação, de saúde e de desenvolvimento socioeconômico sustentável) a certos modos de sentir e de viver a maternidade. E essa operação permite descolar tais problemas dos contextos e processos políticos, históricos e sociais mais amplos em que são gerados, para vincular sua solução a determinados tipos de relação mãe-criança e ao exercício de determinados tipos de maternidades a partir de uma matriz discursiva *cisheterocentrada*.

Neoliberalismo, globalização e politização do feminino e da maternidade

A tese da politização do feminino e da maternidade pode ser localizada no contexto de um debate mais amplo, desencadeado nos países ocidentais desde o final do século XIX e início do século XX, pelas chamadas feministas maternalistas. Estas, ao reivindicarem e envolverem-se com ações de proteção à maternidade e à infância, já propunham uma discussão política sobre maternidade e direitos maternos bastante complexa e diferenciada para a época. Entretanto, neste texto, dedicamo-nos mais pontualmente à problematização da maternidade articulada ao contexto da chamada *segunda onda do feminismo* – um movimento teórico, social e político que teve um profundo impacto sobre os modos pelos quais o sujeito e a identidade foram (são) conceptualizados na Modernidade e na Contemporaneidade.

O feminismo, ao questionar a clássica distinção entre o privado e o público, com os *slogans* "o pessoal é político" e "nosso corpo nos pertence", colocou em debate, nas arenas política e acadêmica, temas relacionados à família, à sexualidade, ao trabalho doméstico, à divisão sexual do trabalho e ao cuidado com as crianças como capacidade inata da mulher, os quais antes não eram ali considerados. Trata-se de um debate ainda necessário, que segue sendo tematizado e atualizado nos estudos empreendidos por Silvia Federici (2017; 2019).

Com a hoje antológica frase de Simone de Beauvoir (1980) de que *não nascemos mulheres, mas nos tornamos mulheres*, o feminismo também colocou em xeque o pressuposto biologicista que permitia inscrever o feminino no sexo anatômico e enfatizou os modos pelos quais, no âmbito do social e da cultura, somos produzidos e educados como sujeitos de gênero. Uma das ênfases centrais dessas discussões foi, justamente, a contestação do determinismo biológico, porque, com ele, se traduzia a maternidade como sendo tanto um instinto quanto um destino natural da mulher.

A maternidade passava, então, a ser compreendida e discutida como uma dimensão implicada com processos de dominação e subordinação que regiam as relações entre os sexos nas sociedades ocidentais. Lucila Scavone (2001), ao discutir as imbricações entre maternidade e feminismo, sintetiza três vertentes que caracterizam as principais discussões em torno de tal relação: uma primeira, em que a recusa da maternidade foi apresentada por feministas radicais, como Sulamita Firestone, como o principal instrumento para subverter a dominação masculina; uma segunda, em que a maternidade passaria a ser teorizada como um poder insubstituível das mulheres, o que caracteriza, por exemplo, o chamado feminismo da diferença de Luce Irigaray; e uma terceira, que poderia ser chamada de feminismo pós-estruturalista, em que se tomam como focos de análise os mecanismos e as estratégias de poder-saber que, nas culturas ocidentais modernas, permitem definir e apresentar a maternidade como se esta fosse uma essência, monolítica e a-histórica, inscrita na anatomia, fisiologia e psique da mulher.

Continuamos convivendo, ainda hoje, no campo dos Estudos Feministas, com essas e várias outras possibilidades de abordar a maternidade. Nossas investigações situam-se na terceira vertente, que se organizou em torno do conceito de gênero.

O feminismo pós-estruturalista de Joan Scott (1995) e Linda Nicholson (2000), em articulação com as teorizações desenvolvidas por Michel Foucault (2004) e Jacques Derrida (2001), possibilita-nos afirmar que gênero remete a todas as formas de construção social, cultural e linguística implicadas em processos que diferenciam mulheres de homens, incluindo aqueles processos que produzem seus corpos, para distingui-los e nomeá-los como corpos dotados de sexo, gênero e sexualidade. Dessa perspectiva, operar com o conceito de gênero supõe e demanda assumir determinados princípios e pressupostos já bem descritos e discutidos em vários dos estudos referenciados neste texto[5].

Articulando-se os estudos de Foucault sobre a governamentalidade a essa abordagem do conceito de gênero, tem-se um potente viés analítico para problematizar um conjunto de práticas de governamento[6] produzidas no contexto de diferentes racionalidades políticas. Essas racionalidades foram analisadas pelo autor nos cursos *Segurança, território, população* (1977-1978) e *Nascimento da biopolítica* (1978-1979). No primeiro, Foucault desenvolve uma história da(s) governamentalidade(s), para depois examinar a formação de uma governamentalidade política articulada à emergência de uma razão de Estado. As relações de poder serão examinadas de um modo específico neste curso (FOUCAULT, 2008a). Não se trata de uma substituição, mas de uma nova ênfase. Foucault não deixa de considerar a guerra como um elemento importante para análise das formas de governamento; entretanto, sua atenção volta-se para a questão da governamentalidade porque lhe permite identificar técnicas (de dominação do outro e de si mesmo) implicadas na condução da conduta dos sujeitos.

No curso *Nascimento da Biopolítica*, Foucault desenvolve outra perspectiva de análise para examinar a questão do Estado na sua relação com uma racionalidade política – o liberalismo. Neste segundo curso, a governamentalidade é analisada com base nos temas do liberalismo e do neoliberalismo – o que Foucault vai chamar de quadro de racionalidade política. Como explica o autor (FOUCAULT, 2008b), a partir do século XVIII, começa a ser estabelecida uma conexão importante entre prática de governamento e regime de verdade.

---

5. Essa perspectiva de gênero foi e é bastante explorada em estudos de autoras e autores do Geerge, incluídos nesta publicação. Para entender mais detalhadamente como ela se articula e é operada na conexão com o processo de politização aqui examinado, cf. Meyer (2003) e Dal'Igna e Klein (2015).
6. Utilizamos a palavra *governamento*, e não *governo*, inspirada na discussão desenvolvida por Alfredo Veiga-Neto (apud RAGO; ORLANDI; VEIGA-NETO, 2002). Analisando as traduções brasileiras que tratam da discussão empreendida por Foucault sobre a arte de governar, Veiga-Neto (apud RAGO; ORLANDI; VEIGA-NETO, 2002) propõe uma substituição da palavra *governo* por *governamento* para designar as ações de poder que visam a dirigir e/ou estruturar a conduta do indivíduo ou dos grupos. Tal uso permite, ainda, distinguir esse ato de governo das ações relacionadas à instituição *Estado* (municipal, estadual, federal). Neste último caso, então, governo pode ser grafado com inicial maiúscula – Governo – quando se referir à instância governamental.

Nesse contexto, o mercado virá a tornar-se um dos objetivos privilegiados para a prática governamental, um quadro de referência para analisar as formas de governamento, um lugar de verdade. Não será mais um lugar de jurisdição – ele se transformará em um lugar de veridicção.

Entre os séculos XVIII e XX, a governamentalidade liberal sofreu muitas modificações. Sem entrar em detalhes, o que pretendemos destacar aqui são os efeitos produzidos por essa liberdade econômica, a gestão da liberdade e suas crises. Essas crises exigiram reavaliações constantes do projeto liberal e uma nova configuração, que se costuma chamar liberalismo avançado ou neoliberalismo. Pode-se dizer que a discussão realizada por Foucault (2008b) sobre neoliberalismo amplia e modifica algumas ideias desenvolvidas pela racionalidade liberal. O que isso quer dizer? Há mudanças importantes: (1) o liberalismo propunha que o Estado fosse regulado pela economia de mercado – livre-mercado. O neoliberalismo propõe que a livre-troca seja pouco a pouco substituída pela concorrência – lógica da empresa; (2) há um deslocamento na compreensão do *Homo oeconomicus*. Enquanto no liberalismo ele era entendido como um parceiro da troca, no contexto neoliberal, ele deve tornar-se um empreendedor – empresário de si mesmo; (3) por fim, salientamos a mudança ocorrida na compreensão dos fenômenos sociais. Para o liberalismo, a liberdade de mercado podia ser mantida, desde que não produzisse distorções sociais. Para o neoliberalismo, os processos sociais serão analisados sob a grade de racionalidade de mercado – todas as condutas, de certa maneira, passam a ser reguladas por essa lógica.

Se, por um lado, as práticas de governamento contribuem para a formação de sujeitos governáveis, por outro, buscam sujeitá-los, produzindo sujeitos capazes de se relacionarem consigo mesmos e, portanto, de se autogovernarem. Articulando gênero e governamentalidade, de modo mais específico, podemos afirmar que, em países pobres e em desenvolvimento, como o Brasil, especialmente mulheres-mães cis e heterossexuais pobres são transformadas em sujeitos-alvo de práticas de governamento de forma mais sistemática e estandardizada[7]. Nessa articulação, o conceito de gênero funciona, ao mesmo

---

7. Com esta afirmação, não estamos negando a existência e o funcionamento de técnicas de governamento que tenham como alvo mulheres trans e mulheres lésbicas; ocorre que políticas

tempo, como ferramenta que possibilita diferenciar as tecnologias de governamento direcionadas a mulheres daquelas que focalizam as mães.

Dessa perspectiva de gênero, também podemos analisar a politização do feminino e da maternidade em articulação com outras forças políticas e sociais que, sob certas condições, criam uma conexão discursiva entre modos de ser, de sentir e de viver feminilidades com a maternidade, e disso resultam importantes mudanças epistemológicas e políticas. No contexto brasileiro atual, por exemplo, torna-se necessário pensar a articulação de politização do feminino e da maternidade com o neoliberalismo, da globalização com o neoconservadorismo, para examinarmos algumas das transformações que estamos vivenciando.

Ao longo dos anos de 1990, autoras e autores, como Sarah Nettleton (apud PETERSEN; BUNTON, 1997), Alan Petersen (apud PETERSEN; BUNTON, 1997) e Mitchell Dean (1999), enfatizaram que a racionalidade neoliberal se caracterizava, dentre outras coisas, por conceber a vida e o indivíduo como empreendimentos infinitamente aperfeiçoáveis e por pressupor que todos os indivíduos têm o direito e, sobretudo, o dever de manter, gerir e potencializar o seu próprio bem-estar. Nessa perspectiva, o indivíduo é concebido como um sujeito autônomo, capaz de se autogovernar mais e melhor, na medida em que se capacita (ou é capacitado) para fazer escolhas e responsabilizar-se por elas.

Tais escolhas estão, cada vez mais, conectadas ao acesso e ao domínio de um amplo leque de informações, desdobráveis em conjuntos sempre mais complexos, abrangentes e diversos de necessidades e possibilidades de viver de forma competente e saudável. Ou seja, o pressuposto de que o indivíduo pode e deve aperfeiçoar cada vez mais sua forma de viver, seu corpo ou sua saúde também implica colocar, na esfera da pessoa, a responsabilidade pela alocação dos meios e recursos necessários para a consecução desse projeto de vida e saúde.

Constitui-se, assim, uma detalhada rede de administração da vida, o que envolve um ordenamento complexo de saberes e de práticas culturais que ali-

---

e ações programáticas sustentadas pela cisheteronormatividade invisibilizam e/ou excluem alguns grupos de pessoas quando se trata de investir na condução da infância, das famílias e das mulheres-mães.

mentam a necessidade de gerenciamento dos corpos – no caso desta discussão, dos corpos de mulheres gestantes e mães cis e heterossexuais e dos seres humanos que elas geram. Referir-se, pois, a um processo de politização da maternidade, em curso, é referir-se a esse contexto em que o corpo, os comportamentos, as habilidades e os sentimentos maternos se tornam alvo principal de vigilância – em um movimento que continua atribuindo especialmente à mãe a responsabilidade de gerar e criar seres humanos perfeitos.

O exame de políticas e programas de educação e de saúde (bem como dos conhecimentos científicos que lhes dão sustentação) implementados no contexto de sociedades ocidentais – como a brasileira – revela muito do neoliberalismo e seus efeitos. Permite perceber que a noção de *indivíduo mulher-mãe* ainda supõe, ou supõe com força renovada, a existência de um ser que incorpora vários outros e se desfaz em múltiplos: a mãe como parceira do Estado, a mãe como agente de promoção de inclusão social, a mãe como provedora do núcleo familiar e a mãe como principal produtora de cuidado, educação e saúde de suas crianças. Dessa forma, pode-se compreender que, como mulher, ela precisa aprender a cuidar de si: cuidar do seu corpo, escolher um bom parceiro, estudar, trabalhar; como mãe, é preciso que ela seja capaz de cuidar do filho: acompanhar de perto o seu desenvolvimento. Será, então, necessário investir na condução da conduta dessa mulher para que ela se torne capaz de conduzir a si mesma como mulher e como mãe, para que ela se torne responsável por gerar e criar filhos saudáveis, colocando as necessidades destes à frente das suas, em quaisquer circunstâncias ou condições.

Essa mulher-mãe, na condição de sujeito livre, aceita regular suas ações em função das possibilidades que lhe são ofertadas no contexto em que está inserida. Não se trata, aqui, de fazer um juízo de valor sobre a situação, ou seja, não se trata de dizer que isso é certo ou errado, bom ou ruim. Trata-se, sim, de descrever e problematizar os efeitos produzidos pela governamentalidade neoliberal nas condutas individuais e coletivas, especialmente na conduta da mulher-mãe pobre. Se, por um lado, essa mulher assume a responsabilidade de cuidar da família e de si mesma, por outro, ela precisa aprender a exercitar uma maternidade que lhe seria essencial – instinto e destino natural.

Gerar e criar filhos equilibrados e saudáveis passa a ser social e culturalmente definido também como projeto de vida, responsabilidade individual de cada mulher que se torna mãe, independentemente das condições sociais em que ela vive e dos problemas que enfrenta. Educar mulheres para exercer essa forma de maternidade coloca-se, pois, como uma prioridade nas políticas e programas, em especial daqueles que têm, entre seus objetivos, promover a inclusão social.

Para prosseguirmos analisando as relações entre neoliberalismo e inclusão social na perspectiva de gênero, precisamos considerar outro processo em desenvolvimento no século XX e, mais acentuadamente, desde o início da década de 1990, com múltiplos contornos e com impactos profundos para a economia, a política e a cultura: a globalização. David Harvey (2006) explica que, desde os anos de 1970, a *globalização* vem se tornando uma palavra-chave para a organização de nossos pensamentos sobre o funcionamento do mundo. Portanto, ela pode ser vista como um modo de vida ou um tipo específico de projeto político.

A globalização, descrita em termos simbólicos, sociais, políticos e econômicos, é caracterizada pela ampliação dos mercados, pela internacionalização de modos de produção, pelos avanços nas áreas da comunicação e da tecnologia. Os nossos modos de vida são profundamente impactados, e passamos a nos relacionar com o mundo de outras maneiras. Porém, seus efeitos, embora sentidos em quase todos os países, traduzem-se como benefícios diretos para pouco mais de um terço da população mundial. Os dois terços restantes, localizáveis em todos os continentes, são afetados negativamente por desdobramentos da relação entre neoliberalismo e globalização, que incluem: o ajuste estrutural e a redução do Estado; o reordenamento e a desregulamentação do mercado; a reconfiguração dos processos de produção e das relações de trabalho; e o endividamento progressivo dos países pobres e em desenvolvimento.

Em 8 de maio de 2018, António Guterres, então secretário-geral da Organização das Nações Unidas (ONU, 2017-2021), em pronunciamento em cerimônia em Havana, Cuba[8], afirmou que "a desigualdade se tornou a face da

---

8. Maiores detalhes em https://nacoesunidas.org/cepal-renova-compromisso-com-desenvolvimento-de-paises-latino-americanos-e-caribenhos/

globalização". No mesmo evento, a secretária-executiva da Comissão Econômica para a América Latina e o Caribe (Cepal), Alicia Bárcena, ressaltou que "a pobreza tem o rosto de mulher".

Se articularmos neoliberalismo e globalização na perspectiva de gênero, poderemos afirmar que o aprofundamento das desigualdades econômicas, sociais e culturais impacta mais fortemente a vida das mulheres (sobretudo as mais pobres) em todo o mundo. A chamada *feminização da pobreza* resulta precisamente da contundência desses impactos nas populações mais vulneráveis, em todos os países, sendo muito visível nas nações pobres e em desenvolvimento. Manuela Silva (apud HENRIQUES, 2019), ao examinar as relações entre globalização, gênero e pobreza, afirma:

> Baseando-se em valores médios de diferentes variáveis, tais análises omitem as especificidades decorrentes do lugar das mulheres nas diferentes sociedades, designadamente a posição que ocupam no mercado de trabalho, no acesso ao capital, à propriedade da terra e ao poder econômico, no grau de responsabilidade efetivamente assumida na condução da economia doméstica, na incidência de certas doenças, nomeadamente o HIV, na educação, na participação no poder político. Ora, é manifesta a desigualdade que se observa na posição relativa dos homens e das mulheres em relação a estes diferentes vectores, com desvantagem para as mulheres.

Deve-se considerar, ainda, que a chamada *feminização da pobreza* em países multirraciais, como o Brasil, é um processo racializado, ou seja, a pobreza não só tem gênero, como também tem cor. Dados do IBGE (*Instituto Brasileiro de Geografia e Estatística)* de 2017[9] sobre as condições de vida da população brasileira mostram que

> [Tal] como a diferenciação por sexo, o recorte por cor ou raça é fundamental para o diagnóstico das desigualdades de rendimentos do país. Como visto, as atividades econômicas de menores rendimentos médios são as que proporcionalmente possuem mais ocupados de cor ou raça preta ou parda e pessoas do sexo feminino. No cômputo geral, em 2017, os brancos ganhavam em média 72,5% mais do que pretos ou pardos e os homens ganhavam, em média, 29,7% mais que as mulheres (RELATÓRIO IBGE, 2018, p. 28).

---

9. *Síntese de indicadores sociais*: uma análise das condições de vida da população brasileira. Relatório publicado em 2018. Disponível em https://biblioteca.ibge.gov.br/visualizacao/livros/liv101629.pdf Acesso em 19/11/2019.

Um dos grupos vulneráveis são pessoas que moram em domicílios formados por arranjos cujo responsável é mulher sem cônjuge com filhos de até 14 anos de idade (56,9%), e se o responsável desse tipo de domicílio (monoparental com filhos) é mulher preta ou parda, a incidência de pobreza sobe ainda mais, a 64,4% (RELATÓRIO IBGE, 2018, p. 60).

De forma mais ampla, isso implica considerar que a distribuição dos bens e o acesso aos serviços das diferentes sociedades, além de serem marcados, dentre outros, por pertencimentos de classe e de credo e pelo gênero, são também racializados. Esse é um pressuposto que remete para a necessidade de discutir e problematizar as estratégias de significação da raça que são constitutivas dessa feminização.

No âmbito da articulação que estamos propondo entre neoliberalismo e globalização para examinar o processo de politização do feminino e da maternidade, pode-se refletir sobre o modo como as mulheres têm sido interpeladas cada vez mais incisivamente como produtoras de educação e de saúde[10], não só de suas famílias, mas também em seu contexto profissional. Isso porque as profissões envolvidas com proteção, promoção e provisão de cuidado (atendentes de creche, babás, empregadas domésticas, e também professoras, enfermeiras, assistentes sociais, nutricionistas etc.) são desenvolvidas predominantemente por mulheres, mulheres negras, mulheres pobres, para, dentre outras coisas, apoiar mulheres brancas de estratos sociais mais altos. Pode-se dizer que elas funcionam, crescentemente,

> Como un factor oculto de equilibrio para absorber los shocks de los programas de ajuste de la economía, tanto intensificando el trabajo doméstico para compensar la disminución de los servicios sociales por la caída del gasto público, como por el hecho que la privatización de los sistemas de seguridad social ha incidido en mayor medida en las mujeres, por su papel en la reproducción (costos sociales de la maternidad asumidos individualmente, por ejemplo). Así, su posición en la familia y en el mercado de trabajo las ubica como parte de la estrategia desreguladora del mercado (VARGAS, 2003, p. 196, apud MATO, 2003).

Nossos estudos demonstraram, até aqui, que os investimentos em determinados modos de ser mulher e de exercitar a maternidade preconizados nas

---

10. Cf. Lesley Doyal (2001) e Denise Gastaldo, Amoaba Gooden e Notisha Massaquoi (2005).

políticas públicas – principalmente naquelas direcionadas para a inclusão social – têm efeitos bem mais amplos do que as melhorias que estas pretendem promover (e efetivamente promovem) nas condições materiais de vida dos grupos aos quais se dirigem. Tais investimentos funcionam, também, como poderosos processos de produção de subjetividades.

No contexto brasileiro, é possível dizer que, embora direcionados a indivíduos e grupos identificados como de risco ou vivendo em situações de risco social específicas (como desemprego, desnutrição, analfabetismo, trabalho infantil, drogadição, DSTs/HIV-aids, violência etc., as políticas e os programas que analisamos continuam assumindo uma retórica eminentemente técnica e universalista: técnica porque respaldada por conhecimentos apresentados como científicos, neutros e apolíticos; e universalista porque dirigida, genericamente, à população que vive abaixo da linha de pobreza ou a todas as mulheres e crianças brasileiras. Não se consideram ou apontam nelas, explícita e enfaticamente, os efeitos e a complexidade das dinâmicas criadas por diferenças de classe, raça/etnia, gênero, sexualidade ou inserção regional imbricadas na (e articuladas à) produção dessas situações e relações nomeadas como sendo de risco.

Assim, tais diferenças e os efeitos de poder que elas colocam em movimento são subsumidos em noções como populações de risco, populações vulneráveis, famílias que vivem em situação de pobreza; as especificidades que são constitutivas desses riscos, dessas vulnerabilidades e dessa pobreza, bem como as posições de sujeito aí instituídas e veiculadas, acabam por ser pouco consideradas e problematizadas na implementação de tais políticas e programas.

Pierre Dardot e Christian Laval (2016) analisam o capitalismo contemporâneo e o que chamam de "nova razão do mundo" para mostrar que esta não se restringe à esfera econômica, mas atravessa e conforma todas as dimensões da vida humana e pode ser expressa pela individualização das relações sociais, pelo aumento das desigualdades e pela sua capacidade de amplificação e totalização. Como explicam os autores,

> [...] essa razão é global, nos dois sentidos que pode ter o termo: é "mundial", no sentido de que vale de imediato para o mundo todo; e, ademais, longe de

limitar-se à esfera econômica, tende à totalização, isto é, a "fazer o mundo" por seu poder de integração de todas as dimensões da existência humana. Razão do mundo, mas ao mesmo tempo uma "razão-mundo" (Ibid., p. 16).

Da perspectiva de uma articulação entre globalização, neoliberalismo e neoconservadorismo, é preciso enfatizar que, em tempos de profundas transformações nas possibilidades de viver e de intervir nos corpos, se observa uma intensificação nas formas de condução para a formação de feminilidades e maternidades cisheteronormativas. Algumas dessas relações podem ser identificadas nos dois focos de análise que discutimos a seguir, ao examinarmos investimentos discursivos orientados para a constituição de modos de posicionar-se como mulher e mãe na relação com o desenvolvimento tecnocientífico e a multiplicação de sujeitos de direito, com a produção de modos de condução gestados a partir da articulação entre os princípios econômicos e neoconservadores.

Foco de análise 1: desenvolvimento tecnocientífico e maternidade

A produção e o desenvolvimento crescentes de conhecimentos e novas tecnologias sobre a maternidade (especialmente biotecnologias genéticas, tecnologias de imagem, como as ultrassonografias, e as tecnologias reprodutivas) fazem circular discursos profundamente imbricados nesse processo de politização do feminino e da maternidade, uma vez que essas abordagens tecnocientíficas são também atravessadas e organizadas pelo gênero e pela sexualidade. Por isso, determinados regimes de verdades são inscritos em aconselhamentos genéticos, consultas de pré-natal, mas também em currículos escolares, revistas, manuais, campanhas e guias governamentais que tratam de naturalizar a sequência linear e unívoca entre sexo, gênero e sexualidade (LOURO, G., 2004) que sustenta o sistema cisheteronormativo, apresentando-a como dada, linear e inteligível apenas em seu caráter binário. Tal premissa nega a perspectiva construcionista, na qual o conceito de gênero se inscreve e com a qual se enfatiza, justamente, o caráter político, histórico e múltiplo das sexualidades, dos gêneros e das formas de conceber e viver maternidades. Para os que escapam dessa lógica binária, deixa-se o lugar de "minorias", de sujeitos "desviantes", de tal modo que ficam invisibilizados e excluídos de políticas e ações implementadas em instituições sociais de saúde, educação e assistência social, por exemplo.

Foucault (1993, p. 94) assinala que "[...] as relações de poder-saber não são formas dadas de repartição, são matrizes de transformações" e deslocamentos contínuos que tanto podem reforçar alguns elementos dos discursos quanto provocar sua inversão ou ruptura. Concebendo-se, então, o conhecimento tecnocientífico como "[...] uma série de segmentos descontínuos, cuja função tática nos domínios da significação não é uniforme e nem estável" (Ibid., p. 95), podem-se analisar algumas das gramáticas por meio das quais determinados tipos de sujeito que escapam das normas são comumente classificados e valorados pelos discursos que incidem sobre a maternidade. Uma dessas gramáticas, constantemente acionada e atualizada pelos discursos biotecnocientíficos, é a gramática do risco. Aquelas mulheres classificadas como "mães de risco" são transformadas em sujeitos-alvo preferenciais de práticas assistenciais, educativas e de controle sistemáticas e estandardizadas.

Estudos inscritos na área da Sociologia da Saúde permitem dizer que a noção de *risco* se consolida como ferramenta conceitual quando se torna plausível pensar o futuro como sendo passível de controle (AYRES, J.R. 2002). Esse é um processo que Anthony Giddens (2002) chama de "colonização do futuro", o que envolve "[...] tanto o desenvolvimento de instrumental necessário (como a teoria da probabilidade) quanto a emergência de um novo objeto de governo (a população)" (SPINK, M. 2001, p. 1.287). Na área da saúde, em particular, o termo foi usado mais sistematicamente ao longo do século XX, de um ponto de vista preventivista e individualista, tornando-se um instrumento de educação em saúde, de disciplinarização dos corpos, de sensibilização para evitar riscos, frequentemente interpretado "[...] como resultado de escolhas equivocadas de estilos de vida e associado com culpa, irresponsabilidade, incompetência e ignorância"[11] (OLIVEIRA, D., 2001, p. 1.308).

---

11. Submetida a severas críticas, especialmente na esteira dos estigmas e exclusões que essa perspectiva do risco provocou no contexto da epidemia do HIV/Aids, ela foi lentamente abrindo espaço para a gramática da vulnerabilidade (AYRES, 2002), nos textos normativos de políticas públicas, no final do século XX e início do século XXI. A pandemia do Coronavírus, entretanto, tem reativado a gramática do risco, especialmente com o uso de uma de suas noções mais problemáticas; qual seja, a de grupos de risco.

A linguagem do risco dimensionou grande parte dos programas direcionados à promoção da educação e da saúde analisados ao longo destes anos, em especial daqueles cujo foco está no estímulo e na promoção do desenvolvimento físico, cognitivo e emocional de crianças saudáveis. Atravessada e conformada por noções essencialistas e universais de maternidade e de cuidado infantil, essa linguagem produz, ao mesmo tempo, instrumentos de controle e de mensuração nos quais o "ser mãe" é decomposto em uma série de elementos passíveis de serem quantitativamente valorados: idade, nível de escolaridade, situação socioeconômica, tipo de estrutura e apoio familiar, adoção da prática do aleitamento materno, tipos e número de partos anteriores, mapa hereditário ou genético, dentre outros. As fichas de avaliação do desenvolvimento infantil e os protocolos utilizados nos programas de pré-natal, por exemplo, são emblemáticas desses processos de decomposição e recomposição dos chamados fatores de risco e sua quantificação. Na versão original deste texto, analisamos vários exemplos de como essa linguagem do risco opera e destacamos, aqui, um exemplo bem atual, que permite dimensionar o tom normativo que essa gramática segue sustentando quando se trata de definir gestações e maternidades "normais":

> Muitas mulheres, que conhecem as ameaças dos 35 anos, também avaliam a possibilidade do bebê vir ao mundo sindrômico [...]. As células maternas começam a envelhecer após os 35 anos e aumentam as chances do desenvolvimento da doença, que promove alterações genéticas no cromossomo 21, esclarece o obstetra (CAVALCANTE, 2019).

Sustentados por perspectivas biologicistas, estudos como o acima mencionado funcionam para classificar e valorar determinados corpos de mulheres ora como adequados e viáveis, quando se trata da possibilidade de engravidar e tornar-se mãe, ora como corpos e sujeitos "problemáticos" que precisam ser escrutinados, vigiados e, eventualmente, interditados, corrigidos e/ou reeducados. Essa lógica biologicista vai de encontro à perspectiva teórica aqui adotada, que concebe o corpo, o gênero e a maternidade como construções discursivas e com a qual se torna possível reconhecer que o desenvolvimento biotecnocientífico funciona tanto para inscrever formas (in)adequadas de maternidade nessa gramática determinista da probabilidade e do risco quanto para rasurar profundamente a conexão linear e naturalizada entre corpo/sexo, gênero e sexualidade, explodindo seu binarismo e sua fixidez, por exemplo, com as cirurgias de mudança de sexo e as cada vez mais visíveis imagens de corpos de homens trans grávidos.

Nesse sentido, excertos de reportagens publicadas em duas revistas de grande circulação no país evidenciam outras formas de constituir maternidades e família, também possibilitadas por meio da intervenção tecnocientífica. Com isso, contribuem para colocar em suspenso e/ou romper, justamente, a determinação biológica acima evocada. A primeira reportagem é da revista *Pais & Filhos*, intitulada *Thammy Miranda pode ser o pai biológico do primeiro filho e explicação confunde: "Só o médico sabe"*.

> Um dos fãs perguntou qual dos óvulos os especialistas usaram no procedimento. "Essa é uma excelente pergunta", respondeu Andressa. "Se eu usasse um *óvulo* meu e um do *Thammy* viriam gêmeos. Mas como a gente não queria dessa vez, retiramos dois óvulos, meu e dele. Ele já tinha retirado há muito tempo, e ficou congelado, e só o médico sabe qual óvulo está aqui dentro. Se é meu ou do *Thammy*. A gente não sabe", explicou. Isso quer dizer que o filho, apesar de estar sendo gerado por *Andressa*, pode sim ser filho biológico de *Thammy*. (GIMENEZ, 2019).

Já a segunda é da Revista *Crescer*, sob o título *Homem trans espera pela chegada de primeiro filho*:

> A modelo transexual Danna Sultana, 36, e seu noivo Esteban Landrau, 31, também trans, estão ansiosos com a chegada de seu primeiro bebê Ariel. Em meio a sua jornada artística, Danna encontrou Esteban e os dois decidiram que iriam construir uma família. "Eu sou uma mulher trans, meu noivo é um homem trans. Por acaso, nos conhecemos e, a partir desse momento, soubemos que deveríamos ficar juntos. (Casal..., 2020).

De acordo com a reportagem, Danna e Esteban podem *naturalmente* conceber a vida, já que Esteban manteve seus órgãos reprodutivos femininos, estando sujeito a vivenciar enjoos e o crescimento dos seios, apesar da mastectomia. A circulação de notícias como essas, alavancadas pelo fato de esses casais serem constituídos por pessoas com projeção midiática, dão visibilidade às múltiplas possibilidades de viver os corpos, os gêneros e as sexualidades, além de darem forma a arranjos familiares impensáveis há algumas décadas. São arranjos que, com recursos biotecnocientíficos, rompem com a condução de corpos e sujeitos a partir de uma matriz (de maternidade) cisheteronormativa e evidenciam a complexidade que os processos de gestão da vida abarcam.

Há, ainda, as trajetórias de sujeitos que, por inúmeras razões, não conseguem viver a maternidade/paternidade, principalmente por não corresponderem às normas de gênero e sexualidade consideradas adequadas, viáveis ou saudáveis: sujeitos com transtornos psíquicos; mulheres e homens "estéreis" que não conseguem engravidar ou que não conseguem realizar a fertilização *in vitro*, muitas vezes, por falta de acesso às biotecnologias reprodutivas; mulheres que cedem ou que alugam o útero para gerar crianças para outras famílias. Enfim, corpos e vidas ainda silenciadas, sobretudo no contexto das políticas públicas e dos direitos vigentes, por desafiarem as normas de gênero e sexualidade que conformam os discursos hegemônicos sobre maternidade. Reconhecer a viabilidade e a legitimidade desses corpos e sujeitos ainda marginalizados ou excluídos da "normalidade" também nos permite compreender que os discursos que estabelecem o que conta como verdade ou como vidas viáveis e corpos normais são produzidos em determinados tempos e contextos, respondem a determinados interesses, produzem efeitos, criam classificações, separações, hierarquias, mas, paradoxalmente, também abrem brechas e ampliam possibilidades de vida e movimentos de rasura e de contestação.

Se as coisas deste mundo passam a existir quando entram no domínio da linguagem (por meio de nomes, palavras, imagens e conhecimentos de distintas proveniências), são também essas linguagens que dão sentidos para o cuidado, para os corpos que importam, para as formas como vivemos os sentimentos e definimos a maternidade. Exatamente por isso, elas podem e devem ser constantemente questionadas e problematizadas.

Foco de análise 2: fricções entre sujeitos de direito e maternidade

A politização do feminino e da maternidade, no tempo presente, tem nos desafiado a pensar, examinar e problematizar os processos culturais que articulam (e embaralham) as noções de feminilidade e maternidade, especialmente no âmbito da articulação entre movimentos neoconservadores e neoliberais que pautam e reatualizam noções essencialistas e já muito contestadas de mulher, gênero, família e maternidade. Para deslocar e descolar tais elementos, precisamos examinar as discursividades e operações de poder que produzem e sustentam, por exemplo, compreensões forjadas de mulher = mãe, família = mãe, mãe = professora, mãe = cuidadora, ou seja, equações naturalizadas que apoiam os processos de politização enquanto respostas a demandas estatais e/ou socioeconômicas interessadas.

Examinar políticas governamentais atuais, assim como outros artefatos culturais que contribuem para instituir culturas infantis, familiares e maternas, delineia também a necessidade de refletir sobre os modos pelos quais elas incidem sobre a constituição de novos sujeitos de direito e os efeitos disso para os sujeitos mulher e mãe nos processos de politização da maternidade em curso. Em outros termos, trata-se de considerar que, como qualquer outro, o campo dos direitos está permeado de conflitos e de disputas que o inserem em contextos sociais e políticos historicamente variáveis, no âmbito dos quais se enfrentam, hoje, três dilemas básicos que incidem também sobre a politização da maternidade, quais sejam: "[...] a tensão entre particularismos e universalismos; as relações existentes entre diversos formuladores de interpretações destes direitos; as posições políticas que eventualmente tais atores políticos esposam" (RIBEIRO, 2004, p. 31, apud FONSECA; TERTO; ALVES, 2004).

Esses dilemas vinculam-se tanto a políticas de Estado quanto a lutas de movimentos sociais, atravessam-nas e delas se desdobram – como, por exemplo, os feminismos com suas diferentes (e, por vezes, conflitantes) ênfases. Nessas esferas, a noção de direitos humanos universais é multiplicada e fraturada (p. ex.: direitos das mulheres, direitos da criança e do adolescente, direitos dos pais e, em alguns países, direitos do feto) quando se instituem novos "sujeitos de direito". Essa multiplicação e essa fratura colocam-nos diante de desafios difíceis de dimensionar, problematizar e enfrentar quando os direitos de alguns sujeitos – por exemplo, os direitos do feto – incidem sobre os direitos mútuos e/ou os de outros sujeitos com quem aqueles se relacionam, os contestam ou os colocam em suspenso – por exemplo, os direitos do sujeito mulher.

Relativamente à relação mãe e feto, por exemplo, Virginia Schmied e Deborah Lupton (2001) assinalam que vem sendo conceitualizada, em algumas áreas e teorizações (da Psicologia e do Direito, p. ex.), de forma excessivamente linear e estática, não dando conta da ambiguidade e da ambivalência que a permeiam. Por um lado, o feto segue sendo representado como "um ser que não é ainda", em convergência com uma representação da modernidade que institui a infância como um período da vida com características e necessidades específicas, tendo início com o nascimento. Porém, ele vem sendo crescentemente representado, sobretudo em contextos com forte influência neoconservadora, como no Brasil atual, como "um ser desde já", um cidadão portador de direitos, cuja personalidade civil enquanto ser humano começa na concepção, tal como indica o Projeto de Lei 4.150/19, que tramita e está em análise na Câmara dos Deputados (Projeto..., 2019)[12]. Perspectivas como essa também embasam, por exemplo, noções como a de ambiente fetal saudável – já veiculada em campanhas de pré-natal na área da saúde –, o que passa a ser concebido como um direito desse sujeito político, e a mulher que não oferece ou produz esse ambiente é posicionada como desviante, negligente, ignorante ou, na pior das hipóteses, como criminosa em potencial.

Outro exemplo a ser considerado é o Programa Criança Feliz (PCF), recentemente criado pelo Ministério do Desenvolvimento Social e Agrário, por meio do Decreto 8.869/2016, do dia 05/10/2016, que tem "[...] como público prioritário, gestantes e crianças de até seis anos de idade, beneficiários do Programa Bolsa Família" (BRASIL, 2019, p. 5)[13]. A compreensão que sustenta as ações PCF são dirigidas a visitadoras/es domiciliares, "elos" importantes na condução, acompanhamento e avaliação das famílias pobres, mas uma estratégia importante de seu funcionamento é a responsabilização das mulheres-

---

12. projeto define que personalidade civil do ser humano começa na concepção. Direito de Família na Mídia. Instituto Brasileiro de Direito de Família (Ibdfam) Fonte: Agência Câmara de Notícias, 05/09/2019. Disponível em http://www.ibdfam.org.br/noticias/na-midia/17903/Projeto+define+que+personalidade+civil+do+ser+humano+come%C3%A7a+na+concep%-C3%A7%C3%A3o Acesso em 27/06/2020.

13. O Programa Criança Feliz (PCF) foi inspirado na política Primeira Infância Melhor (PIM/RS), implantada em 2003, no governo do Estado do Rio Grande do Sul (PIM/RS), e adota sua metodologia. Vale dizer que um de seus idealizadores no Estado do Rio Grande do Sul foi o então secretário da Saúde Osmar Terra, posteriormente escolhido como ministro do extinto Ministério do Desenvolvimento Social e Agrário, sendo o responsável pela criação e implantação do Programa Criança Feliz, em 2016, no Governo Michel Temer (2016-2018). A formulação desse projeto educativo deve ocorrer por meio de ações integradas das políticas de Assistência Social, Saúde, Educação, Cultura e Direitos Humanos, sob a coordenação da Secretaria Especial de Desenvolvimento Social, que objetiva promover o desenvolvimento integral das crianças na primeira infância.

-mães, tal como já argumentamos por meio da análise de outros programas e políticas estudadas.

Nosso argumento segue na direção de problematizar um modelo, fortemente reatualizado e reificado para a promoção do desenvolvimento infantil, qual seja, aquele que pressupõe uma determinada matriz familiar (cisheteronormativa), em que uma mulher (mãe, tia, sogra, avó, irmã ou vizinha) é posicionada e ensinada a ocupar, além da posição de cuidadora privilegiada, também a posição de mãe-professora. Embora os ensinamentos e orientações descritas nos documentos estejam dirigidos às famílias e/ou adultos, o dia a dia de quem vive e implementa esses programas e políticas trabalha com o pressuposto de que tais funções e atividades seriam atribuições femininas; portanto, os investimentos e demandas acabam sendo direcionados às mulheres mães nessas famílias. Nessa lógica, a mãe-professora é acionada a realizar e/ou a substituir uma Educação Infantil de qualidade – direito da criança – e deve, assim, suprir a incapacidade do Estado, que não consegue garanti-la.

Essa discursividade sustenta uma rede de ensinamentos que atravessa outros programas e políticas públicas e lhes dá forma, bem como modelos de assistência e monitoramento das famílias, mulheres e mães que podem ser vinculados ao contexto de enxugamento do Estado. Este, ao mesmo tempo e paradoxalmente, investe pesadamente na ampliação dos deveres do sujeito mãe ou responsável para garantir o direito de acesso à educação do sujeito criança. A Política Nacional de Alfabetização (PNA), instituída pelo Decreto n. 9.765, de 11/04/2019, é outro exemplo bem atual desse processo de responsabilização. Ela objetiva "[...] elevar a qualidade da alfabetização e combater o analfabetismo em todo o território brasileiro" (BRASIL, 2019, p. 7). Para isso, afasta-se de referenciais bastante conhecidos e usualmente relacionados aos processos de alfabetização e letramento, adotando, para a elaboração do PNA, a *ciência cognitiva da leitura*[14]. No âmbito do PNA, há uma aba voltada *para pais e responsáveis*, que conta com o programa chamado *Conta pra Mim*, divulgado nacionalmente em rede aberta de televisão.

---

14. A ciência é acionada, nesse contexto, para associar e aproximar o ensino da leitura e da escrita a sentidos ligados à neutralidade dessa atividade (afastando-a de formas ideológicas de ensinar).

O *Conta pra Mim* apresenta um *Guia para as Famílias* (BRASIL, 2019), que utiliza as descobertas recentes dos campos da Psicologia Cognitiva, da Pedagogia e da Economia e faz valer a articulação desses saberes para destacar a necessidade de não negligenciarmos o período que vai da gestação até os 6 anos de vida de uma criança. Para isso, traça ações conjuntas, fortalecendo a Educação Infantil e envolvendo as famílias no processo de alfabetização das crianças, ou seja, a chamada *literacia familiar*, conceituada assim:

> Literacia Familiar é se envolver na educação dos filhos, curtindo momentos especiais de afeto, carinho e diversão em família, brincando com livros e palavras. › Não é preciso ter muito estudo, materiais caros nem morar em uma casa toda equipada e espaçosa para praticar a Literacia Familiar. As práticas de Literacia Familiar são acessíveis a todos! Bastam duas coisas: você e seu filho! › As práticas de Literacia Familiar podem começar durante a gestação e se estender até o final da adolescência. Literacia Familiar é o reconhecimento de que os pais são os primeiros professores de seus filhos (Ibid., p. 13).

O programa é composto por 40 vídeos, com cerca de dois a três minutos cada, posicionando (e reforçando) tanto a família tradicional quanto lugares específicos e distintos para homens/meninos e mulheres/meninas. Os vídeos trazem dicas *simples, baratas e dialogadas* e reforçam a representação de família cisheterocentrada, nas quais mulheres mães cis ensinam a cozinhar, cantar, jogar, regar as flores, e homens pais cis geralmente fazem parceria com as mães ou estão no pátio, deitados na grama, propondo jogo de bola para os meninos ou realizando contação de história para as meninas. Ressalta-se a ausência de referência a outros arranjos familiares, de crianças que vivem apenas com o pai ou pais, mãe ou mães, apenas avó, tio ou tia. Apresentam-se famílias cisheteronormativas, de classe média e com boa escolaridade. Nos materiais, não há indicação de possibilidades plurais de viver o gênero, a sexualidade, a família, a maternidade. Nesse e em outros programas, crianças são posicionadas como sujeitos com direitos de aprender, alfabetizar-se e desenvolver-se, no centro de uma única configuração familiar, ao mesmo tempo em que são, assim, obliterados direitos de muitos/as sujeitos e famílias que não se veem ali representados. Como indica Rogério Junqueira (2009, p. 31),

> a promoção da exclusão das pessoas homossexuais, bissexuais e transgêneros do campo de reivindicações de direitos é sistematicamente acompa-

nhada pela construção de um conjunto de representações simplificadoras e desumanizantes sobre elas, suas práticas sociais e seus estilos de vida.

Na articulação da racionalidade neoliberal com o neoconservadorismo, ganham força, pois, formas específicas de ensinar e conduzir as famílias: a aprender, empreender, responsabilizar-se, gerir e cumprir os direitos das crianças, como se essas fossem competências ou escolhas próprias. O contexto da pandemia do Coronavírus alargou e aprofundou esse investimento nas famílias, principalmente nas mulheres mães, agora posicionadas como mães professoras, não só no contexto da educação de crianças pequenas em famílias pobres, mas também no Ensino Fundamental dessas mesmas famílias e em famílias das classes médias, chamadas a atuar como parceiras nas atividades de ensino à distância a serem realizadas em casa.

A sobrecarga de trabalhos de naturezas diversas nas famílias atingiu de maneira especialmente forte as mulheres, como tem sido apontado em reportagens e pesquisas já publicadas nessa direção[15]. A mãe-professora deverá suprir a ausência da educação presencial e institucional, responsabilizando-se pelo desenvolvimento de ações como cuidar, alimentar, seguir em casa organizando as rotinas e acompanhando as atividades escolares *online*, além de realizar as atividades domésticas e o trabalho em *home office*. O acúmulo de funções é histórico e segue sendo acionado em meio à pandemia, expondo muitas mulheres também à violência doméstica, a trabalhos essenciais e mal remunerados e/ou à sobreposição de tarefas. De acordo com pesquisa realizada pela Catho[16], uma das grandes dificuldades das famílias, no atual momento, está em conciliar trabalho, tarefas domésticas e filhos/as.

Os direitos de proteção do sujeito mulher também tem sido redimensionados em meio à pandemia. Com a constatação do aumento dos índices de

---

15. Cf. SOS Educação. Disponível em http://www.soseducacao.com.br/o-enorme-peso-que-a-quarentena-jogou-sobre-as-ma%CC%83es/#:~:text=com%20os%20estudos.,O%20enorme%20peso%20que%20a%20quarentena%20jogou%20sobre%20as%20m%C3%A3es,negativo%20desproporcional%20para%20as%20mulheres Acesso em 22 jul. 20020.
16. A Catho é uma empresa de tecnologia que funciona como um classificado *online* de currículos e vagas com diversas ferramentas e soluções de recrutamento que auxiliam as pessoas na carreira e mercado de trabalho. Para saber mais cf. https://noticias.r7.com/economia/maes-em-quarentena-79-relatam-sintomas-de-ansiedade-10052020 Acesso em 22/01/2020.

violência doméstica, cresce também a oferta de medidas de suporte nos meios de comunicação, inclusive nos canais de TV aberta, estimulando mulheres a denunciarem a violência e a convivência velada com quem as agride. A mulher pode, por exemplo, entrar em uma farmácia e mostrar a um/a atendente um código desenhado na palma da mão – um X, em batom vermelho – ou solicitar uma máscara roxa, para denunciar agressão, uma vez que, com

> [...] o isolamento social imposto pela pandemia [...] a quantidade de denúncias de violência contra a mulher recebidas no canal 180 deu um salto: cresceu quase 40% em relação ao mesmo mês [abril] de 2019, segundo dados do Ministério da Mulher, da Família e dos Direitos Humanos (MMDH) (Violência..., 2020).

São ações de proteção importantes e necessárias, que dão visibilidade às masculinidades tóxicas e agressoras, bastante revigoradas em contextos neoconservadores. Exatamente por isso, deveríamos examinar e investir, de forma mais ampla e profunda, na compreensão dos processos pelos quais aprendemos a nos tornar mulheres e homens de determinados tipos, na relação com famílias, escolas, políticas públicas e artefatos culturais diversos.

Encaminhando-nos para o final desta revisão, associamo-nos a estudiosas e ativistas que vêm examinando os pressupostos dessas políticas e ações e seus múltiplos efeitos quando argumentam que o seu enfrentamento exige mais do que problematizar relações interpessoais entre mulheres e homens ou reiterar que papéis ou funções femininas não estão dados pela natureza, mas são socialmente construídos. Tal enfrentamento exige o exercício de uma crítica capaz de demonstrar que esses pressupostos são sustentados, dentre outras coisas, pelo próprio conhecimento que fundamenta a formação, as políticas e as práticas em áreas como Saúde, Educação, Direito e Segurança Pública. Isso se torna ainda mais imperioso nestes contextos de crises múltiplas e globais que, ao mesmo tempo em que desestabilizam profundamente nossas formas de vida, também retomam, atualizam, reforçam e rasuram processos de politização do feminino e da maternidade, o que demanda tanto o seu reconhecimento quanto a sua contínua problematização.

Referências

ABICHEQUER, A.M.D. **"Só pega essa quem quer?" – Tramas entre gênero, sexualidade e vulnerabilidade à infecção pelo HIV/Aids**. Dissertação de mestrado em Educação, 159 f. Porto Alegre: Programa de Pós-Graduação em Educação/Faculdade de Educação/Universidade Federal do Rio Grande do Sul, 2007. Disponível em https://lume.ufrgs.br/handle/10183/10638 Acesso em 12/12/2019.

AYRES, J.R. **Sobre o risco – Para compreender a epidemiologia**. 2. ed. São Paulo: Hucitec, 2002.

BEAUVOIR, S. **O segundo sexo I: Fatos e mitos**. Rio de Janeiro: Nova Fronteira, 1980.

BRASIL. **Plano Plurianual 2004-2007**. Brasília: Ministério do Planejamento, 2003. Disponível em http://www.sigplan.gov.br/arquivos/portalppa/41_%-28menspresanexo%29.pdf Acesso em 02/02/2019.

CASAL trans aguarda chegada de filho e quem está grávido é o pai – "A minha luta contra a transfobia se faz pela visibilidade", afirma a modelo trans e futura mãe, Danna Sultana, nascida na Colômbia. **Crescer Revista Digital**, 25/05/2020. Disponível em https://revistacrescer.globo.com/Gravidez/noticia/2020/05/homem-trans-espera-pela-chegada-de-primeiro-filho.html Acesso em 18/01/2020.

CAVALCANTE, R. **É cada vez maior a quantidade de mulheres que engravidam após os 35 anos em AL. Gazeta Online – Portal Gazetaweb.com**, 14/03/2019. Disponível em https://gazetaweb.globo.com/portal/especial.php?c=72367 Acesso em 22/01/2020.

DAL'IGNA, M.C. **Família S/A: um estudo sobre a parceria família-escola**. Tese de doutorado, 182f. Porto Alegre: Faculdade de Educação/Programa de Pós-Graduação em Educação/Universidade Federal do Rio Grande do Sul, Porto Alegre, 2011. Disponível em https://www.lume.ufrgs.br/handle/10183/36536. Acesso em 10/01/2019.

DARDOT, P.; LAVAL, C. **A nova razão do mundo – Ensaio sobre a sociedade neoliberal**. São Paulo: Boitempo, 2016.

DEAN, M. **Governamentality: power and rule in modern society**. Londres: Sage, 1999.

DERRIDA, J. **O monolinguismo do outro ou a prótese de origem**. Trad. de Fernanda Bernardo. Porto: Campo das Letras, 2001.

DOYAL, L. Sex, gender, and health: the need for a new approach. **British Medical Journal**, v. 323, p. 1061-1063, 2001. Disponível em https://www.ncbi.nlm.nih.gov/pmc/articles/PMC1121552/ Acesso em 18/02/ 2020.

DURO, C.L.M. **Maternidade e cuidado infantil: concepções de um grupo de mães da Vila Cruzeiro do Sul**. Dissertação de mestrado em Educação, 161 f. Porto Alegre: Programa de Pós-Graduação em Educação/Faculdade de Educação/Universidade Federal do Rio Grande do Sul, 2002. Disponível em https://www.lume.ufrgs.br/handle/10183/11987 Acesso em 22/01/2020.

DUTRA, I.L. **Parto Natural, normal e humanizado – A polissemia dos termos e seus efeitos sobre a atenção**. Dissertação de mestrado em Enfermagem, 145 f. Porto Alegre: Programa de Pós-Graduação em Enfermagem/Faculdade de Educação/Universidade Federal do Rio Grande do Sul, 2005. Disponível em https://lume.ufrgs.br/handle/10183/6067 Acesso em 11/02/2020.

FEDERICI, S. **Calibã e a bruxa: mulheres, corpos e acumulação primitiva**. São Paulo: Elefante, 2017.

FEDERICI, S. **O ponto zero da revolução: trabalho doméstico, reprodução e luta feminista**. Trad. de Coletivo Sycorax. São Paulo: Elefante, 2019.

FERNANDES, L.P. **Nas trilhas da família... Como e o que um serviço de educação social de rua ensina sobre relações familiares a meninos e meninas em situação de rua**. Dissertação de mestrado em Educação, 123 f. Porto Alegre: Programa de Pós-Graduação em Educação/Faculdade de Educação/ Universidade Federal do Rio Grande do Sul, 2008. Disponível em https://lume.ufrgs.br/handle/10183/13495 Acesso em 29/02/2020.

FORNA, A. **Mãe de todos os mitos: como a sociedade modela e reprime as mães**. Rio de Janeiro: Ediouro, 1999.

FOUCAULT, M. **História da sexualidade I – A vontade de saber**. 11. ed. Rio de Janeiro: Graal, 1993.

FOUCAULT, M. **Arqueologia do saber**. 7. ed. Rio de Janeiro: Forense Universitária, 2004.

FOUCAULT, M. **Segurança, território, população – Curso no Collège de France (1977-1978)**. São Paulo: Martins Fontes, 2008a.

FOUCAULT, M. **Nascimento da biopolítica – Curso no Collège de France (1978-1979)**. São Paulo: Martins Fontes, 2008b.

GASTALDO, D.; GOODEN, A.; MASSAQUO; N. Transnational Health Promotion: Social well-being across borders and immigrant women's subjectivities. **Wagadu**, Cortland, p. 1-16, 2005. Disponível em http://colfax.cortland.edu/wagadu/Volume%202/Printable/gastaldo.pdf Acesso em 10/01/2020.

GIDDENS, A. **Modernidade e identidades**. Rio de Janeiro: Zahar, 2002.

GIMENEZ, I. Thammy Miranda pode ser o pai biológico do primeiro filho e explicação confunde: "Só o médico sabe" – Andressa Ferreira está no 6º mês de gestação. **UOL Online: Pais & Filhos**, 28/08/2019. Disponível em https://paisefilhos.uol.com.br/gravidez/thammy-miranda-pode-ser-o-pai-biologico-do-primeiro-filho-e-explicacao-confunde-so-o-medico-sabe/#:~:text=-Um%20dos%20f%C3%A3s%20perguntou%20qual,dois%20%C3%B3vulos%2C%20meu%20e%20dele Acesso em 21/01/2020.

GORZ, A. **Carta a D. História de um amor**. São Paulo: Annablume/Cosac Naify, 2008.

GROSSBERG, L. On Postmodernism and Articulation: An Interview with Stuart Hall. **Journal of Communication Inquiry**, v. 10, 2, p. 45-60, 01/06/1986. Doi: https://doi.org/10.1177/019685998601000204

HALL, S. On postmodernism and articulation: an interview with Stuart Hall. In: MORLEY, D.; CHEN, K. K.-H. (orgs.). **Stuart Hall: critical dialogues in cultural studies**. Londres: Routledge, 1996.

HARVEY, D. **Spaces of global capitalism: towards a theory of uneven geographical development**. Nova York: Verso, 2006.

JUNQUEIRA, R.D. Homofobia nas escolas: um problema de todos. In: JUNQUEIRA, R.D. (org.). **Diversidade sexual na educação: problematizações sobre a homofobia nas escolas**. Brasília: Ministério da Educação/Secretaria de Educação Continuada, Alfabetização e Diversidade/Unesco, 2009, p. 13-52.

KLEIN, C. **"...um cartão (que) mudou nossa vida"? – Maternidades veiculadas/instituídas no Programa Nacional Bolsa Escola**. Dissertação de mestrado em Educação, 150 f. Porto Alegre: Programa de Pós-Graduação em Educação/Faculdade de Educação/Universidade Federal do Rio Grande do Sul, 2003. Disponível em https://lume.ufrgs.br/handle/10183/3814 Acesso em 15/08/2019.

KLEIN, C. **Biopolítica de inclusão social e produção de maternidades e paternidades para uma "infância melhor"**. Tese de doutorado em Educação, 246 f. Porto Alegre: Programa de Pós-Graduação em Educação/Faculdade de Educação/Universidade Federal do Rio Grande do Sul, 2010. Disponível em https://www.lume.ufrgs.br/handle/10183/27048 Acesso em 18/09/2019.

LOURO, G.L. **Um corpo estranho: ensaios sobre sexualidade e teoria queer.** Belo Horizonte: Autêntica, 2004.

MARTINS, A.P.V. Entre a benemerência e as políticas públicas: a atuação da liga baiana contra a mortalidade infantil no começo do século XX. In: SIMPÓSIO PARTO E MATERNIDADE. **I Seminário Internacional Enfoques Feministas e o século XXI: feminismo e universidade na América Latina.** Salvador, 06-09/12/2005.

MEYER, D. **Mulher perfeita tem que ter [mamas e] uma barriguinha: educação, saúde e produção de identidades maternas.** Porto Alegre: Faculdade de Educação/Universidade Federal do Rio Grande do Sul, 2003 [Relatório de pesquisa].

MEYER, D. et al. **Educar e assistir corpos grávidos para gerar e criar seres humanos saudáveis – Educação, saúde e constituição de sujeitos "de direitos" e "de riscos".** Porto Alegre: Faculdade de Educação/Universidade Federal do Rio Grande do Sul, 2005 [Relatório de pesquisa].

MEYER, D. et al. **A educação da família como estratégia governamental de inclusão social – Um estudo situado na interface dos Estudos culturais, de gênero e de vulnerabilidade.** Porto Alegre: Faculdade de Educação/Universidade Federal do Rio Grande do Sul, 2008 [Relatório de pesquisa].

MEYER, D. et al. **Vulnerabilidade, programas de inclusão social e práticas educativas – Uma abordagem na perspectiva dos estudos de gênero e culturais.** Porto Alegre: Faculdade de Educação/Universidade Federal do Rio Grande do Sul, 2014 [Relatório de pesquisa].

MEYER, D. et al. **Políticas públicas de inclusão social e transversalidade de gênero: ênfases, tensões e desafios atuais.** Porto Alegre: Faculdade de Educação/Universidade Federal do Rio Grande do Sul, 2019 [Relatório de pesquisa].

MOTT, M.L.; BYINGTON, M.E.B.; ALVES, O.F. **O gesto que salva – Pérola Byington e a Cruzada Pró-infância.** São Paulo: Grifo, 2005.

NETTLETON, S. Governing the risky self: how to become healthy, wealthy and wise. In: PETERSEN, A.; BUNTON, R. (eds.). **Foucault, Health and Medicine**. Londres: Routledge, 1997, p. 207-222.

NICHOLSON, L. Interpretando gênero. **Estudos Feministas**, Florianópolis, v. 8, n. 2, p. 9-41, 2000.

OLIVEIRA, D. Debate sobre o artigo de Mary Jane Spink. **Cadernos de Saúde Pública**, v. 17, n. 6, p. 1.277-1.311, nov.-dez., 2001. DOI: https://doi.org/10.1590/S0102-311X2001000600043

PEIXOTO, J. **Da paternidade responsável à paternidade participativa? – Representações da paternidade na política nacional de atenção integral à saúde do homem (Pnaish)**. Dissertação de mestrado em Saúde Coletiva, 119 f. Porto Alegre: Programa de Pós-Graduação em Saúde Coletiva/Faculdade de Enfermagem/Universidade Federal do Rio Grande do Sul, 2015. Disponível em https://www.lume.ufrgs.br/bitstream/handle/10183/132926/000984767.pdf?sequence=1 Acesso em 22/06/2020.

PETERSEN, A. Risk, governance and the new public health. In: PETERSEN, A.; BUNTON, R. (eds.). **Foucault, Health and Medicine**. Londres: Routledge, 1997, p. 189-202.

RIBEIRO, G.L. Cultura, direitos humanos e poder: muito além do império e dos humanos direitos – Por um universalismo heteroglóssico. In: FONSECA, C.; TERTO JR., V.; ALVES, C.F, (orgs.). **Antropologia, diversidade e direitos humanos: diálogos interdisciplinares**. Porto Alegre: UFRGS, 2004, p. 29-52.

SCAVONE, L. A maternidade e o feminismo: diálogo com as Ciências Sociais. **Cadernos Pagu**, São Paulo, n. 16, p. 137-150, 2001. DOI: http://dx.doi.org/10.1590/S0104-83332001000100008

SCHMIED, V.; LUPTON, D. The externality of the inside: body images of pregnancy. **Nursing Inquiry**, v. 8, n. 1, p. 32-40, mar./2001. Disponível em https://onlinelibrary.wiley.com/doi/abs/10.1046/j.1440-1800.2001.00088.x Acesso em 08/01/2020.

SCHWENGBER, M.S.V. **"Donas de Si"? – Educação de corpos grávidos na revista *Pais & Filhos***. Tese de doutorado em Educação, 196 f. Porto Alegre: Programa de Pós-Graduação em Educação/Faculdade de Educação/Universidade Federal do Rio Grande do Sul, 2006. Disponível em https://www.lume.ufrgs.br/handle/10183/8937 Acesso em 09/03/2019.

SCOTT, J. Gênero: uma categoria útil de análise histórica. **Educação & Realidade**, Porto Alegre, v. 20, n. 2, p. 71-99, jul.-dez./1995.

SILVA, M. Globalização, pobreza e género. In: HENRIQUES, F. (dir.). **Género, diversidade e cidadania**. Évora: Cidehus/Colibri, 2019, p. 119-129. Disponível em https://books.openedition.org/cidehus/3986 Acesso em 25/04/2020.

SPINK, M.J. Trópicos do discurso sobre risco – Risco-aventura como metáfora na modernidade tardia. **Cadernos de Saúde Pública**, v. 17, n. 6, p. 1.277-1.311, nov.-dez./2001. Disponível em https://www.scielo.br/scielo.php?pid=S0102-311X2001000600002&script=sci_abstract&tlng=pt Acesso em 12/12/2019.

VARGAS, V. Los feminismos latinoamericanos y sus disputas por uma globalización alternativa. In: MATO, D. (org.) **Políticas de Identidades y diferencias sociales em tiempos de globalización**. Caracas: Faces UCV/Oceap/Cipost, 2003.

VEIGA-NETO, A. Coisas do governo... In: RAGO, M.; ORLANDI, L.B.L.; VEIGA-NETO, A. (orgs.). **Imagens de Foucault e Deleuze: ressonâncias nietzschianas**. Rio de Janeiro: DP&A, 2002, p. 13-34.

YALOM, M. **A história do seio**. Lisboa: Teorema, 1997.

2
"Minha mãe me vestiu de Batman, mas eu sou a Mulher Gato"

Discussões sobre scripts de gênero, sexualidade e infâncias

Jane Felipe
Bianca Salazar Guizzo

Há alguns anos, um menino comemorava seu aniversário temático de quatro anos em uma instituição de Educação Infantil no Rio de Janeiro, fantasiado de Batman. Na hora dos parabéns, no exato momento de apagar as velinhas, ele proferiu o comentário que dá título a este capítulo. O referido episódio nos remeteu a outra situação semelhante, quando um menino da mesma idade interpelou seu professor, dizendo: "Os meninos são teus reizinhos, as meninas são tuas princesinhas. E eu? Eu não sou nada"! (BELLO, 2013). O que tais afirmações proferidas na infância nos provocam a pensar? Por que muitas dessas falas desestabilizam e desacomodam as famílias e o corpo docente das escolas?

Em nossa trajetória como professoras atuando diretamente na formação docente na graduação e também em Programas de Pós-Graduação, orientando pesquisas sobre infâncias, gênero e sexualidade, temos observado o quanto as falas, as observações e as curiosidades infantis podem provocar um grande desconforto nas famílias ou mesmo nas professoras, que por vezes não sabem muito bem como reagir diante de sentimentos, dúvidas e comentários expressos pelas crianças. Podemos supor que muitas vezes os adultos têm dificuldade em prestar atenção naquilo que as crianças manifestam, pois em geral se preocupam muito mais em regular os comportamentos infantis, na tentativa de prescrever uma série de comportamentos que julgam como os mais adequados em função do gênero atribuído às crianças desde o nascimento (ou mesmo antes dele, a partir das novas tecnologias que podem mostrar o sexo do bebê). Desse modo, os *scritps* de gênero, entendidos aqui como roteiros que tentam prescrever os comportamentos dos sujeitos, vão sendo delineados desde a mais tenra infância, por vezes de modo sutil, outras vezes de forma explícita, sendo encaminhados e construídos de diversas formas (FELIPE; GUIZZO, 2017). Em relação aos meninos, é possível perceber que tais *scripts* se dão de modo mais impositivo e até mesmo violento, como demonstram as pesquisas de Alexandre Bello (2013), Jéssica Moraes (2019) e Michele Leguiça (2019).

Em primeiro lugar, é preciso entender, como afirma Guacira Louro (2007, p. 210), que "os sujeitos se constituem de múltiplas e distintas identidades (de gênero, de raça, etnia, sexualidade etc.), na medida em que são interpelados a partir de diferentes situações, instituições ou agrupamentos sociais". Como diz a autora, se somos sujeitos de identidades múltiplas, é preciso investigar as situações que nos interpelam, considerando que nossa identidade é uma construção processual e constante que deve ser debatida, relativizada, desnaturalizada.

O presente texto tem como objetivo demarcar a importância de ouvirmos as crianças em suas demandas, em especial no que se refere à construção de suas identidades de gênero, que não raras vezes são interpretadas como prenúncio de uma identidade sexual compulsória, estabelecendo assim inúmeras confusões conceituais. Em relação à escola de Educação Infantil, apontamos aqui a necessidade de uma formação inicial e continuada de professoras/es que possa contemplar as temáticas de gênero e sexualidade nas infâncias, para um maior entendimento das diversas possibilidades de vivenciar esses trânsitos que envolvem as identidades.

Gostaríamos então de compartilhar aqui algumas reflexões que foram gestadas ao longo de muitos anos como professoras-pesquisadoras dos cursos de formação docente, referindo-nos à importância de nossa inserção no Geerge, como principal espaço de formação como pesquisadoras que atuam em cursos de Pedagogia, formando professoras e professores da Educação Infantil e nos anos iniciais do Ensino Fundamental.

Como temos percebido as infâncias?

Em publicação anterior discutimos o quanto as infâncias desconcertam nossas certezas, escapando por vezes de nossas vãs tentativas de controle sobre esses corpos entendidos como frágeis, incapazes, ingênuos. No entanto, é preciso considerar o quanto as infâncias envolvem "uma rede de complexas relações, entremeadas por distintas produções culturais, sociais e históricas, e não como resultado de um processo evolutivo, como algumas perspectivas tentam fixar e enquadrar" (GUIZZO; BECK; FELIPE, 2013, p. 20). Segundo observa Larrosa (2014, p. 230), as infâncias põem em xeque a segurança de nossos saberes, questionado o poder de nossas práticas. "Pensar a criança como outro é, justamente, pensar essa inquietação, esse questionamento e esse vazio".

Ouvir as crianças, se importar com elas em relação aos temas e às atividades que lhes chamam atenção, mostrar consideração com suas opiniões, angústias, curiosidades, experimentações, têm sido uns dos principais aspectos das pesquisas envolvendo as infâncias nos últimos anos. Vários/as autores/as têm discutido como os infantes passaram a ser visibilizados ao longo da história, tornando-se objeto de estudo em vários campos do conhecimento (GÉLIS, 1995; BUJES, 2002; CORAZZA, 2002, 2004; 2017).

Especialmente a partir da década de 1990, temos assistido a uma ampliação dos campos de pesquisa sobre as infâncias, pois se antes as investigações se restringiam ao campo médico, psicológico, pedagógico e jurídico, mais recentemente áreas como a Sociologia e a Antropologia da Infância passaram a dar visibilidade a essa faixa etária (PINTO; SARMENTO, 1997). Ressaltamos ainda que as pesquisas, a partir de então, não se restringem a falar sobre as infâncias, em uma perspectiva adultocêntrica, mas consideram a importância da participação infantil em tais produções como uma questão social e política.

Desse modo, temos nos lançado ao desafio de desenvolver pesquisas com a participação das crianças desde meados dos anos de 2000, a partir das investigações realizadas por Judite Guerra (2005), Bianca Salazar Guizzo (2005; 2011), Zandra Arguello (2005), Alexandre Bello (2006), Dinah Beck (2012),

Liliane Madruga Prestes (2016), Cristiano Rosa (2019), Jéssica Moraes (2019), Michele Leguiça (2019), dentre outros trabalhos produzidos no eixo temático *infâncias, gênero e sexualidade*, vinculada à linha de pesquisa "Educação, sexualidade e relações de gênero", no Programa de Pós-Graduação da UFRGS. Durante esses anos temos nos dedicado a discutir alguns temas, tais como a erotização dos corpos infantis e o conceito de pedofilização, maus-tratos emocionais contra as crianças, além de analisar alguns artefatos culturais voltados para o público infantil, como livros literários, jogos *online*, uniformes escolares, dentre outros, observando de que forma tais artefatos contribuem para a produção das masculinidades e feminilidades na infância, especialmente no contexto da Educação Infantil. Nossas considerações aqui propostas se baseiam, portanto, em uma significativa produção teórico-metodológica que conseguimos construir até aqui, como apontam os trabalhos de Medeiros (2018) e Santos (2015), nesses vinte anos de atuação no referido eixo temático.

Scripts de gênero e as demandas emergidas nas escolas

As discussões teórico-metodológicas desenvolvidas no Geerge possibilitaram, de forma recorrente, inúmeros questionamentos, análises, tensionamentos, além da possibilidade de produzirmos ou mesmo ressignificarmos alguns conceitos, dentre eles o de *scripts* de gênero. Como referem Felipe e Guizzo (2017, p. 226):

> A ideia de *scripts* nos parece potente para pensar criticamente todas as prescrições que nos são impostas desde o nascimento (ou mesmo antes dele), em função de sermos designados como machos ou fêmeas. Tais expectativas das mais diversas ordens vão sendo tecidas e muito bem tramadas (ou amarradas) ao longo das nossas vidas – pela família, pela religião, pela escola e demais instituições e pelos mais variados discursos –, dizendo-nos como devemos ser e nos comportar. Apesar de se pretenderem hegemônicos, tais roteiros que vão sendo construídos minuciosamente dia a dia, sempre podem sofrer inúmeras negociações, recusas ou adesões, sejam elas totais ou parciais. Cientes de que os conceitos sempre escorregam, são provisórios e não dão conta da complexidade dos sujeitos [...]. Poderíamos então entender os *scripts* de gênero e os *scripts* de sexualidade como roteiros, definições, normas, apontamentos, às vezes negociáveis, em outras circunstâncias nem tanto, que prescreveriam as condutas dos sujeitos. Quando os *scripts* são ignorados, rompidos ou modificados, seus autores,

neste caso, a sociedade que se pretende hegemônica e que insiste em traçar determinados padrões de comportamento, trabalha no sentido de impor sanções e promover discriminações a todos os sujeitos ou grupos que ousam romper, modificar ou mesmo escrever seus próprios *scripts*.

Portanto, os *scripts* de gênero se referem às atribuições que são/estão sendo culturalmente definidas como masculino e feminino, produzindo assim desigualdades a partir das diferenças entre os sexos. Cristiano Rosa (2019), ao pesquisar sobre o conceito de *scripts*, mostra que desde a década de 1940, algumas pesquisas no campo da psicologia, da linguística e da sociologia, já referiam o quanto, desde a infância, somos capturados cognitiva, linguística e socialmente por meio das expectativas que a sociedade estabelece a respeito do ser e se fazer homens e mulheres.

A escola, enquanto espaço generificado, formula e põe em ação inúmeras regulações sobre os corpos, embora também ocorram muitas resistências e negociações. As crianças, de algum modo, estabelecem estratégias para escapar de determinadas prescrições, como mostra o trabalho de Leguiça (2019). Segundo a referida autora, alguns meninos, ávidos em experimentar as maquiagens disponibilizadas na sala, em uma escola de Educação Infantil, referiram que "meninos não se maquiam, se pintam para a guerra", configurando-se assim, a dinâmica de (re)elaboração dos *scripts*. A pesquisadora mostra o quanto os meninos são constantemente vigiados pelas professoras, que tecem comentários depreciativos a respeito daqueles meninos que se mostram mais medrosos, ou choram.

A pesquisa de Bello (2006), sobre a construção das masculinidades na infância, salienta que brinquedos e brincadeiras são instrumentos de poder acionados constantemente para produzir/definir normas de gênero. No entanto, cabe destacar que as crianças são vítimas de toda a sorte de maus-tratos emocionais (ou violência psicológica) quando se trata de readequá-las ao gênero atribuído ao nascimento ou à uma determinada identidade sexual. Os maus-tratos emocionais consistem em movimentos reiterados e persistentes com o intuito de desqualificar e humilhar outra pessoa, abalando a sua autoestima e colocando-a numa posição de subordinação (FELIPE; GALET, 2016). Neste sentido, podemos observar o quanto as crianças sofrem inúmeras violências para que se adequem aos *scripts* traçados para elas e não raras vezes, tais situações são impingidas pela própria família e pelos/as professores/as, o que nos remete a pensar na importância de investirmos na formação docente, que muitas vezes silencia diante das indagações curiosas ou frases consideradas desconcertantes das crianças.

Certa vez, em um de nossos seminários proposto no âmbito da pós-graduação, um professor relatou o quanto ele considerava a escola como um dos espaços mais cruéis para os sujeitos, fomentando discriminações e maus-tratos emocionais contra as crianças e jovens. Tal comentário se deu após termos sugerido que as pessoas comentassem sobre suas vivências escolares na infância em relação a alguma situação de violência que possam ter sofrido. Os relatos dão conta de que na escola a criança aprende inúmeros comportamentos de violência e preconceitos das mais diversas ordens. Ainda que ela tenha em casa uma educação comprometida com o respeito aos outros, é na escola que ela se depara com várias situações de violência e preconceito, no convívio com outras crianças e também na relação estabelecida com professores/as preconceituosos/as e, por vezes, despreparados/as para discutir e enfrentar determinados temas.

As dificuldades das professoras para lidar com as questões envolvendo gênero e sexualidade se tornam visíveis na medida em que há uma evidente dificuldade em manejar situações que ocorrem no cotidiano das escolas, diante da curiosidade infantil ou frente a algum comportamento considerado fora dos padrões normativos de gênero. Vale lembrar que muitas famílias continuam a educar suas crianças dentro de perspectivas binárias e cisheteronormativas, como mostram as inúmeras comemorações que viraram moda de uns anos para cá, chamadas de "chá revelação", momento em que os pais promovem uma festa para "revelar" se o bebê tão esperado é menino ou menina, como nos mostra a pesquisa de Dilton Couto Junior, Ivan Amaro, Renato Romeritto e Ruan Ruani (2020). O clímax da festa se dá na hora de cortar o bolo: se o recheio for azul será menino, se for rosa, menina. Como observa Guacira Louro (2009, p. 89) "esse alinhamento (entre sexo-gênero-sexualidade) dá sustentação ao processo de heteronormatividade, ou seja, à produção e à reiteração compulsória da norma heterossexual".

No que se refere à Educação Infantil, as principais dúvidas e situações elencadas pelas professoras são as seguintes[17]: como lidar com as perguntas que envolvem concepção e nascimento? Crianças pequenas expressam interesse em saber "como os bebês vão parar dentro da barriga e como eles saem lá de dentro"; o que fazer quando alguma criança apresenta uma identificação reiterada com comportamentos atribuídos ao outro gênero que não o designado socialmente para ela por ocasião do nascimento? Aqui as escolas, através de suas professoras, equipe pedagógica e funcionários/as, parecem operar com a ideia de que existem coisas próprias para meninos (modos de ser e de se comportar, preferências por determinados brinquedos e brincadeiras, por exemplo), que devem ser distintas – e até mesmo opostas – as coisas de meninas. Como observa Louro (2004, p. 61), a escola é generificada e se esmera em promover "um aprendizado eficaz, continuado e sutil". Desse modo, segundo a referida autora, "Gestos, movimentos, sentidos são produzidos no espaço escolar e incorporados por meninos e meninas, tornando-se parte de seus corpos. Ali se aprende a olhar e a se olhar, se aprende a ouvir, a falar e a calar; se aprende a preferir".

Outra demanda importante refere-se à forma como a escola deve se relacionar com as famílias. O que acontece quando as crianças comentam que elas têm dois pais ou duas mães? A pesquisa desenvolvida por Larissa Richer Ferreira (2016) mostrou que há alguma dificuldade em lidar com novas configurações familiares, como no caso de casais gays ou casais de lésbicas que têm filhos/as. A partir de sua experiência como professora de Educação Infantil, ela percebeu que muitas escolas ainda possuem abordagens pautadas em um modelo cisheteronormativo, ignorando, assim, as especificidades de outras formas de família.

> Alguns exemplos dessa falta de sensibilidade das escolas podem ser percebidos através do silenciamento sobre o tema nas festas escolares, como por exemplo, festa do dia das mães e dos pais, a cobrança pela presença da

---

17. As dúvidas e questionamentos das professoras que atuam na Educação Infantil e anos iniciais foram coletadas a partir da nossa inserção como professoras pesquisadoras e coordenadoras de cursos de formação inicial e continuada, palestras e assessorias pedagógicas em vários estados e municípios brasileiros. No entanto, gostaríamos de destacar os cursos de Especialização em Docência na Educação Infantil em parceria com o Ministério da Educação (MEC), voltados para professoras/es da rede pública. Na ocasião (2012 e 2014), interferimos diretamente no currículo desse curso, incluindo uma disciplina sobre gênero, sexualidade e questões étnico-raciais, que não estava prevista originalmente no formato de currículo elaborado pelo MEC.

> figura materna, no caso de famílias com dois pais, a dificuldade em apresentar livros de literatura infantil que abordassem a temática ou mesmo desenvolver projetos que contemplem essas questões. De que modo as outras famílias enxergam essas famílias que se configuram pela presença de dois pais ou duas mães? Será que tais famílias circulam pela escola sem enfrentar alguns olhares discriminatórios? A escola é/foi receptiva? Seus filhos são/foram bem recebidos pela professora? E pelos colegas? Há projetos na escola sobre a temática da diversidade? (FERREIRA, 2016, p. 7).

Um aspecto importante levantado por Ferreira (2016) diz respeito à literatura infantil sobre famílias homoparentais, pois muitas escolas têm receio de adquirir determinadas obras para os seus acervos literários por conta das reações das outras famílias. A pesquisa intitulada *Relações homossexuais e famílias homoparentais na literatura infantil contemporânea*, desenvolvida por Márcia Santos (2016), mostrou a escassez de livros de literatura infantil sobre o tema, assim como a dificuldade em adquirir as obras existentes, por conta da pouca circulação das mesmas, em geral produzidas por editoras pequenas. Além disso, os livros analisados operam, muitas vezes, com uma idealização e romantização das relações familiares, vistas como felizes e isentas de conflitos (SANTOS, 2016).

Em relação aos livros de sexualidade voltados ao público que frequenta a Educação Infantil, muitos deles não contemplam determinados temas – homossexualidade, transexualidade, famílias homoparentais, por exemplo. Já os livros de literatura infantil que se propõem a discutir a temática, por vezes acabam reiterando normativas sociais prescritivas cuja ênfase recai no tema do amor romântico, enaltecendo o casamento como o clímax e o coroamento de uma relação (PIRES, 2009). No entanto, precisamos reconhecer que nos últimos anos muitos materiais didáticos e paradidáticos têm sido produzidos, alguns de muita qualidade. Mas nem sempre eles chegam às salas de aula. A circulação é ainda muito restrita e os/as professores/as desconhecem tal acervo ou então quando sugerem a compra dos livros, a direção da escola não aprova, por medo de sofrerem alguma represália por parte das famílias ou até mesmo de políticos ávidos em perseguir as escolas, fazendo disso sua plataforma eleitoral mais torpe. Essa é uma queixa recorrente das professoras: não só as famílias não deixam trabalhar o tema da sexualidade, como também setores conservadores no âmbito político têm se colocado completamente contra qualquer trabalho pedagógico que se vincule às questões de gênero e sexualidade. Soma-se a isso o fato de haver, por parte do corpo docente, uma grande preocupação no que diz respeito aos critérios para a escolha dos livros de literatura ou mesmo os paradidáticos que tratam desses temas. Como selecioná-los, quais os critérios e a partir de que idade devem ser disponibilizados às crianças pequenas? Tal preocupação tem se exacerbado nos últimos anos, em função dos inúmeros ataques que as escolas vêm sofrendo por parte de algumas famílias, de políticos de extrema direita, de religiosos e outros grupos conservadores, que partem do pressuposto que falar de sexualidade na escola despertaria o desejo e o interesse das crianças pelo sexo, erotizando-as precocemente. Temos aqui uma confusão conceitual entre sexo e sexualidade que se mostra recorrente nos discursos conservadores. Por outro lado, as professoras também relatam situações relacionadas a violência/abuso sexual infantil (BRASIL, 2018), havendo a necessidade de se prepararem para lidar com tal problema, pois não raras vezes, se sentem incapazes de abordar o tema ou mesmo encaminhar a questão para outras instâncias, daí a necessidade de investimentos nos cursos de formação continuada.

Portanto, a partir de inserções como a supracitada, em que é possível lidar diretamente com as escolas e com as experiências de pesquisa, e muito convictas da importância de estabelecermos um diálogo contínuo entre a escola, seus/suas gestores/as, professores/as e academia, trazemos aqui algumas das nossas inquietações.

Ensaios de uma masculinidade compulsória na Educação Infantil

Algumas pesquisas têm mostrado os investimentos que são feitos desde a mais tenra infância, no sentido de construir uma masculinidade heteronormativa compulsória, pautada na violência, desde a mais tenra idade. Para muitas famílias, o que define a masculinidade que se pretende hegemônica é o uso da violência como fio condutor da educação de meninos e homens. Aprendemos, desde muito cedo, que o corpo, para ser reconhecido como humano, precisa passar por inúmeros protocolos de reconhecimento, no campo visual, político e linguístico (PRECIADO, 2020). Neste sentido, quando olhamos para uma criança (ou mesmo para outras pessoas de diferentes faixas etárias), buscamos reconhecer visualmente alguns traços de sua identidade de gênero, usamos determinado tipo de linguagem ao nos reportamos a ela, além do reconhecimento de sua identidade através de um documento legitimado pelo Estado (certidão de nascimento). A partir de então, inúmeras expectativas de gênero vão sendo depositadas nesses corpos ainda infantes. Os meninos são convocados a todo instante a demonstrarem suas masculinidades hegemônicas, já com as meninas, se tolera uma maior fluidez e trânsito pelas expectativas de gênero. Como exemplo, poderíamos citar uma situação que ocorreu em uma escola de Educação Infantil de Porto Alegre, quando o pai de um menino de 2 anos se dirigiu à professora, pedindo para que ela vigiasse o seu filho, proibindo-o de vestir roupas "de menina" que ficavam no cantinho da fantasia, já que muitas escolas de Educação Infantil disponibilizam uma arara ou um cesto com roupas, fantasias e acessórios – chapéus, colares etc. –, para que as crianças brinquem. O pai aflito e ávido para que seu filho pudesse dar demonstrações de uma possível heterossexualidade compulsória (ainda que o menino tivesse apenas 2 anos), também recomendou que o filho não fosse ensinado a fazer xixi sentado ou a se sentar de pernas cruzadas "como uma menina". Esta situação nos mostra o quanto os pais se sentem ameaçados em sua própria masculinidade (ou na ideia que fazem do que seja um ideal de masculinidade), aos primeiros sinais de que os filhos talvez não sigam tais *scritps* de gênero.

Os currículos de formação inicial e continuada, na maioria das vezes, não contemplam esses temas: há uma confusão conceitual em que as normativas de gênero são confundidas com as identidades sexuais. Por exemplo: se um menino resolve brincar de bonecas ou no canto da casinha ou ainda brincar no canto da fantasia com roupas femininas ele é visto com certa desconfiança pela professora, muitas vezes sendo vítima de deboche, inclusive por parte justamente da figura que deveria protegê-lo. As professoras e as famílias, de um modo geral, parecem não entender que crianças brincam de qualquer coisa e não conseguem respeitar esses trânsitos de gênero. Desde muito cedo são interditadas pela família e pela escola a experimentarem certos brinquedos e brincadeiras, ou a manifestarem determinados gostos e comportamentos, sendo conduzidas sutilmente (às vezes nem tanto!) a se adequarem às normas de gênero estabelecidas socialmente. O que temos visto, a partir das pesquisas realizadas no nosso eixo temático *infâncias, gênero e sexualidade*, é o despreparo das famílias e das escolas para lidar com as questões de gênero e sexualidade, e também uma dificuldade em acolher as falas infantis, pois muitas vezes os/as professores/as se apressam em demarcar o lugar que o menino ou a menina devem ocupar, em função das expectativas e dos roteiros que se costuma traçar para ambos. Em muitas situações é possível perceber uma insuportabilidade para com esses trânsitos de gênero, especialmente quando a criança resolve sair do *script*, escapando da rota que lhe foi traçada. Hoje temos o exemplo de crianças trans, não binárias e *drag queens*, que têm ganhado visibilidade muito especialmente em função das novas tecnologias, através das redes sociais (ROSA, 2019; ROSA; FELIPE, 2019).

Há também, na educação dos meninos, um forte componente misógino, que vai sendo alimentado pelo desprezo a tudo aquilo que possa ser identificado como feminino. Tal comportamento misógino que vai se instalando desde a infância e anda de mãos dadas com as várias formas de violência contra as mulheres, como demonstram as pesquisas de Michele Leguiça (2019) e Jéssica Moraes (2019).

Acreditamos ser necessário discutir esses temas, pois ainda existe uma imensa dificuldade (e em muitos casos, até mesmo uma má vontade) em entender o quanto as identidades de gênero e a sexualidade são constituídas por processos complexos, subjetivos, sujeitos a construções históricas, culturais e sociais. No que se refere especificamente à sexualidade e às infâncias, temos observado a difusão de um pânico moral, associando sexualidade a ato sexual, acarretando inúmeras perseguições às escolas e às professoras que ousem discutir esses temas na Educação Infantil, como já mencionamos anteriormente (MORAES, 2019). No entanto, é preciso incansavelmente reafirmar que sexualidade não deve ser confundida de modo restrito ao ato sexual, pois como refere a pesquisadora Jimena Furlani (2011), a sexualidade envolve pelo menos cinco aspectos: *Relações humanas (afetividade):* na família, nas amizades, nos relacionamentos amorosos/afetivos, na conjugalidade, no trabalho; *Saúde sexual:* o corpo, desenvolvimento humano, ISTs, anticoncepção, sexo reprodutivo, sexo e prazer; *aspectos subjetivos e individuais:* fantasias e erotismo, orientação sexual (desejo), preferências e escolhas, experiências vividas, influências recebidas, história de vida; *Vivências sexuais:* na infância, na adolescência, na vida adulta, na 3ª idade (individuais ou com parceiros); *Contextualização histórica, social, cultural e política:* momentos e acontecimentos históricos, mitos e tabus sexuais, relações de gênero, pornografia, erotismo, obscenidade e indústria do sexo, mídia e sexualidade, direitos humanos e cidadania, educação sexual e política educacional, planejamento familiar e aleitamento. Todos esses aspectos aqui elencados mostram o quanto as formas pelas quais nos constituímos no mundo e também como experimentamos nossos desejos afetivo-sexuais são complexas, múltiplas, contraditórias. Neste sentido, o considerável aumento de grupos de pesquisa que se propõem a discutir e aprofundar tais discussões, especialmente na perspectiva interseccional, somados aos grupos de militância LGBTQI+, vêm exercendo um papel fundamental neste debate, além da produção de filmes e documentários sobre as temáticas de gênero, sexualidade e infâncias.

Crianças "trans", "não binárias", "viadas" e "drags": entre adjetivações, escutas e acolhimentos

> É preciso defender o direito das crianças, de serem consideradas como subjetividades políticas irredutíveis a uma identidade de gênero, de sexo ou de raça.
> Preciado, 2020, p. 73.

Nos últimos anos tem havido grande visibilidade em relação ao tema das crianças identificadas como "trans", "drags", "intersex", "não binárias" ou "viadas" (ZANETTE; LEGUIÇA; FELIPE, 2019; ZANETTE; FELIPE; 2017; ROSA, 2019). Notícias na imprensa, filmes e documentários[18], além de exposições de crianças na internet como pequenos/as astros do YouTube foram colocados em circulação. Em muitos casos, diante dos comentários que se seguem às reportagens e/ou vídeos, tem sido possível perceber uma confusão conceitual em torno

---

18. Cf., p. Ex., filme *Pequena garota*, do diretor Sébastien Lifshitz, que ganhou o prêmio de melhor longa-metragem internacional no 28º Festival Mix Brasil em 2020, festival de cinema voltado à diversidade. Lifshitz ganhou por duas vezes o Teddy, prêmio do Festival de Berlim para filmes de temática LGBTQIA+, com o filme de ficção *Wild Side* (2004) e com o documentário *Bambi* (2013). Disponível em https://www.uol.com.br/ecoa/ultimas-noticias/2021/01/01/pequena-garota-e-a-luta-real-de-uma-crianca-trans-por-inclusao-na-escola.htm Cf. Tb. https://www.rfi.fr/br/cultura/20200226-filmes-sobre-crian%C3%A7-e-adolescentes-trans-s%C3%A3o-destaque-na-programa%C3%A7%C3%A3o-da-berlinale

dessas temáticas, onde identidades de gênero são colocadas como sinônimas das identidades sexuais, como já pontuamos inúmeras vezes.

Em 11/02/2015, a revista *Nova Escola* trouxe uma matéria intitulada "Educação sexual: precisamos falar sobre Romeo". A capa da revista trazia a figura de um menino inglês, de 5 anos de idade, que foi impedido de ir às aulas por gostar de usar vestidos de princesa. Esse número da revista teve uma repercussão recorde, pois em pouco tempo, mais de 3 milhões de usuários de determinada rede social tiveram acesso à matéria, que recebeu mais de 2 mil comentários, muitos deles estarrecedores, mostrando o desconhecimento da população sobre o tema. Também a revista *Pais & Filhos*, de 03/06/2015, veiculou uma matéria intitulada "Criança transexual: menino ou menina?" Na reportagem, havia uma explicação sobre o conceito de cisgênero, transgênero e transexual[19]. Ainda no mesmo ano, saíram algumas matérias falando sobre a filha dos atores Brad Pitt e Angelina Jolie, que desde os 4 anos, começou a expressar uma identificação com o gênero masculino. A família, a partir de então, parece ter exercitado uma escuta e um olhar sensíveis para as manifestações da criança, acolhendo seus desejos: cortou o cabelo bem curto, permitiu que ela usasse roupas geralmente identificadas com os garotos, o que gerou muitas críticas por parte significativa da sociedade, o que fica evidenciado no tom das reportagens mundo à fora. Em algumas entrevistas, a atriz Angelina Jolie parecia pressionada a se explicar, por permitir que a filha usasse roupas "de menino". Determinadas reportagens faziam questão de mencionar que a atriz era "bissexual assumida"[20],

---

19. A reportagem dizia: "Cisgênero é quem se identifica com o gênero correspondente ao sexo biológico, ou seja, nasceu com vagina é uma menina, nasceu com pênis é um menino. É o que todo mundo considera regra. Transgênero é a pessoa que contesta essa regra, que não tem seu gênero definido pelo sexo biológico. Já a pessoa transexual se identifica com o gênero oposto ao sexo que nasce (é bom lembrar que todo transexual é transgênero, mas nem todo transgênero é transexual)". A reportagem faz referência a um estudo feito na Universidade de Washington, nos Estados Unidos, que foi publicado pela revista Psychological Science, mostrando que as crianças transgênero começam a reivindicar um gênero diferente ao mesmo tempo que as crianças cisgênero (aquelas que se identificam com o gênero correspondente ao sexo biológico), por volta dos 2 anos. A pesquisa de Zanette (2017) também mostra essa questão, em que a criança não se reconhece como menina ou menino, como se aquele corpo não correspondesse às suas expectativas. Cf. a matéria completa em http://revistaescola.abril.com.br/formacao/capa-nova-escola-genero-tem-repercussao-recorde-redes-sociais-836203.shtml?page=0

20. Disponível em http://www.bolsademulher.com/celebridades/5762/veja-o-que-dizem-especialistas-sobre-o-comportamento-de-shiloh-filha-de-jolie. Cf. tb. a reportagem veiculada no

numa tentativa de estabelecer alguma relação entre a identidade sexual da atriz e a situação vivenciada pela criança. É possível, ainda, perceber que a reportagem desconhece as questões relacionadas à transexualidade, confundindo-a com uma "tendência homossexual":

> A atitude da atriz acabou levantando a questão: será que é possível uma criança demonstrar **uma tendência homossexual tão precocemente?**

> A decisão da Angelina de cortar os cabelos da filha pode representar uma projeção pessoal e não uma vontade da criança.

Nesta última afirmação do excerto, proferida por uma psicanalista, vemos o nível de monitoramento em relação ao que as crianças podem ou devem vestir, como devem se portar, mostrando o quanto os corpos infantis são vigiados (e em muitos casos, sofrem punições e uma série de discriminações). Como observa Preciado (2020, p. 70):

> Quem defende os direitos da criança diferente? Quem defende os direitos do menino que gosta de vestir rosa? E da menina que sonha em se casar com a melhor amiga? Quem defende os direitos da criança homossexual, da criança transexual, da criança transgênero? Quem defende o direito da criança de mudar de gênero caso deseje? O direito da criança à livre autodeterminação sexual e de gênero? Quem defende o direito da criança de crescer num mundo sem violência de gênero e sexual?

Em trabalho anterior, tomando como referência o filme *Tomboy*, discutimos o modo como as crianças trans têm sido alvo de críticas em diferentes âmbitos por onde circulam cotidianamente como a escola e a própria família (FELIPE; GUIZZO, 2017; FELIPE, 2018). Mais do que isso, procurar dar ênfase ao fato de que a criança trans só é tomada como um "problema" a partir do momento que se torna conhecido e público o seu "sexo" de nascimento.

Cabe lembrar que ao iniciarmos este texto nos reportamos a duas situações muito comuns, que exemplificam a postura de muitos adultos, que se sentem

---

dia 28/10/15, pois a chamada da matéria diz: "Casal de famosos já teria procurado ajuda para entender sexualidade da filha de 9 anos, que encurtou ainda mais as madeixas: A primeira filha biológica de Angelina Jolie e Brad Pitt fez uma mudança de visual. A pequena de 9 anos se veste como um menino e decidiu adotar os cabelos curtinhos, estilo 'Joãozinho', assim que voltou de uma viagem com a família no Camboja, nesta semana". Disponível em http://www.purepeople.com.br/noticia/shiloh-filha-de-angelina-jolie-e-brad-pitt-muda-visual-e-adota-cabelos-curtos_a82968/1 desconfortáveis diante de alguma reivindicação das crianças ou mesmo no pleno exercício de suas brincadeiras, comentários ou jeitos de ser, especialmente quando tais situações estão ligadas, de alguma forma, às identidades de gênero ou supostamente às identidades sexuais das crianças. Parece que muitas famílias e também professores/as demonstram dificuldade em exercer uma escuta e um olhar sensíveis, de modo a acolher as falas e comportamentos infantis. Por exemplo, é preciso entender que crianças pequenas brincam de qualquer coisa, onde qualquer objeto ou situação são suficientes para despertar fantasia, criatividade e imaginação. Isto significa dizer que não existe um comportamento "natural", designando que meninas vão gostar necessariamente de casinhas, roupas, maquiagem e que meninos vão preferir jogos de raciocínio lógico-matemático, de guerra ou ter preferência por futebol. Impedi-las de brincar do que quiserem se constitui em uma violência, em geral caracterizada por maus-tratos emocionais, quando adultos tentam impor suas vontades, a partir de determinados *scritps,* construídos dentro de uma visão heteronormativa e binária (LEGUIÇA; ZANETTE; FELIPE, 2020). Entendemos o quanto pode ser equivocado denominar as crianças de *gays*, viadas, lésbicas ou trans, pois nessa fase inicial da vida elas estão simplesmente experimentando e conhecendo o mundo e a si mesmas em suas brincadeiras e observações e seria precipitado já colocá-las nessa expectativa em relação às suas identidades sexuais e de gênero. Assim, como temos criticado as expectativas em torno de uma heterossexualidade compulsória, poderíamos também exercer a mesma crítica em relação às tentativas de enquadrá-las nas demais identidades. Como observa Preciado (2020, p. 71), "a criança é um artefato biopolítico que permite normalizar o adulto. A polícia do gênero vigia os berços para transformar todos os corpos em crianças heterossexuais".

Um dos nossos grandes aprendizados como pesquisadoras das temáticas que abordam infâncias, gênero e sexualidade é entender que os conceitos sempre escorregam, deslizam nos escombros das teorizações que tentamos abraçar, pois não são suficientes para abarcar a complexidade das nossas subjetividades, em especial na infância. É importante entender que as crianças precisam ter liberdade de brincar do que quiserem, exercitando sua imaginação e criatividade, sem que isto signifique um aprisionamento ou categorização em quaisquer identidades. Neste sentido, como procuramos demonstrar ao longo dessa nossa escrita, é preciso continuar investindo em formações docentes que possibilitem a discussão das temáticas de gênero e sexualidade articulada às infâncias. Nessas formações é importante acionar distintos artefatos (filmes, canais do YouTube, livros de literatura infantil etc.) que auxiliem a desconstruir olhares ainda tão arraigados aos binarismos de gênero e à heteronormatividade.

Referências

ARGUELLO, Z. **Dialogando com crianças sobre gênero através da literatura infantil**. Dissertação de mestrado em Educação, 193 f. Porto Alegre: Faculdade de Educação/Universidade Federal do Rio Grande do Sul, 2005.

BECK, D.Q. **Com que roupa eu vou? – Embelezamento e consumo na composição dos uniformes escolares infantis**. Tese de doutorado em Educação. Porto Alegre: Faculdade de Educação/Universidade Federal do Rio Grande do Sul, 2012.

BELLO, A.T. **Sujeitos infantis masculinos: homens por vir?** Dissertação de mestrado em Educação, 122 f. Porto Alegre: Faculdade de Educação/Universidade Federal do Rio Grande do Sul, 2006.

BELLO, A.T. **Pecuária do amor: relações afetivo-sexuais das jovens em uma escola da periferia de Porto Alegre**. Tese de doutorado em Educação, 147 f. Porto Alegre: Faculdade de Educação/Universidade Federal do Rio Grande do Sul, 2013.

BRASIL/Secretaria de Vigilância em Saúde/Ministério da Saúde. **Análise epidemiológica da violência sexual contra crianças e adolescentes no Brasil, 2011 a 2017**, v. 49, n. 27. jun./2018. Disponível em https://www.saude.gov.br/images/pdf/2018/junho/25/2018-024.pdf Acesso em 05/05/2019.

BUJES, M.I. **Infância e maquinarias**. São Paulo: DP&A, 2002.

CORAZZA, S. **Infância e educação – Era uma vez: quer que conte outra vez?** Petrópolis: Vozes, 2002.

CORAZZA, S. **História da infância sem fim**. Ijuí: Unijuí, 2004.

CORAZZA, S. Pensamento da diferença na pesquisa em educação: era uma vez... quer que conte outra vez? – As gentes pequenas e os indivíduos. In:

ABRAMOWICZ, A.; TEBET, G. (org.). **Infância e pós-estruturalismo**. São Paulo: Porto de Ideias, 2017, p. 157-183.

COUTO JUNIOR, D.R.; ARAÚJO, I.A.; ROMERITTO, R.; RUANI, R.M. Celebrando a normatização da vida: (re)pensando os corpos infantis arbitrariamente generificados em vídeos de "Chás de revelação" do YouTube. **Revista Interinstitucional Artes de Educar**, v. 6, p. 469-488, 2020.

FELIPE, J. *Scripts* de gênero, sexualidade e infâncias: temas para a formação docente. In: ALBUQUERQUE, S.S.; FELIPE, J.; CORSO, L.V. (orgs.). **Para pensar a docência na Educação Infantil**. Porto Alegre: Evanfrag, 2018, p. 236-248.

FELIPE, J.; GALET, C. Maus-tratos emocionais e formação docente. In: LUZ, N.; CASAGRANDE, L. (org.). **Entrelaçando gênero e diversidade: violências em debate**. Curitiba: UTFPR, 2016. Disponível em http://repositorio.utfpr.edu.br/jspui/bitstream/1/2070/8/generodiversidadeviolencia.pdf

FELIPE, J.; GUIZZO, B. Rompendo com os *scripts* de gênero e de sexualidade na infância. In: SARAIVA, K.; GUIZZO, B. (orgs.). **Educação em um mundo em tensão**. Canoas: Ulbra, 2017, p. 219-228.

FERREIRA, L.R. "Mas cadê a mãezinha?": reflexões e tensionamentos sobre as famílias homoparentais nas escolas de Educação Infantil. TCC em Pedagogia. 2016. Disponível em: http://hdl.handle.net/10183/147836

FURLANI, J. **Seminário de Educação Municipal**, 11-13/07/2001. Município de Timbó.

GÉLIS, J. A individualização da criança. In: ARIÈS, P.; DUBY. G. (org.). **História da vida privada 3: da Renascença ao Século das Luzes**. São Paulo: Companhia das Letras, 1995, p. 311-329.

GUERRA, J. **Dos "segredos sagrados": gênero e sexualidade no cotidiano de uma escola infantil**. Dissertação de mestrado em Educação, 147 f. Porto Alegre: Faculdade de Educação/Universidade Federal do Rio Grande do Sul, 2005.

GUIZZO, B.S. **Identidades de gênero e propagandas televisivas: um estudo no contexto da Educação Infantil**. Dissertação de mestrado em Educação, 157 f. Porto Alegre: Faculdade de Educação/Universidade Federal do Rio Grande do Sul, 2005.

GUIZZO, B.S. **"Aquele negrão me chamou de leitão" – Representações e práticas corporais de embelezamento na Educação Infantil**. Tese de doutorado em Educação, 199 f. Porto Alegre: Faculdade de Educação/Universidade Federal do Rio Grande do Sul, 2011.

GUIZZO, B.S.; BECK, D.Q.; FELIPE, J. Infâncias, gênero e sexualidade: articulações possíveis. In: FELIPE, J.; GUIZZO, B.S.; BECK, D.Q. (orgs.). **Infâncias, gênero e sexualidade nas tramas da cultura e da educação**. Canoas: Ulbra, 2013. p. 17-27.

LARROSA, J. **Tremores: escritos sobre experiência**. Belo Horizonte: Autêntica, 2014.

LEGUIÇA, M. **"Atira no coração dela": corpos e *scripts* de gênero na Educação Infantil**. Dissertação de mestrado em Educação, 132 f. Porto Alegre: Faculdade de Educação/Universidade Federal do Rio Grande do Sul, 2019.

LEGUIÇA, M.; ZANETTE, J. E.; FELIPE, J. Scripts de gênero e as tecnologias que significam e controlam os corpos infantis. In: SILVA, F.F.; BONETTI, A.L. (orgs.). **Gênero, diferença e direitos humanos – É preciso esperançar em tempos hostis**. Vol. 1. Florianópolis: Tribo da Ilha, 2020, p. 136-150.

LOURO, G. **Um corpo estranho** – Ensaios sobre sexualidade e Teoria Queer. Belo Horizonte: Autêntica, 2004.

LOURO, G. Gênero, sexualidade e educação: das afinidades políticas às tensões teórico-metodológicas. **Educação em Revista**, Belo Horizonte, n. 46. p. 201-218, dez./2007.

LOURO, G. Heteronormatividade e homofobia. In: JUNQUEIRA, R.D. (org.). **Diversidade sexual na educação: problematizações sobre homofobia nas escolas**. Vol. 32. Brasília: Ministério da Educação/Unesco, 2009, p. 85-93.

MEDEIROS, T.D. **A produção científica sobre estudos de gênero no repositório digital da UFRGS: um estudo bibliométrico**. Trabalho de conclusão de curso – Bacharel em Biblioteconomia, 91 f. Porto Alegre: Universidade Federal do Rio Grande do Sul, 2018.

MORAES, J.T. **"Minha mãe não pode falar nada que meu pai fica brabo" – Violências de gênero a partir do olhar das crianças**. Dissertação de mestrado em Educação, 145 f. Porto Alegre: Faculdade de Educação/ Universidade Federal do Rio Grande do Sul, 2019.

ROSA, C. Crianças, *dragqueens* e *scripts* de gênero e sexuais: um estudo de caso sobre Desmond Napoles. In: MONTEIRO, L.P.; ROURE, G.Q. (org.). **Por uma luta em defesa dos direitos das crianças: idades e diversidades**. V. 2. Goiânia: Vieira, 2019, p. 280-290.

ROSA, C.; FELIPE, J. Performatividades no ciberespaço: ativismo infantil LGBT nas redes sociais. **Redin – Revista Educacional Interdisciplinar**, v. 8, p. 1-13, 2019.

SANTOS, G.S. **Gênero, sexualidade e sexismo na Educação Infantil e sua presença nas produções acadêmicas**. Trabalho de conclusão de curso – Licenciatura em Pedagogia, 70 f. Campinas: Universidade Estadual de Campinas, 2015.

SANTOS, M.G. **Relações homossexuais e famílias homoparentais na literatura infantil contemporânea**. Trabalho de conclusão de curso. Porto Alegre: Faculdade de Educação/Universidade Federal do Rio Grande do Sul, 2016. Disponível em http://hdl.handle.net/10183/153068

PINTO, M.; SARMENTO, M. (orgs.). **As crianças: contextos e identidades**. Braga: Centro de Estudos da Criança/Universidade do Minho, 1997.

PIRES, S.M.F. **"Histórias de amor para sempre, histórias de amor para nunca mais..." – O amor romântico na literatura infantil**. Tese de doutorado. Porto Alegre: Faculdade de Educação/Universidade Federal do Rio Grande do Sul, 2009.

PRECIADO, P. **Um apartamento em Urano: crônicas da travessia**. Rio de Janeiro: Zahar, 2020.

PRESTES, L.M. **Enredadas na rede: jogos para crianças (re)produzindo relações desiguais de gênero**. Tese de doutorado em Educação, 189 f. Porto Alegre: Faculdade de Educação/Universidade Federal do Rio Grande do Sul, 2014.

ZANETTE, E.; FELIPE, J. Dos enigmas da infância: quando a transexualidade tensiona os *scripts* de gênero. In: ALBUQUERQUE, S.; FELIPE, J.; CORSO, L.V. (orgs.). **Para pensar a Educação Infantil em tempos de retrocessos: lutamos pela Educação Infantil**. Vol. 1. Porto Alegre: Evangraf, 2017, p. 17-35.

ZANETTE, E.; LEGUIÇA, M.; FELIPE, J. "Mas o que tinha no meu corpo?" Discutindo sobre infâncias e transexualidade. **Revista de Educação, Ciência e Cultura**, v. 24, p. 109-123, nov./2019.

3
Masculinidades, raça e infâncias
Um olhar sobre a Erer e o extermínio de meninos negros no Brasil

Gládis Kaercher

Este capítulo nasceu em um contexto peculiar: foi escrito em um momento de confinamento, em razão de uma pandemia; foi/é também tecido em uma ambiência de conflitos raciais intensos, dentro e fora do Brasil.

Como mulher negra escrevo, ainda, lamentavelmente no mesmo lugar que eu ocupava quando, há exatos 20 anos, ingressava no Geerge na condição de doutoranda, para investigar as representações de gênero e raça na Literatura Infantil brasileira: continuo sendo uma das pouquíssimas professoras negras da UFRGS. Escrevo como uma mulher negra que pesquisa a temática das relações raciais no Brasil, coordena um programa de extensão universitária voltado para o tema e integra um grupo de trabalho que vem, desde 2013, assessorando o Tribunal de Contas do Estado do Rio Grande do Sul a implementar o auditamento do artigo 26A da Lei de Diretrizes e Bases da Educação Nacional nas redes de ensino. Não é a minha pertença racial que ecoa aqui, tão somente, mas meu fazer docente e científico, atravessados pelos sentidos que construí para esta pertença.

Se reforço este lugar é para demarcar que, ainda que tenhamos visto, nestas duas décadas que separam meu ingresso no Geerge da escrita deste texto, o aprofundamento das pesquisas acerca das questões de Gênero e de Raça, bem como a construção de um ordenamento legal que obriga a Educação para as Relações Etnicorraciais (Erer) nas escolas brasileiras, através de diferentes instâncias tais como a Lei de Diretrizes e Bases da Educação Nacional/96 (art. 26A), as Diretrizes Curriculares Nacionais para a Educação para as Relações Etnicorraciais (Dcnerer), o Plano Nacional de Implementação das Dcnerer, segue o Estado brasileiro exterminando jovens negros nas periferias urbanas. Tal fato parece apontar, por um lado, para os limites e desafios das próprias pesquisas científicas nos campos dos Estudos de Gênero e Estudos Etnicorraciais, por outro lado, aponta para a importância da educação para as relações etnicorraciais, dentro e fora da escola, objetivando minimamente o estabelecimento de relações raciais respeitosas. Há, ainda, a profunda necessidade de educar a todos os brasileiros para o término da cultura de violência e extermínio à qual os jovens negros, e em especial os meninos, parecem estar submetidos. Pensar este extermínio a partir das implicações para o campo da Erer nas interfaces entre raça e gênero é o que proponho neste texto.

Minha inserção nos estudos sobre gênero e raça aconteceu há exatos vinte anos, quando iniciei meu doutoramento interessada em compreender como se construíam as representações de gênero e raça dentro do acervo de um programa público específico (o Programa Nacional Biblioteca da Escola) em seu ano de surgimento (1999)[21]. Em minha tese, a discussão sobre a masculinidade enfocava aquela presente no acervo analisado e apontava, já naquela época, o quanto os personagens masculinos negros apareciam, nas ilustrações e nos textos, de modo secundarizado e menos complexo.

Se faço estas referências aqui é para apontar que estes modos de representar as masculinidades negras dentro da literatura infantil vão educando o olhar para vermos de um modo muito específico a estas identidades e, a partir deste modo, aceitarmos e relevarmos determinadas práticas direcionadas a este grupo identitário.

Em relação à identidade masculina negra, ainda, precisamos pensar nos modos como sua corporeidade integra os sentidos das representações que dela se fazem na cultura, apontando para um modo específico de objetificá-la e inferiorizá-la. Nesta dimensão, Fanon (2008) aponta que

---

21. KAERCHER, G.E.P.S. "O mundo na caixa: gênero e raça no Programa Nacional Biblioteca da Escola (1999)", 204 f. Tese de doutorado em Educação. Porto Alegre): UFRGS, 2006.

> [...] o homem branco me impõe uma discriminação, faz de mim um colonizado, me extirpa qualquer valor, qualquer originalidade, pretende que seja um parasita no mundo, que é preciso que eu acompanhe o mais rapidamente possível o mundo branco [...] (FANON, 2008, p. 94).

Não podemos esquecer, portanto, que ao analisarmos as identidades masculinas negras precisamos entender os modos como estas identidades foram sendo consideradas dispensáveis e, conforme aponta Streva (2016, p. 158):

> [...] a dinâmica de poderes que operam no Brasil, responsáveis pelo histórico extermínio dos corpos negros como projeto de Estado. Extermínio direto que é tolerado silenciosamente por grande parte da população, assim como incentivado por discursos midiáticos, de ordem e segurança. Um extermínio que não é só o do auto de resistência e o dos demais tipos de execução sumária cometidos pelo país, mas um extermínio mais amplo que marginaliza e inferioriza os corpos negros em sua estética, em sua epistemologia, em sua representatividade política e midiática. Trata-se, portanto, de um dispositivo da racialidade que insere os corpos negro até os dias de hoje no signo do fazer morrer da sociedade biopolítica e na zona do não ser da colonialidade.

Isto posto, cabe situar que venho me ocupando, ao longo dos últimos vinte anos, de duas importantes dimensões da Erer: uma é a da consolidação de um campo de conhecimento – estudo sistemático da Educação para as relações Etnicorraciais (Erer) e de práticas educativas voltadas para a Erer – a outra é a da formação inicial e continuada de professores para a implementação das leis que regem a Educação para as relações etnicorraciais no Brasil.

Na implementação das duas dimensões anteriormente referidas, tenho coordenado um programa de extensão universitária (Uniafro/UFRGS) que tem sido, nos últimos anos, responsável pela formação de um grande número de professores (cerca de 15 mil pessoas, entre ações de extensão à distância, semipresenciais e presenciais). A partir destas experiências, tensiono a Erer na escola, compreendendo-a como uma parte, apenas, do intrincado quebra-cabeças que compõe o desafio de transformar a realidade racial brasileira, na direção de garantir que negros e negras possam viver em plenitude suas vidas, se terem seus percursos condicionados por suas pertenças raciais.

Nesta condição, gostaria de discutir a interface entre gênero e raça, a partir dos assassinatos recentes de dois meninos negros na periferia da cidade do

Rio de Janeiro: o de Marcos Vinicius, menino de 11 anos, morto com um tiro pelas costas, a caminho da escola, na favela da Maré, ocorrido em 14 de julho de 2018 e o de João Pedro, menino de 14 anos, assassinado dentro de casa, em São Gonçalo, ocorrido no Salgueiro em 18 de maio de 2020. Objetivo, nesta discussão, indagar qual o papel da Erer nas escolas no combate ao racismo e, ainda, pensar o que cientistas, negros como eu ou brancos, poderiam ajudar a construir.

Infâncias, mídia e masculinidades negras: uma mistura quase sempre explosiva

A noção da existência de uma multiplicidade de infâncias tem sido apontada há alguns anos por campos teóricos distintos. Desde os chamados estudos da História da infância – Ariés (1981), Freitas (1997), Del Priori (1997), passando pelos estudos da Sociologia da infância – Sarmento (2008), Corsaro (2011), Fernandes (2020), com especial destaque para a noção de cultura de pares, há um consenso que parece apontar para a ideia de que ser criança envolve uma multiplicidade de Infâncias e, portanto, ser criança não significa ter os direitos da infância respeitados. Minimamente, direitos como **proteção** (do nome, da identidade, da nacionalidade, contra a discriminação, os maus tratos e a violência dos adultos...), de **provisão** (de alimento, habitação, de condições de saúde e assistência, de educação...) e de **participação** (na decisão relativa à sua própria vida e à direção das instituições em que atua) parecem estar distantes da maioria das crianças brasileiras que habitam as periferias urbanas.

Nelas, o compartilhamento de experiências e as aprendizagens em uma cultura de pares, na escola e fora dela, parecem ser importantes espaços de aprendizagens das habilidades necessárias para a preservação da vida.

A simples aprendizagem de uma cartografia cotidiana para manter-se vivo e sobreviver às ações policiais, como apontam Show et al. (2011), ou CAMPOS (2005), demonstra que as crianças que habitam a periferia urbana precisam aprender, entre os pares, de um modo protagonista e atuante. Tais aprendizagens tensionam os saberes geográficos aprendidos na escola, como observa Opirari (2013) e apontam para um conjunto de significações acerca do espaço, construídas nas representações da mídia, no imaginário e na cultura escolar.

Não é, entretanto, uma cartografia que interpela de modo igual a todas as crianças: interessa-me discutir especificamente a situação dos meninos negros, necessários aprendizes dos modos seguros de habitar o espaço nas comunidades e, nelas, poderem se deslocar.

Para os meninos negros, a vivência de suas masculinidades mostra-se complexa: tais meninos vivem uma masculinidade específica: aquela que cresce como um alvo, pronta para ser caçada, transformada em estatística pelas armas de traficantes e, sobretudo, de policiais.

As discussões sobre as masculinidades vêm ocupando um espaço importante dentro dos estudos de gênero: desde os estudos pioneiros no Brasil (SEFFNER, 2016; NOLASCO, 1995; BADINTER, 1993), passando pelos trabalhos de Del Priore (2016), Mazzarotto (2019), Senckevicks (2014), dentre outros, percebemos o tensionamento da masculinidade, de seus sentidos e dos modos como ela foi sendo representada em nossa cultura. Tais estudos, todavia, não se debruçaram sobre as diferenças impressas na masculinidade pela pertença racial negra: ser um homem negro, esteve associado a um sem número de estereótipos e preconceitos que, conforme apontam Conrado (2017) e Ribeiro (2017), influenciam fortemente os modos como se estabelecem as relações raciais, dentro e fora do Brasil.

Em alguma medida, o que gostaria de destacar aqui é que os negros – meninos, jovens ou adultos – têm inscritos em seus corpos, pela cor da sua pele, uma marca que lhes confere destaque e perigo. Como aponta Gomes (2017, p. 94):

> No Brasil o corpo negro ganha visibilidade social na tensão entre adaptar-se, revoltar-se ou superar o pensamento racista que o toma por erótico, exótico e violento. Essa superação se dá mediante a publicização da questão racial como um direito, via práticas, projetos, ações políticas, cobranças do Estado e do mundo privado da presença da população negra na mídia, nos cursos superiores, na política, nos lugares de poder e decisão, na moda, na arte, entre outros.

Assim, a mídia, com seu estatuto pedagógico, desempenha neste contexto um importante papel: ao representar o negro (e a infância negra) dentro das comunidades, vai educando o olhar, criando modos de ver (ou invisibilizar o negro), estes modos criam sentidos sobre o que significa ser negro e, sobretudo, o que pode ser aceito ou não em relação a estes sujeitos. Sendo assim, a pertença racial atravessa a vivência da infância: ser uma criança negra no Brasil transforma o modo como a infância será vivida, percebida, respeitada, protegida ou assassinada. Reforça-se, deste modo, o fato de que as representações da mídia sobre a infância negra e, dentro dela, dos meninos negros, "educam" o olhar para naturalizar determinados papéis para a criança negra, não raro associando-a ao tráfico de drogas (na condição de pequenos "funcionários" do tráfico, sobretudo na observação dos deslocamentos policiais nas comunidades) ou à realização de delitos de pequeno porte (furtos e roubos).

Para esta infância em especial – a dos meninos negros – determinadas verdades parecem estar em suspenso: o que para qualquer criança branca parece ser estatuto de proteção – estar com uniforme escolar, a caminho da escola ou estar dentro de casa – para os meninos negros não parece ser o bastante, desafiando nossas frágeis crenças em uma possibilidade mínima de proteção.

"Eles não viram o uniforme"? Os descaminhos da escola

A interrogação que reproduzo aqui neste subtítulo atinge como um soco a consciência de alguns pesquisadores e cidadãos brasileiros, minimamente implicados no combate ao racismo. Esta frase foi a última dita pelo menino Marcos Vinícius, antes de morrer nos braços de sua mãe, na comunidade da Maré, alvejado pelas tropas da força de intervenção federal.

Poderíamos, de fato, pensar que ao olharmos para a morte de Marcos Vinícius estamos falando de um conflito que se deu em uma topografia íngreme, de difícil visibilidade ou em um dia serrano com neblina. Não. Referimo-nos a uma rua plana, central na comunidade, ao horror de uma criança alvejada pelas costas, conforme apontam os laudos, uniformizada e retornando da escola.

Podemos dizer que, em qualquer lugar do mundo civilizado, o uso de uniforme guarda um sentido consensual: como aponta Ribeiro (2012), ele é uma marca de pertença, ele promove a salvaguarda da infância, através da identificação e associação imediata à escola. O uso do uniforme, aliás, costuma ser apontado como uma garantia de segurança, para facilitar a identificação dos estudantes em caso de perigo ou, ainda, quando são realizados deslocamentos e atividades fora do ambiente escolar.

O que faz, então, com que esses sentidos, amplamente consensuados, passem a ser ignorados em uma operação policial? O que autoriza que este menino uniformizado, em especial, possa ser exterminado?

A cor da pele, a pertença racial e o gênero parecem aqui operar em uma articulação perversa que traduz/reduz a identidade de Marcos Vinicius a uma delinquência culturalmente construída pelas representações de meninos negros. As figuras do "pivete", do "menino de rua", do "menor infrator", dentre outras erigidas no imaginário brasileiro, guardam entre si uma mesma corporeidade: a figura masculina, jovem e negra. Este imaginário, amalgamado nas consciências dos policiais e da maioria da sociedade brasileira, parece fazer parte de uma anatomia conhecida: a mesma que permitia a Lombroso (2013) descrever como era, afinal, a fenotipia humana delinquente.

Não é necessário ser um especialista em segurança pública para compreender as raízes deste processo de extermínio da juventude negra. Basta um olhar superficial às estatísticas sobre a violência.

O Anuário Brasileiro de Segurança Pública 2019 aponta para o fato de que a polícia brasileira é uma das mais violentas e letais do mundo, em comparação com um expressivo número de países. As intervenções policiais no ano de 2018 no Brasil resultaram em 6.220 pessoas mortas, materializando a assustadora média diária de 17 pessoas. É o perfil destas vítimas que não deixa margens para dúvidas: 99,3% são homens; destes, 77,9% têm idade entre 15 e 29 anos e **75,4%** negros (grifos meus).

Nesta mesma direção, o Atlas da Violência 2019 reafirma o aumento da violência policial sobre a população negra, fato aliás já apontado em edições anteriores. No ano de 2017, 75,5% das vítimas de homicídios foram pessoas negras, a taxa de homicídios por 100 mil negros foi de 43,1, enquanto a taxa de não negros (brancos, amarelos e indígenas) foi de 16,0. Há uma assustadora proporção nestes números: para cada indivíduo não negro que sofreu homicídio em 2017, aproximadamente, 2,7 negros foram mortos. Ser negro indica, portanto, ver aumentada a possibilidade de ser alvo de violência, também estatal e, mais grave ainda, ver a existência ser reduzida a uma mera estatística. Mais que isto,

> No período de uma década (2007 a 2017), a taxa de negros cresceu 33,1%, já a de não negros apresentou um pequeno crescimento de 3,3%. Analisando apenas a variação no último ano, enquanto a taxa de mortes de não negros apresentou relativa estabilidade, com redução de 0,3%, a de negros cresceu 7,2% (Atlas da violência 2019 – IPEA, p. 49).

No Brasil, em certa medida, acostumamo-nos a ver a banalidade com que vidas negras são interrompidas e vamos, diuturnamente, substituindo o nome dos mortos, numa assombrosa aceitação da barbárie.

Aqui, neste texto, escolhi dois assassinatos de meninos negros que distam entre si dois anos, praticamente (Marcos e João Pedro). Entre as datas de seus assassinatos, poderíamos preencher este espaço temporal com um sem fim de identidades negras, vítimas da ação policial no Brasil.

Como nos recorda Schwarcz (1994), o racismo, a discriminação e a intolerância racial não são exclusivas da sociedade brasileira, mas construímos uma diferenciação entre o reconhecimento público/institucional do racismo e a sua experimentação cotidiana na intimidade das relações. Somos o país onde os indivíduos reconhecem o racismo na sociedade, mas o negam em suas trajetórias individuais. Há racismo no país, mas nenhum de nós é racista. Neste contexto, como então entender o funcionamento do racismo no Brasil e, dentro dele, perceber as inflexões provocadas pelo gênero?

Pistas para esta compreensão são dadas por Sílvio Almeida (2019) quando nos diz que o racismo estrutural aponta para o fato do racismo, como um processo, ser um elemento fundante da constituição das identidades, organizando a construção das subjetividades e das relações no Brasil. Assim, mais do que produzirmos o racismo, somos por ele produzidos.

É justamente o funcionamento do racismo, em suas dimensões individuais e institucionais, que opera para a produção do racismo estrutural.

Proponho, neste sentido, que pensemos no funcionamento do racismo estrutural, através de uma característica importante que, no meu entendimento, torna o ato de combatê-lo tão complexo: há uma *heterofonia* do racismo; diversificadas vozes o produzem e esta produção, pessoal e institucional, ainda que apresente variações, imprime os mesmos efeitos sobre os sujeitos negros – sua inferiorização, desvalorização, desproteção e, em última instância, a redução mesma de sua humanidade.

Neste momento histórico, a heterofonia do racismo tem produzido alguns entendimentos e ações equivocados: (a) o entendimento de que o combate ao racismo está ligado a uma "ideologia" de esquerda; (b) o discurso de que o combate ao racismo "cria" o racismo; (c) o entendimento de que o combate ao racismo estava ligado a uma política de governo, mais especificamente aos governos de centro-esquerda (e não a uma política de Estado e (d) o desmanche de estruturas governamentais, institucionais e políticas públicas que colocavam em funcionamento o combate ao racismo e a implementação efetiva de uma Educação para as Relações Etnicorraciais.

As mortes sistemáticas de meninos e homens negros faz pensar que, conforme aponta Márcia Lima, professora do Departamento de Sociologia da USP, "Não são mortes provocadas. São assassinatos. Não se trata de um fenômeno que se destaca. É um *modus operandi*; ou seja, o racismo é um elemento constituinte da violência do país. As estatísticas comprovam isto".

Tais mortes indagam a capacidade de combatermos o racismo no Brasil, efetivamente, através da Educação: pode o estudo sistemático da cultura africana e afro-brasileira fazer emergir a valorização do negro, de sua presença e de sua contribuição para a construção da nacionalidade brasileira? Pode a Erer nas escolas ajudar a desconstruir o estereótipo de violência que ronda a identidade masculina negra no Brasil?

Videogame, violência e infância negra: quando negros habitam o lugar da morte

Durante algumas décadas do século passado – anos de 1990 em especial – ocupou especial destaque a discussão acerca das implicações do acesso aos videogames por parte das crianças e a construção de sociabilidades violentas, mito desconstruído através de pesquisas recentes[22]. No Brasil, generalizações rasteiras imputavam aos *games* a capacidade de criar uma cultura de

---

22. KHALED JR, S.H. *Videogame e violência*. São Paulo: Civilização Brasileira, 2018.

violência e morte. Passados os anos, *games* tornaram-se companhia para a infância e adolescência: em especial nas periferias urbanas, passaram a materializar, para os poucos que têm acesso, a diversão segura para os turnos vividos fora da escola. O tempo que outrora era preenchido com o futebol, passou a ser, em razão da violência urbana e dos modos como o Estado brasileiro pensa enfrentá-la dentro das comunidades, ocupado com o compartilhamento de *games* entre as crianças.

Nesta ocupação – o videogame – estava preenchendo o seu tempo o menino João Pedro. Assim, em uma fracassada e abusiva operação policial, o menino foi assassinado com um tiro de fuzil pelas costas, dentro de sua casa. Nas perícias realizadas até aqui há a comprovação de que cerca de 70 disparos atingiram a casa. Em uma avalanche de desmentidos e contradições, os depoimentos das testemunhas parecem apontar para um fato que tem se tornado corriqueiro no Brasil: a dificuldade de apurar e, quando pertinente, punir os desvios cometidos nas atuações policiais, tanto mais quando estes resultam na morte de indivíduos negros.

Mais uma vez, vemos repetir-se o enredo: um menino negro, reduzido a uma estatística, assassinado em um bairro periférico, destituído de sua humanidade, reifica a noção estereotipada de que os negros habitam o território da morte (SILVA, 2013) e contrasta fortemente com a noção das comunidades como espaço de potência e de construção de novos modos de ser e viver como negro, como aponta Silva (2017).

Para "voltar a respirar" ou pistas para alguma conclusão

Novamente neste texto, tomo emprestada, como subtítulo, uma cena de extermínio negro. Desta vez a "cena" que atravessa a minha escrita é o assassinato de George Floyd, homem negro americano, que teve sua morte filmada e publicizada nas redes sociais, desencadeando uma onda de protestos e de discussões acerca do racismo estrutural, não só nos Estados Unidos com em grande número de nações ocidentais, incluindo o Brasil. Neste crime em especial, vemos o gozo branco, materializado na asfixia do homem negro, rendido e deitado ao solo. Nos seus instantes de agonia (detalhadamente registrada por 9min!), ouvimos a súplica do corpo negro, não humano porque não passível de escuta, sussurrar: "eu não consigo respirar" ...

Assim, sem ar, todos nós negros vimos erguer-se a fúria de negros e alguns brancos, mundo afora, interrogando até quando o racismo poderá perdurar.

Nesta apneia forçada, retomo a reflexão acerca da identidade masculina negra, para convidar a pensar se o que vemos materializar-se é um fim inexorável: ou se morre na infância, pelo descaso, pela violência policial, pela assimetria nas condições de vida ou, para os poucos que escapam, se morre na vida adulta, pelo assassinato autorizado pelo/do Estado.

Diante deste fim, o que pensamos nós, negros e brancos? Podemos problematizar se nossas moções de repúdio ou nosso ativismo digital serão capazes de relacionar os fatos, de interligar as imagens para tentar, por fim, entender o que nós, educadores negros ou brancos, realmente pensamos *dever* fazer.

Se vemos a cada assassinato uma comoção midiatizada, se sentimos a cada comoção a cobrança para que a escola cumpra seu compromisso de promover a Erer e consolidar uma cultura de antirracismo, caberia indagar se pode a escola lograr êxito em tamanha façanha?

A pergunta nada óbvia força o ensaio de uma resposta complexa: é à escola que cabe acabar com o racismo no Brasil?

Se pensarmos na escola como importante espaço de socialização, podemos dizer que sim: temos como educadores e como cientistas debruçados/as sobre as questões do ensino (para listar aqueles mais imediatamente envolvidos) um compromisso efetivo de promover o tensionamento e a desconstrução da lógica racista – e seu ideário de hierarquização racial. Todavia, analisando as relações sociais cotidianas, não somente no Brasil, podemos chamar ao compromisso outras instituições.

O quem têm feito, para a desconstrução do racismo nas sociedades, famílias, igrejas e o estado? Quais equipamentos, políticas e ações têm sido levadas a termo?

Tanto mais se observam as reações ao assassinado de Floyd, mais se evidencia o fato de que a assimetria entre as condições de vida de negros e brancos aqui no Brasil[23] é expressiva, necessitando que se complexifiquem as aná-

---

23. Conforme o IBGE aponta no informativo de 2019, intitulado "Desigualdades sociais por cor ou raça no Brasil", negros são 75% entre os mais pobres no Brasil; brancos, 70% entre os mais

lises para questionar o papel que outras dimensões como o comportamento das polícias durante as abordagens de rotina, a atitude do judiciário nas condenações e no encarceramento em massa desempenham na construção dessas assimetrias. Nesta direção, os estudos de Alexander (2018) sobre o encarceramento de negros nos Estados Unidos e de Borges (2019) sobre encarceramento de negros no Brasil são importantes para a afirmar que os efeitos do racismo estrutural têm contribuído para impor à população negra perspectivas desanimadoras que lhe conferem um estatuto de "cidadania de segundo tipo".

Inegavelmente, há uma importância na dimensão da Educação Antirracista que se constrói nas escolas brasileiras e, deste modo, educar as crianças e jovens para uma cultura de valorização e respeito às identidades negras é promissor, no sentido de apontar para um futuro de relações etnicorraciais respeitosas. Todavia, enquanto a escola e a Erer, como campo de pesquisa, cumprem o seu papel na educação antirracista, as relações etnicorraciais que se estabelecem no conjunto da sociedade, fora dos espaços escolares, precisam ser alvo de ações concretas das demais instituições e, deste modo, os poderes tanto Legislativo quanto Judiciário precisam efetivamente desempenhar seus papéis no combate ao racismo, criando um ordenamento legal mais eficiente e utilizando o ordenamento já existente para, de fato, punir as condutas criminosas, quer no campo dos crimes de injúria racial, quer no campo do crime de Racismo, propriamente dito.

Tendo em vista que os dados apontam para os baixos índices quer de julgamentos, quer de punições efetivas quanto aos crimes raciais no Brasil (BECKER, 2013; SANTOS, 2015), precisamos pensar que os fatos de agora – os assassinatos dos meninos negros em ações da polícia – desafiam nosso compromisso efetivo de transformação das relações raciais no Brasil.

Retomando as questões acerca do que esperamos da escola no enfrentamento do racismo, estamos percebendo no Brasil, passados dezessete anos da alteração da legislação que regulamenta a educação básica, que as resistências

---

ricos. Há, ainda a constatação de que a diferença racial na remuneração parece ser maior se comparada a raça (negros e brancos) do que o gênero (homens e mulheres). Assim, "enquanto as mulheres receberam 78,7% do valor dos rendimentos dos homens, em 2018, as pessoas de cor ou raça preta ou parda receberam apenas 57,5% dos rendimentos daquelas de cor ou raça branca".

à implementação da lei (Ldben) e o boicote sistemático às iniciativas individuais de muitos professores/as (na maioria negros/as ligados à militância do movimento negro) parecem ser uma das faces de materialização do racismo estrutural. Em especial no Rio Grande do Sul, onde o Tribunal de Contas audita o cumprimento das prescrições legais, os dados parecem apontar para a inconsistência das ações dos gestores municipais[24], de tal sorte que não se evidenciam quais têm sido, efetivamente, as ações de formação de professores ou os gastos financeiros no cumprimento da lei.

Assim, no emaranhado de iniciativas individuais e coletivas que têm procurado efetivar as práticas de educação antirracista no Brasil, o papel do Estado se mostra tanto mais importante quanto observamos o desenrolar dos conflitos surgidos nas manifestações contra o assassinato de George Floyd e a dificuldade de gestores, dentro e fora do Brasil, em entender a urgência do enfrentamento das assimetrias raciais, materializadas nas condições da vida cotidiana de negros e não negros.

Estar atenta a esses fatos, duvidar das certezas que a historiografia apressada propõe e dedicar tempo e esforço para ouvir mais atentamente o que propõem os coletivos negros jovens, neste momento, me parece ser a tarefa mais importante que nossa geração terá nesta pandemia e naquilo que pensamos ser a vida possível quando deixarmos o confinamento.

Referências

ALEXANDER, M. **Racismo e encarceramento em massa**. Rio de Janeiro: Boitempo, 2018.

ALMEIDA, S. **Racismo estrutural.** São Paulo: Pólen, 2019.

ARIES, P. **História social da criança e da família.** São Paulo: LTC, 1981.

BADINTER, E. **XY, sobre a identidade masculina**. Rio de Janeiro: Nova Fronteira, 1993.

---

24. Tribunal de Contas do Estado do Rio Grande do Sul. Cumprimento do art. 26A da LDB nas escolas municipais do Rio Grande do Sul: obrigatoriedade do ensino de História e cultura afro-brasileira e indígena. Disponível em http://portal.tce.rs.gov.br/portal/page/portal/noticias_internet/textos_diversos_pente_fino/Relat%F3rio%20Art.26-A.pdf

BECKER, S.; OLIVEIRA, D.G. Análise sobre a (não) caracterização do crime de racismo no Tribunal de Justiça de São Paulo. **Estudos históricos**, Rio de Janeiro, v. 26, n. 52, jul.-dez./2013.

BORGES, J. **Encarceramento em massa**. São Paulo: Pólen, 2019.

CAMPOS, A. **Do Quilombo à favela – A produção do espaço criminalizado no Rio de Janeiro**. Rio de Janeiro: Bertrand Brasil, 2005.

CONRADO, M.; RIBEIRO, A.A. Homem negro, negro homem – Masculinidades e feminismo negro em debate. **Revista de Estudos Feministas**, Florianópolis, v. 25, n. 1, jan.-abr./2017.

CORSARO, W. **Sociologia da infância**. 2. ed. Porto Alegre: Artmed, 2011.

DEL PRIORI, M. **História das crianças no Brasil**. São Paulo: Contexto, 1997.

DEL PRIORI. M. **História dos homens no Brasil**. São Paulo: Unesp, 2016.

FANON, F. **Pele negra, máscaras brancas**. Trad. de Renato da Silveira. Salvador: Edufba, 2008.

FERNANDES, N. **Children's lives in Southern Europe: contemorary challenges nad risks**. Northampton: Edward Elgar, 2020.

FÓRUM BRASILEIRO DE SEGURANÇA PÚBLICA (FBSP). **Anuário Brasileiro de Segurança Pública**. 13. ed. São Paulo: Fórum Brasileiro de Segurança Pública, 2019.

FREITAS, M.C. (org.). **História social da infância no Brasil**. São Paulo: Cortez, 1997.

GOMES, N.L. **O movimento negro educador – Saberes construídos nas lutas por emancipação**. Petrópolis: Vozes, 2017.

IBGE. **Desigualdades sociais por cor ou raça no Brasil**. IBGE: Rio de Janeiro, 2019.

IPEA/FBSP. **Atlas da violência 2019**. Brasília/Rio de Janeiro/São Paulo: Instituto de Pesquisa Econômica Aplicada/Fórum Brasileiro de Segurança Pública.

LIMA, M. O racismo autoriza a polícia a atirar indiscriminadamente. Entrevista concedida a Juliana Domingues de Lima. **Nexo Jornal**, São Paulo, 23/05/2020.

LOMBROSO, C. **O homem delinquente**. 2. reimpr. São Paulo: Ícone, 2013.

MAZZAROTTO, R. "Quero ser um pai como a minha mãe" – **Produção de masculinidades e o Programa Bolsa Família**. Dissertação de Mestrado. Porto Alegre: Programa de Pós-Graduação em Educação/Faculdade de Educação/Universidade Federal do Rio Grande do Sul, 2019.

NOLASCO, S. (org.). **A desconstrução do masculino**. Rio de Janeiro: Rocco, 1995.

OPIPARI, C.; TIMBERT, S. Cartografia imaginada da Mangueira. **Fractal – Revista de Psicologia**, Rio de Janeiro, v. 25, n. 2, mai.-ago./2013.

RIBEIRO, A.A.M.; FAUSTINO, D. Negro tema, negro vida, negro drama – Estudos sobre masculinidades negras na diáspora. **Transversos – Revista de História**, Rio de Janeiro, n. 10, ago./2017.

RIBEIRO, I.; SILVA, V.L. Das materialidades da escola: o uniforme escolar. **Educação e Pesquisa**, São Paulo, v. 38, n. 3, jul.-set./2012.

SARMENTO, M.J. **Estudos da Infância – Educação e práticas sociais**. Petrópolis: Vozes, 2008.

SANTOS, G.A. Nem crime, nem castigo – O racismo na percepção do judiciário e das vítimas de atos de discriminação. **Rev. Inst. Estud. Bras.**, São Paulo, n. 62, dez./2015.

SCHWARCZ, L.M. **Nem preto nem branco, muito pelo contrário – Cor e raça na sociedade brasileira**. São Paulo: Claro Enigma, 1994.

SENKEVICS, A. Diferentes e desiguais. **Em Aberto**, v. 27, n. 92, 2014, p. 191-196.

SEFFNER, F. **Derivas da masculinidade: representação, identidade e diferença no âmbito da masculinidade bissexual**. Jundiaí: Paco, 2016.

SHOW, K.; SILVA, R.C. (orgs.). **A cartografia da favela: fortalezas comunitárias para resistir à violência em Recife e Olinda**. Florianópolis: Shine a Light, 2011.

SILVA, J.S. Efeitos colaterais da estratégia de "guerra às drogas": A falência das unidades policiais pacificadoras do Rio de Janeiro e o aprendizado com seus erros. **Revista Olhares Amazônicos**, p. 1.048-1.057, out./2017.

SILVA, J.S.; BARBOSA, J.L. As favelas como territórios de reinvenção da cidade. **Cadernos do Desenvolvimento Fluminense**, n. 1, 2013.

STREVA, J.M. **Objetificação colonial dos corpos negros: uma leitura descolonial e foucaultiana do extermínio negro no Brasil**. Dissertação de mestrado. Rio de Janeiro: Departamento de Direito/PUC-Rio, 2015.

TCE/RS. **Cumprimento do art. 26A da LDB nas escolas municipais do RS: obrigatoriedade do ensino de História e Cultura Afro-brasileira e indígena**. Porto Alegre: TCE/RS, 2016.

4
Balbucios imagéticos

Cinema de horror e o idioma do caos nos governos da infância e do feminino

Michele de Freitas Faria de Vasconcelos

Diogo Oliveira Teles

Marcos Ribeiro de Melo

[...] estamos tão repletos de imagens que já não vemos as imagens que nos chegam do exterior por si mesmas. As ideias, agindo como palavras de ordem, se encarnam nas imagens [...] e dizem o que deve interessar nas outras imagens: elas ditam nossa percepção. Há sempre um "golpe" central que normaliza as imagens que não devemos perceber.
Gilles Deleuze, 1992, p. 60.

Quando dizer é fazer... É o que acontece quando a gagueira já não incide sobre palavras preexistentes, mas ela própria introduz as palavras que ela afeta. [...] O escritor que se torna gago da língua: ele faz gaguejar a língua enquanto tal. [...] Sobre mim e sobre muitos de meus contemporâneos pesa a gagueira de nascença. Aprendemos não a falar, mas a balbuciar, e só pondo-nos à escuta do barulho crescente do século, [...] é que adquirimos uma língua.
Gilles Deleuze, 1997, p. 122-123.

Na nossa infância, todos nós experimentamos este primeiro idioma, o idioma do caos, todos nós usufruímos do momento divino em que a nossa vida podia ser todas as vidas e o mundo ainda esperava por um destino.
Mia Couto, 2011, p. 12.

"Tudo novo de novo"[25]

"Balbucios: gaguejar uma infância" (UFS/CNPq) é um grupo de estudos e pesquisas[26] que, desde 2016, vem "colecionando" perguntas no entremeio ciência, artes visuais e literatura, na direção de desencaminhar mapas políticos-estéticos-linguísticos a respeito da infância. Por meio dessa "coletânea de começos de mundo" (SOUZA NETO et al., 2019, p. 202), a ideia tem sido experimentar métodos, instalações por entre ciência, arte e vida, que funcionem na direção de liberar coisas e palavras da função de serem úteis (cristalizadas, "mortas", desvitalizadas), transfigurando-as em seres 'vivos', vibrantes, brincantes, malinos.

"Vida vivida, estranhada, reinventada" (ZANELLA, 2013, p. 44). Com Foucault (2000), entendemos que dispositivo é máquina de fazer ver e falar; e com Agamben (2005) que infância é a experiência limite da/na linguagem, apontando para a ficcionalidade do mundo e a arbitrariedade de suas regras. Assim, a infância, para nós, é categoria analítica e o cinema um dispositivo para desdizer e desver o mundo humano; "transver o mundo", como diria Manoel de Barros (2010) e falar outras línguas, mesmo que gaguejando (DELEUZE, 1992; 1997), balbuciar uma língua.

Nessa direção, nossas propostas de pesquisa têm tomado imagens e narrativas cinematográficas protagonizadas por crianças como possibilidades de forçar um pensamento gago (ou melhor, balbuciante, já que se trata de criar novos começos) que brinque com as perguntas o que é "a" infância e quem são as crianças; o que é "o" humano e quem somos nós. Nesses tempos de pulverização excessiva e imagens, em que a tomada de poder sobre as subjetividades tem se dado por um acoplamento com políticas imagéticas que veiculam e reiteram imagens clichês, imagens justas (DELEUZE, 1992), temos ensaiado modos de resistência por entre imagens. Assim, o cinema que nos interessa é aquele que possibilita cultivar um pensamento com imagens menos como representação do mundo e mais como afecções, intensidades, rupturas nos

---

25. Título da música do compositor e cantor Moska (2003).
26. O Grupo é composto por professoras/es dos departamentos de Psicologia e Educação e estudantes destes departamentos bem como dos Programas de Pós-Graduação em Psicologia e em Cinema da Universidade Federal de Sergipe.

modos amansados de ver, perceber e sentir (WUNDER, 2016), dando passagem para novas políticas imagéticas e subjetivas.

Deste modo, elucidam-se nossas apostas: 1) na infância "como intensidade, um situar-se intensivo no mundo; um sair sempre do seu lugar e se situar em outros lugares desconhecidos, inusitados, inesperados" (KOHAN, 2007, p. 94). 2) num pensamento por meio da composição com artes visuais com força para nos colocar em contato com infâncias em suas línguas nascentes e brincantes, a desdizer e transver ditos e escritos, verdades "científicas" sobre infâncias (PRADO JR., 2010); 3) num agenciamento cinema e infância que possa nos permitir ensaiar novos começos de mundo, outras práticas de si, (des)subjetivações, transmutações.

Em outros termos, tomamos a categoria analítica "infância" para gaguejar em nossa língua, diria Deleuze (1992); infantilar a linguagem, diria Kohan (2007). Produzir imagens e narrativas brincantes sobre nós mesmos, para nos estranharmos, num exercício de estrangeiridade (KOHAN, 2007) e artistagem (CORAZZA, 2006): ousar habitar fronteiras de nossos mapas político-linguísticos-subjetivos, acompanhar efeitos-subjetividade. Fazemos isso por meio da arte (em particular, a arte visual do cinema) e de sua força em vitalizar a vida.

Por entre planos, sequências, ângulos e paisagens sonoras, o cinema nos desafiou a pensar com imagens, desencaminhando certezas sobre o que são as relações de gênero, as relações intergeracionais, o gênero literário e o cinema fantástico, a imaginação, a (des)obediência e as emoções. Exercitamos novos olhares vendo (e sendo vistos), revendo e transvendo com "Abril despedaçado" (2001), "O sonho de Wadjda" (2012), "Minha vida em cor de rosa" (1997), "A culpa é de Fidel" (2006), "Stella" (2008), "Ernest & Celestine" (2012), "Sete minutos depois da meia-noite" (2016), "Coraline e o mundo secreto" (2009), "Beasts of the southern wild" (2012), "Jojo Rabbit" (2019), "Billy Elliot" (2000), "Não fui eu! Eu juro!" (2008) e "Jonas e o circo sem lona" (2015). Esse percurso de (des)aprendizagem de um olhar está, em alguma medida, registrado nos seguintes ensaios: Vasconcelos, Melo, Oliveira (2017); Melo, Vasconcelos e Batista (2018); Vasconcelos, Melo, Souza-Neto (2018); Vasconcelos, Prates e Melo (2019); Souza-Neto et al. (2019); Prates, Costa e Melo (2019); Melo, Vasconcelos e Oliveira (2020); Melo, Vasconcelos e Souza-Neto (2020); Mota,

Melo e Vasconcelos (2021). Para este texto em específico, inspiramo-nos em narrativas imagéticas que compuseram a dissertação de mestrado intitulada *A órfã: cinema de horror, infância e feminino*, defendida no Programa de Pós-graduação Interdisciplinar em Cinema (PPGCine) da Universidade Federal de Sergipe (UFS) em 2019 por Diogo Oliveira Teles, um dos autores deste texto, e em cuja banca de qualificação e defesa estiveram presentes o outro autor (orientador) e a autora.

Certas experiências (de pesquisa) convidam à arte dos encontros (monstruosos) ali onde um novo começo germina: entre ciência e arte, entre disciplinas (Educação, Psicologia, Cinema), entre grupos de pesquisa (Balbucios e Geerge), entre nordeste e sul; acenam a experiência de composição com outras linguagens e outras imagens, produzindo imagens e linguagens que se fazem outras.

> Estar na própria língua como um estrangeiro, traçar para linguagem uma espécie de linha de fuga. [...] Linhas de fuga subterrâneas: algo como o silêncio, ou como a gagueira, ou como o grito, algo que escorreria sobre as redundâncias e as informações, que escorraçaria a linguagem e que apesar disso seria ouvido (DELEUZE, 1992, p. 56).

Nesse novo começo (o começo deste texto), talvez reste ainda apresentar um verbo com sotaque, pois, com ele, se atualiza nosso desejo de pesquisar infâncias e fazê-lo infantilmente: 'malinar', diríamos nós nordestinos/a. Numa caçada por novos começos, por entre imagens e narrativas, temos ensaiado um devir-criança-pesquisadora em nós, nós esses seres tão escrutinados, entediados, sem viço; tão familiarizados, tão identificados, tão humanos. Pesquisar malinando: "imaginar enquanto se mexe nas coisas"[27], operando com elas novas montagens de si, do outro, do mundo. Pesquisar com infâncias, perscrutando um olhar infantil sobre as coisas: "eis o que acontece quando um [...] pesquisador lança seu olhar sobre as coisas, elas então parecem tão novas e esquisitas, como se fossem algo jamais visto antes" (BENJAMIN, 2015,

---

27. Oração proferida pelo mestrando Jefferson Santos da Silva na aula de Epistemologia e Metodologia em Psicologia. Vale registrar que também costumamos fazer diário de campo, ou como diria Machado (2011), "cadernos de formação" de nossas aulas, transfigurando nossas práticas docentes também em campo de pesquisa. Dizendo de outro modo, o processo de trabalho se faz pesquisa, "movimentado pela indissociabilidade entre trabalho e formação" (p. 49).

p. 267). Tal pode ser o ânimo de uma pesquisa que pretende produzir imagens e narrativas infantis.

Humanidade infante, balbucios ingovernáveis

A gagueira que escorraçaria a linguagem, algo que escorreria sobre as redundâncias e as informações e que apesar disso seria ouvido... Conectando essa ideia com a proposta por Agamben (2005) da infância como experiência limite da/na linguagem – e disso deriva o primado de inclusão do animal/criança, um "outro", meio "monstro", meio "não humano" –, pomo-nos a estranhar nossa humanidade conferida pelo adentrar no mapa político da linguagem e das imagens, obedecendo-o docilmente: "as crianças são presos políticos. A linguagem é um sistema de comando" (DELEUZE, 1992, p. 57-58), de docilização, de produção de uma humanidade que obedece a palavras de ordem e imagens justas. Acoplados a esse sistema, constituídos por ele, há que se produzir crianças obedientes, amansadas, governáveis, conduzindo-as ao mundo dos humanos, adultos.

Vale dizer que foi no quadro geral da noção de governo como operador analítico das relações de poder que Foucault pensou o nascimento da racionalidade do Estado moderno (2008a), bem como a emergência do (neo)liberalismo (2008b), entendendo-os como artes de governar, como certas maneiras de governar. Para fazer a condução das condutas humanas, tais artes ancoraram-se – e ainda se ancoram – em técnicas inspiradas na experiência milenar do pastorado cristão: "O homem ocidental aprendeu, durante milênios, a se considerar uma ovelha entre ovelhas", sob a condução de pastores (ibid., 2008a, p. 174). "O poder pastoral é sem dúvida algo de que ainda não nos libertamos" (ibid., p. 197). Dito de outro modo, o elemento-chave para fazer a gestão estatal e (neo)liberal das condutas de uma forma eficaz já foi dado pelo exercício de poder pastoral: produzir subjetividades obedientes às finalidades da economia de poder. Arte de governar entendida, assim, como arte de fazer-se obedecer. Todavia, nesse quadro, o governo das condutas humanas vai exigir não somente atos de obediência e de submissão, mas também atos de verdade, ou seja, um governo das condutas pela manifestação da verdade sob a forma da subjetividade. Em outras palavras, gesta-se um exercício de poder que, ancorando-se em procedimentos pastorais, vai permanecer e atualizar a exigência de que os indivíduos não somente obedeçam, mas sejam obrigados a manifestar em verdade (e em imagem) aquilo que são, que digam, que confessem obstinadamente: "eis aquilo que eu sou, eu que obedeço" (FOUCAULT, 2011, p. 76). Há, pois, que se produzir crianças obedientes, pequenos cidadãos, como no trecho da música abaixo:

> Agora pode tomar banho. Agora pode sentar pra comer. Agora pode escovar os dentes. Agora pegue o livro, pode ler. Agora tem que jogar vídeo game, agora tem que assistir TV. Agora tem que comer chocolate. Agora tem que gritar pra valer. Agora pode fazer a lição. Agora pode arrumar o quarto. Agora pega o que jogou no chão. Agora pode amarrar o sapato. Agora tem que jogar bola dentro de casa. Agora tem que bagunçar. Agora tem que sujar de lama. Agora tem que pular no sofá! É sinal de educação, fazer sua obrigação, para ter o seu direito de pequeno cidadão (ANTUNES; PINTO, 2012).

"Os versos são enunciados na forma de *palavras de ordem*; tudo que é *desejo* da criança é enunciado como 'tem que fazer'; tudo que é *obrigação* da criança é enunciado como 'pode fazer'. E, por fim, para ter o 'direito', há que se cumprir com os deveres" (GALLO, 2015, p. 341), sendo o maior dever de todos o de tornar-se humano, 'adultecendo', todos e cada um naturalizados pela fórmula desenvolvimentista adultocêntrica e etnocêntrica de que a criança estaria para os povos 'primitivos' assim como os adultos para os europeus, esses sim, humanos.

Como resistir ao comando de dever ser adulto? Retomemos: assumimos em nossas pesquisas a categoria infância como uma analítica de nós mesmos e do que vimos sendo, humanos; bem como tomamos a experiência infantil como o limite do humano. Dessa forma, a proposta é nos agenciarmos com a arte cinematográfica e com o método da etnocartografia de tela, tecendo uma experiência infantil com força para ativar um devir-criança-monstro em nós. Assim, talvez possamos cultivar uma desobediência, um desassossego, uma inquietude, uma fenda aberta ao ingovernável. Mas, como cultivar essa fenda, como escapar do golpe que normaliza as imagens e nossa percepção (DELEUZE, 1992), inclusive nos nossos métodos de pesquisa?

Do encontro entre etnografia de tela e cartografia

> *Essa experiência e essa aliança com as linguagens estranhas podem estar a serviço [...] dessa contaminação positiva e criativa que toda linguagem sofre quando busca traduzir, ou se aliar, a outras linguagens – e é o que o autor brasileiro João Guimarães Rosa chama de "fecundante corrupção das nossas formas idiomáticas de escrever".*
> Goldman, 2006, p. 169.

Temos ensaiado compor uma habitação por entre ciência e artes visuais, experimentado profanar a fabricação de um corpo de sustentação: corpo-suporte metodológico-conceitual para se fazer do estranhamento uma experimentação infantil dessa potência de diferir.

Hikiji (1998) afirma que cinema e antropologia nasceram quase simultaneamente e que, desde o início, influenciaram-se mutuamente. Fascinados pelo potencial das imagens fotográficas e cinematográficas, os antropólogos constituíram o campo Antropologia Visual e os filmes etnográficos como forma de registro imagético dos trabalhos de campo. "Mas o século XX revela, além do antropólogo-cineasta, o antropólogo espectador. Este vê o cinema não como meio, mas como objeto da pesquisa" (HIKIJI, 1998, p. 91). Por meio dessa pista, temos nos inspirado na hibridação entre "etnografia de tela" e "cartografia" como recurso metodológico.

Etnografia de tela é um termo originado a partir dos "estudos de tela" que nos anos de 1980 já se referiam ao estudo etnográfico de artefatos midiáticos. Este recurso reconhece a imagem como "modalidade de discurso" datado, contingente e limitado pelo olhar e posição do espectador (XAVIER, 1984; BALESTRIN; SOARES, 2012). Nestes termos, abandona a pretensão de objetividade, reconhecendo que "o próprio ato de olhar transformar quem o vê e o que se vê" (BALESTRIN; SOARES, 2012, p. 89). Carmen Rial (2004) assinala que a referida metodologia deve ser assumida como uma prática de trabalho de campo, fundada em coleta e análise de dados extensa e longa.

Assim, esse tipo de etnografia se traduz pela profunda imersão na tela com o objetivo de: 1) selecionar cenas a serem analisadas; 2) analisar o uso de ferramentas de linguagem cinematográfica nas cenas (iluminação, planos, cenários, introdução, movimentos dos personagens, modos de narrar e trilhas sonora); 3) articular as cenas ao referencial teórico escolhido; 4) registrar em caderno com descrição detalhada do que se vê e se escuta, além das sensações e impressões (BALESTRIN; SOARES, 2012).

Além desses procedimentos de descrição densa do campo-tela, com a cartografia, pretendemos adensar a experiência num momento de pobreza desta, inclusive pelo excesso de imagens. Desse modo, partimos de uma atitude ético-política, situando nela o rigor destes tipos de pesquisa: acompanhar processos de subjetivação, "dando língua aos afetos que pedem passagem" (ROLNIK, 1989, p. 23), acompanhar e dar expressão a efeitos-subjetividade, derivas subjetivas, dobras-resistência aos mapas políticos, imagéticos e linguísticos que apequenam o devir-monstro da humanidade. Nessa direção, Eduardo Passos e Virgínia Kastrup (2013) sugerem como indicadores para a validação da pesquisa o acesso à experiência e a produção de efeitos-subjetividade.

Como já foi mencionado, para o Grupo Balbucios, o cinema e a infância são fontes do que Mia Couto (2011) chama de "caos seminal". O caos que bifurca novas ordens e normatividades e por isso remonta à des-ordem (desmontando a ordem e progresso), ao titubear dos códigos, ao vacilo da linguagem e de tudo que tomamos como real e, por vezes, único. Diante da tela, como viajantes entre imagens fílmicas, nos afastamos de lugares já (re)conhecidos e nos colocamos à deriva. Entregamo-nos aos movimentos, (des)encontros, misturas. Das raízes e lugares de pretensa fixidez das próprias imagens, que nos fazem, tantas vezes, ser mundo, começam a coexistir outros tantos possíveis que nos fazem sair do mundo, vazar a tela (de mundo dado), "ser asa e viagem" (COUTO, 2011, p. 24). Colocamos nossa posição de sujeito em jogo, fora de posição, permitindo olhares para além das perspectivas (MASSCHELEIN, 2008), pois agora passamos a inventar mundos.

Portanto, a aposta de nossas pesquisas com cinema é de um encontro com a imagem fílmica não como coisa acabada, mas como um campo de virtualidades, de novos possíveis (MIGLIORIN; PIPANO, 2019), encontro-produção, invenção de si e de mundos. Uma experiência com a imagem cinematográfica que se engendrada nas relações estéticas entendidas não como disciplina do belo, mas como relações sensíveis que provocam "fissuras no supostamente natural e nos falsos permanentes/estáveis. Fissuras ciscos, que podem vir a se abrir e a provocar a abertura de tantas outras, para direções inesperadas" (ZANELLA, 2013, p. 45).

Com o olho incomodado pelos ciscos, encontramos não uma infância domesticada como ciclo de vida ou um "vir a ser adulto", mas como força desestabilizadora daquilo que chamamos de vida. Infância como condição de experiência para além de um tempo cronológico de etapas a serem superadas, um tempo intempestivo, aiônico, onde as relações são marcadas pelas intensidades do movimento. Temporalidade onde o infantil habita as contradições e torna possível um pensamento como criação. Assim, como já foi sito, se pensamos no agenciamento artes visuais e infância, percebemos como Deleuze (1997) que "a arte diz o que dizem as crianças": é possível sempre (re)começar, entendendo começo não como origem, mas como bifurcação e multiplicidade.

O que temer? O governo imagético de corpos de mulheres, necessariamente femininos

Guiados/a pelas apostas supracitadas, apresentamos neste texto reflexões desencadeadas por uma de nossas pesquisas, esta acerca das relações entre cinema de horror, infância e feminino. Mas, o que seria temível pensar acerca da infância e do feminino? Fiados/a por essa pergunta, analisamos o filme *A órfã* (*Orphan*, de Jaume Collet-Serra, 2009), que narra a história de adoção de uma garota de 9 anos, chamada Esther. Por se tratar de uma película do gênero horror, no limite entre o considerado "real" e "monstruoso"/ "anormal", sua narrativa nos põe em contato com os 'outros' da infância e do feminino, que ameaçam e aterrorizam certezas sobre o que eles devem ser, sobre o que nós somos: sujeitos adultos e generificados.

De acordo com Foucault (2002), a figura do "monstro cotidiano", o "anormal", consolida-se nos séculos XVIII e XIX com as técnicas jurídicas e médicas daquele período. Nesse bojo, o dispositivo da sexualidade, constituído como principal estratégia de saber-poder sobre os corpos de crianças e mulheres, inventa as figuras "anormais" da histérica e da criança masturbadora (FOUCAULT, 1988). Conforme se aborda em outros pontos deste livro, produz-se, a partir daí, um conjunto de práticas (discursivas e não discursivas) de controle e vigilância que vão delimitar o lar e procriação como expectativas para a vida das mulheres e a negação da atividade sexual para as crianças.

Deste modo, "[...] para Foucault [...] existe uma pedagogização do sexo das crianças, consolidada a partir do século XVIII, cuja análise permite compreendê-la como um dos resultados de um processo de investimento no corpo" (MORUZZI, 2017, p. 282). Entre outras formas e também por meio da educação, deu-se início a um processo de normalização das crianças, no qual a sexualidade da criança foi "uma armadilha, mas destinada aos pais. Ela foi um dos vetores da constituição dessa família sólida. Ela foi um dos instrumentos de troca que permitiram deslocar a criança do meio da sua família para o espaço institucionalizado e normalizado da educação" (FOUCAULT, 2002, p. 326). Em outros termos, "a partir do momento em que a criança se torna um dos grupos estratégicos do dispositivo da sexualidade, produz-se sobre ela um conjunto heterogêneo de regimes de verdades e práticas o qual configura uma maneira de ser-e-ter uma infância" (MORUZZI, 2017, p. 297). Deste modo, o que fugir daquilo que se tem como verdade é visto como anormal.

Diversos espaços e processos sociais constituem-se em instâncias educativas; distintas instâncias político-culturais participam dessa pedagogização, normalização, governo das crianças, do seu sexo, do seu gênero bem como dos modos de pensarmos/percebermos a infância. Nos (nossos) tempos de camisas de força imagéticas, as imagens (veiculadas pela televisão, internet, cinema) exercem pedagogias da sexualidade (LOURO, 2008). Assim, podemos dizer que as imagens fílmicas exercem pedagogias e o cinema, nesse contexto, consolidou-se como uma pedagogia cultural, produtora de subjetividades (LOURO, 2011).

Seguindo as compreensões de Carroll (1999) acerca do cinema de horror, os monstros destas obras podem ser lidos como violações dessas pedagogias e categorias culturais vigentes. A derrota da ameaça monstruosa tende a ser entendida como a restauração da ordem. Todavia, esta é apenas uma interpretação (*hollywoodiana*), dentre tantas possíveis. Cada caso é um caso, e cada obra tem sua peculiaridade. Isso depende, portanto, de como "obras específicas podem valer-se de certas possibilidades estruturais – como o sentido de ordem – para projetar certos temas" (CARROLL, 1999, p. 286). Aqui, queremos retomar a ideia de caos seminal (franja de subjetivação preexistente em toda ordem), e com ela a de que o mundo pode bifurcar outros, a realidade é produção e a imaginação é ponta de lança para desnaturalizá-la, criando com ela outros mundos, outras ordenações, outras formas de vida, outra humanidade (monstruosa).

> Em minha explicação do horror, instei que os monstros devem ser entendidos como violações de categorias culturais vigentes. Sob essa luz, o confronto com o monstro e a derrota dele nas ficções de horror poderiam ser sistematicamente lidos como uma restauração e uma defesa da visão de mundo estabelecida, que é encontrada nos esquemas culturais. Além disso, a visão de mundo em questão aqui não é apenas epistêmica, ela está ligada aos valores ou investida por eles. O que está fora do mapa cognitivo de uma cultura não só é inconcebível, mas também não natural num sentido ontológico e carregado de valores (CARROLL, 1999, p. 281).

Neste sentido, retornamos à indagação: o que é temível pensar sobre a infância e sobre o feminino? Retornamos também a afirmação foucaultiana de que entre os que figuram outridade/monstruosidade social estão as crianças, as mulheres e todos (ou todo movimento infantil, monstruoso, de deriva em cada um de nós, virtualmente monstros em potencial) que se desviam das normas sexuais bem como das normas regulatórias de gênero.

Em *A órfã*, acompanhamos a seguinte história: Kate e John Coleman formam uma família com os filhos Daniel, o mais velho, e Max, filha mais nova, surda-muda. A relação entre os pais entra em crise após Kate sofrer um aborto na terceira gestação e ter dificuldades para superar o ocorrido. Assim, eles esperam encontrar uma saída adotando Esther, garota que vivia em um orfanato e cujo passado pouco se sabe.

Analisando a figura de Esther durante o desenrolar da narrativa, percebe-se como ela corresponde a um ideal, beirando o caricatural, de infância. Sua imagem de inocência e pureza no início do filme são corroborados por roupas sóbrias que cobrem a maior parte do seu corpo, utilizando *collants* e vestidos de inspirações clássicas, uma Shirley Temple[28] fora de seu tempo, com cabelos cacheados e laçarotes a enfeitá-los. Essa imagem, entretanto, vai se modifi-

---

28. Ícone infantil do cinema norte-americano que alcançou estrelato na década de 1930.

cando de acordo com suas intenções, do meio para o final da trama. Por se vestir assim, além de ter palavreado e gestos polidos, ela é considerada, pelos adultos, madura para sua idade. Por outro lado, sofre hostilização de algumas crianças na escola e também por parte de Daniel – irmão adotivo –, já que ele a julga diferente dos demais.

Algumas informações sobre Esther são passadas pela Irmã Abigail, diretora do orfanato, quando Kate e John a encontram pela primeira vez.

> **Interior/sala da Irmã Abigail no Orfanato Santa Mariana/noite**
> É uma sala com piso de madeira escura, paredes de cor clara. O espaço é repleto de móveis de madeira e alguns móveis-fichário cinzas com quatro gavetões cada um. Há ícones católicos, abajures acesos e diversas fichas, pastas e agendas dispostas sobre as mesas. Kate e John estão sentados em duas poltronas à frente do birô no qual está Irmã Abigail. Irmã Abigail tem em mãos a ficha de Esther.
> **Irmã Abigail**: Ela nasceu na Rússia, mas é incrível como fala bem a nossa língua, apesar de estar aqui há poucos anos.
> **Kate**: Sempre recebem crianças de outros países? (Câmera alta total da ficha de Esther sendo aberta. Pan vertical de baixo pra cima enquadrando Kate e John em primeiro plano.)
> **Irmã Abigail**: É raro, mas quando recebemos é difícil serem adotadas. (Plano conjunto de Irmã Abigail, Kate e JOHN.) A família que a trouxe para cá morreu num incêndio. (Primeiro plano de Irmã Abigail.)
> **Kate**: Num incêndio?
> **John**: Meu Deus! (Primeiro plano de Kate e John.)
> **Irmã Abigail**: Esther escapou por pouco (Close de Irmã Abigail.) Ela passou por muita coisa, mas é uma menina extraordinária. (Primeiro plano de John.) É muito inteligente, muito madura para a idade (Primeiro plano de Irmã Abigail) e é muito comportada. (Primeiro plano de Kate.) Na verdade, parece até uma princesa, ela usa fitas nos pulsos e no pescoço todo o tempo. (Close de Irmã Abigail.)
> **Kate**: Amor... (Kate busca um olhar de cumplicidade de John – Primeiro plano de Kate –, que reage com um sorriso e uma expressão, talvez, de incerteza – Primeiro plano de John.)
> **Irmã Abigail**: A única vez que tivemos problemas foi quando tentamos tirá-las. (Close de Irmã Abigail.)
> **Kate**: E ela se dá bem com as outras crianças? (Primeiro plano de Kate.)
> **Irmã Abigail**: Ah, quando ela tem que interagir é ótima! (Primeiro plano de Irmã Abigail.)
> **Kate**: E aí? Ela pareceu se abrir com a gente. (Primeiro plano de Kate.)
> **John**: É, verdade. (Primeiro plano de John.)

> **Irmã Abigail**: Achei que foi mais do que aberta com vocês. (Plano conjunto de Irmã Abigail, Kate e John.) Parece que vocês se entrosaram (Primeiro Plano de Irmã Abigail). Posso preparar os documentos e rever vocês daqui a três semanas. (Primeiro plano de John e Kate.)

A Irmã conta que Esther nasceu na Rússia, mas que aprendeu o idioma deles em poucos anos, e já o fala muito bem. Durante o filme, não temos uma definição exata de onde se passa a história. Todavia, sabemos que a trama se desenvolve em algum lugar da América[29] e que os personagens falam, na versão original, inglês, o que nos remete a algum lugar da América do Norte. A partir dos créditos do filme, tem-se conhecimento também de que foram utilizadas locações nas províncias de Quebec e Ontário, no Canadá.

Retomando, a Irmã Abigail diz que a família que adotou Esther anteriormente morreu em um incêndio e que a menina escapou por pouco. A descrição fornecida pela freira diz acerca de um certo imaginário de infância feminina reforçado amplamente na sociedade ocidental sobre as meninas. Como já foi dito, a "natureza da criança" é produzida em regimes de verdade e, embora a criança seja tomada como neutra quanto ao seu gênero,

> [...] de fato ela é sempre pensada como um menino, um menino que é ativo, criativo, desobediente, contestador de regras, racional. A figura da menina, por contraste, sugere uma patologia não natural: ela trabalha enquanto o menino é brincalhão, ela segue regras enquanto ele trata de quebrá-las, ela é boa, bem comportada, não racional. A feminilidade torna-se o Outro da infância racional. Ela é tudo o que um menino não deve ser, daí o fato de sua presença, quando mostra os atributos acima referidos, poder ser considerada como a demonstração de um desenvolvimento patológico, uma infância inapropriada, um perigo e uma ameaça ao que é normal e natural (WALKERDINE, 1999, p. 77-78).

O que é possível conjecturar a partir da fala de Irmã Abigail é que, apesar de órfã, de ser de outro país e de ter perdido, pelo menos, duas famílias – a biológica e a adotiva –, Esther é extraordinária. A Irmã Abigail, aparentemente, procura sugerir que ela já superou tais fatos, portanto, os possíveis

---

29. Na versão original em inglês, a Irmã Abigail diz: "The family that brought her to America died in a house fire". Em tradução livre: "A família que a trouxe para a América morreu em um incêndio numa casa". A "América" é um dado de localidade que situa a história.

novos pais não terão problemas com isso e ela se adaptará bem ao novo contexto. Já que, como a freira diz, Esther é muito madura para a idade que tem. A Irmã diz também que Esther é muito inteligente, além de comportada, características que sugerem que a garota segue um certo padrão e talvez até supere as expectativas traçadas sobre ela. Por fim, seguindo o ideal de "infância moderna ocidental" (TEBET, 2017), qual imagem poderia ser melhor do que comparar Esther a uma princesa? Afinal, fazemos isso o tempo todo, esperamos das meninas que sejam como princesas. Não precisam ser exatamente encantadas como as da *Disney*, nem dos inúmeros filmes. Mas a ideia de princesa que se tem usualmente passa pela imagem da jovem mulher branca, simpática, sorridente, gentil e amável, recatada e obediente, polida nos seus gestos e falas, destinada/condenada a se casar com um homem – não precisa ser um príncipe –, provavelmente também branco, de 'boa' família, ao qual deverá servir e cuidar. E, claro, eles devem constituir família; a menina, ao se tornar adulta, mulher deve procriar, mulher-mãe-heterossexual. Todas as instituições contribuem com a formação dessa visão, a igreja, a família, a escola, também o cinema, como já se falou, com suas pedagogias de sexualidade e de gênero.

> A escola delimita espaços. Servindo-se de símbolos e códigos, ela afirma o que cada um pode (ou não pode) fazer, ela separa e institui. Informa o "lugar" dos pequenos e dos grandes, dos meninos e das meninas. Através de seus quadros, crucifixos, santas ou esculturas, aponta aqueles/as que deverão ser modelos e permite, também, que os sujeitos se reconheçam (ou não) nesses modelos. O prédio escolar informa a todos/as sua razão de existir. Suas marcas, seus símbolos e arranjos arquitetônicos "fazem sentido", instituem múltiplos sentidos, constituem distintos sujeitos (LOURO, 2014, p. 62).

Então, o que se poderia esperar de um orfanato católico, dirigido por freiras e destinado somente para meninas? Em um ambiente marcado por essas características, certamente são formados sujeitos fortemente generificados, marcadamente femininos sob a marca religiosa católica. No fim das contas, a cena mostra que o que a Irmã Abigail faz é vender a "imagem da criança perfeita". A freira acrescenta, ao final, que o único problema que teve com a menina foi apenas quando tentaram tirar os laços que ela sempre usa nos pulsos e no pescoço. Na referida passagem, o filme reproduz pedagogias de gênero a respeito do feminino, todavia, nos parece, para questionar tais padrões mais tarde.

Dois pontos são chaves para "desvendar" a trama Esther e ambos carregam uma carga de horror que pode confrontar as certezas socioculturais quanto à infância e ao feminino. O primeiro se trata de quando a Irmã Abigail começa a questionar o passado e o caráter de Esther. Após Kate contar para a Irmã que Esther pode ter empurrado intencionalmente uma colega de classe para fora do escorregador, Abigail faz algumas pesquisas e descobre que Esther tem um histórico de envolvimento direto ou indireto em situações de brigas, roubos e acidentes. Abigail vai até a casa de Kate e John e comenta acerca de um caso em que um colega de escola de Esther se machucou com uma tesoura que perfurou sua mandíbula e sobre o incêndio criminoso na casa da família anterior da menina, do qual ela foi a única que escapou e nunca encontraram o culpado.

> **John**: Está insinuando que ela esteve envolvida nesses episódios? Isso é ridículo!
> **Irmã Abigail**: Uma criança cometer tais crimes simplesmente vai contra tudo o que acredito.
> **John**: Ah, pois é!

A cena ainda guarda o seu ápice. Após escutar toda a conversa escondida, Esther vai até Max e pede ajuda. Ela diz que uma moça malvada veio para levar ela embora e pede a ajuda da irmã. Enquanto isso, Abigail decide que precisa entrar em contato com o orfanato russo para saber mais sobre com quem eles estão lidando. E os pais entram em consenso de levar a menina à psiquiatra de Kate. Em montagem paralela, Esther e Max se organizam para se livrar da Irmã Abigail. Max ainda não sabe qual é o plano, mas, por influência de Esther, torna-se cúmplice de tudo.

Quando, de carro, Abigail deixa a casa da família, Esther e Max correm pelo bosque na tentativa de alcançá-la na estrada. O objetivo, segundo Esther conta para Max, é matar a freira de medo para que ela não volte nunca mais. À beira da estrada, Esther empurra Max para frente do carro, fazendo com que Abigail tenha que desviar rapidamente. O carro é lançado para fora do percurso, atingindo uma árvore no acostamento. Após sair do carro, a freira se surpreende ao encontrar Max jogada no chão. Neste momento, Esther golpeia Abigail na testa com um martelo. Depois da vítima cair inconsciente, Esther ordena que Max ajude a tirar a freira da estrada e então a mata com várias marteladas na cabeça.

Carroll (1999) afirma que, no geral, as obras de horror são transgressivas no que se refere às categorias conceituais vigentes. Fato que, para ele, aproxima o gênero de horror das ideias pós-modernistas:

> [...] em geral, as obras de horror representam transgressões das categorias conceituais vigentes na cultura. Nas ficções de horror, as normas classificatórias vigentes são desalojadas; são problematizados os critérios da cultura quanto ao *que é*. Correspondentemente, o pós-modernismo assinala-se por uma forte atração pelo relativismo conceitual. Ou seja, por meio de diversas articulações do pós-modernismo, o tema recorrente não é só relativismo moral, mas o relativismo conceitual – uma convicção de que nossas maneiras vigentes de moldar o mundo são, em certo sentido, arbitrárias. Podem ser descontruídas (CARROLL, 1999, p. 294).

No filme, observa-se que a transgressão ocorre justamente no fato de colocar a infância em questão. Na cena comentada, duas crianças traçaram e articularam um plano para assassinar uma freira. Esther, claramente, foi a mente por trás do crime. Entretanto, Max, mesmo sem saber de todos os detalhes, tornou-se cúmplice. Esther prova ser alguém capaz de coagir pessoas e matar friamente em prol dos seus próprios interesses. E, tomando emprestada a fala de Irmã Abigail, para a sociedade atual, imaginar uma criança cometer tais crimes é ir de encontro a tudo o que se acredita, crença (que nos governa) no ideal da infância moderna.

Durante o filme, Esther comete outros crimes; ela ameaça e chantageia os irmãos para que mantenham segredo sobre seus atos e consegue manipular toda a família. Logo depois de tentar matar Daniel e afastar Kate da família, Esther aproveita para traçar uma investida concupiscente para com John – seu pai adotivo. O seu plano, desde o início, parece ficar mais evidente agora: afastar toda a família e ficar com John. Assistimos, assim, sua imagem se transformar de uma inocente criança de 9 anos para uma espécie de mulher adulta em um corpo pueril. Na cena, Esther personaliza um vestido para que sirva em seu corpo, calça um salto alto, maquia-se, acentuando os olhos e lábios, prepara uma tábua de petiscos e senta no sofá ao lado de John que está embriagado. Ele não atende às expectativas de Esther e diz que ama a esposa, surpreende-se com a atitude dela e entra em confusão pela situação provocada porque, até o momento, eles mantinham uma relação de pai e filha. Ela, então, pede que John pare de falar como se ela fosse uma criança e os dois brigam.

A cena descrita pode ser uma das que mais incomodem o espectador. Uma criança mentir, brigar, xingar, ameaçar, matar, coagir, tudo isso talvez acabe sendo digerido pouco a pouco ao longo do filme, mesmo com certo receio. Mas demonstrar desejo sexual por um adulto que ocupa a figura de pai? Seria aqui um limite? A cena também chama atenção porque Esther articula códigos estabelecidos na sociedade quanto ao que se reconhece como menina e quanto ao que compreende ser mulher. Ela ainda não estaria forma-da adulta, mulher.

A invenção da infância desperta e alimenta um "sentimento da infância". "Sentimento nascente de uma emoção *sui generis*, que a reflexão transformará em filosofia" (SCHÉRER, 2009, p. 20). O adulto começa a se situar em relação à criança, considerando-a como um recém-chegado idêntico a ele e, contudo, diferente, seu "outro" promissor, que o adulto já deixou de ser. Desta forma, a pedagogização da criança produz um efeito de compensação, problematizando o adulto em relação aos valores por ele encarnados: "se, física e intelectualmente, ele continua sendo superior aos seus pequenos interlocutores, existe algo que tem relação com o sentimento, e não com o intelecto, um charme particular que emana da infância inventada e acabada por contagiá-lo" (SCHÉRER, 2009, p. 20). A criança desperta no adulto uma nova virtude da qual este se impregna ao manter contato com ela: a inocência.

A infância é maculada e revestida de inocência por causa da ideia de sexualidade como uma noção adulta. "A sexualidade adulta interfere com a singularidade (*uniqueness*) da infância, com seus estágios de desenvolvimento. A cultura popular, então, ao representar a intrusão da sexualidade adulta no espaço incontaminado da infância, é considerada muito prejudicial" (WALKERDINE, 1999, p. 78). O horror da cena supracitada apresenta-se aí, na sexualidade que emana de Esther. Mas também na tensão sexual que se estabelece entre filha e pai, numa iminente relação incestuosa – prática condenada socialmente.

O gênero é uma "ficçao discursiva", uma estilização repetida do e no corpo, "um conjunto de atos repetidos no interior de uma estrutura reguladora altamente rígida, a qual se cristaliza no tempo para produzir uma substância de uma classe natural de ser" (BUTLER, 2003, p. 59). Trata-se também de uma invenção, mas não de uma ilusão ou devaneio, pois ao ser materializado nos subjetiva dentro de um regime de verdade. Assim, como efeitos de seu poder social, o gênero produz a inteligibilidade de certas corporeidades e existências, enquanto apresenta outras como sendo abjetas (LOURO, 2004), limite do humano; ou, nos termos deste texto, monstruosas, não humanas. O que significa dizer que ser homem ou ser mulher, ser humano, depende de uma performatividade e articulação de signos que se inscrevem no corpo, produzindo sujeitos, crianças ou adultos, masculinos ou femininos de determinados modos e não de outros tantos, governados por normas regulatórias de faixa etária e de gênero. Aquelas corporeidades e existências que não apresentam conformidade no corpo, não são reconhecidas, ou são identificadas como anormais, limite da norma humana, também sob seu jugo.

O gênero do horror fundamenta-se, pelo menos em certa medida, "na perturbação das normas culturais, tanto conceituais quanto morais, ele oferece um repertório de simbolismo para estes tempos em que a ordem cultural – embora num nível de generalidade mais baixo – entrou em colapso ou é vista como num estado de dissolução" (CARROLL, 1999, p. 298). Deste modo, o gênero do horror, que usualmente atrai certo número de apreciadores, articula-se de forma a chamar atenção quando sua iconografia se dispõe relacionando-se com a ansiedade dos tempos e as questões em tensão.

Nas últimas cenas, Kate – e os espectadores – finalmente descobrem algo sobre Esther que se mantinha em segredo. Esther, na verdade, chama-se Leena Klammer e é uma mulher adulta, de 33 anos de idade, diagnosticada com hipopituitarismo, doença que provocou seu nanismo proporcional. Por esta razão ela conseguia se passar por uma criança facilmente. Ela sofre também algum tipo de transtorno mental. Considerada anormal, doente, perigosa e violenta, ela era mantida internada e amarrada em camisa de força para evitar machucar os funcionários do hospital, do qual conseguiu fugir na Rússia.

Após atentar contra a vida de cada integrante da família, o destino de Esther é a morte na sequência que finaliza a obra. Numa luta por sobrevivência,

Kate acaba matando a filha adotiva. Fato é que revelar estes dados, possivelmente, gera uma certa sensação de alívio. Se antes os espectadores eram incomodados pela ideia de que uma criança era capaz de tantos atos, agora eles sabem que, na verdade, ela é uma mulher diagnosticada com uma doença e a crença na infância moderna é reestabelecida. Ou seja, a ameaça agora certamente é mais aceitável. Contudo, exterminá-la parece ser o melhor a ser feito, já que Esther morre.

Carroll (1999) afirma que os seres anômalos das ficções de horror não são apenas ontologicamente transgressivos, mas também cometem atos moralmente transgressivos – assim como Esther. São seres desconhecidos que realizam o proibido. Então, o que fica fora do sistema classificatório, das normas regulatórias de faixa etária e de gênero é tabu, é anormal ou mau, segundo avaliação a partir dos conceitos e imagens categóricos da sociedade, dos ditos e dos vistos, do que é possível dizer e ver por meio dos dispositivos infância e sexualidade. Por vezes, assim como os corpos abjetos servem para mostrar-nos o limite do humano que não pode ser ultrapassado:

> a história de horror pode ser conceituada como uma defesa simbólica dos padrões de normalidade da cultura; o gênero vale-se do anormal apenas com o objetivo de mostrá-lo sendo vencido pelas forças do normal. Cede-se o centro do palco ao anormal unicamente como um contraste para a ordem cultural, que em última instância será vingada no final da história (CARROLL, 1999, p. 281).

Sobre a afirmação mencionada, o autor supracitado diz que esta não é uma regra, que nem sempre é deste modo que as narrativas se desenvolvem. Em certas obras, o mau pode vencer (e para além do bem e do mal, em que se constituiria o mau?), ele pode simplesmente fugir, a ordem do normal pode não ser reestabelecida, enfim. "Fato" é que, Esther foi morta, a ameaça monstruosa foi vencida pelas forças do normal.

Considerações monstruosas

A personagem carrega uma potência que coloca em questão, ao espectador, aquilo que ele mesmo provavelmente concebe sobre a infância e o feminino. Quais seriam os limites para a infância? Como ela deve ser? Existe algum limite de fato? Por que não permitir que ela seja o que puder ser? Quais os códigos que identificam uma menina e uma mulher? Antes de se revelar dentro da narrativa e para o público, Esther consegue produzir incômodo porque ela desafia construções socioculturais estabelecidas, faz gaguejar a linguagem generificada e etarizada.

Se como afirma Carroll (1999), a derrota da ameaça na narrativa ficcional de horror pode ser vista como a restauração da ordem (e do progresso), é possível, então fazer essa leitura do filme. Na maior parte do tempo encaramos Esther como uma criança e a assistimos a dissimular, xingar, ameaçar, matar e cometer tentativas de homicídio, ter um comportamento lascivo etc. São diversas condutas que não correspondem ao que se enxerga como "infância moderna ocidental" (TEBET, 2017), provocando no espectador um sentimento de desconforto e angústia, típico ao gênero de horror.

Que tipo de infância é essa construída e reificada por nós? Ao que submetemos os corpos infantis femininos para aceitá-los e inseri-los socialmente? Qual a função do dispositivo infância em suas articulações com o de sexualidade? Por que incomoda tanto que uma criança possa se comportar de modo diferente? Como desdizer e transver, produzir imagens (infantis e femininas) e percepções outras? O que desejamos desemaranhar e multiplicar? Em que formações-viagens queremos embarcar?

Esther mexe com regimes de verdades e se torna uma ameaça. Ela utiliza as imagens de infância e do feminino, subvertendo tais padrões. Desviando-se dos regimes de verdade e normas regulatórias, através da fala, do agir, do vestir, da própria sexualidade e mesmo dos crimes que comete, Esther faz questionar as práticas que constroem o que é infância e o modo de ser criança. Temos horror desse caos seminal que é a prática de fazer perguntas ali quando as coisas se tornam naturezas e as palavras tijolos mofados. Balbuciemos bem ali e persistamos com a pergunta: o que é mesmo temível?

Referências

ABRIL despedaçado. Direção: Walter Salles. [s. l.]: Buena Vista Internacional/Miramax, 2001. DVD (106 min).

A CULPA é do Fidel. Direção: Julie Gravas. [s. l.]: Gaumont, 2006. 1 DVD (99min).

AGAMBEN, G. **Infância e história – Destruição da experiência e origem da história.** Belo Horizonte: UFMG, 2005.

ANTUNES, A.; PINTO, A. **Pequeno cidadão.** São Paulo, 2000. CD.

A ÓRFÃ. Direção: Jaume Collet-Serra. [s. l.]: Warner Bros. DVD (123min).

BALESTRIN, P.A.; SOARES, R. "Etnografia de tela: uma aposta metodológica". In: MEYER, D.E.; PARAÍSO, M.A. (orgs.). **Metodologias de pesquisas pós-críticas em educação.** Belo Horizonte: Mazza, 2012, p. 87-109.

BARROS, M. **Poesia completa.** São Paulo: Leya, 2010.

BEASTS of The Southern Wild. Diretor: Benh Zeitlin. [s. l.]: Fox Pictures, 2012. DVD (93min).

BENJAMIN, W. Histórias reais sobre cães. **A hora das crianças: narrativas radiofônicas de Walter Benjamin.** Rio de Janeiro: Nau, 2015, p. 267-276.

BILLY ELLIOT. Direção: Stephen Daldry. [s. l.]: Universal Studios, 2000. DVD (110min).

BUTLER, J. **Problemas de gênero: feminismo e subversão da identidade.** São Paulo: Civilização Brasileira, 2003.

CARROLL, N. **A filosofia do horror ou paradoxos do coração.** Trad. de Roberto Leal Ferreira. Campinas: Papirus, 1999.

CORAZZA, S. **Artistagens: filosofia da diferença e educação.** Belo Horizonte: Autêntica, 2006.

COUTO, M. Linguas que não sabemos que sabíamos. In: COUTO, M. **E se Obama fosse africano? e outras interinvenções.** São Paulo: Companhia das Letras, 2011, p. 11-24.

DELEUZE, G. **Conversações.** São Paulo: Ed. 34, 1992.

DELEUZE, G. Gaguejou. **Crítica e clínica.** São Paulo: Ed. 34, 1997, p. 138-146.

DELEUZE, G. O que dizem as crianças. **Crítica e clínica.** São Paulo: Ed. 34, 1997, p. 83-90.

ERNEST & CELÉSTINE. Direção: Benjamin Renner, Vincent Patar e Stéphane Aubier. [s. l.]: StudioCanal, 2012. 1 DVD (76 min).

FOUCAULT, M. **História da sexualidade: a vontade de saber.** Rio de Janeiro: Graal, 1988.

FOUCAULT, M. **Microfísica do poder**. Rio de Janeiro: Graal, 2000.

FOUCAULT, M. **Os anormais**. São Paulo: Martins Fontes, 2002.

FOUCAULT, M. **Segurança, território, população**. São Paulo: Martins Fontes, 2008a.

FOUCAULT, M. **Nascimento da biopolítica**. São Paulo: Martins Fontes, 2008b.

FOUCAULT, M. **Do governo dos vivos**. São Paulo/Rio de Janeiro: Centro de Cultura Social/Achiamé, 2011.

GALLO, S. "O pequeno cidadão": sobre a condução da infância em uma governamentalidade democrática. In: RESENDE, A. **Michel Foucault: o governo da infância**. Belo Horizonte: Autêntica, 2015.

GOLDMAN, M. Alteridade e experiência: antropologia e teoria etnográfica. **Etnográfica – Revista do Centro de Estudos de Antropologia Social**, v. 10, n. 1, p. 161-173, 2006.

HIKIJI, R.S.G. Antropólogos vão ao cinema – Observações sobre a constituição do filme como campo. **Cadernos de Campo**, São Paulo, v. 7, p. 91-113, 1998.

JOJO RABBIT. Direção: Taika Waititi. [s. l.]: Fox Filmes, 2019 (108min).

JONAS e o circo sem lona. Direção: Paula Gomes. [s. l.]: Vitrine Filmes, 2015 (82min).

KOHAN, W.O. A infância da educação: o conceito devir-criança. **Infância, estrangeiridade e ignorância: ensaios de filosofia e educação**. Belo Horizonte: Autêntica, 2007, p. 85-98.

KOHAN, W.O. Infância e filosofia. **Infância, estrangeiridade e ignorância: ensaios de filosofia e educação**. Belo Horizonte: Autêntica, 2007, p. 99-134.

LOURO, G.L. **Um corpo estranho: ensaios sobre sexualidade e teoria queer**. Belo Horizonte: Autêntica, 2004.

LOURO, G.L. Cinema e sexualidade. **Educação & Realidade**, Porto Alegre, v. 33, n. 1, jan.-jun./2008.

LOURO, G.L. O cinema como pedagogia. In: LOPES, E.M.T.; FILHO, L.M.F.; VEIGA, C.G. (orgs.). **500 anos de educação no Brasil**. 5. ed. Belo Horizonte: Autêntica, 2011, p. 423-446.

LOURO, G.L. **Gênero, sexualidade e educa**ção: uma perspectiva pós-estruturalista. 16. ed. Petrópolis: Vozes, 2014.

MACHADO, D. **Movimentos na Educação Física: por uma ética dos corpos**. Dissertação de mestrado. Porto Alegre: Programa de Pós-Graduação em Educação/Universidade Federal do Rio Grande do Sul, 2011.

MASSCHELEIN, J. E-ducando o olhar – A necessidade de uma pedagogia pobre. **Educação & Realidade**, Porto Alegre, v. 33, n. 1, p. 35-48, jan.-jun./2008.

MELO, M.R.; VASCONCELOS, M.F.F.; BATISTA, L.L. Trans-ver o gênero e inventar a vida: infância e imaginação em "Minha vida em cor de rosa". **Revista Interritórios**, v. 4, n. 6, p. 140-153.

MELO, M.R.; VASCONCELOS, M.F.F.; OLIVEIRA, R.T.M. Por uma infância da escrita e da leitura. **Revista Brasileira de Alfabetização,** n. 12, p. 64-77, 2020.

MELO, M.R.; VASCONCELOS, M.F.F.; SOUZA-NETO, E. (2020). "Os dentes afiados da vida preferem a carne na mais tenra infância"– Etnocartografar com olhos de besta. **Childhood & Philosophy**, Rio de Janeiro, v. 22, p. 1-28, nov./2020.

MIGLIORIN, C.; PIPANO, I. **Cinema de brincar**. Belo Horizonte: Relicário, 2019.

MORUZZI, A.B. A infância como dispositivo: uma abordagem foucaultiana para pensar a educação. **Conjectura**, Caxias do Sul, v. 22, n. 2, mai.-ago./2017, p. 279-299.

MOTA, E.M.; MELO, M.R.; VASCONCELOS, M.F. "Em tempos de terror escolhemos monstros para nos proteger": cinema fantástico, infância e invenção de mundos. In: NOGUEIRA, A.D.; JAPIASSU, C.E.; SANTOS, C. (orgs.). **Cinema e interdisciplinaridade**: **convergências, gêneros e discursos**. Vol. 5. Aracaju: Criação, 2021, p. 119-128.

NÃO sou eu, eu juro! Direção: Phillipe Falardeau. [s. l..]: Crystal Films, 2008. DVD (110 min).

O SONHO de Wadja. Direção: Haiffa Al Mansour. [s. l.]: Imovision, 2012, 1 DVD (98 min).

PASSOS, E.; KASTRUP, V. Sobre a validação da pesquisa cartográfica: acesso à experiência, consistência e produção de efeitos. **Fractal – Rev. Psicol.**, v. 25, n. 2, mai.-ago./2013, p. 391-414.

PRADO JR., P.W. O suplício da infância – Notas sobre Bergman e a condição de *infans*. In: KOHAN, W.O. (org.). **Devir-criança da filosofia: infância da educação**. Belo Horizonte: Autêntica, 2010, p. 55-62.

PRATES, R. et al. Infâncias e balbucios: experiências de etnografia de tela numa mostra infantil. In: NOGUEIRA, D.A.; FRANÇA, L.C.M.; SILVA, R.I. (orgs.). **Cinema e interdisciplinaridade: convergências, gêneros e discursos**. Vol. 2. Aracaju: Criação, 2019, p. 137-152.

RIAL, C. Antropologia e mídia: breve panorama das teorias de comunicação. **Antropologia em primeira mão**, Florianópolis, n. 74, p. 4-67, 2004.

ROLNIK, S. **Cartografia sentimental** – Transformações contemporâneas do desejo. São Paulo: Estação Liberdade, 1989.

SCHÉRER, R. **Infantis – Charles Fourier e a infância para além das crianças**. Belo Horizonte: Autêntica, 2009.

SETE minutos depois da meia noite. Direção: Juan Antonio Bayona. [s. l.]: Focus Features, 2016. 1 DVD (108min).

SOUZA-NETO, E. et al. Balbuciando infâncias por meio da etnocartografia de tela. In: NOGUEIRA, A.; FRANÇA, L.; IZIDORO, R. (orgs.). **Cinema e interdisciplinaridade: convergências, gêneros e discursos**. Vol. 3. Aracaju: Criação, 2019, p. 197-220.

STELLA. Direção: Sylvie Verheyde. [s. l.]: Lume Filmes, 2008. 1 DVD (103 min).

TEBET, G. Desemaranhar as linhas da infância: elementos para uma cartografia. In: ABRAMOWICZ, A.; TEBET, G.G.C. (orgs.) **Infância e pós-estruturalismo**. São Paulo: Porto de Ideias, 2017, p. 135-156.

VASCONCELOS, M.; MELO, M.; OLIVEIRA, R. Imagens, narrativas, culturas infantis em "Abril despedaçado": tateando um modo de olhar. **Revista Tempos e Espaços em Educação**, São Cristóvão, v. 10, n. 21, p. 67-76, jan.-abr./2017.

VASCONCELOS, M.; MELO, M.; SOUZA-NETO, E. Etnocartografar com olhos rebeldes: infantilando imagens como "A culpa é do Fidel". **Interdisciplinar,** São Cristóvão, v. 29, p. 207-223, jan.-jun./2018.

VASCONCELOS, M.; PRATES, R.; MELO, M. Infância, cinema, lirismo: a poética do sonho de Wadjda. **Momento: diálogos em educação**, v. 28, n. 3, p. 26-46, set.-dez./2019.

WALKERDINE, V. A cultura popular e a erotização das garotinhas. **Educação & Realidade**, Porto Alegre, v. 24, n. 2, p. 75-88, jul.-dez./1999.

WUNDER, A. Das imagens que movem o pensar. In: SCARELI, G.; FERNANDES, P.C. (org.). **O que te move a pesquisar? – Ensaios e experimentações com cinema, educação e cartografias**. Porto Alegre: Sulina, 2016, p. 12-31.

XAVIER, I. **O discurso cinematográfico: a opacidade e a transparência**. Rio de Janeiro: Paz e Terra, 1984.

ZANELLA, A. **Perguntar, registrar, escrever: inquietações metodológicas**. Porto Alegre: Sulina, 2013.

5
O "lobo mau" ronda a casa
Quando a proteção vira erotização nos casos de violência/abuso sexual

Monise Gomes Serpa

A erotização das infâncias e os processos de violência sexual

O estudo aqui retratado partiu de uma pesquisa maior, de doutorado, sobre a exploração sexual e os processos de pedofilização a partir dos Estudos pós-estruturalistas de gênero e Estudos Culturais[30]. Nesse processo, nos deparamos como um forte marcador dessa violação: a erotização sexual perpetrada por figuras próximas às meninas como pai, padrasto, padrinho, tio, avô e irmão. Tais figuras, por ocuparem um lugar de destaque na vida das interlocutoras dessa pesquisa, pautavam-se desse poder para cometerem a prática sexual, seja pelo papel social desempenhado de suposto protetor afetivo da criança, seja por serem homens adultos. Dessa maneira, tal violação carrega tanto o peso do "horror" concebido em nossa sociedade para as práticas sexuais cometidas contra crianças e adolescentes quanto pela ruptura nas expectativas sobre a família como espaço universal de proteção a esse público.

Para tensionar essas questões desenvolvidas na referida pesquisa, o presente capítulo se aproxima dos estudos gênero e sexualidade que analisam as lógicas utilizadas por adultos nos processos de erotização com crianças,

---

30. A referida pesquisa seguiu as normas de procedimentos éticos conforme a resolução do Conselho Nacional de Saúde n. 466/2012 e foi submetido ao comitê de ética da UFRGS, protocolo n. 1.716.604.

como as problematizações trazidas com o conceito de pedofilização (FELIPE; GUIZZO, 2003). Vários são os desafios impostos por essa realidade, muitos deles voltados para a produção de um conhecimento capaz de dar conta dessa complexidade, sem cair nas armadilhas do olhar individualizante na dicotomia agressor-vítima. Quais aspectos compõem essa trama envolvendo o desejo sexual de homens adultos para com crianças e adolescentes? Nesse lugar, hiperinvestido de erotização, quais seriam os seus efeitos na construção socioafetiva dessas crianças sobre o seu corpo, sua feminilidade e sobre as suas percepções sobre masculinidade? Esses foram alguns dos questionamentos que puderam situar os caminhos buscados na pesquisa citada, que embasa este capítulo.

Para iniciar a discussão, cabe retomar como pensamos e analisamos as concepções sobre infância, sobretudo nos contextos de violência sexual. O conceito de infância passou por um longo processo de construção e elaboração, partindo de inúmeras teorias dos diferentes campos do conhecimento. Várias concepções foram se delineando na área médica, psicológica, jurídica, pedagógica, antropológica e sociológica, de maneira que, atualmente, não podemos classificar o conceito de infância como estável, "natural" e homogêneo. Dessa forma, podemos falar que existem inúmeras infâncias em constantes processos de ressignificação e transformação, que variam conforme o tempo, a classe social, o gênero e a cultura em que as crianças estão inseridas (FELIPE; GUIZZO, 2003). Assim, percebe-se a infância na sua pluralidade, não existindo uma concepção única e imutável, mas "infâncias", que variam conforme os modos de atuações das crianças na sociedade, em diversos contextos (HAMMAN, 2002).

Na cultura pós-moderna, a infância tem ganhado espaço, visibilidade, o que tem feito com que o mercado direcione a essa clientela infantil uma gama de produtos específicos, tais como roupas, acessórios, músicas, comida. Com isso, passou a desenvolver uma tecnologia aprimorada para estimular esse comportamento consumidor por meio de propagandas, novelas, filmes e demais dispositivos midiáticos (GUIZZO, 2011). Tais dispositivos, como artefatos culturais, têm contribuído no processo de constituição de novas formas de ser criança na atualidade.

Desde muito cedo, até mesmo antes de nascermos, somos investidos de diversas expectativas, em função de nosso gênero e da nossa condição social (GUIZZO; FELIPE, 2003). Diversas pesquisas têm mostrado como os contos de fadas, os jogos eletrônicos, os livros didáticos e paradidáticos, brinquedos e a internet marcam e constituem modos de ser criança na contemporaneidade (ABREU, 2010; AMARAL, 2010; GUIZZO, 2005; VIDAL, 2008).

No estudo realizado por Guizzo (2005), a partir da década de 1960, as crianças passaram a ocupar a grade televisiva não mais como expectadoras, mas como apresentadoras de programas voltados para o público infantil. Na década de 1980, houve uma proliferação desses programas nos quais as crianças eram convocadas a consumir os produtos neles veiculados, de brinquedos, roupas, cosméticos a produtos tecnológicos. Cabe aqui destacar que, nessas propagandas, para a autora, há um marcador significativo de gênero, no qual é possível destacar a diferença entre as propagandas direcionadas às crianças e aos jovens (GUIZZO, 2005). As imagens para as crianças abarcam cenas de ação, aventura e movimentação física e, para as jovens, cenas de beleza e maternidade, associadas também ao mundo doméstico. Tais perspectivas marcadas por divisões de gênero estão presentes nos jogos *online* voltados para o público infantil (FLORES, 2013; PRESTES, 2014). Para Felipe e Guizzo (2003), a maneira como percebemos e significamos o corpo feminino e masculino não tem se dado de forma igualitária, havendo uma tendência a hierarquizá-los. Existe um processo permanente de construção das identidades vinculadas a "mecanismos de conduta socialmente adequados", e a identidade não é formada de uma só vez, sendo necessário um processo de repetição contínua, que vai ensinando modos de ser jovem (SABAT, 2008, p. 98).

Os artefatos culturais produzem certo tipo de discurso que se pretende hegemônico, veiculando aquilo que se considera ideal para um e outro gênero desde a mais tenra idade. Tais perspectivas englobam ainda conceitos de sexualidade que integram uma rede de meios educativos constituídos por várias pedagogias da sexualidade e de gênero (LOURO, 2000; 2013). A referida autora explica que o conceito de gênero, originado das teorias feministas anglo-saxãs, busca dimensionar as discussões sobre o ser homem e mulher no processo social e cultural, afastando-se dos essencialismos biológicos. Dessa forma, segundo ela, as explicações para as desigualdades estabelecidas entre homens e mulheres não estariam nas diferenças biológicas, mas nas relações sociais, no processo histórico, na acessibilidade aos recursos disponíveis na sociedade em questão.

Na nossa sociedade, são definidas características específicas para cada gênero, o que dará a cada um dos sujeitos um lugar social, um espaço de pertencimento a um determinado grupo, formando, assim, a sua identidade de gênero. A escola, a família e as pedagogias culturais teriam esse papel constante de afirmar, constituir, controlar essas identidades de gênero a partir daquelas consideradas referências naquela cultura, naquele grupo social (FELIPE; GUIZZO, 2003). Para as autoras, entende-se que as representações veiculadas pela mídia sobre sexualidade, corpo e gênero têm subjetivado não somente os adultos, homens ou mulheres, mas também trabalhado minuciosamente para a formação das identidades infantis e juvenis. Em geral, a sociedade nem percebe o quanto ela própria está produzindo novas identidades sexuais e de gênero a partir da objetificação dos corpos (FELIPE, 2006).

A identidade feminina "central" na sociedade atual tem privilegiado imagens no espaço midiático de jovens-mulheres como exemplos de beleza e sensualidade, que passam a ser "modelos" de feminilidade e de vivência da sexualidade para esse gênero, como aponta Felipe (1999). A autora ainda lembra que na exposição constante dos corpos femininos é produzido ou reproduzido conhecimento, especialmente no que diz respeito à sexualidade. Ao se constituírem como mulheres atraentes e sedutoras, constroem ou veiculam um modo de ser feminino no qual as relações de poder parecem se estabelecer mais a partir do erotismo e da sedução.

Segundo Felipe e Guizzo (2003), os meios de comunicação de massa, tais como televisão, cinema, música, jornal, internet, videoclipes, têm propagado com frequência a imagem de corpos erotizados, em especial, das crianças e adolescentes do gênero feminino e jovens mulheres, possibilitando a vivência de outras formas de exploração dos corpos e da sexualidade. Tais formas, calcadas, em sua maioria, pelas lógicas do consumo, têm incorporado o sexo como espetáculo e *performance* na qual a criança, em algumas dessas concepções, tem sido vista como objeto de desejo sexual do adulto (FELIPE, 2006).

Diante dessa realidade fez-se necessário problematizar como, na nossa sociedade, tal desejo se constitui. Nessa perspectiva, a referida autora, ao discutir a questão da pornografia infantil e da erotização dos corpos, introduz o conceito de "pedofilização". Tal conceito sinaliza as práticas contraditórias na nossa sociedade, que, ao mesmo tempo em que cria leis e políticas de proteção em favor de crianças e adolescentes, promove uma erotização dos corpos infanto-juvenis em diversos contextos, em especial nos contextos midiáticos.

Para Felipe (ibid.), por meio do desenvolvimento do ciberespaço, a pedofilia ganhou um território fértil para seu exercício e divulgação. Segundo a autora, o Brasil ocupa o 3º lugar no *ranking* de material com conteúdo pornográfico na internet, sendo um mercado bastante lucrativo. Com as novas tecnologias, é possível alterar e criar imagens, como de corpos adultos para infantis, fazer animações, inclusive em 3D (QUAYLE; LOOF; PALMER, 2008). No Japão, por exemplo, um tipo de mangá chamado de *lolicon* (jargão japonês para nomear o que chamam de complexo de Lolita, em referência ao personagem de Vladimir Nabokov), foi criado para burlar as infrações penais naquele país. Nesse material, são comuns as imagens de crianças com roupas de escola e mulheres adultas com imagens infantis sendo estupradas ou em cenas sadomasoquistas.

De acordo com Felipe (2006), outra grande expressão da erotização no Brasil tem sido a música, pois em seus mais variados estilos, há letras com um explícito apelo sexual, com uma grande exposição dos corpos femininos, muitas vezes associados à banalização da violência. Ao trazer determinados gêneros musicais para o debate, cabe aqui ressaltar que não se trata de marginalizar aquelas manifestações culturais oriundas das comunidades mais pobres, tendo em vista a complexidade trazida por esses contextos (SERPA, 2016). Neste sentido, o *funk* não é o único gênero musical com letras voltadas para a erotização do feminino a partir de uma lógica de enaltecimento da masculinidade heteronormativa[31]. Outros gêneros – samba, *rock*, pagode, axé, sertanejo universitário – todos eles, de grande popularidade, também expressam, em suas letras, uma lógica sexista.

---

31. Disponível em https://catracalivre.com.br/geral/cidadania/indicacao/12-musicas-que-reproduzem-machismo-e-violencia-contra-a-mulher/ Acesso em 19/06/2016.

Ainda discutindo o conceito de pedofilização abordado por Felipe (2006), a representação da sexualidade masculina heterossexual é problematizada, sendo caracterizada como "descontrolada", em permanente estado de vigília ao seu desejo sexual, o que, no contexto da violência sexual contra a mulher, costuma ser usada como justificativa para o comportamento agressor masculino. Com isso, a autora desloca o olhar da pedofilia como um problema de ordem médica, biológica e, portanto, patológica, para o cenário social e cultural no qual se fomenta modos de masculinidades calcadas nessa lógica aqui chamada de heteronormativa. Ao fazer isso, pretende-se se distanciar do cenário ardiloso gerado pelo pânico moral e furor midiático sobre o tema da pedofilia, como mostra o estudo realizado por Laura Lowerkron (2010). A autora argumenta o quanto é "sedutor" criar a figura do monstro pedófilo, canalizando nessa imagem todo o problema e também a solução, quando combatido, para as violências sexuais contra crianças. Tal forma de pensar acaba por ganhar corpo no cenário do enfrentamento a essa violência e uma das razões apontadas pela referida pesquisadora, ao trazer a discussão entre um parlamentar e uma psicóloga sobre o uso do termo pedofilia, é o quase enfoque exclusivo na análise individualizante sobre o fenômeno, retirando, assim, a responsabilidade social para a produção e a conservação dessa questão. Para isso, cabe recorrer à comoção social por meio dos espaços midiáticos e ao imaginário do pedófilo como "monstro" a ser combatido, dando a entender que puni-lo é a maior resolutividade para essa questão.

Segundo uma pesquisa realizada pelo Instituto de Pesquisas Aplicadas – Ipea (2014), sobre a questão da cultura do estupro, 58,5% dos entrevistados concordam totalmente (35,3%) ou parcialmente (23,2%) com a frase "Se as mulheres soubessem como se comportar, haveria menos estupros". Os resultados dessa pesquisa mostram o quanto essa concepção sobre a sexualidade heterossexual masculina está perpetuada no cotidiano dos brasileiros, legitimando, em grande parte dos casos a violência sexual contra mulheres. E como pensar tais lógicas quando elas emergem nos processos de violência/abuso sexual contra crianças e adolescentes?

De acordo com Cerqueira e Coelho (2014), em nota técnica ao Ipea, com relação ao total das notificações de violência sexual ocorridas no ano de 2011,

88,5% das vítimas eram do sexo feminino e mais da metade tinha menos de 13 anos de idade. Para tal estudo, 70% dos estupros vitimizaram crianças e adolescentes, sendo os seus maiores agressores homens adultos. Nas estatísticas mais recentes, a Unicef, juntamente com a Secretaria de Segurança Pública, lançou um documento intitulado *Panorama da violência letal e sexual contra crianças e adolescentes no Brasil,* mostrando que

> a grande maioria das vítimas de violência sexual é menina – quase 80% do total. Para elas, um número muito alto dos casos envolve vítimas entre 10 e 14 anos de idade, sendo 13 anos a idade mais frequente. Para os meninos, os casos de violência sexual concentram-se especialmente entre 3 e 9 anos de idade. Nos casos em que as vítimas são adolescentes de 15 anos ou mais, as meninas representaram mais de 90% dos casos. A maioria dos casos de violência sexual ocorre na residência da vítima e, para os casos em que há informações sobre a autoria dos crimes, 86% dos autores eram conhecidos das vítimas.
> Em 2020 – ano marcado pela pandemia de Covid-19 – houve uma pequena queda no número de registros de violência sexual. No entanto, analisando mês a mês, observamos que, em relação aos padrões históricos, a queda se deve basicamente ao baixo número de registros entre março e maio de 2020 – justamente o período em que as medidas de isolamento social estavam mais fortes no Brasil. Esta queda provavelmente representa um aumento da subnotificação, não de fato uma redução nas ocorrências (UNICEF, 2021, p. 6).

Tal realidade sinaliza os efeitos perversos dessas lógicas já retratadas no conceito de pedofilização as quais situam as crianças e os adolescentes em um lugar de destaque para a erotização do seu corpo e de sua sexualidade, mesmo quando tal público se encontra amparado pelo Estatuto da Criança e do Adolescente – ECA. Tal realidade não é atenuada nem mesmo nos espaços mais reconhecidos hegemonicamente como protetivos, como a família e o espaço da casa. Ainda segundo Cerqueira e Coelho (2014), grande parte dos agressores envolvidos na violência sexual contra crianças e adolescentes são pessoas conhecidas e com grande proximidade às vítimas, como pais, padrastos, avós, tios, irmãos e primos. Em muitos casos, as mães têm dificuldades em enfrentar tal questão por conta da relação afetiva estabelecida com o agressor, pelas dificuldades em lidar com a dissolução da família ao se deparar com a emergência do fato, assim como vergonha e medo diante dessa situação (AMEN-

DOLA, 2004; NOGUEIRA; SÁ, 2004), podendo, assim, despontencializar a rede de proteção afetiva das crianças e dos adolescentes, muito necessária em casos como estes. Portanto, as experiências de violência/abuso sexual extrapolam os limites entre proteção e violação ao burlar as fronteiras das relações afetivas entre as vítimas e agressores, complexibilizando ainda mais os efeitos dessa violência em quem a sofre.

Numa das definições estudadas sobre o tema, o *abuso* sexual ocorre quando há contato sexual, de qualquer ordem, entre adultos e crianças/adolescente, sendo este adulto visto como uma figura de autoridade e poder nesta relação e faz uso desse lugar para obtenção de seu prazer sexual (DOS SANTOS; IPPOLITO, 2011). Para o autor e a autora, o maior demarcador dessa violência consiste nessa relação assimétrica de poder entre o agressor e a vítima: adultos e crianças/adolescente. Cabe ressaltar que, apesar de grande parte da literatura sobre o tema utilizar a expressão abuso sexual, faz-se necessário abordar a problematização feita por Felipe (2006) sobre essa questão, quando prefere usar o termo *violência* agregado ao termo abuso por entender que a expressão *abuso* possibilita algumas "brechas" na compreensão de que alguma prática sexual com crianças possa ser permitida, sendo proibida apenas quando se excede. A ideia da autora, portanto, é demarcar que todo abuso é uma violência.

E diante dessa violência, como tais crianças e adolescentes poderão elaborar tal realidade quando uma transgressão está posta em seus corpos? Tal investimento sexual parte do adulto, quando instaurado em seus corpos passam a fazer parte dele, influenciando nos seus modos de pensar, sentir, agir sobre si, enquanto meninas, assim como sobre os homens.

Assim, nessa relação estabelecida entre corpo, gênero e sexualidade, mulheres e homens têm aprendido que é o corpo feminino jovem, infantilizado, que deve ser alcançado, desejado. Dessa forma, a partir do século XVIII, a imagem propagada da infância como sinônimo de pureza e inocência, que necessitava da proteção do adulto, foi contrastada com a situação de muitas crianças que têm os seus corpos não só como mão de obra barata, mas também para a satisfação sexual do adulto (FELIPE, 2006). Portanto, cabe questionar a complexidade que envolve a produção de significados sobre o corpo infanto-juvenil na nossa sociedade e os efeitos que isso tem produzido nas crianças e adolescentes do gênero feminino que, desde muito cedo, passam a entender que o seu corpo tem um valor social e cultural diretamente vinculado ao erotismo e à sedução.

O percurso metodológico e os desafios de aproximação às meninas vítimas de violência sexual

Partindo de uma perspectiva metodológica pós-crítica em Educação na qual se entende o método como uma "produção de informação" e de criação de "estratégias de descrição e análise", neste processo de pesquisa, foram utilizadas estratégias variadas, atentando para não cair no *status quo*, no já definido, rígido, pronto, daquilo que se observa, se sente e se vivencia no campo da pesquisa. Para Dagmar Meyer e Marlucy Paraíso (2012, p. 16), o estar em movimento na pesquisa possibilita a não estagnação do conhecimento que produzimos para que possibilite a emergência de múltiplas formas se ver os fenômenos estudados.

Foram analisadas as histórias de três meninas/jovens, vítimas de violência sexual e que no momento da pesquisa estavam em situação de acolhimento institucional pertencentes à Proteção Social Especial de Alta Complexidade (Pseac) de Porto Alegre, especificamente nas casas-lares e abrigo. Para chegar até elas, foi traçado um longo percurso partindo da busca pelos casos envolvendo exploração sexual na rede de proteção à criança e ao adolescente na cidade de Porto Alegre. Tal procura abrangeu a participação da pesquisadora em eventos envolvendo o tema, reuniões da rede articulada para o enfrentamento da questão, assim como a inserção em instituições com suspeitas de casos envolvendo a temática. Esse processo, nem sempre exitoso, abarcou grande parte do percurso metodológico da pesquisa. Ao estar autorizada pelos órgãos responsáveis, a pesquisadora passou a se inserir nos espaços de acolhimento (casa-lar e abrigo), os quais as meninas estavam sendo atendidas. Deu-se prioridade à formação do vínculo devido às peculiaridades que envolvem a realidade da exploração sexual, tais como a violação dos direitos das crianças e dos/as adolescentes e a marginalização de sua prática. A atenção cuidadosa para estabelecer relações "face a face" com as interlocutoras foi necessária para que esse vínculo propiciasse narrativas mais espontâneas sobre o seu cotidiano.

A casa-lar onde se realizou a pesquisa faz parte de um dos serviços prestados por uma instituição filantrópica pertencente a uma congregação religiosa. A instituição atende a públicos diversos, como adultos, jovens, crianças e velhos/as, com atividades socioeducativas, cursos profissionalizantes e espaço de acolhimento a crianças e adolescentes em situação de vulnerabilidade. Como estratégia de aproximação lançou-se mão de estratégias metodológicas com inspiração etnográfica, grupos focais, entrevistas, narrativas, como também de materiais produzidos especialmente nos encontros com as meninas, tais como escritas, desenhos, fotos, cartazes, figuras. Um dos cuidados tomados partiu da preocupação em apenas evocar o tema da violação sexual, enquanto pergunta de pesquisa, apenas quando surgido pelas próprias interlocutoras, considerando, assim, a sua vontade de abordar essa questão, tendo em vista os possíveis desconfortos gerados pelas lembranças dessa situação. As entrevistas individuais se deram em grande parte informalmente, sendo algumas delas gravadas e outras transcritas num diário de campo.

As duas adolescentes interlocutoras desse estudo serão identificadas com nome fictício de Pâmela e Jéssica, ambas irmãs de uma família de sete irmãos. Pâmela no período do estudo tinha 12 anos, cursava a 4ª série do Ensino Fundamental. Três dos seus irmãos estão abrigados, sendo que os dois meninos moram com ela na mesma casa-lar. Foi abrigada aos 9 anos por motivos de negligência e violência sexual. A violência/abuso sexual foi cometida por seu padrinho, marido de uma de suas tias por parte de mãe, quando tinha 6 anos.

Jéssica, de 17 anos, estava na 4ª série do Ensino Fundamental. Estava no abrigo desde os 14 anos e, no período da pesquisa, permanecia sem nenhum contato com os seus outros familiares. Foi abrigada pelos motivos já apresentados no caso de Pâmela. Porém, nos episódios com Jéssica, a violência sexual ocorre com diferentes homens, incluindo estupro coletivo negociado pela mãe com os abusadores/exploradores por dinheiro. Para análise do material, foram consideradas as múltiplas vozes, a pluralidade da experiência e dos sentidos, atravessadas pelas questões de gênero e sexualidade.

A violência/abuso sexual e as meninas: os efeitos perversos da pedofilização

Em todas as interlocutoras estudadas nesta pesquisa, as estimulações sexuais tiveram início ainda na infância, praticadas por adultos ou pessoas mais velhas, próximas do convívio das adolescentes na época. Mesmo com as meninas/jovens com quem tive convivência nas casas-lares, mas que não participaram diretamente do material produzido neste estudo, os relatos de violência/abuso sexual foram recorrentes como causa para o seu afastamento familiar. São notórios, nas suas narrativas, os efeitos dessa vivência em suas vidas, não só pela violação em si, como pelos seus desdobramentos. Isso exigiu, como comentado na metodologia, um cuidado maior para que as suas falas fossem espontâneas e não gerassem algum constrangimento ou sofrimento por rememorar a violência sofrida.

Começarei a descrever as narrativas de Pâmela, por ela ter sido a mais falante das interlocutoras da pesquisa, inclusive sobre a violência sexual sofrida. Isso acabou sendo um aspecto importante a ser analisado neste estudo, ao pensar quais os sentidos que essa prática fazia para ela, assim como os jeitos de dizê-la e para quem se dirigia. Jéssica, a última a ser encontrada nesta pesquisa, necessitou de cuidados especiais no processo metodológico, devido às especificidades da violência sofrida e aos efeitos negativos gerados em sua vida. Se, com Pâmela, a/o violência/abuso sexual perpassou por estímulos sexuais, com práticas de sedução e negociação de dinheiro diretamente com ela, com Jéssica, a sua experiência foi permeada por muita violência física, muitas vezes, brutal.

Um dos primeiros relatos a respeito da violação sexual cometida contra Pâmela foi narrado pela mãe social, sobre um dos contatos sexuais do seu padrinho, quando ele a levava para vê-lo transar com prostitutas para que ela aprendesse a fazer "igual". Em outras situações, Pâmela descreveu para a mãe social suas experiências de sexo oral com ele, sendo que nela o ato, de tão intenso, deixava a sua genitália machucada. Em uma das suas brincadeiras na casa-lar, ela encenava com as bonecas situações do contexto de prostituição, mostrando, assim, a sua proximidade com tal realidade.

Nos meus últimos contatos com Pâmela, ela descreveu uma das cenas nas quais sofreu o abuso sexual cometido por seu padrasto:

> Quando a gente foi pra praia. [...] Quando eu fui pra praia aí que daí eu, nesse dia, eu dormi... ele veio bem assim: "essa noite eu vou... ele bem assim... eu já te falei... num sei se tu se lembra... ele bem assim: "Ai, Pâmela, se é o X você deixava ele te estuprar". Eu falei que não, aí ele, ele dormia sempre de cueca, ele dormiu comigo. Sabe aquele treliche, aqueles treliche, que tem três camas? Aí quando ele veio ele pegou o tico dele e botou na minha pererea e na minha bunda e começou a transar comigo, aí eu chorei e contei para a minha mãe, aí ela me batia daí (Pâmela, 11 anos).

Na sua descrição e no relato da mãe social, é possível identificar o forte investimento erótico por parte do seu padrasto e padrinho para com ela, homem adulto e próximo afetivamente de sua família. Nas suas estratégias de sedução, o seu padrinho buscou responsabilizar Pâmela pela violência sofrida ao enfatizar a sua permissividade com outro agressor quando afirmava para ela: "Você deixava ele te estuprar". Além disso, instaurava, por esse discurso, certa banalização ao ato cometido já que, mesmo nomeando como estupro, buscava trazê-lo como uma prática cotidiana de ambos, como algo que acontecia não só com ele, mas com outro na vida dela e, por isso, passível de ocorrer com ele quando este assim desejava. O desejo sexual de seu padrinho se perpetuava pelos estímulos ao seu corpo, inclusive marcados pelo excesso, como notado nas dores geradas após os atos. Esse padrinho, além dos abusos cometidos à Pâmela, anteriormente, abusara de Jéssica, sua irmã mais velha e de seu irmão mais novo. Segundo os relatos das profissionais que acompanhavam o seu caso, esse padrinho de Pâmela havia abusado sexualmente de sua mãe, de sua avó, do filho dele e de outras crianças do bairro. Para elas, ele exercia um poder na família, sendo, alguns dos seus recursos, a violência e a imposição do medo, além do dinheiro despendido quando obtinha o sexo. Ele tinha um acesso facilitado e potencializado pela mãe de Jéssica e Pâmela. Nesse cenário, reacendem as discussões, nem sempre confortáveis e tranquilas, sobre o contexto das violências sexuais cometidas contra crianças e adolescentes, consideradas uma das violações mais graves em nossa sociedade, assim como rompe com as expectativas sobre a família como espaço exclusivo para a proteção a esse público. O enfoque aqui dado recairá mais para o lugar da criança nesse processo e principalmente nos efeitos disso em sua vida, mas entendendo a complexidade que esse lugar ocupa.

O abuso sexual é descrito como uma forma de contato e troca sexual de um adulto e uma criança ou adolescente, sendo esse adulto uma figura de autoridade para a criança, e por isso faz uso desse lugar para obter gratificação sexual para si ou para outros (DOS SANTOS; IPPOLITO, 2011). Para o autor e a autora, a criança e a/o adolescente estão "em processo de construção e de descoberta de sua sexualidade", e por esse motivo, o abusador se prevalece dessa desigualdade "para manipular os desejos" das vítimas envolvidas. Na descrição de Pâmela é possível reconhecer esse processo quando o abusador tem acesso fácil a ela por não só morar próximo a sua casa, como pela função social desempenhada: padrinho. A linguagem de Pâmela na descrição do ato aponta a sua inserção precoce na prática sexual e as sensações provocadas em seu corpo, que passam a fazer parte da sua experiência.

Crianças e adolescentes são descritas/os como imaturas e dependentes tanto do ponto de vista cognitivo quanto afetivo, e, por isso, não são capazes de consentir nem compreender a prática sexual (AZAMBUJA, 2006). Nessa questão, ressalta-se que a capacidade de compreensão da criança e do/a adolescente, numa visão desenvolvimentista, costuma colocá-las nessa condição de imaturidade e dependência devido à sua "condição peculiar" de desenvolvimento. Para isso, espera-se que a experiência do sexo venha a ocorrer quando estiver "apto/a" no seu desenvolvimento afetivo, cognitivo e sexual e, principalmente, quando tenha a possibilidade de escolher e decidir. Nos casos de violência/abuso sexual, essa "ordem" é subvertida, ocorrendo muito antes que todo esse "alicerce" se estabeleça. Cabe ressaltar que, na perspectiva dos estudos culturais, aqui adotada, o conceito de criança sofre alterações a partir das mudanças econômicas, políticas, culturais e sociais e, por isso, não é algo naturalizado, permanente. Apesar desta visão ser hegemônica no debate sobre esse tema, cabe trazer para o campo dessas discussões um outro olhar sobre os limites dessa concepção sobre o consentimento das crianças e adolescentes no contexto das violências sexuais.

A autora Lowerkron (2016) tensiona essa aparente conformidade no olhar sobre a infância como incapaz, até os 14 anos, de tomar decisão a respeito de sua sexualidade, tendo como pano de fundo para a sua análise, a legislação penal brasileira, principalmente na forma como é ela utilizada para o julgamento de casos de violência/abuso sexual. Em sua concepção, para além dos aspectos cronológicos como marcador para essa análise, cabem as análises dos discursos socais e culturais sobre a infância, de como é vista, entendida, narrada na contemporaneidade, não sendo algo dado, pronto, mas em constante transformações. Porém, cabe ressaltar que o caso utilizado pela autora em questão envolve uma adolescente de 12 anos e um homem adulto de 24 anos, denunciado pelo pai da jovem à justiça e julgado pelo Supremo Tribunal da Justiça – STF. Se o julgamento desse caso já proporcionou uma grande repercussão ao discutir até que ponto a menina, nesse caso adolescente, consentiu o ato sexual, podemos imaginar o quanto tal fato pode gerar quando se discute tal capacidade em crianças pequenas. Nesse caso, o corpo da adolescente, já com marcadores próximos ao de uma adulta, contribuiu para uma possível confusão sobre a sua idade. E quando tais marcadores não se fazem presentes, como ocorrido com as interlocutoras dessa pesquisa? Como podemos analisar a sua capacidade de consentimento, sem cair nos extremos entre negar a capacidade de agência das envolvidas e de desprotegê-la?

A vivência da sexualidade de crianças e adolescentes, na atualidade, passa a ser também mediada por essa realidade retratada nas mídias. Liliane Prestes (2014), em sua pesquisa sobre o material exposto em *sites* de jogos voltados para o público infanto-juvenil, especialmente meninas, observou, nas imagens de mulheres, um apelo à sensualidade e à erotização, apontando essa característica como um atributo da feminilidade. Além disso, nos *sites* desses jogos constatou-se também a possibilidade de acesso a material pornográfico e jogos eróticos, mostrando, dessa forma, o quanto essas tecnologias ensinam modos de feminilidade e masculinidade, reiterando modelos de gênero hegemônicos, como também vulnerabilizam esse público à violência sexual, como a pedofilia na internet. Essas discussões sinalizam a importância de se levar em consideração tais aspectos na constituição da sexualidade das meninas, como mencionado, atendendo também, como aborda Felipe (2008), o entendimento da sexualidade como um espaço de experimentação, inclusive da criança, de sensações e prazer.

Guerra (2005) em seu estudo com crianças escolares, mostra como elas vão buscando, de forma lúdica e engraçada em suas brincadeiras, conhecer o seu corpo e o do outro, e o quanto isso é fonte de excitação, curiosidade e prazer. Tal prática, apesar de vigiada pela escola para tentar evitá-la, não deixou de acontecer, mostrando o interesse desse público em realizar tal experimentação. Contudo, na pesquisa acima citada, as crianças brincavam entre si, com seus pares, numa relação considerada mais igualitária, o que não ocorre em situações de violência/abuso sexual entre crianças e adultos, como aqui descrito.

Retomando a situação de Pâmela, a experimentação de sua sexualidade não partiu dela mesma, mas do desejo de um adulto, que ocupava um lugar de proteção para com ela. Caberia a ele, como adulto e nesse lugar afetivo de padrinho, estimular o desenvolvimento da menina de forma "saudável", usando como parâmetro as práticas de cuidado e proteção. Como a/o violência/abuso sexual é mais cometida/o por pessoas com quem crianças e adolescentes convivem, como pai, avós, padrasto/madrasta, tio/tia, irmão/ã (DOS SANTOS; IPPOLITO, 2011), tais pessoas assumem um lugar importante na vida de crianças e adolescentes e, por isso, quando estes não tomam o lugar de proteção, e sim de "agressão", isso acarreta um efeito maior para a vida das vítimas envolvidas.

A fronteira entre carícias necessárias ao desenvolvimento afetivo e protetivo da criança enquanto cuidado emocional e as que prejudicam esse processo são borradas nas experiências de violência/abuso sexual. Tal situação é descrita como um fator gerador de muita angústia e ansiedade em crianças e adolescentes vítimas, pois, ao mesmo tempo em que as experiências de violência/abuso sexual podem proporcionar a elas, em alguns momentos, sensações de prazer e descobertas em seus corpos, desencadeiam também dores físicas e psíquicas, sendo estas últimas motivadas por vergonha e sensações de desamparo por não conseguirem impedir a violência sofrida (FURNISS, 1994). As sensações de prazer podem ser potencializadas quando são percebidas pelas vítimas como uma espécie de reconhecimento de sua existência por parte do agressor, já que, muitas vezes, crianças e adolescentes são negligenciadas/os pelos membros de sua família, como foi possível presenciar no caso das irmãs Jéssica e Pâmela. Esse é mais um dos efeitos perversos da erotização precoce na infância, potencializada pela violência/abuso sexual.

A experiência da violação sexual em crianças e adolescentes é complexa pelas dimensões já mencionadas, pois as vítimas experimentam, muitas vezes, essas sensações em silêncio, "em segredo", como descrevem os/as especialistas, sem conseguirem obter a proteção necessária para que essa violação se interrompa (AZAMBUJA; FERREIRA et al., 2011; SANDERSON, 2008). No caso aqui apresentado, a complexidade se intensifica pelo apoio e pela conivência familiar por parte da mãe. Diante das limitações afetivas sentidas pelas meninas, aqui estudadas, em sua família, a experimentação sexual surge como uma possibilidade para acessar essa afetividade, tanto acomodada como desacomodada em seu repertório emocional, para que possa fazer-lhes algum sentido. Se contar a sua experiência de violência/abuso sexual repetidas vezes para as pessoas quando as conhece, como no caso de Pâmela, pode lhe conferir reconhecimento e algum lugar de importância, por outro, pode reduzi-la a esse lugar. Além disso, contar a violência pode vulnerabilizá-la, por abrir possibilidade de ações por parte de quem a ouve, pois nem sempre ela irá se deparar com pessoas preocupadas com sua proteção e dignidade. No caso de Jéssica, os efeitos da violência se intensificaram por ter sido ampliada a outros agressores e modos de violação, como no estupro coletivo, negociado pela sua mãe.

Como mencionado na metodologia, minha aproximação com Jéssica exigiu um cuidado maior, por conta de o sofrimento causado pela violência sexual ainda estar muito presente em sua vida. A descrição com mais detalhes veio a ocorrer em nossa última entrevista, com a participação da mãe social. No seu relato, Jéssica descreveu como o processo de violência/abuso sexual se estendeu para outras figuras masculinas de sua família:

– Todos que te abusaram eram teus tios? Todo mundo era da família? [A mãe social pergunta para Jéssica.]
– Meu padrasto também
– Padrasto e tios? Todos os que te fizeram mal eram da família? [Mãe social.]
– O namorado da minha mãe. Até o pai da Pâmela.
– O pai da Pâmela, teu padrasto? [Mãe social.]
– E o meu tio e o meu outro tio. E o meu vô.
– Teu vô também? [Mãe social.]
– O namorado de minha vó.
– Ele se passou também? [Mãe social.]
– Ele estava bêbado.

– As mulheres sabiam? Todos sabiam e não faziam nada? E o que ela te falava? [Mãe social.]
– Ela falava que eu estava louca
– Elas não acreditavam em ti? [Mãe social.]
– Não.

Na descrição de Jéssica, as figuras masculinas adultas de seu convívio próximo, como tio, avô, namorado da avó e padrasto, ultrapassaram a fronteira do seu corpo, da sua vontade, colocando-a numa situação de desproteção e vulnerabilidade, não só pela violência sexual sofrida, mas também pelo descrédito do seu pedido de socorro ao ser chamada de "louca" pelas figuras femininas de sua família. Jéssica não tinha muita afinidade com os irmãos e as irmãs, também abrigados. Cito isso para discutir a precariedade de afetos vivenciada por Jéssica em sua família, relacionando com a perpetuação da/do violência/abuso sexual ocorridos/as em suas fugas quando já atendida pela rede de proteção. Em duas delas, foi abusada sexualmente pelo namorado de sua avó paterna e, na outra, pelo ex-marido de sua madrinha.

Diante do apelo sexual desses homens, mesmo quando mais velha e, nesse caso, já em situação de proteção, não foi possível impedir que a violência sexual voltasse a ocorrer. Essa percepção de certa incapacidade das vítimas em sair dessa condição de violência, gerando, assim, uma submissão às condições do/a agressor/a, é problematizada por Judite Butler (1997). Para ela, há uma ambivalência nessa experiência por entendê-la não só como resultado de uma força imposta externamente à pessoa, mas como um processo de aceitação, por parte das vítimas, por que passam a depender dela, como uma condição para a sua existência. Essa submissão, para a autora, é gerada pela dependência primária, quando criança, de vínculos amorosos para a sua sobrevivência, sendo "impossível" que alguém se constitua enquanto pessoa sem esse vínculo com alguém a qual está subordinado, sendo considerada uma "vulnerabilidade primária". Como exemplo para essa questão, Butler (1997) apresenta a situação de *abuso* sexual quando, nela, a violência não se dá apenas quando há essa imposição unilateral da sexualidade do adulto no seu desejo pela criança, ou desta quando fantasia essa sexualidade com um adulto. A violência é potencializada pelo agressor por abusar da necessidade dessa criança de vínculos amorosos para a sua sobrevivência. Por conta dessa necessidade, a subjugação passa a ser uma forma de existência, algo a ser desejado, pois "prefiro existir na subordinação do que não existir", sendo esse um grande dilema a ser vivido por quem se encontra nessa condição (BUTLER, 1997, p. 18).

Uma das discussões feitas sobre a violência sexual diz respeito às ambiguidades geradas nessas experiências, pois, de algum modo, elas podem proporcionar prazer na criança, gerando, também, sensações de medo e culpa por vivenciar essas sensações. De alguma forma, o investimento sexual de um adulto membro da família da criança pode dar a ela um lugar de poder e destaque na família, por receber desse abusador, algum reconhecimento. Para algumas crianças e adolescentes, essa atenção recebida passa a ser uma das poucas, quando elas se encontram em contextos severos de vulnerabilidade e negligência. Como discutido por Butler (1997), tal afeto é constitutivo e necessário para a sua sobrevivência, mesmo quando essa afetividade é exercida por meio da submissão e da violência.

Mais um dos efeitos perversos dessa relação estabelecida na/no violência/abuso sexual é apontado por Miller (1994, p. 190) ao discutir sobre o comportamento da pessoa "abusiva", que, quando comete a violência, não estabelece "qualquer conscientização empática sobre a experiência pela vítima". Dessa forma, mesmo sendo entendido pela criança como um possível afeto, o abusador estaria focado no seu desejo, não levando em consideração os efeitos de sua prática na criança envolvida. Para o autor, numa leitura psicanalítica sobre o abuso sexual, a figura abusiva é internalizada, pela criança, como parte do seu eu psíquico, tanto no papel de agressor como de seu "amante". Assim, essa relação passa a ser representativa para os relacionamentos afetivos estabelecidos pela vítima a partir de então. Essas meninas, erotizadas precocemente, passam a fazer uso dessa experiência como forma de lidar com o outro. Para as irmãs Jéssica e Pâmela, além da inscrição precoce de uma sexualidade em suas vidas pela via da violência, tal experiência foi um marcador de rompimento da relação delas com a sua mãe, mantendo-as, assim, sob a tutela do Estado por um tempo mais estendido.

Repensando o lugar do corpo feminino jovem: desafios para as práticas de proteção

Assim, as meninas, nas suas relações proximais, desde muito cedo foram estimuladas sexualmente por figuras masculinas da sua família, acessando, nessa experiência, as ambiguidades de, por um lado, vivenciarem as dores de uma violência, mas, por meio dela, alcançarem um lugar de pertencimento, poder e afeto na família. Se a proteção e o cuidado são necessários para a sobrevivência afetiva no período da infância e da juventude, quando privilegiados com a erotização, fazem com que o corpo e a sexualidade dessas meninas sejam o seu *locus* privilegiado desses afetos, como efeitos desse forte investimento dos homens adultos ou mais velhos sobre elas. Pensar sobre esse lugar do corpo jovem na sociedade torna-se fundamental para as discussões sobre a/o violência/abuso sexual.

O forte investimento erótico no corpo jovem feminino retratado neste estudo perpassou pelas figuras masculinas mais próximas, como padrasto, padrinho, tio, avô e irmão. Esses processos, desde muito cedo, inscritos em seus corpos a partir do desejo desse outro, desconsidera a sua subjetividade e a sua condição de dependência afetiva perante a figura adulta; nesse caso, também responsável pelos seus cuidados. E como tal, acaba por ser uma via de inserção no campo dos afetos, da feminilidade e sexualidade pelo lugar de poder e reconhecimento alcançado com o seu corpo jovem. Por parte dos homens, esse corpo jovem exerce um fascínio, despertado a partir de uma erotização das desigualdades, seja pela questão geracional, seja pela dependência emocional trazida por essas crianças diante do lugar afetivo ocupado pelos agressores na vida delas.

Com essa assimetria de poder, os homens buscam reafirmar a sua masculinidade heteronormativa, discutida aqui através do conceito de pedofilização (FELIPE, 2006), perpetrando uma sexualidade vista como "desenfreada" e facilmente cedida aos "apelos" femininos juvenis. Tal condição de masculinidade acaba por transpassar o papel de cuidado e proteção esperados socialmente pelo lugar que ocupam tais como de pai, padrasto, tio, avô, irmão e padrinho, gerando efeitos profundos na construção da feminilidade e afetividade das meninas envolvidas. Essa linha tênue entre afeto/proteção e afeto/violação demarca consideravelmente o lugar ocupado pelas meninas em nossa sociedade, que por um lado as valorizam, por estarem em lugar de destaque e desejo, por outro as colocam em situação de violência. Apesar dos grandes avanços, nos últimos anos, nas políticas de enfrentamento e combate a essa prática no Brasil, ainda cabe a essas meninas arcar com todos os custos das violações sofridas, pois terão que dar um caminho, um direcionamento, muitas vezes, sem os amparos necessários para tal. Diante disso, faz-se necessário uma ampla discussão sobre a perpetuação da pedofilização nas concepções de gênero e sexualidade em nossa sociedade, assim como dos seus efeitos perversos na vida dessas meninas, vítimas de violência/abuso sexual.

Referências

ABREU, L. **Bruxas, bruxos, fadas, princesas, príncipes e outros bichos esquisitos... As apropriações infantis do belo e do feio nas mediações culturais**. Dissertação de mestrado em Educação, p. 163 f. Porto Alegre: Programa de Pós-Graduação em Educação/Faculdade de Educação/Universidade do Rio Grande do Sul, 2010.

AMARAL, C.B. **Desafio da ciberinfância – Modos de composição de práticas pedagógicas utilizando artefatos tecnológicos**. Dissertação de mestrado em Educação, 146 f. Porto Alegre: Programa de Pós-Graduação em Educação/Faculdade de Educação/Universidade do Rio Grande do Sul, 2010.

AMENDOLA, M.F. Mães que choram – Avaliação psicodiagnóstica de mães de crianças vítimas de abuso sexual. In: PRADO, M.C.C.A. **Mosaico da violência: a perversão na vida cotidiana**. São Paulo: Vetor, 2004, p. 103-169.

AZAMBUJA, M.R.F. Violência sexual intrafamiliar: é possível proteger a criança? **Revista Virtual Textos & Contextos**, v. 5, p. 1-19, 2006.

AZAMBUJA, M.R.F.; FERREIRA, M.H.M. et al. **Violência sexual contra crianças e adolescentes**. Porto Alegre: Artmed, 2011.

BUTLER, J. **Mecanismos psíquicos del poder: teorias sobre la sujeción**. Madri: Cátedra Universitat de Valência/Instituto de La Mujer, 1997.

DOS SANTOS, B.R.; IPOOLITO, R. **Guia escolar: identificação de sinais de abuso e exploração sexual de crianças e adolescentes**. Seropédica: Edur, 2011.

FELIPE, J. Construindo identidades sexuais na Educação Infantil. **Revista Pátio,** Porto Alegre, n. 7, nov./1999.

FELIPE, J. Afinal, quem é mesmo pedófilo? **Cadernos Pagu,** v. 26, p. 201-223, jan.-jun./2006.

FELIPE, J. Representações de gênero, sexualidade e corpo na mídia. **Revista Tecnologia e Sociedade,** n. 3, p. 251-263, 2006.

FELIPE, J.; GUIZZO, B.S. Erotização dos corpos infantis na sociedade de consumo. **Pró-posições,** Campinas, v. 14, n. 3 (42), p. 119-132, 2003.

FLORES, C.L.A.F. **Relações de gênero nos sites de jogos infantis: entre a beleza e a força.** Bacharelado em Pedagogia, 49 f. Porto Alegre: Programa de Pós-Graduação em Educação/Faculdade de Educação/Universidade do Rio Grande do Sul, 2013.

FURNISS, T. **Abuso sexual da criança: uma abordagem multidisciplinar.** Porto Alegre: Artes Médicas, 1993.

GUERRA, J. **Dos "segredos sagrados" – Gênero e sexualidade no cotidiano de uma escola infantil.** Dissertação de mestrado em Educação, 147 f. Porto Alegre: Programa de Pós-Graduação em Educação/Faculdade de Educação/ Universidade do Rio Grande do Sul, 2005.

GUIZZO, B.S. **Aquele negrão me chamou de leitão: representações e práticas corporais de embelezamento na Educação Infantil.** Tese de doutorado em Educação, 199 f. Porto Alegre: Programa de Pós-Graduação em Educação/ Faculdade de Educação/Universidade do Rio Grande do Sul, 2011.

HAMANN, F.P. **A erotização da infância e os meios de comunicação.** Rio de Janeiro: UFRJ/ECO, 2002.

LOURO, G.L. **Currículo, gênero e sexualidade.** Lisboa: Ed. Porto, 2000.

LOURO, G.L. **Gênero, sexualidade e educação: uma perspectiva pós-estruturalista.** 9. ed. Petrópolis: Vozes, 2013.

LOWERKRON, L. Abuso sexual infantil, exploração sexual de crianças, pedofilia: diferentes nomes, diferentes problemas? **Revista Latino-Americana,** n. 5, 2010, p. 9-29.

LOWERKRON, L. Menina ou moça? – Minoridade e consentimento sexual. **Temas em destaque,** n. 10, 2016.

MEYER, D.E.; PARAÍSO, M.A. Metodologias de pesquisa pós-críticas ou sobre como fazemos nossas investigações. In: MEYER, D.E.; PARAÍSO, M.A. (orgs.). **Metodologias de pesquisa pós-crítica em educação**. Belo Horizonte: Mazza, 2012, p. 15-22.

MILLER, D. Incesto: o centro da escuridão. In: IMBER-BLACK, E. (org.). **Os segredos na família e na terapia familiar**. Porto Alegre: Artes Médicas, 1994, p. 185-199.

PRESTES, L.M. **Enredadas na rede: jogos para crianças (re)produzindo relações desiguais de gênero**. Tese de doutorado em Educação, 189 f. Porto Alegre: Programa de Pós-Graduação em Educação/Faculdade de Educação/Universidade do Rio Grande do Sul, 2014.

QUAYLE, E.; LOOF, L.; PALMER, T. Child pornography and sexual exploitation of children online. In: CONGRESSO MUNDIAL DE ENFRENTAMENTO DA EXPLORAÇÃO SEXUAL DE CRIANÇAS E ADOLESCENTES, 3. **Anais...** Rio de Janeiro, nov./2008.

SABAT, R. Só as bem quietinhas vão casar. In: MEYER, D.; SOARES, R.F.R. (orgs.). **Corpo, gênero e sexualidade**. Porto Alegre: Mediação, 2008, p. 95-108.

SANDERSON, C. **Abuso sexual em crianças** – Fortalecendo pais e professores para proteger crianças contra abusos sexuais e pedofilia. São Paulo: Mbooks, 2008.

UNICEF/Secretaria de Segurança Pública. **Panorama da violência letal e sexual contra crianças e adolescentes no Brasil**, 2021.

VIDAL, F.F. **Príncipes, princesas, sapos, bruxas e fadas: os "novos contos de fada" ensinando sobre relações de gênero e sexualidade na contemporaneidade**. Dissertação de mestrado em Educação, 244 f. Porto Alegre: Programa de Pós-Graduação em Educação/Faculdade de Educação/Universidade do Rio Grande do Sul, 2008.

6
Docência na Educação Infantil de periferia e a infantilização da inclusão social

Catharina Silveira

Sou Pedagoga. Ao longo do período da minha formação na Universidade Federal do Rio Grande do Sul pude realizar um percurso formativo e de atuação profissional em que, ao mesmo tempo, fui constituindo-me como professora na Educação Infantil e como pesquisadora em Educação. Essa trajetória me permite uma série de vivências que se entremeiam e acabam por fazer de mim sujeito de um olhar atento às crianças pequenas que experimentam a pobreza. No caminho entre a escola e a Universidade, fui aprendendo que em escolas situadas nas periferias urbanas o saber docente é convocado a enfrentar uma miríade de situações complexas. Tornar-se professora, nessas escolas, envolve afetar-se emocional, ética e politicamente com bebês e crianças que, embora bem pequenas, são sujeitos cujas vidas estão atravessadas por importantes vulnerabilidades sociais[32]. Isso exige da pedagoga um constante exercício de interrogação das suas responsabilidades, pois as vicissitudes da vida desses sujeitos convocam-na, a todo tempo,

---

32. Pobreza e vulnerabilidade social são termos usados no texto, a partir da compreensão de que se tratam de conceitos disputados. O modo pelo qual suas diferenças e aproximações conceituais funcionam para pensar as infâncias e as práticas de educação, atenção e proteção social são exploradas em Silveira (2019). Neste texto, em suma, mobilizo a compreensão de que sujeitos que vivenciam vulnerabilidades sociais não são necessariamente sujeitos que vivenciam a pobreza, mas que a experiência da pobreza necessariamente implica vulnerabilidades sociais àqueles/as que a padecem. No Brasil, é considerado/a pobre aquele/aquela que vive com uma renda *per capita* mensal entre R$ 89,01 e R$178,00.

a (re)estabelecer e a duvidar dos limites de seu trabalho como professora. O frio, a fome, a negligência, o descaso, o abuso, o cuidado, o zelo e o amor são facetas, nem sempre opostas e tampouco experienciadas de uma vez para sempre, que constituem e atravessam a infância dessas que para as professoras passam a ser *as suas crianças*[33].

Esse capítulo fala das práticas dessas professoras. Aqui descrevo como elas se dizem convocadas a criar estratégias e saídas resolutivas frente às mais distintas vivências de vulnerabilidades sociais desses sujeitos, suas pequenas e pequenos alunos. Problematizo como, em função de encaminhar situações que concorrem com suas intencionalidades pedagógicas, as professoras, e me incluo nesse processo, se veem convocadas a preencher lacunas da rede de Atenção e Proteção à primeira infância[34]. Discuto vicissitudes *dos nossos* exercícios profissionais apontando para um processo que chamo de *infantilização da inclusão social*. Sugiro que esse processo amplia e complexifica a convocação da sensibilização e da responsabilização individual-profissional das professoras desde uma lógica generificada de governar a *população docente*.

A pesquisa com a Docência da Educação Infantil: *articulando modos de ver e duvidar*

O presente capítulo é um recorte do meu estudo de Doutoramento em Educação[35], construído a partir do diálogo com minhas colegas de "rede". Seis

---

33. Faço uso do itálico para chamar atenção para uma expressão e/ou ideia, e uso das aspas para colocar alguma expressão sob problematização, desconfiança ou para apontar seu uso em sentido figurado.
34. Quando me refiro à Rede de Atenção e Proteção, refiro-me aos serviços e instâncias da área da Educação, Saúde, Desenvolvimento social e Segurança pública, em acordo com o que preconiza o Estatuto brasileiro da Criança e do Adolescente (1990).
35. A tese referida, *Bom-senso como prática docente na Educação Infantil* (SILVEIRA, 2019), sob a orientação da Profa.-Dra. Dagmar E.E. Meyer, foi realizada na rede municipal de ensino de Porto Alegre, com seis professoras, aqui identificadas por nomes fictícios. Todas elas se reconhecem como mulheres brancas e cisgêneras; à época das conversas estabelecidas tinham entre 32 e 50 anos. São todas pedagogas, especialistas em Educação; duas delas ingressantes no serviço público municipal nos anos de 1990; três, nos anos de 2000 e, uma, assim como eu, nos anos de 2010. Conversei com essas professoras em dois momentos diferentes: primeiro, em um momento coletivo, próxima à experiência de um grupo focal e, em um segundo momento, encontrei-me com cada uma delas, levando excertos transcritos das conversas que travamos no coletivo, de forma que eu pudesse instigá-las a aprofundar pontos, permitindo-as adensá-los ou até desdizê-los.

professoras dialogam comigo a partir da apreciação de artefatos de políticas públicas direcionadas a crianças de 0 a 6 anos e, também, a partir de "cenas" do meu próprio exercício docente marcadamente atravessado pelas diversas questões que emergem da vivência da pobreza na comunidade escolar onde eu trabalhava. Aqui, recupero parte dessas conversas para dar a ver facetas da relação entre o exercício docente na Educação Infantil pública, as Redes de Atenção e Proteção à primeira infância e o projeto de inclusão social contemporâneo. Ao examinar essas conversas, procuro mostrar como determinadas inoperâncias dessas Redes acabam por demandar, por convocar os exercícios docentes de *forma generificada*.

Para tanto, contudo, antes de passar ao diálogo com as professoras, preciso sinalizar que conversei com essas colegas buscando colocar em discussão alguns "achados" da investigação[36] que eu havia integrado, na Universidade, primeiro como pesquisadora iniciante e depois como pesquisadora colaboradora. Mais especificamente, falo dos resultados de uma pesquisa a partir da qual, nosso grupo de pesquisa[37] sistematicamente encontrou-se com gestores/as e técnicos/as implicados/as com a implementação de políticas de inclusão social em um município da região metropolitana de Porto Alegre. Encontrávamos esses/as profissionais para colocar em relação e em confronto nossas investigações acadêmicas[38] com as práticas desenvolvi-

---

36. Pesquisa Vulnerabilidade, programas de inclusão social e práticas educativas: uma abordagem na perspectiva dos estudos de gênero e culturais (MEYER, 2008-2013). Financiada pelo CNPq.

37. Para além da coordenadora Dra. Dagmar E.E. Meyer, compunham essa pesquisa as pesquisadoras: Dra. Carin Klein, Dr. Fernando Alvarenga, Dra. Jeane Félix, Dra. Letícia Fernandez, Dra. Maria Cláudia Dal'Igna, Dra. Sandra Andrade. Contudo, quando me refiro ao grupo de pesquisa liderado por Meyer, considero a produção de demais colegas que, orientadas por Meyer, produziram suas dissertações e teses, conversando e colaborando com as argumentações aqui expostas nos últimos anos. Algumas dessas pesquisadoras estão citadas ao longo deste capítulo, como, por exemplo, a Dra. Maria Simone Schwenberger e a Dra. Priscila Dorneles, sendo que muitas delas integram este livro.

38. Tratava-se de um conjunto de dissertações e teses, a partir de interesses e objetos específicos; localizam, descrevem e tensionam efeitos do processo "de politização do feminino e da maternidade" (MEYER, 2006) nas práticas escolares, nas práticas de Educação em Saúde e na proposição de políticas públicas de inclusão social. Neste livro, esse processo é amplamente apresentado no capítulo de Andrade e Fernandes para mobilizar a discussão sobre "maternidades atípicas". Aqui, resumidamente, indico que tal argumentação sugere a produtividade de olharmos para o exercício da maternidade problematizando "a universalidade do conceito de mãe ideal na mentalidade histórica, especialmente no Brasil" (SCHWENGBER; KLEIN, 2019, p. 61).

das por eles/elas em programas de inclusão social "na ponta" dos serviços. Ao final daquela investigação, havíamos aprendido com quem trabalhava acolhendo, educando e incluindo a população no âmbito de processos, programas e políticas que eram por nós estudadas na Universidade, desde a perspectiva dos Estudos de Gênero Pós-estruturalistas. Como resultado desses encontros, passamos a chamar atenção para a noção de que políticas públicas funcionam como pedagogias que instituem modos de viver a vida tanto de sua população-alvo quanto das/dos técnicas/os e gestoras/es que se envolvem com elas (MEYER; KLEIN; DAL'IGNA; ALVARENGA, 2014). Com efeito, a pesquisa desenvolvida descreveu um fenômeno chamado de *feminização da inclusão social*, o qual acenava para processos a partir dos quais as/os profissionais, nas "pontas" dos serviços de Atenção e Proteção social, se tornam alvos de uma intensa responsabilização pelas práticas de inclusão da população. Sob diversos aspectos tal responsabilização é traduzida como uma certa *culpabilização profissional* em face das demandas do trabalho que esses/essas profissionais assumem e que nem sempre são capazes de gerir, uma vez que tais demandas são constituídas em processos mais amplos de produção de desigualdades e pauperização dos serviços (ibid., 2014).

A responsabilização/culpabilização dos técnicos/as e gestores/as, que nos tornamos capazes de descrever e discutir, estava fortemente relacionada a processos de precarização do trabalho desses profissionais experimentados, em suma, como fragilidade e/ou a inexistência de condições para executá-lo, mas sobretudo, diziam respeito ao modo como as/os profissionais se viam nessa organização, uma vez que

> [...] interpelados(as) como profissionais com múltiplas funções e capacidades, que devem resistir, perseverar, improvisar, fazer muito com pouco, atuar concomitantemente em várias frentes, levar trabalho para casa, investir seus próprios recursos sempre que necessário e, sobretudo, doar-se em contextos institucionais tão instáveis e precários quanto os das populações que assistem (MEYER; KLEIN; DAL'IGNA; ALVARENGA, 2014).

Recupero minha participação, e os resultados dessa pesquisa[39], pois eles inspiram teórica e metodologicamente, a conversa que estabeleço com minhas colegas sobre o exercício docente na Educação Infantil das periferias urbanas. Assim inspirada, conversei com as professoras, interessada em saber se os resultados daquela pesquisa, com a qual eu havia tido a oportunidade de colaborar, eram reconhecidos e/ou experienciados em seus exercícios profissionais.

Dessa forma, minhas trilhas na escola e na universidade convergiam e, articuladas, sugeriram-me modos de ver e duvidar de alguns processos de trabalho da docência na Educação Infantil, o que coloco, desde diferentes estratégias, em diálogo com as seis professoras. Era preciso desconfiar do sabido e perguntar-me sobre o que eu não sabia. Como políticas, programas, projetos de inclusão social direcionadas à primeira infância incidem sobre o trabalho docente no âmbito da escola pública de educação infantil? Como o gênero atravessa e organiza essa relação?

Inoperâncias e falhas estratégicas no governo das condutas docentes

Converso com as professoras apresentando cenas da minha docência e artefatos de políticas públicas voltadas à primeira infância que, de modo geral, exaltavam propostas intersetoriais de atenção e proteção. A partir das aprendizagens que vinha construindo, converso com minhas colegas professoras buscando colocar em diálogo aquilo que a confluência entre "Catharina professora" e "Catharina pesquisadora", permitia-me interrogar, sugerir e/ou duvidar.

A partir dos diálogos, começa a ser possível vislumbrar que as professoras não reconhecem uma rede articulada de Proteção e Atenção à Primeira Infância, e sinalizam que tampouco as famílias que elas recebem em suas escolas reconhecem ou acessam essa rede em moldes de pleno funcionamento.

---

39. A *feminização da inclusão social* é discutida neste livro no capítulo de Meyer, Dal'Igna e Klein. A analítica que exploro nesse texto tem profunda relação com o capítulo dessas autoras.

> **Valentina:** Complicado porque é a mesma rede, né?! O programa é da rede, a escola é da rede e a escola não tem o mesmo apoio que o programa tem. Quando passou o vídeo eu até anotei aqui 'rede de apoio'! Ali eles trouxeram Bolsa Família, Cras, Fasc, posto para pegar remédio, para pegar livro na Secretaria da Cultura. Então essa família conhece tudo, o que que eu vou trazer da minha realidade? As minhas famílias não sabem que elas têm essa rede de apoio, eu não sabia dessa rede de apoio. A gente precisa encaminhar uma criança, a gente não sabe para onde que a gente vai, sabe?!
>
> **Jaqueline:** E se a gente [referindo-se à Educação Infantil] encaminha para um posto ela vai conseguir um ano depois, dois.
>
> **Luiza:** Porque assim, têm crianças que a gente acaba criando vínculo com as famílias. Quantas mães vão lá e dizem "Meu Deus, agora meu filho foi pro 3º ano e ele não vai ser aprovado porque ele ainda não sabe ler, ele não sabe escrever" e eu já tinha feito esse encaminhamento lá no Jardim, tinha dito pra essa mãe "Procura porque tem alguma coisa que não tá legal, não é normal, têm algumas coisas que ela já deveria ter superado" [...] aí a criança entra no Ensino Fundamental até se darem conta já passou um ano e vai ficando. E essa criança? Ela vai ficar assim sempre à margem?
>
> **Catharina:** Vai ficando em termos de quê?
>
> **Luiza:** De conhecimento, de cognitivo. O que a gente gostaria é que a nossa rede de apoio conseguisse chegar também nas escolas de Educação Infantil pela porta da frente. [...] Porque essa criança vai chegar no Ensino Fundamental e não vai ter as questões que não são especificamente de aprendizagem, mas de tudo. É na qualidade de vida, é nas relações, o sofrimento quanto às dificuldades que ela vai enfrentando, é tudo.

As professoras falam que as redes de apoio não existem, ou que o acesso aos serviços é muito demorado, ou, ainda, sem conexão com a escola e que isso vai fazendo com que, embora "a Educação Infantil tenha alertado", muitas crianças acabam "passando" e chegam ao Ensino Fundamental com problemas que não são especificamente de aprendizagem, mas *de tudo*. Embora esses serviços possam existir, minhas colegas, ao ignorar a existência ou não reconhecer o pleno funcionamento do que elas chamam de rede de apoio, descrevem os déficits e falam de falhas na Atenção à Primeira Infância, ao mesmo tempo em que narram como agem frente a essas circunstâncias. Foi tornando-se interessante observar, que mesmo colocando sob suspeita o transbordamento[40] da função docente em razão da ausência do funcionamento de uma intersetorialidade da escola com outros serviços, as

---

40. A expressão transbordamento é tomada de Nóvoa (2006). A esse respeito, CF. mais em Silveira (2019).

professoras se comprometem com ações que as sobrecarregam ou diante das quais não tem certeza sobre suas responsabilidades. Evidenciava-se, assim, o curso de um processo que tem aderências com a responsabilização/culpabilização profissional descritas e problematizadas pela pesquisa que eu anteriormente participara.

> **Amanda:** [...] eu fiquei pensando muito na pergunta que tu fizeste do que nos compete enquanto educadora e do que não nos compete. Eu acho que esse é um dos maiores dilemas da nossa profissão! Porque a gente tem que ver a criança de uma maneira global, mas o que é competência da escola? Até onde eu posso ir enquanto profissional e enquanto instituição? Então, o que que a gente tem feito lá, a gente tem chamado as famílias, primeiro, passa por uma observação da criança, então quando a equipe vê essa necessidade, assim, a gente tem chamado as famílias e a gente faz os encaminhamentos, né? Só que daí a gente faz uma relação com o PIM PIA o marketing é lindo, fala de uma rede, mas a gente sabe que é a mesma rede que nos atende e que não funciona. A gente tem o Cras desmantelado, acho que só tem uma assistente social, os psicólogos, a prioridade é só pra crianças abusadas, então, tem famílias que esperam já nove meses para ter um atendimento psicológico. Psiquiatra, seis meses de espera, neurologista chega a nove meses e são crianças que precisam até para fazer um atestado diagnosticando e tal. Então, isso é uma linha muito sutil que divide o que é atribuição da escola e o que não é. Então, a gente, muitas vezes a escola acaba ficando sobrecarregada e o profissional acaba ficando sobrecarregado também. Às vezes, a gente tem que dar banho, às vezes, a gente tem que fazer até questões, atuar na área social, que é ou não é da gente?

A Professora Amanda, por exemplo, reconhece o "transbordar da escola", mas se sente convocada, junto às outras colegas, a criar soluções *muitas vezes atuando na área social*, tentando movimentar-se na construção de uma linha sutil para circunscrever às atribuições que a competem diante das necessidades das crianças. Assim como ocorria em meu contexto escolar de trabalho, as professoras me contam que lidam com demandas de muitas ordens: são crianças que não acessam especialistas de saúde, que chegam às escolas vestidas de forma precárias, desassistidas, com fome. As docentes mostram, a todo tempo, que precisam criar soluções e estratégias para desenvolver o trabalho pedagógico com os bebês e com as crianças pequenas, aos moldes do que pondera essa mesma professora.

> **Amanda**: Eu acho que tem uma interferência direta, não é?! Direta!
> **Catharina**: Tu consegues me dizer um pouco sobre o que tu achas dessa interferência das políticas públicas no nosso trabalho?
> **Amanda**: Há interferência até quando elas não funcionam. Essa falta de política em determinadas situações é o que acaba deixando uma responsabilidade maior para nós, não uma responsabilidade, uma demanda.

Posicionada como professora, eu concordava com o que Amanda dizia e como pesquisadora eu também reconhecia aqueles ditos, a exemplo dos achados da pesquisa com os técnicos/as e gestores/as municipais. Articuladas, minhas posições de sujeito me forneciam modos de pensar, assim como Amanda, que as *coisas acabavam sobrando para nós* e que, de certa forma, isso é uma falha absorvida pela escola e pela docência, em consonância com a *feminização da inclusão social*.

Tal consonância, contudo, me intrigava. Não estaria eu afirmando "*mais sobre o mesmo*? Tornou-se necessário, então, dar um passo atrás para procurar, inspirada pelos estudos foucaultianos, recusar o que eu sabia. Para tanto, me ative ao que aprendi com Meyer (2017): a pesquisadora sugere que, uma vez que estejamos diante do desafio de aprender a pensar o impensável, o que nós podemos fazer são perguntas. Passo então, a duvidar da convergência entre os resultados daquela pesquisa com os ditos das minhas colegas professoras. Quais eram, afinal, as perguntas que ainda não haviam sido feitas?

Retomo, desde essa perspectiva, o que disseram as minhas colegas, operacionalizando em articulação duas ferramentas analíticas – o conceito de gênero pós-estruturalista e a grade analítica da governamentalidade neoliberal. Passo, então, a experimentar uma nova compreensão do que diz a professora Amanda e as outras professoras. A partir do que elas me disseram sobre seus/nossos exercícios docentes, fui desconfiando da ideia de que políticas e programas de Atenção e Proteção à primeira infância *falham* quando acabam por demandar da escola ações e estratégias resolutivas diante de seus "furos" ou ineficiências.

Começo a desconfiar da noção de falta, busco colocá-la sob suspeita ao ouvir especialmente a professora Jaqueline. Ela conta uma situação que viveu quando foi professora referência da turma de Berçário em sua escola. Narra como foi "dando um jeito" para que um bebê não deixasse de ir para a escola, fato que agravaria ainda mais a vulnerabilidade social de sua família naquele ano letivo. O que ela descreve, torna possível vislumbrar o exercício docente convocado a agir na medida em que um outro serviço deixa de funcionar, ou seja, exemplifica aquilo que a professora Amanda buscava chamar atenção quando enunciava que o mal funcionamento das políticas gera demandas à escola e às professoras.

> **Catharina:** Tu sabes que naquele encontro coletivo uma das coisas que mais me chamou atenção foi aquela tua fala sobre as fraldas. Tu disseste que, ao perceber que estavas diante de um bebê que estava morando na rua, "tu não podias te isentar".
>
> **Jaqueline:** Com certeza, não [...] essa família em especial, era uma família com bastante dificuldades. Aí o que que aconteceu algumas coisas foram mexidas pela prefeitura e eles perderam o benefício de aluguel, alguma coisa assim que eles chamavam, não sei qual é o nome agora...
>
> **Catharina:** Deve ser o Aluguel Social.
>
> **Jaqueline:** Acho que é Aluguel Social, isso mesmo. Aí perderam esse benefício. Eles tinham uma equipe no Cras que cuidava da família, que até conseguiu alguns serviços esporádicos para eles. Eles têm o Bolsa Família e tinham mais a questão do Aluguel Social. Aí perdem a pessoa referência lá do Cras, porque foi tirado mais da metade do pessoal. E aí, com isso, cai o Aluguel Social e aí no outro mês, não entra o aluguel na conta da pessoa que está alugando para eles e que não quer nem saber e diz que eles têm uma semana para sair da casa. E aí, eles vão para onde? Aí eu chamei, "Mas, mãe, o que houve? O que tá acontecendo?", e ela começou e meio que me contou tudo. Aí ela ficou acho que uns três ou quatro dias sem vir. Aí eu chamei "O que que aconteceu?" e ela "Ai, eu não tenho fralda para mandar". E eu disse "Não, isso não é motivo para não vir para a escola. A gente vai dar jeito aqui, né? Tem alguma reserva da escola, a gente conversa com as pessoas, mas tu não vais deixar de trazer ele. Aí tinha fralda na escola, a gente conversou na equipe, assim, umas colegas trouxeram um pacotão para a gente deixar no armário para ele usar. [...] Como é que tu vai deixar uma criança fora da escola se tu sabes que ali ele, pelo menos, vai ter as quatro refeições? Teve um dia que ela voltou na escola porque ela tinha esquecido um ovo cozido dentro da mochila do bebê e era o café da manhã dos dois. Então, são situações que, assim, como é que eu vou dizer: "Não tenho nada a ver com isso", é meu aluno. [...] Então eu tenho que me preocupar, eu tenho que saber que essa família está bem, que a minha criança venha bem pra escola também. Como é que eu vou poder fazer um bom trabalho no berçário se tem uma criança fraca, desnutrida, mal dormida? Gente, é uma questão de bom-senso. Então tudo isso a gente tinha que pensar junto com eles, junto da família.

Eu, repito, ouvia minhas colegas e reconhecia meu exercício docente em seus dilemas. Lembrei de uma situação em que levei para a escola um aquecedor e o entreguei à minha diretora. Pedi que ela chamasse a família de um aluno e fizesse a doação, pois ele havia me contado que em sua casa estavam passando muito frio. Ou seja, como professora, eu também era convocada a agir como Jaqueline, como Amanda e demais colegas. Contudo, como pesquisadora, meu esforço era o de problematizar aquelas narrativas. Refaço as perguntas: se, como acena Amanda, ao "falhar" as políticas faziam transbordar a escola demandando trabalho das professoras, como explicar, por exemplo, o movimento que Jaqueline realiza, ao criar "uma saída" e dar conta de fazer aquele bebê seguir indo para escola? Provocada por Foucault quando ele diz que [...] a história real [de um objeto] não é comandada pelos sucessos e fracassos de sua funcionalidade, mas ela se inscreve na verdade em estratégias táticas que se apoiam até mesmo nos próprios déficits funcionais (FOUCAULT, 2008, p. 158) passo a pensar na potência daquelas "falhas".

Começo a estabelecer a ideia de que "sobrar para nós" podia ser entendido *menos* como como falha ou inoperância das políticas, e *mais* como efeito estratégico da razão de Estado que vivenciamos, informada pelo binarismo de gênero[41]. Implicadas com as crianças, de dentro da escola, eu e minhas colegas professoras estávamos certas ao dizer que há falhas, *gaps*, pontos não previstos pelas políticas públicas para fazer a Atenção à população infantil funcionar. Desde o nosso entendimento, o Estado falha no cuidado com a população infantil, pois não prevê o todo necessário para o cuidado com a vida das crianças, por exemplo, quando ele acena com o valor do Bolsa-Família a um núcleo familiar, oportuniza à criança desse núcleo uma vaga na escola infantil de turno integral, mas, ao mesmo tempo, retira dessa família o aluguel social, o que por si só, inviabilizaria à família levar a criança para a escola caso a professora não interferisse com a organização das fraldas, na medida em que "o Bolsa dá só para a comida". Contudo, tomando o exemplo da família auxiliada pela professora Jaqueline, é possível afirmar que a ação docente *barra* a falha da rede de Proteção e Atenção. Ou seja, quando a pro-

---

41. Conceituo a compreensão de gênero, aqui mobilizada, na próxima seção.

fessora conversa com a família e garante o fornecimento das fraldas, ali, posicionada como o Estado – uma vez representando a escola, instituição que integra a rede protetiva – a professora *garante* a inclusão social, ainda que essa se dê sempre de forma provisória. Assim como descrito no processo de *feminização da inclusão social* (MEYER; KLEIN; DAL'IGNA; ALVARENGA, 2014), o exercício profissional daquela professora é convocado a criar estratégias e, as criando, ela soluciona a situação, pois mesmo que sua família esteja perambulando pela rua, aquele bebê pôde seguir indo para a escola, espaço onde ele irá brincar e ser cuidado. Começo a dar-me conta que a não previsão do todo na Atenção, *conta* com as professoras; que o transbordamento da função escolar é necessário, e não um efeito indesejado do modo de governar contemporâneo.

Seguindo as ideias de Foucault assumi, então, que "Não se deve fazer divisão binária entre o que se diz e o que não se diz; é preciso tentar determinar as diferentes maneiras de não dizer" (FOUCAULT, 2008, p. 30). Passo a compreender que uma das formas de *não dizer* à docência dá-se através do modo de lhe oferecer orientações. Somada à problematização das falas das professoras, a análise do documento Orientador da Educação Infantil (SMED/POA, 2016) do município onde eu e essas professoras trabalhamos, adensa a possibilidade analítica de dizer que supostas falhas da Atenção são estratégias importantes do Estado na governamentalidade neoliberal. Do ponto de vista dos conhecimentos da Educação Infantil, tal documento é qualificado, versa sobre infância e sobre o exercício docente voltado para creche e pré-escola, expressando as discussões do campo. Nele há indicação do escopo da responsabilidade docente, registrada da seguinte forma:

> **Educadores:** São os professores, monitores e profissionais de apoio educativo, que tem o papel de estar junto das crianças, observando-as, apoiando-as em seus processos de aprendizagens e compreendendo seu desenvolvimento, de forma a responder adequadamente às suas necessidades. Os profissionais da educação necessitam reconhecer as capacidades das crianças, compreendendo-as como sujeitos potentes e que constroem conhecimentos pela interação. Portanto, precisam:
> - Promover o cuidado em espaços que potencializem a segurança básica das crianças.
> - Ouvir as crianças em suas diferentes linguagens.
> - Organizar o ambiente colocando à disposição das crianças oportunidades e possibilidades que orientem experiências significativas, ressignificando o espaço como um outro educador.
> - Saber intervir quando necessário, identificando o momento mais adequado para recompor, reordenar, fornecer ou retirar os materiais e os instrumentos disponíveis.
> - Considerar que as crianças passam o dia na escola e, portanto, é preciso realizar a gestão do tempo levando em conta a jornada das crianças.
> - Realizar a gestão do grupo de crianças: observar, seguir, acompanhar, decidir, sustentar, provocar, estar disponível, estar atento, cultivar o diálogo, dar apoio às crianças, ser coprotagonista, acolher.
> - Saber documentar os processos vividos pelo grupo de crianças e pelas crianças para compreendê-las. Isso envolve pensar/imaginar quais competências, processos e relações às crianças estão experimentando/construindo.
> - Possibilitar espaços para o diálogo entre as crianças em situações interativas, sobretudo quando da emergência de conflitos, se colocando como mediador de entendimentos e negociador de significados.

Fonte: Documento Orientador para a Educação Infantil (PORTO ALEGRE, 2016, p. 12-13).

A partir do seu exame, é possível compreender que as professoras devem cuidar, acolher, intervir. É isso que fazem Amanda, Luiza e Jaqueline e "*Catharina-professora*". Contudo, parece-me significativo assinalar que, ao examiná-lo, não há orientação explícita sobre a responsabilidade das professoras diante da necessidade de encaminhar os bebês, as crianças pequenas e suas famílias às outras instâncias e serviços de Atenção e Proteção à Primeira Infância. Ora, uma rede de ensino que tem a maioria de suas escolas localizadas na periferia urbana, e que usa critérios socioeconômicos para a seleção de seus ingressos está ciente de que seu público são sujeitos oriundos de famílias que vivenciam efeitos da pobreza e de distintas vulnerabilidades sociais. Isso significa que ao mesmo tempo em que esse documento é qualificado à luz dos conhecimentos da área da Educação Infantil, do ponto de vista daquilo que as professoras com as quais conversei apontam como situações com as quais de forma recorrente elas se deparam nas escolas, ele deixa a desejar. O modo como deve se organizar a relação com outros serviços, como, por exemplo, à Atenção Primária à Saúde e à Atenção Social, é silenciado. Se a professora identificar necessidades das crianças que extrapolam aquilo que ela, como professora, e a escola como instituição deveriam dar conta, por exemplo, como a falta de insumos básicos para um bebê em determinado núcleo familiar, para onde encaminhar essa família?

Ao ir analisando este documento e relacionando com o que diziam as professoras compreendi que – embora as diretrizes das políticas voltadas à primeira infância não sinalizem, em maior ou menor medida, para modos concretos a partir dos quais o Estado pretende operacionalizar a integralidade da atenção – *as professoras podem inventá-los e se sentem levadas a fazê-lo*.

Conforme Lopes e Dal'Igna (2012, p. 53), "Em linhas gerais, pode-se dizer que os estudos foucaultianos da governamentalidade suscitaram uma nova problematização das relações de poder". Busca-se, desde estes estudos, focalizar uma espécie de "grade analítica" que aponta para uma certa racionalidade política – informada pelo *ethos* da liberdade econômica neoliberal –, em que governar significa fazer o poder funcionar "não diretamente sobre os sujeitos, mas sobre suas ações [individuais e coletivas, estruturando] um campo de possibilidades" (ibid.). Desde esse entendimento, compreendo, então, que o Estado acaba por conduzir a conduta docente, estruturando um campo de ações possíveis (e desejáveis) às professoras a partir do qual as orientações são *suficientemente amplas* para que elas pratiquem modos de fazer docentes que busquem minimizar os efeitos das vulnerabilidades vivenciadas pelas crianças.

Nesse contexto, as professoras criam estratégias[42] para dar conta de minimizar o risco de que suas ações sejam consideradas da ordem do assistencialismo, e ao criá-las podem afirmar que *fazem o que fazem* porque estão comprometidas com a Educação integral dos bebês e das crianças pequenas. Como diz a professora Luiza colocando tal estratégia em prática "é que na Educação Infantil, o pedagógico passa por tudo". Passei a compreender que,

---

42. Uma dessas estratégias é recorrer à ideia de "uso do bom-senso". Cf. mais em Silveira (2019).

se orientasse as professoras ao invés de silenciar, o Estado correria vários riscos, dentre eles, por exemplo: o de que as professoras viessem a "cruzar os braços" a cada vez que uma criança demandasse uma atenção não expressamente prevista em suas atribuições como educadora; *ou* de ser "acusado" de defender e fomentar uma pedagogia compensatória para essa população de crianças.

Dessa forma, reconheço que os conhecimentos que estruturam a razão do Estado não falham. Ao não planejar o todo, o Estado mantém-se reduzido, e, ao mesmo tempo, possibilita a emergência de práticas que respondam a algumas das demandas não pensadas ou não planejadas pela rede de Proteção e Atenção *para governar em muito a população*. Porque as professoras reconhecem que há necessidades silenciadas, que existem gaps na rede de proteção, e que solucioná-los extrapola o escopo das suas responsabilidades, mas, mesmo assim, não se isentam de zelar e intervir pela vida das crianças.

Passo, então, a olhar com maior atenção para como as professoras narram o investimento que fazem na criação de estratégias resolutivas tal como a que se materializa quando Jaqueline diz à família "não é por causa das fraldas que ele não vai vir, nós vamos dar um jeito". Foi tornando-me possível registrar a centralidade que o compromisso com as crianças assume nas narrativas docentes.

Docência, uma *população* feminina

Ainda que o movimento de refazer as perguntas estivesse oportunizando produtivas compreensões sobre a condução de condutas de sujeitos docentes, situada no campo dos Estudos de Gênero Pós-estruturalistas, eu seguia desejosa de compreender como o gênero estaria implicado com esse processo. Novamente: desde o argumento da *feminização da inclusão social*, eu tinha algumas pistas. Mas, poderia o meu estudo refutar parte daquela argumentação ou adensar alguma camada de compreensão a ela? Tomando gênero como organizador do social e da cultura (MEYER, 2003), pergunto como processos de generificação poderiam estar objetivando a ação docente e subjetivando as professoras no âmbito da Educação Infantil das periferias de Porto Alegre a "não se isentarem diante das crianças". Para tanto, era preciso melhor compreender a relação entre Estado, governamentalidade e gênero, focalizando o governo da população infantil e ação docente no contexto por mim investigado.

Retomo, então, aquilo que sublinham Lopes e Dal'Igna (2012, p. 855): "o Estado funciona "como um moderador social que cria estratégias para operar sobre a vida de cada um (sujeito) e de todos (população)". No contexto que eu estava estudando, isso significou perguntar sobre as estratégias que o Estado criava para conduzir a população docente à ação de barrar as "falhas" das políticas, fazendo com que cada professora assumisse para si o compromisso de criar estratégias diante das problemáticas da Atenção e Proteção "de suas crianças". Para compreender como o gênero articulava-se e redimensionava esse processo de conduzir a conduta docente, desafio-me a revisitar aquilo que Scott (1995) sugeriu ainda nos anos de 1990.

Ao conceituar gênero como uma categoria de análise, a autora forneceu a possibilidade de entendermos gênero como forma de conhecer a vida e de produzir os sujeitos vivos. A partir de seu pensamento é possível considerar que a nossa sociedade percebe a vida primariamente generificada, e que é sempre em articulação com noções de feminino e de masculino que os conhecimentos irão estruturar a intervenção sobre a vida dos vivos – em termos foucaultianos, o governo. Por certo, desde o momento em que a já clássica tese de Scott (1995) passa a circular entre nós, muitas autoras, autores e formas de (des)dizer se somaram para falar da generificação do social e da cultura, problematizar seu (suposto) binarismo e suas produções de normas. Contudo, ainda que consideremos essas disputas teórico-políticas, e que seja justo afirmar que gênero não é o único campo analítico que temos para vislumbrar o funcionamento do poder sobre a vida, "ele parece ter sido [e, seguir sendo] uma forma persistente e recorrente de possibilitar a significação do poder no Ocidente, nas tradições judaico-cristãs e islâmicas" (1995, p. 88). Ou seja, é possível seguir considerando a atualidade das considerações que Scott fazia há três décadas para analisarmos o governo dos vivos, para vislumbrarmos, na contemporaneidade, como e com que efeitos as relações de gênero "estruturam a percepção e a organização concreta e simbólica de toda a vida social" (SCOTT, 1995, p. 88).

Isso significa considerar que as políticas de gestão da vida das sociedades contemporâneas, tal como as políticas de inclusão social direcionadas à primeira infância, funcionam e fazem sentido, são reconhecidas e legitimadas sempre a partir do par binário masculino e feminino. Em nossa sociedade masculino e feminino constituem-se, ainda hoje, como um "princípio de inteligibilidade para os seres humanos" (BUTLER, 2003, p. 100). Conforme sinalizam, conversando com o pensamento de Preciado (2004), Dal'Igna, Meyer, Dornelles e Klein (2019) vivemos em um sistema "biopolítico heterocentrado", e nele, a vida em sociedade se torna inteligível e governável a partir da norma binária de gênero. Dessa forma, é possível examinar o investimento sobre a vida de cada uma das professoras, e sobre todas elas enquanto população docente, mobilizando, em articulação gênero pós-estruturalista e governamento. Dizendo de outro modo, é produtivo pensar que a vida, para tornar-se governável, é sempre tomada como masculina ou feminina: para governar os vivos, atrela-se a cada polo do par binário, sempre em relação e desde contextos e atravessamentos específicos, uma série de características, capacidades e impossibilidades que são mobilizadas pelos estados contemporâneos quando estes precisam governar uma população tal como a docente, a fim de que ela responsabilize-se pela condução da conduta de uma outra população – nesse caso, a infantil. Ao considerar a analítica de gênero, nesses termos, parece ser possível afirmar que o Estado produz suas falhas e espera que a população docente as resolva: no âmbito do governamento da ação docente, o gênero funciona como um elemento organizador de processos de subjetivação (LOPES; DAL'IGNA, 2012) por meio dos quais a população docente aprende a reconhecer-se como imprescindível para os bebês e para as crianças que elas recebem nas escolas infantis.

As professoras, informadas pelos seus conhecimentos do campo da Educação Infantil, entendem que a escola é o espaço adequado para as crianças e cujo poder é de produzir-lhes um bem-estar. Tomando esses conhecimentos como da ordem do verdadeiro, elas vão procurando manter as crianças frequentes na escola, mobilizando diversos conhecimentos e buscando posicioná-los na *ordem do pedagógico*. Isso permitiu-me pensar que sob a alcunha de "pedagógico" as professoras movimentam diversos conhecimentos sobre o bem-estar infantil e, ao mesmo tempo, acionam aquilo que Tardiff e Raymond (2000) chamam de "saberes experienciais" para narrarem-se, junto à posição de professora, como mães, mulheres, cidadãs, religiosas que também são; imbricadas essas posições as levam *a fazer o que fazem pelas crianças*. Vou dando-me conta disso ao escutar a professora Valentina e a professora Jaqueline que enunciam posições de sujeitos para além da docência, mostrando como sentem-se responsáveis pelas crianças, desde outras ordens.

Encontro Coletivo

Catharina: Quando vocês estão lá na escola, diante desses casos difíceis, de muitas vulnerabilidades na vida das crianças, o que será que baliza a decisão que vocês tomam de se envolver?

Amanda: Eu acho que é o que sensibiliza mais, porque tem casos que vem gritantes assim e daí tu acaba te doando mais assim.

Valentina: Eu acho que a gente faz uma escolha, né?! Quando a gente faz o concurso, a gente sabe onde a gente vai trabalhar. [...] A gente sabe que tem muita gente que se exonera porque não tem estômago para trabalhar com a periferia. Então, quando a gente faz essa escolha, a gente sabe com quem a gente vai lidar, então eu acho que a escolha já tá ali [...] já sabe que ali tu vais encontrar essas questões, principalmente, na Educação Infantil, vai andar juntinho ali o cuidado com o educar, vai tá sempre junto e não tem como separar. Principalmente ali de zero a três. A gente tem uma constituição, a gente tem as diretrizes, tem uma Base, [...] e acima de tudo a gente tem o ECA, então, a gente tem uma legislação que diz que somos responsáveis por aquela criança enquanto professor, enquanto cidadão. Em qualquer situação, a gente é responsável pelas crianças, não importa se eu sou educador, professora, monitor, funcionário ou se eu sou uma pessoa que tá passando na rua. Eu estou existindo, eu sou adulto, eu sou responsável por qualquer criança se eu estou vendo uma situação em que ela está em risco, porque tem uma legislação que diz isso, se eu sou desse país, tem uma legislação que diz isso. Então, eu não posso simplesmente deixar as coisas acontecerem porque não é da minha competência "Ah eu sou a professora, eu tenho que fazer a avaliação, eu tenho que planejar, eu tenho que fazer propostas, eu não tenho que comprar fralda, eu não tenho que fazer uma campanha pra ajudar essa criança". Não né?! A gente sabe que é muito mais além do que isso.

Conversa Individual

Valentina: Eu não sei se existe um limite. A gente é constituído de várias identidades. Eu tenho a Valentina mãe, eu tenho a Valentina professora, eu tenho a Valentina cidadã, eu tenho a Valentina praticante de esporte. Eu tenho várias identidades e eu não posso chegar na escola, me despir de algumas identidades e deixar lá fora, e levar só a Valentina professora para dentro da escola. Eu acho que não existe um limite e eu acho que pra gente pensar assim essa questão da maternagem, da solidariedade e o que é da escola e o que não é assim, a gente pensa numa coisa que é bem subjetiva e bem particular de cada pessoa que é o bom-senso, né? Então, é muito difícil medir qual é o meu bom-senso, qual é o teu bom-senso ou um bom-senso, mais geral [...] mas sei que eu não deixaria uma criança passar necessidade, porque não é minha essa criança, porque eu não coloquei no mundo.

> **Jaqueline**: É, isso tem que ser muito, deixa eu ver, nem sei o que te dizer, não sei nem qual é a palavra. Mas é que as coisas têm que andar bem juntas. Eu tenho uma rotina assim, uma vida bem cristã, talvez isso faça alguma diferença nesse sentido. Então, eu tenho sempre um olhar para o outro, independente da relação que eu tenha com este outro. Claro, que se eu for pegar aquela função assim: "Ah o meu papel da professora", às vezes, eu dou razão para as críticas, mas não consigo me isentar, como eu te disse. Porque eu sempre penso nessa questão solidária, nessa questão de caridade mesmo, às vezes é caridade que a gente faz, e eu sempre penso nas famílias, assim, como a minha família, né? A gente não sabe o dia de amanhã. Então, eu sempre procuro fazer pelo outro aquilo que talvez um dia eu possa precisar, vai saber. Vou ter essa tranquilidade assim, alguém vai ver, alguém vai enxergar.
> **Catharina**: Mas na tua formação como professora isso não estava dado, ou estava?
> **Jaqueline**: Não sei, não sei, é bem difícil. Porque eu acho que essas coisas sempre andaram juntas para mim. [...] é assim que eu vejo, eu vejo o professor, como é que a gente fala, às vezes, a gente vê piadas até, né? Mas eu não vejo como piada, eu vejo como isso mesmo assim, é a mãe, é psicóloga, é amiga, é a médica. Ela está ali para todos os momentos. São horas que tu dedicas para aquelas crianças que tu tens que entregar totalmente, não posso ficar fazendo diferenças ou ficar julgando famílias. Tem que ter a solidariedade, sim, tem que ter o olhar carinhoso, né? Para ver até que ponto a gente pode ir.

A exemplo do que dizem Valentina e Jaqueline, ao articular suas condutas docentes às demais posições de sujeito que assumem, as professoras vão dando conta de explicar o que fazem e porque o fazem no trabalho com a população que acessam suas escolas nas periferias. As diferentes posições de sujeitos que ocupam fazem com que elas acionem toda uma economia de conhecimento para responsabilizarem-se, de dentro da escola de Educação Infantil, com uma miríade de necessidades da população da primeira infância. Conhecimentos que resultam de, e modificam as relações de poder e que acabam por moldar a subjetividade dos sujeitos professoras e conduzem-nas *a se dedicar e a se entregar totalme*nte "para as suas crianças". Como expresso em Silveira (2019), toda uma discursividade funciona articulando saberes, produzindo sentimentos, modos de se ver e fazer de forma a estruturar o campo de ação dos sujeitos que trabalham com as crianças, a tal ponto que se torne possível que o sujeito docente, mesmo que sem uma carga horária específica, protocolos intersetoriais estruturados ou orientações devidamente expressas por exemplo, para como articular-se com outros serviços e instâncias também responsáveis pela Primeira Infância, enuncie "eu não posso me isentar". Desde essa máxima, as professoras conduzem a suas próprias condutas para *fazer falar* os silêncios das orientações, para preencher o vazio da intersetorialidade da Rede de Atenção e Proteção e para mitigar toda uma sorte de adversidades que surgirem com "suas crianças" no cotidiano de suas escolas infantis. Tal conduta é possível na medida em que o gênero organiza um campo de relações de poder, a partir do qual os conhecimentos das professoras se estruturam e a partir do qual a docência passa a fazer funcionar uma ampla gama de ações inserindo-as no "espectro do pedagógico".

> Nesse processo, e tomando o gênero como um organizador do social e da cultura, aquelas características e capacidades inscritas como essências em corpos designados como femininos, que, por isso, ocupariam majoritariamente profissões de educação e de cuidado, descolam-se desses corpos e são ressignificadas, apropriadas e incorporadas como competências necessárias ao trabalho *lato sensu*, a ser executado por mulheres e homens, nas sociedades capitalistas e neoliberais contemporâneas (SILVEIRA; MEYER; SILVA, 2019, p. 437).

Ao aproximar essa análise ao contexto de proposição da Educação Infantil nas periferias urbanas, é possível complexificar o entendimento daquilo que, em um movimento apressado pode ser lido, como da ordem do assistencialismo – o que histórica e politicamente a Educação Infantil busca combater-, para dar a ver a potência do trabalho docente comprometido e profissionalmente qualificado para o trabalho nas escolas infantis, a exemplo das professoras com quem conversei. Para essas professoras a desejada indissociabilidade pedagógica entre "cuidar-educar" é constantemente refletida e, portanto, não se traduz como uma fôrma, a partir da qual é possível estabelecer *a priori* o que é ou não é responsabilidade pedagógica diante das necessidades das crianças. Em outra direção, o par cuidar-educar é assumido como um referente para escolhas ativas e em função daquilo que elas compreendem ser *o melhor para as crianças* na medida em que tudo "aparece" nos seus trabalhos, como diz Valentina.

> **Valentina**: Eu trabalhava na [...] era uma situação de vulnerabilidade, todo mundo ou vivia no meio do tiroteio ou não tinha nem banheiro em casa. Sempre tinha uma situação particular que batia diretamente na criança e que acabava aparecendo em sala de aula. [...] Tu chegas, tu tens que organizar tudo, tu tens que apagar todo um fogo no início e durante o teu turno de trabalho, pra depois tu conseguir ir organizando assim as situações [...] e fazer as propostas. É o que aconteceu! Pode ser o tiroteio e daqui a pouco começa funcionário a bater na porta e tirar aluno às quatro horas da tarde porque na rua estão armados até os dentes e os pais estão tendo que buscar porque estão se prometendo. Então, são essas coisas assim, como que não vão aparecer no teu trabalho? Aí o teu aluno diz, assim, no meio da brincadeira: "Sabe, professora, se chegar a Força Nacional e der um tiroteio, eu vou me atirar no chão e me fingir de morto". Veja, o instinto de sobrevivência de uma criança de 5 anos te falar isso, e como que isso não vai bater no teu trabalho? Não tem, sabe? Então, todas essas coisas estão no nosso trabalho.

Dizendo de outro modo, torna-se possível compreender que "tudo o que bate no nosso trabalho" não constitui exatamente uma falha da Atenção à Primeira Infância, mas sim um efeito de um determinado modo do Estado conhecer-nos e governar-nos como população docente. Ele posiciona a docência como uma população capaz e sensibilizada a promover condutas de cuidado e de responsabilização para com as crianças, junto às práticas educativo-pedagógicas. Desde aí, ele interpela os sujeitos que a compõem "como quem apresenta capacidade de resistir, de fazer muito com pouco e de doar-se" (MEYER; KLEIN; DAL'IGNA; ALVARENGA, 2014) a fim de que a atenção à primeira infância seja promovida. Independentemente de se tratar de homens ou mulheres (no sentido estrito do que diz a biologia), as/os profissionais docentes da Educação Infantil são convocadas/os a colocar em funcionamento competências individuais e/ ou tácitas, acionadas desde distintos e múltiplos discursos que convocam a docência às práticas de cuidado, educação, proteção e doação [...] as quais requerem "uma lógica adaptativa/sacrificial/oblativa que é resultado cultural da experiência histórica feminina" (MORINI, 2010, p. 254). Essas características associadas ao feminino se articulam à posição de docente e o resultado dessa articulação estrutura o campo de ação das professoras que acionam suas "várias identidades", junto à identidade de professora para buscar *incluir* bebês e crianças. Embora as colegas com quem conversei sejam todas mulheres-cisgêneras, a análise que construí não reduz a analítica ao governo de sujeitos que só assim se reconheçam. O Estado governa uma *população docente* – e independente dos corpos individuais que constituam tal população, ela parece ser tomada como feminina: por exemplo, homens-cisgêneros se atuantes na Educação Infantil também estariam convocados a agir pelas crianças, desde o silenciamento de orientações. Também estariam posicionados como aqueles que devem encontrar saídas e respostas para as mais variadas vicissitudes das vida das crianças; porém, possivelmente recorreriam a outras relações, a outras posições de sujeito de gênero para somar à de docente e, então, para agir pelas crianças; Ou, ainda e com efeito, poderíamos pensar que esses e outros sujeitos, ao não usufruírem de algumas das experiências facultadas às mulheres cisgêneras como referentes, acabam, muitas vezes, por tornarem-se indesejados ou inadequados no âmbito da docência da Educação Infantil.

Entendo, dessa forma, que um *corpo-espécie feminino*[43] docente é conduzido a tomar as crianças como *uma razão importante*. É como se uma população de professoras e professores se tornassem "braços do Estado" para a promoção da inclusão social da população infantil pauperizada": a docência é, em suma, útil à inclusão.

A infantilização da inclusão social

A inclusão social, desde a perspectiva da *sociedade de segurança* ou *sociedade de normalização* (FOUCAULT, 2010), é compreendida como *um projeto estratégico* que visa levar todos e a cada um o mais próximo possível da norma. Norma, pode ser traduzida em muitos modos de levar a vida: a norma produzida desde a Psicologia do Desenvolvimento, deseja fazer com que as crianças bem pequenas cumpram determinados estágios e parâmetros de crescimento e amadurecimento (KLEIN, 2010); a norma produzida desde discursos da Educação em Saúde, busca fazer com que os bebês vivenciem o aleitamento materno exclusivo ao longo dos primeiros meses de vida (PIRES, 2016); os discursos pedagógicos, por sua vez, buscam aproximar as crianças da norma representada pelo bom desempenho escolar (DAL'IGNA, 2011). Ou seja, a

---

43. Essa analítica afasta-se das compreensões usualmente mobilizadas no âmbito dos estudos sobre a feminização do magistério, conforme Silveira (2019). Registro que também nessa direção, o grupo de pesquisa liderado por Dal'Igna, a exemplo da produção de Scherer (2019), vem propondo produtivos argumentos e produzindo significativas análises sobre a articulação entre gênero e profissionalidade docente.

norma pretende, sempre, manter os sujeitos participantes do jogo social, minimizando ao máximo possível riscos e demandas à sociedade.

No Brasil, assim como em diferentes países da América Latina, conduzir a população infantil à norma é especialmente importante quando tratamos de crianças pobres. Uma série de discursos têm relacionado a expectativa de superação da pobreza com o investimento na primeira infância. Conforme explica Campos (2012), "As agendas políticas regionais e locais tendem, assim, a instituir mecanismos regulatórios que, para além da administração das políticas, se tornam também dispositivos de "administração da infância". Conforme aponta Carvalho (2016), os discursos da Economia, entrelaçados aos da Neurociência, por exemplo, têm informado à racionalidade do tempo presente sobre o quanto é estratégico investir na otimização da vida das crianças. Isso exemplifica a ênfase com a qual a primeira infância, especialmente, passa a ser governada pelas políticas de Estado nos últimos 20 anos, em nosso país. Segundo Lockmann e Mota (2013, p. 76), "talvez possamos dizer que não houve outra época na história do Brasil em que pudéssemos perceber tamanha proliferação de políticas, programas e benefícios direcionados à população infantil como na atualidade".

Sabemos desde Ariés (1981) que nem sempre as crianças existiram, tampouco importavam ao jogo social a ponto de serem cuidadas e assistidas com tanta ênfase. A imagem de criança que convoca Atenção e Proteção, fortaleceu-se ao longo da Modernidade (BARBOSA 2006; BUJES, 2000), até que passe a informar nossas ações contemporâneas diante das infâncias, com tanta eficiência e urgência.

Na contemporaneidade, vivenciamos um deslocamento significativo sobre as noções de bem cuidar uma criança: os diferentes discursos não mais só posicionam as e os adultos como sujeitos aptos a dizer das crianças e a zelar por elas, como também passam a autorizar que as próprias crianças sejam ouvidas sobre suas necessidades e sobre as formas como querem ser consideradas em termos de cuidado e atenção (DUTRA, 2018). Contudo, ainda que a Pedagogia e Sociologia da Infância somem esforços para dizer que a criança é um sujeito de direitos, e não um sujeito "a vir a ser", são poderosos os discursos que atuam no sentido de corrigir, reparar, consertar a criança que habita essa infância, para que, tão logo se faça possível, ela possa se tornar um adulto útil ao jogo social.

O conjunto das instâncias que investem nas crianças e seus efeitos, Corazza chamou de "dispositivo da infantilização". Para Corazza (1998), a infantilização é um dispositivo que age como um processo necessário para decifrar "este pequeno-outro" e, consequentemente, permitir dizer sobre nós mesmos, as/os adultas/os. Os investimentos que as diferentes instâncias fazem sobre as crianças são úteis ao processo de "apressar" a infância [...] para fazê-la, cada vez menos infantil. Estes processos, segundo a autora, "se apossam da criança – sempre mais depressa, maciçamente, massivamente, exclusivamente – conjurando e renegando sua infantilidade" (CORAZZA, 1998, p. 478). Mota (2012, p. 9) provoca-nos a pensar que esses processos de apressar a infância, que buscam, por exemplo, acelerar sua escolarização, conduzindo-a o mais rapidamente possível à utilidade no jogo social, deveriam ser chamados de *desinfantilização* – para demarcar uma das faces das estratégias de tornar a infância útil, no âmbito do projeto que a Modernidade desenvolveu para as crianças: a própria infantilização. A partir da obra de Narodowski (1999), Mota comenta que infantilizar e desinfantilizar "seriam duas faces do mesmo projeto" de fazer das crianças, na Contemporaneidade, sujeitos da Infância Moderna: aquela que precisa ser cuidada e protegida. No âmbito da governamentalidade neoliberal essas seriam "duas dimensões que vão na direção da formação de um determinado sujeito infantil normal, um capital humano (MOTA, 2012).

A grade analítica proposta pela governamentalidade permite compreendermos que, na contemporaneidade, se olha para a infância como um objetivo da razão de estado – que é o de tornar a sua vida o mais próximo possível das normas, justamente um capital humano otimizado, a fim de que os riscos sociais sejam minimizados. Dessa forma, nas palavras de Carvalho (2016), diferentes discursos acabam por produzir a criança como um alvo importante do poder do Estado, porque ao zelar pelas suas vidas, ele está garantindo o futuro do jogo social.

> [...] ressonâncias de pesquisas do campo da economia e da neurociência vêm se desdobrando em orientações para a operacionalização de políticas de Educação Infantil e [elas mostram] que o foco da educação das crianças

está cada vez mais centrado no desenvolvimento de habilidades que objetivam a formação de adultos produtivos e empreendedores de si mesmos [...] (CARVALHO, 2016, p. 15).

Ao compreender a criança como um alvo estratégico da razão de estado – na medida em que o objetivo é a minimização dos riscos no futuro do jogo social – entendi ser possível re-visitar minhas trilhas acadêmicas para afirmar que *no âmbito da qualificação da vida como binária e da cisheteronormatividade, profissionais responsáveis por políticas públicas, de forma importante as professoras,* são reiteradamente conduzidas a uma posição de *parceiras do Estado* para que sejam úteis ao governo das crianças alvo das políticas em que atuam. Compreendi que as análises que viemos fazendo nos permitem dizer que a condução desses sujeitos a parceiras do Estado tem no governo da infância uma expectativa importante ou a sua própria razão de ser (SILVEIRA, 2019).

Assim sendo, ao revisitar os argumentos produzidos na pesquisa que integrei, parece-me possível sinalizar que o processo da *feminização da inclusão social* (MEYER; KLEIN; DAL'IGNA; ALVARENGA, 2014) coincide e/ou tem sua razão de ser junto a um processo em que as infâncias, especialmente as mais pobres, são tomadas como a população-alvo estratégico do governo. Descrever e problematizar o dito das professoras e, ao mesmo tempo, colocar meu próprio exercício docente em discussão, permite-me sugerir que as práticas de *buscar dar conta daquilo que as "falhas" das políticas fazem "sobrar" para nós* na Educação Infantil têm aderências com o processo de feminização inclusão social, ao mesmo tempo em que sugere a compreensão de mais uma característica desse processo a qual proponho chamar de: *infantilização da inclusão social*[44].

Nele, professoras de Educação Infantil nas periferias urbanas e demais profissionais da Atenção e Proteção parecem estar posicionadas desde a centralidade da infância no século XXI que é, com efeito constituída desde "um duplo jogo: por um lado, a visibilidade das crianças e de suas misérias e, por outro, a invisibilidade das condições econômico-sociais que as produzem" (CAMPOS,

---

44. Registro meu reconhecimento à Profa.-Dra. Michele Vasconcelos (UFS), que me instigou a refletir sobre essa possibilidade analítica, quando proferiu sua avaliação sobre a minha investigação em minha defesa de proposta de Tese de Doutorado.

2012, p. 88). Nesse contexto, a *infantilização da inclusão social* envolve a *condução de condutas profissionais* para inventariar saídas e estratégias resolutivas diante de problemáticas *que atingem as infâncias,* mas que são gestadas em contextos sociais mais complexos e amplos.

Reconhecer e problematizar esse processo tornou-se possível na medida em que compreendi e explorei a noção de *população docente generificada.* Isso significou operar com gênero em sua dimensão de organizador do social e da cultura (MEYER, 2003), em um esforço para levar a cabo aquilo que Vasconcellos e Seffner (2015) nos provocam quando apontam para a produtividade de produzirmos deslocamentos nos nossos focos de pesquisa a fim de fazer com que nossas análises deixem de reificar papéis e funções de homens e mulheres.

Ao me encaminhar para o final deste capítulo, reinscrevo essa que parece seguir sendo uma urgência: pensar o atravessamento entre infâncias, pobreza e Atenção/Proteção no âmbito dos distintos contextos de educação e cuidado, a fim de garantir condições de trabalho, especialmente à ação docente, foco da problematização aqui apresentada. Parece urgente refletirmos sobre as condições que as professoras têm para desenvolver um "processo educativo que tem na criança a sua centralidade" (FINCO; BARBOSA; FARIA, 2015, p. 11). Nessa direção, parece oportuno salientar, ainda, que em países como o Brasil, tais reflexões não podem deixar de perguntar sobre *quais crianças* e sobre *qual centralidade* nossas docências e nossas pesquisas falam. Sinto-me, assim, desafiada a levar adiante a própria compreensão sobre o processo da *infantilização da inclusão social.* Parece-me ser possível ampliar os entendimentos sobre o fenômeno complexificando, ou quem sabe, desconstruindo esse argumento. Novos movimentos de pesquisa podem ser oportunos: em uma e/ou em outra direção. Quais seriam os efeitos de *descentrar* as crianças do processo de inclusão social? Como, a partir desse processo, poderíamos re-pensar a primeira infância, a docência e a profissionalização em suas relações com a generificação do social e da cultura? Quais poderiam ser os efeitos de re-fazer a imagem e o posicionamento das crianças nos processos que tomam, em articulação, a vida como binária e o governo das condutas das *populações profissionais* como úteis aos projetos de inclusão social? Concluo este capítulo, dessa forma, provocada pelas palavras de Vasconcelos (2015) sobre a nossa possível necessidade de repensar a educação da criança num mundo de interações realizadas em diferentes comunidades: a família (onde ela é uma entre outros), a escola (uma comunidade de pares e de adultos), uma determinada comunidade imersa num contexto específico, a sociedade em geral. A criança é "central", mas ela não é "o centro". O centro é um mundo complexo e intrincado de relações (VASCONCELOS, 2015, p. 38).

Encerro, dessa forma, refazendo (novamente) as perguntas. Pois, aprendi que *Inventar perguntas é aprender. Quem não aprende tende a não saber perguntar* (MÃE, 2019. p. 14).

Referências

ARIÈS, P. **História social da criança e da família**. 2. ed. Rio de Janeiro: Guanabara, 1981.

BARBOSA, M.C.S. **Por amor e por força: rotinas na Educação Infantil**. Porto Alegre: Mediação, 2006.

BUJES, M.I.E. O fio e a trama: as crianças nas malhas do poder. **Educação e Realidade**, Porto Alegre, v. 25, n. 1, p. 25-44, jan.-jun./2000.

BUTLER, J. **Problemas de gênero: feminismo e subversão de identidade**. 6. ed. Rio de Janeiro: Civilização Brasileira, 2003.

CAMPOS, R.F. "Política pequena" para as crianças pequenas? – Experiências e desafios no atendimento das crianças de 0 a 3 anos na América Latina. **Revista Brasileira de Educação**, v. 49, n. 17, p. 81-105, 2012.

CARVALHO, R.S. O investimento na formação do cidadão do futuro: a aliança entre economia e Educação Infantil como estratégia da governamentalidade contemporânea. **Educação em Revista**, v. 32, p. 229-253, 2016.

CORAZZA, S. **História da infantilidade: a-vida-a-morte e mais-valia de uma infância sem fim**. Tese de doutorado em Educação, 619 f. Porto Alegre: Programa de Pós-Graduação em Educação/Faculdade de Educação/Universidade Federal do Rio Grande do Sul, 1998.

DAL'IGNA, M.C. **Família S/A: um estudo sobre a parceria família-escola**. Tese de doutorado. Porto Alegre: Programa de Pós-Graduação em Educação/ Universidade Federal do Rio Grande do Sul, 2011.

DAL'IGNA, M.C.; MEYER, D.E.; DORNELLES, P.G.; KLEIN, C. Gênero, sexualidade e biopolítica: processos de gestão da vida em políticas contemporâneas de inclusão social – Archivos Analíticos de Políticas Educativas. **Education Policy Analysis Archives**, v. 27, p. 140, 2019.

DUTRA, I. **Infantocracia: deslocamentos nas formas de compreender e viver o exercício do governamento infantil na racionalidade neoliberal**. Tese de doutorado. Porto Alegre: Programa de Pós-Graduação em Educação/Universidade Federal do Rio Grande do Sul, 2018.

FINCO, D.; BARBOSA, M.C.S.; FARIA, A.L.G. (orgs.). **Campos de experiências na escola da infância Contribuições italianas para inventar um currículo de Educação Infantil brasileiro**. Campinas: Leitura Crítica, 2015, 276 p.

FOUCAULT, M. **Segurança, território, população – Curso no Collège de France (1977-1978)**. São Paulo: Martins Fontes, 2008.

FOUCAULT, M. **Em defesa da sociedade – Curso no Collège de France (1975-1976)**. 2 ed. São Paulo: Martins Fontes, 2010.

KLEIN, C. **Biopolíticas de inclusão social e produção de maternidades e paternidades para uma "infância melhor"**. Tese de doutorado em Educação. Porto Alegre: Programa de Pós-Graduação em Educação/Faculdade de Educação/Universidade Federal do Rio Grande do Sul, 2010.

LOCKMANN, K.; MOTA, M.R.A. Práticas de assistência à infância no Brasil: uma abordagem histórica. **Linhas**, Florianópolis, v. 14, p. 76-111, 2013 [*Online*].

LOPES, M.C.; DAL'IGNA, M.C. Subjetividade docente, inclusão e gênero. **Educação & Sociedade**, 33 (120), p. 851-867, 2012.

MÃE, V.H. **As mais belas coisas do mundo**. Rio de Janeiro: Biblioteca Azul, 2019.

MARLUCY, A. A ciranda do currículo com gênero, poder e resistência. **Currículo sem Fronteiras**, v. 16, n. 3, p. 388-415, set.-dez./2016.

MEYER, D.E.E. Gênero e educação: teoria e política. In: LOURO, G.L.; FELIPE, J.; GOELLNER, S.V. **Corpo, gênero e sexualidade: um debate contemporâneo na educação**. Petrópolis: Vozes, 2003.

MEYER, D.E.E. A politização contemporânea da maternidade: construindo um argumento. **Gênero**, Niterói, v. 6, p. 81-104, 2006.

MEYER, D.E.E. **Vulnerabilidade, programas de inclusão social e práticas educativas: uma abordagem na perspectiva dos estudos de gênero e culturais**. Projeto de pesquisa. Porto Alegre: Faculdade de Educação/Universidade Federal do Rio Grande do Sul, 2008.

MEYER, D.E.E. De coisas que aprendi durante o exercício da docência no Ensino Superior: aportes dos estudos de gênero e culturais e da teorização foucaultiana. In: GIVIGI, A.C.N.; DORNELLES, P.G. (org.). **Babado acadêmico no Recôncavo Baiano. Vol. 1**. Salvador: Edufba, 2017, p. 63-78.

MEYER, D.E.E.; DAL'IGNA, M.C.; KLEIN, C.; ALVARENGA, L.F. Vulnerabilidade, gênero e políticas sociais: a feminização da inclusão social. **Estudos Feministas**, Florianópolis, v. 22, n. 3, p. 885-904, 2014.

MEYER, D.E.E.; DAL'IGNA, M.C.; KLEIN, C.; SILVEIRA, C. Políticas públicas: imperativos e promessas de inclusão social. **Ensaio**, v. 22, p. 1.001-1.026, 2014.

MORINI, C. A feminilização do trabalho no capitalismo cognitivo. **Lugar Comum**, Rio de Janeiro, n. 23-24, p. 247-265, 2010.

MOTA, M.R.A. Infantilização e desinfantilização: processos de governamento da infância implicados na produção de um novo sujeito escolar de seis anos. In: X ANPED SUL. Reunião Científica da Anped. **Udesc**, Florianópolis, v. 1, p. 1-14, 2014.

NARODOWSKI, M. **Después de clase: desencantos y desafíos da la escuela actual**. Buenos Aires: Novedades Educativas, 1999.

NÓVOA, A. Pela educação. **Saber(e)Educar**, Porto, n. 11, p. 111-126, 2006 [Entrevista concedida a Maria Cristina Vieira e a Henrique Manuel S. Pereira].

PIRES, P.V. **E fazer tudo direitinho? – Cuidados e enfrentamentos nas políticas de saúde em resposta ao HIV/Aids em mulheres**. Dissertação de mestrado. Porto alegre: Programa de Pós-Graduação em Saúde Coletiva/Universidade Federal do Rio Grande do Sul, 2016.

PORTO ALEGRE. **Documento orientador da Educação Infantil da Rede Municipal de Ensino de Porto Alegre**. Porto Alegre: Secretaria Municipal de Educação, 2016.

PRECIADO, B. **Manifesto contrassexual – Práticas subversivas de identidade sexual**. Trad. de M.P. Ribeiro. São Paulo: n-1 edições, 2014.

SCHERER, R.P. **A desfeminização do magistério: uma análise da literatura pedagógica brasileira da segunda metade do século XX**. Tese de doutorado em Educação. São Leopoldo: Universidade do Vale do Rio dos Sinos, 2019.

SCHWENGBER, M.S.; KLEIN, C. O conceito de politização da maternidade como legado de pesquisa. **Momento: diálogos em educação**, v. 28, n. 3, p. 47-64, set.-dez./2019.

SCOTT, J. Gênero: uma categoria útil de análise histórica. **Educação & Realidade**, Porto Alegre, v. 20, n. 2, p. 71-99, jul.-dez./1995.

SILVEIRA, C.C. **Bom-senso como prática docente na Educação Infantil**. Tese de doutorado em Educação. Porto Alegre: Programa de Pós-Graduação em Educação/Faculdade de Educação/Universidade Federal do Rio Grande do Sul, 2019.

SILVEIRA, C.C.; MEYER, D.E.; FÉLIX, J. A generificação da intersetorialidade no Programa Saúde na Escola. **Revista Brasileira de Estudos Pedagógicos**, v. 100, p. 423-442, 2019.

TARDIF, M.; RAYMOND, D. Saberes, tempo e aprendizagem do trabalho no magistério. **Educ. Soc.**, v. 21, n. 73, p. 209-244, 2000 [online]. ISSN 1678-4626.

VASCONCELOS, M.F.F.; SEFFNER, F. A pedagogia das políticas públicas de saúde: norma e fricções de gênero na feitura de corpos. **Cadernos Pagu**, Campinas, n. 44, p. 261-297, 2015 [online].

VASCONCELOS, T. Do discurso da criança "no" centro à centralidade da criança na comunidade. **Investigar em Educação,** II série, n. 4, 2015.

7
"Mães atípicas"?

Impactos no exercício da maternidade de crianças com diagnóstico de autismo

Sandra dos Santos Andrade

Letícia Prezzi Fernandes

Apresentação

A maternidade no autismo é um tema que nos inquieta há algum tempo, uma como mãe e a outra como tia de pessoa com autismo[45]. Em ambos os casos as mulheres-mães assumem o "controle" das terapias, atendimentos e reuniões com os especialistas e escola. Em conversas informais, constatamos que esta experiência impactou de modo profundo os modos como estas mulheres-mães foram vivendo suas vidas profissionais e domésticas. Verificamos isso, também, nas salas de espera das clínicas de atendimento frequentadas, geralmente, apenas por mulheres (mães, avós, babás...), quando há algum

---

45. Vamos utilizar no texto a expressão "pessoas com autismo", não apenas por uma questão semântica ou sintática, mas também por opção política. Queremos com isso demarcar que a pessoa vem antes de sua identidade e que ser autista é apenas mais uma das muitas identidades que uma pessoa pode ter. Não significa que dizer "pessoa autista" ou "autista" seja um erro. Também pode se tratar de uma escolha política, pois para alguns grupos de autistas a construção chamada *identity-first language* (linguagem com a identidade primeiro) representa um desejo intencional de dar ênfase à identidade que consideram como fundante de sua constituição. Entretanto, a outra expressão *person-first language* (linguagem com a pessoa primeiro), encaixa-se de forma mais adequada com nossa perspectiva teórica que considera que somos seres de muitos atravessamentos. "Devido à construção sintática do inglês, a palavra à qual a ênfase é dada também vem primeiro na expressão", esta mudança na posição das palavras não acontece no português. Disponível em https://autismoemtraducao.com/terminologia-e-outras-consideracoes/pessoa-autista-x-pessoa-com-autismo/ Acesso em 18/08/2020.

homem, este ou está no notebook ou no celular caminhando de um lado para o outro do ambiente. As mulheres conversam entre si, trocam experiências, nomes de terapeutas, resultados dos tratamentos, manejo da medicação. Um momento quase terapêutico! Fomos percebendo nestas dinâmicas a produção e o arranjo das identidades de gênero e, principalmente, das identidades maternas atípicas, corporificando a mãe como o centro das políticas de gestão da vida, da sua vida, da vida do/a filho/a, da vida da família. Com isso, surgiu o interesse de pensar como esta maternidade atípica, socialmente invisível, pode ter modificado os modos de ser mulher de outras mulheres-mães. Sendo este o tema central deste capítulo, a questão que analisamos aqui é: ser mãe de criança autista impacta a vida das mulheres-mães? De que modos?

A expressão 'maternidade atípica'[46], escolhida para o título deste texto, refere-se àquelas mães que experienciam uma maternidade tomada como diferente daquela considerada normal. O termo atípico é utilizado, então, para substituir a expressão 'normal/anormal', que vem tão carregada de pré-conceitos, juízos e estereótipos. Hoje a área médica tem utilizado com frequência o termo 'desenvolvimento atípico' para se referir aquelas crianças que estão fora do esperado para a sua faixa etária, a fim de diminuir a carga semântica contida nos termos normal e anormal. As crianças atípicas são as consideradas fora da curva. Sabemos que cultural, social e biologicamente, temos um arcabouço teórico que nos serve de guia para dizer o que devemos encontrar no desenvolvimento infantil dentro de determinada etapa, e quando este desenvolvimento indica a necessidade de intervenção. Muitos ativistas com autismo, pelo viés da neurodiversidade, optam pelo uso da expressão 'neurotípicas' para se referir às pessoas 'normais', sem autismo – ou sem transtornos do neurodesenvolvimento – e neuroatípicas para aqueles que escapam a esta norma[47]. A partir disso, entendemos a maternidade atípica, como qualquer maternidade que escape à

---

46. Utilizaremos aspas simples para colocar uma palavra ou expressão em suspenso e aspas duplas no caso de citações.
47. "Pessoas neuroatípicas podem estar no espectro do autismo, no espectro da esquizofrenia, ter transtorno bipolar, ter TDAH ou outras condições não neurotípicas. Um termo sinônimo é neurodivergente e um antônimo é neurotípico. Um grupo de pessoas cujos tipos neuro são variados é o neurodiverso. Toda a terminologia acima foi criada pela comunidade autista." Disponível em https://dicionario-popular.com/term/neuroat%C3% ADpico?page=1 Acesso em 26/07/2020.

norma por questões sociais, culturais ou de saúde. Assim, as mães de pessoas com autismo acabam aderindo a este universo atípico, tornando-se parte dele. Há um extenso aparato que nos diz o que é ser uma mãe e que comportamentos são desejados e esperados de mulheres que exercem a maternidade, tanto no universo típico quanto no atípico. De acordo com Meyer (2005, p. 88), há uma série de discursos que circula(ra)m em nossa cultura e 'transforma(ra)m o exercício da maternidade, na contemporaneidade, em uma tarefa extremamente complexa, difícil e abrangente' e, na maternidade atípica, estas complexidades se multiplicam. Ao mesmo tempo, esta atipicidade pode ser pensada de forma ampliada ao passo que entendemos que as experiências da feminilidade e da maternidade não são únicas, mas estão imbricadas por múltiplas posições de sujeito que ocupamos em relação aos diferentes marcadores sociais.

Dentro do Grupo de Estudos de Educação, Sexualidade e Relações de Gênero, muitas foram as pesquisas que trataram de pensar os discursos que conformam as mulheres-mães para o exercício de dadas formas de maternidade (MEYER, 2005, KLEIN, 2003; 2010, SCHWENGBER, 2006; FERNANDES, 2008; ABICHEQUER, 2007). Neste conjunto de produções, o texto de Dagmar E. Meyer (2005), revisitado neste livro e denominado 'A politização contemporânea da maternidade' coloca, definitivamente no meio acadêmico, o conceito que marcou (marca) as produções de todas nós que fomos suas orientandas e de um sem números de pesquisadoras que também se dedicam a pensar sobre a maternidade. No texto, a autora refere que um intenso processo político e econômico ao longo dos séculos, posicionou a mulher no centro das políticas de 'gestão da vida', inspirada no conceito de biopolítica de Foucault. E essa politização contemporânea da maternidade "permite deslocar tais problemas dos contextos e processos sociais mais amplos em que eles são gerados para vincular sua solução a determinados tipos de relação mãe-filho e ao exercício de uma determinada forma de maternidade" (MEYER, 2005, p. 82). Em função desta carga social e cultural colocada sobre a maternidade e o ser mãe de um determinado jeito, entenda-se o 'jeito certo' – pois esta politização só aponta para uma possibilidade de exercer esta função –, muitas mulheres abrem mão de alguns de seus outros lugares de pertencimento, como o profissional, por exemplo. Fazem isso para cumprir, do 'jeito certo', esta função cultural que lhe é imputada. Utilizamos, intencionalmente, o termo 'imputada' para dizer de uma responsabilidade que lhe foi atribuída, designada; nem sempre é uma escolha. Na maternidade atípica este 'jeito certo' de ser mãe se intensifica pela ampla gama de cuidados e atendimentos que um filho atípico demanda e que não pode (deve) ser delegado a outro tipo de cuidador/a. Essa dita politização é perversa, como discutiremos adiante, pois tem a intenção primeira de tirar o ônus do estado e não de qualificar o atendimento à infância. Ao atentar para a universalidade do conceito de mãe ideal na mentalidade histórica, especialmente no Brasil, Meyer (2005) trabalhou na elaboração epistemológica sobre a maternidade, propondo-se a desnaturalizar estratégias discursivas que coloquem em ação o cuidado como função exclusiva das mulheres e a maternidade como uma obrigação social e compulsória (SCHWENGBER; KLEIN, 2019).

Por isso, para este texto, nos interessou ouvir das mulheres-mães como elas se sentiam em relação à maternidade tendo filhos/as com autismo. É muito comum que se passe a ser a mãe da pessoa com deficiência e, por analogia, assume-se a identidade de mãe deficiente. Nesta situação, além de encarnar a mãe socialmente adequada, fazer parte de uma minoria, é aceitar e defender que este lugar de pertencimento é político, pois o pessoal é político, diriam as feministas radicais da década de 1960[48]. Aceitar isto nos permite/exige lutar por inclusão, reivindicar direitos que não serão possíveis conquistar sem embates, pois deixamos de fazer parte do grupo das maiorias privilegiadas. Os múltiplos discursos que conformam a mulher-mãe (assim, no singular) são recebidos, assimilados, interpretados e se materializam numa pluralidade de modos de exercer a maternidade, contudo, isso não significa que os discursos do amor incondicional, do cuidado 'intrínseco' das mulheres com sua prole e da abnegação não capturem a (quase) todas, produzindo ambiguidades e conflitos no exercício da maternagem, evidenciando a falácia, o engano, a ilusão

---

48. "O processo de socialização das experiências permitiu às mulheres constatarem que os problemas vivenciados no seu cotidiano tinham raízes sociais e demandavam, portanto, soluções coletivas. Veio daí a afirmativa 'o pessoal é político', questionando não apenas a suposta separação entre a esfera privada e a esfera pública, como também uma concepção do político que toma as relações sociais na esfera pública como sendo diferentes em conteúdo e teor das relações e interações na vida familiar, na vida 'privada'" (SARDENBERG, 2018, p. 16).

de que alguns caminhos são escolhas das mulheres. Dessa forma, a maternidade, que não se faz sem uma produção de paternidade, é entendida como um constructo cultural cujos sentidos e significados são produzidos e disputados, e marcam diferentemente homens e mulheres para exercer determinadas formas de maternidade e paternidade.

Para pensar estas questões até aqui apresentadas sobre a maternidade atípica, elaboramos um questionário *online* que foi respondido por 81 mães de crianças com autismo. O nome dado a esta experiência de maternidade ou ao desenvolvimento do sujeito com autismo, não interfere no quadro clínico das crianças, mas marca politicamente um lugar de pertencimento que precisa ser publicizado. Chama a atenção para as subjetividades presentes neste lugar e nos permite perceber que há certa "universalidade existente na aparente especificidade da deficiência" (NUNES, 2015, p. 14). Cada mulher-mãe vive de modo único esta maternidade em função de determinantes socioculturais, há divergências e semelhanças, mas são nesses pontos de tensão mesmo, que efetuamos nossas análises.

Percurso metodológico

Um dos primeiros movimentos empreendidos no percurso metodológico, foi verificar o que havia escrito sobre o tema. Fizemos uma breve revisão de literatura com o intuito de localizar em alguma medida, o que existe publicado sobre o tema da maternidade de crianças com autismo e de que campos de conhecimento se originam. Isso, com o objetivo de confirmar nossa hipótese de que pouco (ou quase nada) tem se discutido sobre o tema da maternidade atípica na área da educação pelo viés dos Estudos de Gênero pós-estruturalista. Este movimento não teve a pretensão de caracterizar a metodologia deste capítulo como de revisão de literatura. Neste texto, o material de análise não serão os estudos localizados na revisão, estes serviram para conhecer o que vem sendo dito nestes estudos sobre uma temática que se aproxima da aqui apresentada. Tais estudos nos auxiliaram a olhar para as respostas dadas pelas mães atípicas que participaram como respondentes do questionário aplicado de um modo menos linear.

Nesta breve revisão, fizemos uma busca simples pelo Google Acadêmico, aceitando tanto artigos quanto teses, dissertações e TCCs, pois o objetivo era perceber a relevância e a circulação do tema no meio acadêmico e por quais campos e estudos o tema circula. Entendendo a atualidade do tema, não nos preocupamos em realizar um recorte no tempo, acolhendo todos os textos que aparecem listados. Entramos, inicialmente, com as palavras-chave mãe de crianças com deficiência. Entretanto, com o campo tão aberto, obtivemos 50.800 títulos que pululavam por uma infinidade de temáticas que envolvem a maternidade de uma pessoa deficiente, dificultando o recorte. Fechamos a busca inserindo as palavras: maternidade, maternidade atípica e Transtorno do Espectro Autista (TEA), com o fechamento do campo, obtivemos 297 títulos. Lendo os títulos dos trabalhos e as frases selecionadas pela plataforma para situar as palavras-chave solicitadas, descartamos ou salvamos os trabalhos. Ficamos, então, com 29 títulos que pareciam se aproximar do que estávamos procurando, tabulamos seus dados a partir dos títulos, palavras-chave, resumo (assunto), ano e campo de estudos. Esta varredura nos permitiu confirmar a hipótese apresentada anteriormente: pouco se discute a temática das implicações do diagnóstico de autismo na vida das mulheres-mães, menos ainda no campo da educação que se aproxima dos Estudos de Gênero.

Também se confirmou a atualidade do tema, o primeiro escrito localizado é de 2008, depois mais um em 2012 e, após um salto de 3 anos, localizamos 3 trabalhos em 2015. De 2016 até 2020 encontramos distribuídos os outros 24 textos. O maior número de textos está localizado na área da psicologia com 12 trabalhos e na Saúde Coletiva com 8. Na área da educação foram localizadas apenas 4 produções: 2 Tcc, 1 dissertação e 1 tese. Este levantamento inicial parece indicar que há uma carência de discussão sobre a maternidade (e sobre o próprio autismo), em qualquer área a fim. Levando em consideração que, de acordo com a Revista Espaço Aberto da Universidade de São Paulo (USP), o "CDC (Center of Deseases Control and Prevention), órgão ligado ao governo dos Estados Unidos, [avalia que] existe hoje um caso de autismo a cada 110 pessoas. Dessa forma, estima-se que o Brasil, com seus 200 milhões de habitantes, possua cerca de 2 milhões de autistas" (OLIVEIRA, 2018, s/p), ou seja, temos milhões de maternidades atípicas sendo vividas e pouco visibilizadas e problematizadas.

Diante deste panorama nos interessava ouvir o que as mulheres-mães tinham/tem a dizer sobre a experiência da maternidade atípica. Inicialmente, o objetivo era realizar entrevistas narrativas com algumas mulheres-mães, mas, como vivemos um período diferente na nossa história, período que está exigindo das pessoas recolhimento e afastamento social em virtude da pandemia de Covid-19[49], tivemos que modificar a proposta metodológica. Elaboramos, então, um questionário *online* utilizando o aplicativo Google Forms. O Google Forms é um dos aplicativos gratuitos do pacote da Google e permite a criação de formulários de enquetes e pesquisas.

O questionário, que não solicitava qualquer tipo de identificação das respondentes, apresentou 9 questões, sendo 6 objetivas e as outras 3 dissertativas. Quais sejam:

1) Você tem quantos filhos com deficiência?

2) Idade do seu filho/a:

3) Diagnóstico e comobordidades:

4) Quantos atendimentos seu filho/a faz na semana?

---

[49]. Em 21 de janeiro de 2020, a Organização Mundial de Saúde (OMS) publicou o 1º Boletim Epidemiológico indicando risco moderado em relação ao Novo Coronavírus, chamado de SARS-COV2. Em 28 de janeiro de 2020, o alerta foi alterado para risco alto, e a seguir declarada a Emergência Internacional, culminando com a declaração de pandemia em 11 de março de 2020. Em 3 de fevereiro de 2020, o Brasil declarou o Estado de Emergência de Saúde Pública de Importância Nacional, publicando em 6 de fevereiro de 2020 a Lei 13.979/2020 com diretrizes para o enfrentamento da situação emergencial de saúde pública (Fonte: Ministério da Saúde). Na cidade de Porto Alegre, o chamado distanciamento social se iniciou ainda em março. Foi recomendado a toda a população, exceto aqueles que trabalhassem em serviços considerados essenciais, que ficasse em casa. As escolas e as universidades suspenderam as atividades presenciais, as lojas e os *shoppings* fecharam, os restaurantes puderam funcionar apenas no sistema de entregas e retiradas. As pessoas que puderam, passaram a realizar seu trabalho de forma remota. Assim, as dinâmicas familiares foram intensamente afetadas: organização das refeições e das tarefas domésticas, supervisão das atividades escolares dos filhos pequenos e a manutenção das atividades laborais. Pesquisadoras e pesquisadores logo iniciaram trabalhos para identificar os mais diversos efeitos da situação emergencial de saúde na vida das pessoas. Assim, diversos estudos iniciais mostraram o quanto a situação atual coloca ainda mais desafios à vida das mulheres, especialmente àquelas que são mães (cf., p. ex., BEVILACQUA, 2020; VEJA, 2020; BARRADAS, 2020).

5) O fato de seu filho ou filha ser autista impacta o seu jeito de ser mãe? Você acha que sua maternidade é diferente da maternidade daquelas mulheres que têm filhos/as típicos? Por quê?

6) Na sua opinião, o pai da criança ou outro parceiro/a divide igualmente com você a responsabilidade de levar aos atendimentos, contribui um pouco... não se envolve.

7) Você se sente sobrecarregada em relação aos cuidados com a criança? (Sim, Não, Às vezes.)

8) Ser mãe de uma criança autista exigiu ajustes na vida profissional ou estudantil? Quais?

9) Você e sua família têm enfrentado algum tipo de preconceito ou discriminação (escola, restaurante, *shopping*...). Escreva um pouco sobre isso.

O questionário foi divulgado em um grupo de Whatsapp composto somente por mães atípicas e pelo Facebook de uma das autoras. Em apenas 2 dias de aplicativo aberto, obtivemos 81 mães respondentes e a qualidade do material produzido nos permitiu fechar para o recebimento de novas respostas após estes dois dias. Assim, nosso material empírico é composto pelas respostas de 81 mães atípicas a um questionário *online* anônimo. Após a leitura das respostas resolvemos focar com mais ênfase na questão 6.

Acreditamos que o grande número de respostas tenha sido possível justamente pelo momento de isolamento físico[50] vivido. O questionário foi disponibilizado em meados de abril de 2020, em torno de um mês após o início do isolamento. Todas as pessoas sentiram de modo muito intenso a perda de uma rotina organizadora. Dentro dos quadros de autismo esta rotina e previsibilidade do que acontece no tempo, é uma necessidade para que as crianças consigam manter sua organização cognitiva, sensorial, neurológica. As mães atípicas sentiram a força deste isolamento de modo ainda mais

---

50. Vamos optar pelo termo isolamento físico no lugar de isolamento social, muito utilizado no início da pandemia, em função do peso que ocupa a expressão isolamento social. Necessitamos de isolamento dos corpos, isolamento físico para diminuir a chance de contaminação pela Covid-19. Mas isso não significa nos afastarmos das pessoas que queremos bem. Com o necessário distanciamento do abraço, do toque físico, as redes sociais assumiram um lugar ainda mais importante na vida das pessoas para evitar o isolamento social. Talvez há muito tempo não estejamos interagindo tanto socialmente.

intenso. Seus filhos e filhas tiveram suspensos, por tempo indeterminado, de um dia para o outro, todos os atendimentos, terapias e espaços de pertencimentos, o que foi desesperador até que uma nova rotina pudesse minimizar estas perdas. Como estas crianças muitas vezes não sabem brincar ou não fazem um uso convencional dos brinquedos, apresentam dificuldades de comunicação nos mais diversos níveis, possuem dificuldades em fazer de conta e pouca capacidade de concentração, foi e está sendo difícil envolvê-las em tarefas ao longo de um dia inteiro sem sair de dentro de suas casas. Algumas escolas começaram a enviar atividades remotas, na maioria das vezes, sem adaptação, ignorando os tempos diferenciados das crianças com autismo (diríamos que de todas as crianças), ignorando que boa parte das famílias estava em casa também em trabalho remoto e que não dispunham nem de tempo e nem de conhecimento técnico para dar suporte aos filhos/as. O foco deste ensino remoto, salvo algumas exceções, especialmente na Etapa da Educação Infantil, tem recaído sobre os conteúdos e não sobre a manutenção de vínculos, de afetos, de valorização do que acontece no espaço da casa. Quando propusemos o questionário acreditamos que ele serviu, também, como um espaço de fala. Hoje lamentamos não ter ampliado as questões para poder falar deste momento específico.

Transtorno do Espectro Autista (TEA)

Nesta seção, consideramos necessário caracterizar minimamente o que se vem chamando de autismo para, posteriormente, analisar e compreender, em alguma medida, as implicações de ser mãe de pessoas com autismo. O autismo é uma condição de amplo espectro com uma série de características que podem oscilar entre mais severas ou mais leves (se é que se pode chamar o autismo de leve em qualquer um dos seus 3 níveis). Caracteriza-se como mais um dos transtornos do neurodesenvolvimento que tem início precoce, ou seja, antes do ingresso na escola, pois está atrelado ao período inicial de desenvolvimento infantil.

Desde 2013, o termo mais adequado para se referir às pessoas com autismo é Transtorno do Espectro Autista (TEA). Isso porque se considera que há vários tipos e graus de autismo e uma pessoa com autismo nunca será igual a outra, o que torna o transtorno muito complexo. O TEA reúne "transtornos antes chamados de autismo infantil precoce, autismo infantil, autismo de Kanner, autismo de alto funcionamento, autismo atípico, transtorno global do desenvolvimento sem outra especificação, transtorno desintegrativo da infância e transtorno de Asperger" (DSM-5, 2014, p. 53).

Existem alguns critérios básicos para preencher o protocolo para autismo de acordo com o DSM-5 (2014), em português Manual Diagnóstico e Estatístico de Transtornos Mentais, como: prejuízo persistente na comunicação e na interação social, padrões restritos de comportamento e interesse; estes sintomas devem aparecer já na primeira infância e causar prejuízos e dificuldades em maior ou menor intensidade na vida diária. Uma pessoa com autismo pode apresentar todos (ou quase todos) os sintomas da classificação do DSM-V (2014), ou apresentar os sintomas mínimos exigidos para entrar no espectro. O termo espectro foi emprestado pela área da saúde para nomear o transtorno por, linguisticamente, representar algo amplo, complexo, que envolve muitas nuances, que é múltiplo. Na física, o termo espectro caracteriza "um feixe de energia radiante, formado quando este feixe é submetido à dispersão [...] como acontece quando um feixe de luz solar é refratado e dispersado por um prisma de cristal e forma uma faixa com as sete cores do arco-íris" (*Dicionário Michaelis on line*). Ou seja, de um grupo de características pode-se dispersar/refratar vários graus de gravidade para o transtorno e um sem número de comorbidades, o que quer dizer a associação de duas ou mais doenças num mesmo indivíduo de modo simultâneo. "Manifestações do transtorno também variam muito dependendo da gravidade da condição autista, do nível de desenvolvimento e da idade cronológica, daí o termo espectro" (DSM-5, 2014, p. 53).

Os casos de comorbidade ou transtorno associados dentro do espectro são bem altos, muitos indivíduos no espectro "apresentam sintomas psiquiátricos que não fazem parte dos critérios diagnósticos para o transtorno (cerca de 70% das pessoas com transtorno do espectro autista podem ter um transtorno mental comórbido, e 40% podem ter 2 ou mais transtornos mentais comórbidos)" (DSM-5, 2014, p. 58). No questionário aplicado às mães foi questionado se havia comorbidade associada ao autismo, em 81 das respostas, 47 apontaram que a criança estava somente dentro do TEA. Destas 47 crianças, 36 possuem entre 1 e 6 anos de idade, quando algumas das comorbidades possíveis podem não ter se mostrado de forma evidente. Esses números também podem explicar, por que algumas dessas crianças fazem apenas 1 ou 2 atendimentos. Falamos disso aqui, porque a maioria dos especialistas concordam que é importante fazer a identificação das comorbidades ou de um outro transtorno associado para pensar as intervenções necessárias, o uso de medicação e a necessidade de um currículo escolar adaptado.

Isso também implica dizer que as mães, quando as crianças apresentam tais dificuldades associadas, vão sofrer um maior impacto no grau de cuidados, pois estas crianças necessitam de um número maior de atendimentos, provavelmente tem um grau maior de dependência, fazem uso de um maior número de medicações e sofrem mais impactos na vida escolar. Só os números nas respostas à pergunta 'quantos atendimentos seu filho/a faz na semana', já visibiliza esta demanda, pois em 48,1% das respostas, as crianças fazem entre 3 e 6 atendimentos diferentes na semana e 14,3% delas fazem mais do que 6. Ou seja, em torno de 62% dos casos as crianças fazem terapia todos os dias da semana. Cinco atendimentos numa semana já representam, ao menos, uma ida diária a alguma clínica ou consultório, considerando que alguns atendimentos podem se repetir muitas vezes na semana, estes deslocamentos se multiplicam. Aqui já temos um bom indício do impacto que ser cuidadora de uma criança com autismo pode representar na vida de uma mulher-mãe. Se a família não tiver uma boa situação financeira para dar conta dos custos com terapia e uma cuidadora paga, torna-se improvável que esta mãe possa exercer um trabalho fora de casa ou investir na carreira profissional. Observa-se, de maneira regular, que a conciliação entre carreira e maternidade ainda é vivenciada como um período bastante trabalhoso por grande parte das mães que participam ativamente do mercado de trabalho. Podemos dizer que, no caso da maternidade atípica, essa conciliação se torna mais trabalhosa, quando não improvável. Esta dificuldade ficou bem evidenciada neste estudo quando perguntamos se ser mãe de uma criança com autismo exigiu ajustes na vida profissional ou estudantil e apenas 8 mulheres responderam de forma contundente que não e 2 disseram que precisaram de poucos ajustes, em detrimento de 71 respostas afirmativas quanto a necessidades de grandes ajustes ou de interrupção total de estudos e trabalho.

Impactos do diagnóstico de autismo na vida de mulheres-mães

Nos últimos anos, temos assistido a um aumento nos discursos feministas, especialmente proferido por mulheres mais jovens. As redes sociais têm possibilitado que ideias e comportamentos mais 'abertos' sejam visibilizados por um número cada vez maior de pessoas. Assim, temos visto com maior frequência mulheres-mães falando e expondo o exercício da maternidade como algo difícil, pesado, solitário e extenuante. Parece-nos que o movimento feminista atual vem possibilitando que mulheres expressem sentimentos diferentes daqueles de abnegação e amor sublime que transcende todas as dificuldades. Mas não é sem julgamentos e culpas que tais falas são possíveis. Jéssica Lauxen e Raquel Quadrado (2018), por exemplo, analisaram o movimento #desafiodamaternidadereal, que ocorreu em 2016 na rede social Facebook. A mulher-mãe que iniciou o movimento teve sua conta excluída pelo Facebook e recebeu inúmeras ameaças e xingamentos por conta de seu 'desafio'. Mulheres que veem a maternidade como difícil ou não idílica, causam estranhamentos, entram na ordem da anormalidade, são aberrações e podem ser punidas. São comportamentos desta ordem que fazem com que milhares de mulheres sofram em silêncio e solitariamente.

Acreditamos que nossa função como pesquisadoras feministas é auxiliar a visibilizar, 'dar voz' às mulheres que experimentam situações que as colocam em posição de desigualdade em relação à vida social, ao espaço público e privado e, neste caso, em relação desigual nos cuidados com a prole, principalmente quando a esta criança se agrega a deficiência, o que torna ainda mais intensa as exigências de cuidado e, com isso, marcam de forma mais contundente às mulheres no exercício da maternidade. Muitas mulheres têm se permitido escrever de forma autobiográfica, como um ato político, uma forma de ativismo, narrando suas trajetórias de dores, dificuldades, segregação. Sobre este tema, mães de crianças no espectro, ainda escrevem sobre a busca incansável por políticas de atendimento às crianças deficientes, fazendo da escrita, em seus diferentes suportes e gêneros, um espaço de reivindicação por direitos.

Carin Klein (2018, p. 75) aponta que vivemos em uma sociedade que busca educar as mulheres para 'suprir todas as necessidades da criança' desde a gestação, para atuar na redução da violência, da mortalidade infantil e na ampliação da escolarização e da inclusão, dentre outros objetivos. Todo este processo educativo das mulheres acaba desobrigando os homens de se envolver na mesma medida que as mulheres com os cuidados com os filhos. As mulheres-mães que responderam nosso questionário também referem essa ausência paterna. Apenas 27,5% das respondentes disseram que o pai da criança divide igualmente os cuidados. As demais responderam que os homens-pais contribuem um pouco (43,8%) ou que não contribuem (28,7%). Geralmente, quando o envolvimento acontece é muito mais por iniciativa pessoal do que por uma compreensão social/cultural da necessidade desta partilha. Ao contrário, percebe-se um constante incremento na

> [...] formulação de inúmeros programas e políticas públicas de inclusão social, campanhas, manuais, cartilhas, guias, cadernetas, folders, revistas, jornais, anúncios e outras formas de comunicação, [que] vêm incorporando e difundindo prescrições e ensinamentos que deverão constituir determinadas formas de viver a maternidade e, posicionar a mulher como um sujeito mãe capaz de agir na organização doméstica e familiar, na promoção de educação e saúde como principal agente para alcançar as metas em torno da diminuição da mortalidade infantil e da ampliação da inclusão social [...] (KLEIN; MEYER, 2018, p. 222).

Assim, o cuidado se torna um imperativo na vida das mulheres e produz efeitos muito concretos em suas vidas, pois são elas que necessitam realizar, periódica e sistematicamente, uma extensa agenda que envolve cuidados com o corpo, com o feto [com a criança] e com o bem-estar de todos os membros da família (KLEIN, 2018). E quando nos referimos aos homens como aqueles que 'contribuem' com as mulheres nos cuidados com os filhos, já evidenciamos que não há paridade. Não cabe aos homens contribuir, mas sim partilhar, dividir igualmente as demandas sem que isso seja cobrado ou imposto. Como resultado do questionário, vemos que 72,5% das mulheres-mães vivem numa relação de desigualdade, de desequilíbrio com os homens-pais no que refere aos cuidados dos filhos com deficiência.

Uma autora feminista, mulher, mãe de uma menina com autismo nos fala sobre a privatização do cuidado e do que chama de 'altruísmo obrigatório'. Naturaliza-se, segundo ela, "[...] como tendência feminina o que é uma imposição social, muitas vezes internalizada" (NUNES, 2015, p. 64). Tanto as mulheres respondentes ao questionário quanto as autoras que se permitem falar de sua trajetória de mãe atípica, relataram com intensidade sobre as agendas 'lotadas' de compromissos na busca pela saúde e o bem-estar de suas crianças com autismo, falaram sobre a sobrecarga física e emocional e, grande parte das vezes, sobre a ausência de parceria nestes cuidados. As mães atípicas (dos livros e da pesquisa) falaram das experiências de preconceito vividas nas suas trajetórias como mães de crianças deficientes de forma impactante, muitas vezes, situações impensadas por quem não convive com crianças no espectro.

O questionário que propomos era anônimo, o que permitia mais liberdade às respondentes. Talvez em função disso, das 81 mulheres-mães que responderam nossa pesquisa, apenas 8 indicaram não se sentir sobrecarregadas. Acreditamos que junto a esta possibilidade de dizer a 'sua' verdade sobre a maternidade e que ela pode ser difícil, soma-se este tempo ambíguo e contraditório que vivem as mulheres deste tempo. Mulheres de classe média (realidade da maioria das respondentes), acostumadas a dar conta de tudo, a serem autônomas, resolver grandes impasses no seu trabalho, tendem a encarar o autismo do seu filho/a – inicialmente – como mais um desses impasses que ela precisa e pode superar. Ana Nunes (2015) chama isso de 'pensamento mágico e *power trip*'. Seria uma necessária ilusão de controle para manter a sanidade? Fizemos uma questão que exigia resposta dissertativa e obtivemos muitas respostas que nos remetem a estes dúbios sentimentos mencionados: O fato de seu filho ou filha ser autista impacta o seu jeito de ser mãe? Você acha que sua maternidade é diferente da maternidade daquelas mulheres que têm filhos/as típicos? Por quê? Nos excertos extraídos das respostas vemos um pouco desse pensamento mágico, desta viagem de poder.

> Com certeza... estou sempre tentando antever tudo... megaestressada com o futuro, correndo atrás de grana pra dar as melhores terapias, embora a maioria das mães também sejam, assim, uma mãe especial [que] nunca descansa, nunca dorme bem, come bem, e suas frustrações são gigantescas... podem não assumir isso, mas o medo do mundo e de como tratará nosso filho é dantesco.

São sentimentos carregados de dor e pesar. Muitas vezes temos de carregar essa dor não só pela ausência do pai, mas pela ausência do Estado que não oferta políticas públicas de inclusão que traga segurança às mães e seus filhos, então é preciso 'antever tudo', quase prever o futuro. "Lamentamos assistir a mulheres colocarem em seus próprios ombros já curvados, a carga adicional da responsabilidade de curar uma condição incurável" (NUNES, 2015, p. 22). Essa sobrecarga não é exclusividade da maternidade atípica, contudo as necessidades de uma criança com TEA parecem acentuar ainda mais esse peso. Dagmar Meyer (2005), ao tratar da construção do conceito de 'politização contemporânea da maternidade', indica 4 pontos de convergência na delimitação dessa politização. São eles: a) o endereçamento das políticas de inclusão social às mulheres-mães, especialmente as mais pobres; b) o posicionamento das mulheres como mães no âmbito dessas políticas; c) a naturalização da ausência paterna, acarretando uma des-responsabilização dos homens-pais no cuidado com os filhos e d) o posicionamento dos homens como "um fator de risco [...] um agente perturbador desse cuidado" que deve ser empreendido pelas mulheres-mães" (MEYER, 2005, p. 98). Ou seja, há inúmeros investimentos para que as mulheres-mães sejam e se sintam responsabilizadas por fornecer e garantir todo o cuidado necessário para a perfeita educação das crianças. Se no caso das crianças neurotípicas as políticas públicas recrutam as mulheres-mães como parceiras do estado para prover a inclusão social, nos casos atípicos, em que quase não existem políticas públicas, pode se dizer que essas mulheres-mães estão sozinhas na missão de cuidar e criar seus filhos. Portanto, no contexto de crianças com autismo, esse cuidado se intensifica e agudiza. Assim, em alguma medida, a capacidade de 'antever tudo', como referido na resposta acima, se torna necessária às mulheres-mães, ainda mais nas situações que envolvem crianças atípicas, visto que em múltiplos espaços elas são posicionadas como os únicos sujeitos que podem efetivamente contribuir para a inclusão social de seus filhos e filhas. Nas respostas ao questionário, pudemos ver convergir estes 4 pontos que Meyer (2005) destaca para a politização da maternidade, centralmente, a responsabilização feminina via políticas públicas e a consequente conformação social disso e, como consequência, a naturalização da ausência paterna. Nos excertos, percebe-se o quão eficiente tem sido a politização da maternidade, compreendida como o processo de tornar a mulher capaz de se reconhecer e assumir como o centro da família e de sua manutenção, mostrando a força e a importância da ação política que produz, entre outras coisas, a ideia de que a maternidade é sempre boa, sempre uma bênção.

> Eu acredito que [a maternidade típica] não seja diferente da minha maternidade. O amor de mãe e filha é igual. E como só tenho ela, não sei dizer. Já chegaram para mim e falaram que eu tinha que ter outro filho para sentir a diferença. Não gostei do comentário porque eu amo minha filha do jeitinho que ela é e nenhuma criança é igual a outra.

> Às vezes, acho que é mais difícil ser mãe de uma criança autista, mas o amor que sinto pelo meu filho é tão grande, que isso prevalece sobre essas dificuldades.

> Não, amo meu filho do jeitinho que ele é: especial, sincero e de um coração enorme.

O primeiro excerto expressa, ainda, mais uma cobrança social, é preciso ter mais de um filho, de preferência dois e que seja um casal. Também parece expressar que ser mãe de uma criança só não é suficiente para se viver 'plenamente' a maternidade, ou ainda, que para saber o que é ser mãe de 'verdade' seria preciso ter uma criança 'típica'. A maternidade de crianças atípicas produz um outro jeito de maternar que não combina com aquele culturalmente idealizado. Assim, a despeito das muitas culpas que a mãe de uma criança deficiente carrega, depositam sobre ela mais uma: ser mãe de um filho só. É muito comum quando a deficiência aparece no primeiro filho, que a família opte por não repetir a experiência, pois as chances de a segunda criança nascer também deficiente aumentam de forma significativa.

Nos três excertos, a mães parecem se justificar ao falar do amor incondicional que sentem por suas crianças, no segundo excerto a mãe chega a dizer que o amor supera tudo e prevalece sobre todas as dificuldades. Percebemos que ainda não é possível, de modo mais amplo, falar sobre e assumir as dificuldades nas diferentes maternidades, pois esta assunção pode ser relacionada com falta de amor ou egoísmo. Elisabeth Badinter (1985) aponta que no fim do século XVIII, o amor materno aparece como um conceito novo, não que as crianças não fossem amadas por suas mães antes disso. O que é novo

"[...] em relação aos dois séculos precedentes, é a exaltação do amor materno como um valor ao mesmo tempo natural e social, favorável à espécie e à sociedade. Alguns, mais cínicos, verão nele, a longo prazo, um valor mercantil" (BADINTER, 1985, p. 144-145). O que nos parece evidente nos dias atuais quando vemos o longo, caro e forte investimento do Estado nos ensinamentos de como ser uma mãe mais adequada, visto que tal maternidade auxilia na redução de custos aos cofres do Estado, custos em atendimentos de saúde e em atendimentos escolares se as crianças conseguem seguir o fluxo ano/série, por exemplo.

Assumir que a maternidade é desgastante, seria o mesmo que negar o amor que sentem pelo filho como se fossem duas coisas autoexcludentes: se há amor, a maternidade não pode ser difícil, não pode ser desgastante e exigente. Pode estar implicado aqui uma confusão no entendimento do que é/ seria amor, mas esta é uma outra discussão. As próprias teorias do campo da psicologia indicam que, após o nascimento de uma criança, a família precisa fazer o luto da criança idealizada e acolher a criança real. Pode-se pensar que a distância entre a criança idealizada e a real, no caso de uma criança atípica, é ainda maior. Contudo, é fundamental para essas mulheres-mães reforçar que, mesmo com as dificuldades, o amor materno é tão grande que supera qualquer desafio. As mães de crianças atípicas ao pensar que não podem manifestar que há dificuldades inerentes ao ser mãe de uma criança deficiente, acabam por negar a possibilidade, de forma involuntária, de que as mães de crianças típicas possam sentir-se cansadas, sobrecarregadas ou mesmo de assumir que a maternidade, de modo mais amplo, é complexa e difícil em diferentes aspectos e contextos. As respostas que reafirmam o amor incondicional posto ou dado no ser mãe, reforçam o lugar da mãe como um ser especial, divino, uma supermãe; lugar no qual nos vemos muitas vezes posicionadas, não por escolha. Embora os excertos parecem nos dizer que sim, estas mulheres escolheram esta posição de mulher-mãe, podemos contrapor dizendo que elas estão apenas repetindo os fortes e potentes discursos colocados neste processo de politização da maternidade. Os discursos, principalmente de ordem econômica e política, propalados após 1760, abundam em publicações "[...] que recomendam às mães cuidar pessoalmente dos filhos e lhes 'ordenam' amamentá-los. Eles impõem, à mulher, a obrigação de ser mãe antes de tudo, e engendram o mito que continuará bem vivo duzentos anos mais tarde: o do instinto materno, ou do amor espontâneo de toda mãe pelo filho" (BADINTER, 1985, p. 144). E como fugir deste discurso, romper com o mito produzido em nossa cultura se seu poder e sua força ainda estão tão vivos e culturalmente são tão potentes que ainda nos sentimos interpeladas por eles como nos mostram as mães entrevistadas?

> Sim, [mudou] muitooo! Muita calma, paciência e muita, mas muita perseverança. Não podemos desanimar, pois 80% do resultado dos tratamentos depende muito da família. Para se ter bons resultados precisamos trabalhar juntos, família, fono, fisio, hidro e principalmente escola, só assim vamos conseguir amenizar tudo na vida da criança.

Este excerto, se não soubéssemos que foi escrito por uma mãe respondente da pesquisa, poderia ser facilmente considerado como dito por uma especialista que trabalha com a criança com autismo. A mãe, aqui, assume e reforça a responsabilidade pelo sucesso dos tratamentos e do desenvolvimento da criança. Se não se obtiver bons resultados, faltou esforço e trabalho em equipe. Parece haver, nesse excerto, uma tentativa de negar ou ignorar que o diagnóstico de autismo é perene e instável, não há garantias de que muitos e intensos tratamentos trazem melhoras. O que fica evidente é que "[...] o sujeito mãe pode se constituir a partir de modalidades enunciativas e pelas posições de sujeito (re)asseguradas pelas normas vigentes dos discursos médico, feminista, da mídia, da neurociência, das políticas públicas" (KLEIN; MEYER, 2018, p. 221). Percebemos que muitas mulheres participantes da pesquisa assumem uma posição de parte da equipe de tratamento. Assim, é necessário não apenas levar as crianças aos atendimentos, mas acompanhar, estudar, buscar outras estratégias e terapias, educar-se sobre o TEA, inclusive através de cursos formais. Aumentando a responsabilidade que as mães colocam sobre si mesmas de achar alternativas, de dar conta e, de novo, buscar resolver a situação. "Encurraladas entre o dever moral de cuidar do dependente, a concepção naturalizada de que cabe à mulher assumir essa tarefa, e a ausência de opções proporcionadas pelo Estado, não há na verdade, grande margem para escolha" (NUNES, 2015. p. 65). De certa maneira, o estímulo discursivo de que uma mulher precisa gerar e criar seres humanos perfeitos e saudáveis já não foi 'atendido' por essas mulheres-mães e, com isso, parece haver uma busca incessante por 'consertar' o atípico atravessado em seu exercício da maternidade.

Mães atípicas e politização da maternidade

Dagmar Meyer (2005), a partir de um conjunto de pesquisas que focaliza políticas e programas de Educação e de Saúde, argumenta que vivemos um momento de politização da maternidade, que "problemas sociais são vinculados a certos tipos de maternidade" (p. 82). Como citamos anteriormente, diferente de analisar os discursos que são veiculados no âmbito de um determinado programa ou política, decidimos escutar as mulheres-mães sobre seu exercício da maternidade atípica e, consequentemente, os problemas vinculados a esta maternidade. As mulheres que convidamos a participar fazem parte de um grupo de mães de crianças com autismo que estão sempre em busca de apoio (terapias, profissionais, planos ou sistemas de saúde, caminhos judiciais etc.). Muitas delas se conhecem. São mulheres de uma camada social distinta daquelas que são foco majoritário das políticas de educação, saúde e inclusão social, mas que são, no entanto, foco igual da necessidade moderna de politização da maternidade.

Assim, embora haja certa distância social entre as mulheres que participaram de nosso estudo e daquelas que são foco dos programas estudados por Meyer, encontramos muitas conexões entre os discursos produzidos e veiculados pelas políticas públicas e os que foram relatados aqui. Pode-se dizer, a partir disso, que os discursos sobre a maternidade são tão fortemente difundidos e reificados que encontraremos muitas semelhanças em cenários econômicos e culturais muito distintos, pois estes discursos por sua repetição no meio social, tornaram-se sinônimos de uma 'boa' maternidade. Como aponta Meyer (2005, p. 88), gerar e criar filhos saudáveis (ou torná-los os mais saudáveis possíveis), é "responsabilidade individual de cada mulher que se torna mãe, independente das condições sociais em que esta mulher vive e dos problemas que enfrenta".

Nessa direção buscamos articular a politização da maternidade de Meyer (2005) com as respostas e relatos trazidos por mulheres-mães de crianças com autismo. A autora aponta 4 movimentos que produzem as condições de possibilidade dessa politização da maternidade. Destes 4 movimentos, 1) a produção de sujeitos dentro da racionalidade neoliberal, 2) o aprofundamento das desigualdades impulsionado pela globalização, 3) ampliação e produção de tecnologias de controle e mensuração do desenvolvimento infantil e 4) a multiplicação e fragmentação dos sujeitos de direito, tratamos mais especificamente dos movimentos 1, 3 e 4.

O primeiro deles, a produção do sujeito mãe dentro da racionalidade neoliberal, aparece de forma explícita quando as mães respondentes dizem coisas como: *'migrei do desespero para uma experiência de imensas aprendizagens, amorosidade e evolução pessoal e espiritual. [...] É preciso tirar vários coelhos da cartola, efetivamente'*. As políticas neoliberais e o consequente enxugamento do Estado demandam a produção de um sujeito que se autogerencie, dependendo cada vez menos deste e de suas políticas. Esse sujeito precisa estar continuamente aprendendo com suas experiências para ser melhor e dar conta de si sozinho. Portanto, numa prática que combina processos de resignação, flexibilidade e desejo de ser melhor, essas mulheres-mães tratam de desdobrar-se com os desafios de uma criança com autismo sem a presença do Estado, uma vez que praticamente não há serviços especializados na rede pública de saúde e de educação. Além disso, o investimento em conhecer e aprender sobre o transtorno faz com que, costumeiramente, elas se apropriem do jargão especializado para tratar de seus filhos, falar sobre eles na escola e poder conversar/questionar a terapia junto ao especialista. Parece haver, então, uma especialização da maternidade, como se estas mulheres-mães se entendessem também como parte da equipe terapêutica de seus filhos. Há relatos entre as respondentes e nos livros escritos por mães de crianças com autismo, de redirecionamento de carreira para áreas de atendimento às questões dos filhos e filhas. E, assim, fazem outras mães, cada uma dentro de seu universo cultural e de suas necessidades e especificidades.

Referir-se ao processo de politização da maternidade, afirma Meyer (2005) é reportar-se a uma conjuntura em que o "corpo, o comportamento, as habilidades e os sentimentos maternos se tornam alvo principal de vigilância – em um movimento que continua atribuindo especialmente à mãe a responsabilidade de gerar e criar seres humanos perfeitos" (MEYER, 2005, p. 87). O questionário nos mostra que as mães atípicas estão profundamente implicadas com esta conjuntura, principalmente quando a ciência resolve, inicialmente, imputar sobre as mães a responsabilidade pelo autismo de seus filhos como algo adquirido – por culpa da mãe – e não como determinação genética, geralmente adquirida pelo lado paterno. Então foi/é preciso que estas mães se reinventem e se autogerenciem para escapar do desígnio da ciência. O conceito de 'mães geladeiras' foi introduzido por Leo Kanner por volta de 1940 e esta 'teoria' perdurou por várias décadas, produzindo ainda hoje efeitos em nosso meio cultural, como foi possível ver em algumas respostas quando as mães se culpam ou questionam o que fizeram de errado. O argumento do médico psiquiatra tomou corpo após observar algumas mães tendo muitas dificuldades em brincar com seus filhos com autismo, e a dificuldade foi logo imputada à mãe e não a uma característica típica de crianças dentro do espectro. A culpa que aqui aparece relacionada com o gerar o filho deficiente, pouco inteligente, com dificuldades de aprendizagem; também aparece nas maternidades típicas por gerar o/a filho/a negro/a, 'criá-lo' gordo/a, 'permitir' que seja drogado/a, 'relegá-lo' à prostituição... E este questionamento e culpabilização muitas mães se fazem ainda hoje, então é preciso buscar, autonomamente, estratégias para gerir os problemas da deficiência, da falta ou do excesso e dirimir a culpa. No caso das maternidades atípicas, vimos que isso se faz buscando os mais diferentes especialistas para tratar os mais diversos sintomas, estudando intensamente o tema a ponto de tornar-se versada em TEA, transformando a casa em um centro terapêutico, o que passa a ser um projeto de vida que se sobrepõe a qualquer outra necessidade individual, independente de condições econômicas ou sociais.

O terceiro movimento, a ampliação das tecnologias de controle, mensuração e monitoramento do desenvolvimento do feto e infantil, impactam diretamente o cotidiano dessas famílias. "O controle e a regulação da vida conectam-se [desde o útero] ao uso de aparelhos, técnicas e instrumentos que, de modo [invasivo ou] não invasivo penetram regiões cada vez mais profundas dos corpos, órgãos, tecidos, membranas, células e genes" (MEYER, 2005, p. 90). O autismo, entretanto, consegue burlar toda esta parafernália científica e tecnológica, é um transtorno silencioso e sem rosto que pega as mães de surpresa na sua curta ideia de perfeição na maternidade. Ouvimos, algumas vezes, de pais e mães de crianças com autismo que a primeira coisa que fizeram ao ver o recém-nascido foi confirmar a presença de todos os dedos dos pés e mãos, como se neles estivesse a garantia da não deficiência. As famílias descobrem, não sem dor, que nem toda a deficiência é visível, como no caso do autismo, pois grande parte das vezes ele não é percebido, ou as diferenças (quase esquisitices) são sutis ou a criança pode ser considerada mal-educada e não como deficiente.

Mas o escrutínio da criança segue para além do útero e acompanha todo o desenvolvimento infantil, através de testes e exames permite verificar de forma cada vez mais ágil qualquer desvio. Com tantos recursos de avaliação, mesmo que vários deles não confirmem definitivamente algum diagnóstico, fica quase impossível 'esconder-se das falhas' de desenvolvimento e/ou comportamentos considerados inadequados das crianças.

O relato de que *'Não posso sair em qualquer lugar com a criança, sem antes planejar a rotina/não somos convidados a todas as festas infantis/ não consigo ir no cinema com ele/a vida social ficou muito mais limitada após o nascimento dele [...]'* mostra os limites que o diagnóstico de autismo pode estabelecer na vida dessas mulheres. Ao mesmo tempo, elas são cobradas pela lógica de produção de sujeito neoliberal apontada, a agir e dar conta de tratar dessas 'inadequações'. Contudo, esse investimento é feito com maior intensidade sobre e pelas mulheres-mães. É interessante que esta última fala é uma das poucas que está escrita na 1ª pessoa do plural. A maior parte das respostas está no singular. Entendemos que este singular corporifica a solidão e o peso que sentem a maioria destas mães na corrida contra o tempo do autismo.

O quarto movimento, indica que a multiplicação de sujeitos de direitos acaba diferenciando e hierarquizando esses sujeitos. Dentre esses novos sujeitos de direitos, podemos destacar, no contexto desse estudo, as crianças e as pessoas com deficiência. Conforme a Constituição Federal, as crianças são prioridade das famílias e da sociedade, portanto o atendimento de suas necessidades, que se multiplicam quando se trata de uma criança com deficiência, devem 'passar na frente' das necessidades dos demais sujeitos que compõem o núcleo familiar. Nessa perspectiva, comumente são as mulheres que 'abrem mão' de seus interesses e necessidades para atender às crianças. Esse comportamento é naturalizado como algo intrínseco ao feminino e esperado das mulheres que se tornam mães. Não à toa, 70 das 81 mulheres que responderam ao questionário fizeram ajustes ou pararam de trabalhar por conta das necessidades de seus filhos e filhas.

Assim, entendemos que essa politização da maternidade não apenas constitui os discursos das políticas públicas de educação, saúde e inclusão social. Ela realmente constitui as mulheres que se tornam mães.

Ao analisar as respostas das mulheres-mães ao nosso questionário e cotejá-lo com os estudos já empreendidos sobre maternidade que citamos aqui, vamos chegando à conclusão de que a maternidade prescrita pelos discursos da saúde, da educação, da psicologia, do direito, das políticas públicas, vai se articulando para conformar 'a mãe', no singular. Ou seja, para produzir a maternidade típica, ou o 'jeito certo' de ser mãe, a mãe adequada, con-formada, enquadrada. Contudo, em virtude dos múltiplos contextos, das diferentes posições de sujeito que essa mulher ocupa, não há como ser uma mãe típica. Os múltiplos pertencimentos, marcadores sociais, condições de vida e os modos como se desdobram para estar neste mundo, fazem de cada maternidade uma maternidade atípica e elas (as mães) vão tentando equilibrar os diferentes imperativos que lhe chegam em sua vida cotidiana.

Referências

ABICHEQUER, A.M.D. **Só pega essa doença quem quer"? – Tramas entre gênero, sexualidade e vulnerabilidade à infecção pelo HIV/Aids**. Dissertação de mestrado em Educação, 169 f. Porto /Alegre: Faculdade de Educação/ Universidade Federal do Rio Grande do Sul, 2007.

AMERICAN PSYCHIATRIC ASSOCIATION – DSM-V. **Manual Diagnóstico e Estatístico de Transtornos Mentais**. 5. ed. Porto Alegre: Artmed, 2014.

BADINTER, E. **O mito do amor materno**. Rio de Janeiro: Nova Fronteira, 1985.

BARRADAS, M.S. **Pesquisa da UFRGS revela impacto das desigualdades de gênero e raça no mundo acadêmico durante a pandemia**. Disponível em https://www.ufrgs.br/ciencia/pesquisa-da-ufrgs-revela-impacto-das-desigualdades-de-genero-e-raca-no-mundo-academico-durante-a-pandemia/ Acesso em 23/07/2020.

BEVILAQUA, P.D. **Mulheres, violência e pandemia de Coronavírus**. Disponível em http://www.cpqrr.fiocruz.br/pg/artigo-mulheres-violencia-e-pandemia-de-coronavirus/ Acesso em 26/07/2020.

KLEIN, C. **"...um cartão [que] mudou nossa vida"? – Maternidades veiculadas e instituídas pelo Programa Nacional Bolsa Escola**. Dissertação de mestrado em Educação, 150 f. Porto Alegre: Faced/Universidade Federal do Rio Grande do Sul, 2003.

KLEIN, C. **Biopolíticas de inclusão social e produção de maternidades e paternidades para uma "infância melhor"**. Tese de doutorado em Educação, 255 f. Porto Alegre: Faculdade de Educação/Universidade Federal do Rio Grande do Sul, 2010.

KLEIN, C. Discursos que concorrem para a produção de infância e maternidade em políticas de inclusão social. **Textura,** Canoas, v. 20, n. 43, p. 53-78, mai.-ago./2018.

KLEIN, C.; MEYER, D.E. Pedagogias da maternidade no âmbito da Política Primeira Infância Melhor/RS. **Teias,** jul.-set./2018.

LAUXEN, J.; QUADRADO, R.P. Maternidade sem romantismos – Alguns olhares sobre as maternidades e os sujeitos-mãe na contemporaneidade. **RELACult – Revista Latino-Americana de Estudos em Cultura e Sociedade,** [S.l.], v. 4, fev./2018. Disponível em http://periodicos.claec.org/index.php/relacult/article/view/775 Acesso em 26/07/2020.

MEYER, D.E. A politização contemporânea da maternidade: construindo um argumento. **Gênero: Núcleo Transdisciplinar de Estudos de Gênero,** Niterói, v. 6, n. 1, p. 81-104, 2005.

MICHAELIS – **Moderno Dicionário da Língua Portuguesa**. Disponível em http://michaelis.uol.com.br/moderno/portugues/index.php Acesso em 10/06/2020.

NUNES, A. **Cartas de Beirute: reflexões de uma mãe e feminista sobre autismo, identidade e os desafios da inclusão**. Curitiba: CRV, 2015.

OLIVEIRA, C. Um retrato do autismo no Brasil. **Revista Espaço Aberto**, 2018. Disponível em http://www.usp.br/espacoaberto/?materia=um-retrato--do-autismo-no-brasil Acesso em 03/06/2020.

SARDENBERG, C.M.B. O pessoal é político – Conscientização feminista e empoderamento de mulheres. **Inc. Soc.**, Brasília, v. 11 n. 2, p. 15-29, jan.-jun./2018.

SCHWENGBER, M.S.V. **Donas de si? – A educação de corpos grávidos no contexto da Pais & Filhos**. Tese de doutorado em Educação, 198 f. Porto Alegre: Faculdade de Educação/Universidade Federal do Rio Grande do Sul, 2006.

SCHWENGBER, M.S.V.; KLEIN, C. O conceito de politização da maternidade como legado de pesquisa. **Momento – Diálogos em Educação**, v. 28, n. 3, p. 47-64, dez./2019. Disponível em https://periodicos.furg.br/momento/article/view/8406 Acesso em 24/07/2020.

VEJA. A face da pandemia que só as mulheres enfrentam. Disponível em https://saude.abril.com.br/podcast/a-face-da-pandemia-que-so-as-mulheres--enfrentam/ Acesso em 26/07/2020.

8
A formação em pesquisa

Caminhos investigativos e políticos na/para a Educação Física

Priscila Gomes Dornelles-Avelino

Ileana Wenetz

Do convite-afeto à política científica...

Fomos surpreendidas. Aceitamos um convite. Escrever, partilhar, socializar algo sobre nossa formação em pesquisa e gênero. Tarefa cheia de responsabilidades, afetos, emoções, amizades, memórias, respeito; de caminhos fortes e bonitos; de partilhas e repercussões; de tempos girando desde lá. Caminhamos juntas desde 2002/2003, de diferentes modos, desde a participação em um curso de especialização promovido pela Escola de Educação Física (Esefif) da Universidade Federal do Rio Grande do Sul (UFRGS) até a vivência de eventos importantes e outras instâncias formativas relevantes para a nossa formação.

Dentre o que sentimos e avaliamos como marcante enquanto pesquisadoras em formação, decidimos por visibilizar como os estudos em gênero e sexualidade contribuíram teórica e politicamente para a área da Educação Física. Propomos tanto ressaltar elementos da formação em pesquisa em nível de mestrado e de doutorado a partir da narrativa de alguns/algumas professores/as e pesquisadores/as com formação inicial em Educação Física, como também re-anunciar a contribuição formativa e política para a ampliação dos estudos de gênero e da atuação profissional generificada na referida área.

Pensamos, assim, as perspectivas de pesquisa, viés teórico-metodológico e os desdobramentos dessa formação em nossa inserção profissional, tanto na docência na educação básica (como na formação de professores/as de educação física) quanto na pós-graduação em outras áreas.

Os nossos caminhos de formação

> *Uma dúzia de rosas, cheiro de alfazema*
> *Presente eu fui levar*
> *Nada pedi, entreguei ao mar (e nada pedi)*
> *Me molhei no mar (e nada pedi) só agradeci*
> Gerônimo/Everaldo Calazans.

Ao falar da nossa trajetória, falamos também de nós mesmas, de nossa experiência e de nossa caminhada. A memória tem "vida" própria porque ela funciona compondo narrativas em distintos espaços-tempo a partir daquilo que nos toca, que nos potencializa e também daquilo que, em nós, dói. Enfim, ao reconhecer os processos de subjetivação das nossas narrativas em memória, precisamos indicar aos/às leitores/as que reconhecemos que este texto se produz como um recorte sobre as atividades que nos interpelaram, que produziram modos de ser a partir da experiência durante o período de estudos no mestrado e no doutorado. Dito isso, anunciamos os limites e as potencialidades de trabalharmos neste texto com um recorte.

Para falar um pouco sobre a potência da formação, vamos retomar um dos modos teórico-operativos conceituais de gênero para fazer pesquisa, acionados em nossos estudos, já que assumimos que gênero é uma construção social e histórica. Identificamos que o gênero é uma construção que inclui a dimensão social, cultural e linguística no contexto de diferenciação produzida entre homens e mulheres (NICHOLSON, 2000; LOURO, 2000; MEYER, 2003); como a evidência de que o gênero é uma norma, uma heteronorma, que funciona a partir de estratégias de repetição performativa materializando o sexo como sua origem e definidor do seu binarismo (BUTLER, 1993; LOURO, 2004). Nesta linha discursiva, compõe-se também uma *linearidade naturalizada entre sexo, gênero e sexualidade* – operação fundamental de uma norma regulatória dos corpos. A heteronormatividade e/ou uma "maquinaria heterossexual" é posicionada, assim, como "um sistema de produção dos sexos" (PRECIADO, 2014, p. 30) na modernidade.

A sexualidade é assumida como um dos diferentes modos de expressar desejos e prazeres, os quais têm uma dimensão social, já que as maneiras que os sujeitos utilizam para se expressar são tanto socialmente aprendidas quanto codificadas em um contexto em particular, principalmente a partir dos investimentos da modernidade com o dispositivo da sexualidade (FOUCAULT, 1999). Isso significa pensar que "as identidades de gênero e sexuais são, portanto, compostas e definidas por relações sociais; elas são moldadas pelas redes de poder de uma sociedade" (LOURO, 1999, p. 11) e, ainda, que a sexualidade é composta por uma "série de crenças, comportamentos, relações e identidades construídas e historicamente modeladas" (WEEKS, 1999, p. 43). Falamos, assim, de questões sociais e políticas "construída[s], ao longo de toda a vida, de muitos modos, por todos os sujeitos" (LOURO, 1999, p. 11).

A trama destas categorias nos convoca a pensar o corpo como uma produção cultural, histórica e produto das relações de saber e poder. É impossível compreender gênero e sexualidade desde os distintos modos de sua produção sem evidenciar o caráter produzido do corpo e, de modo político, dos investimentos incessantes das normas de gênero e sexualidade que performatizam a sua naturalização. Com isso, destacamos que se "os corpos são diferentes, é necessário pensar, ainda, que os gêneros e as sexualidades também o são. Essas marcas se inscrevem também nos corpos e, além disso, constituem a identidade dos sujeitos" (GOELLNER, 2010, p. 75). Assim, ao falarmos que o corpo é *generificado*, implica dizer que as marcas de gênero inscrevem este corpo no repertório binário inteligível social.

Ao se falar em escola, Jane Felipe (2019) destaca que devemos compreender que "discutir gênero e relações de poder entre os sexos, que desencadeiam e justificam desigualdades e discriminações é dever da escola, das famílias e demais instituições" (FELIPE, 2019, p. 239). Certamente, seguimos este rastro, com os nossos objetos de pesquisa. Hoje, ainda implicadas e promotoras da relação entre gênero, sexualidade e educação, reconhecemos como caminho político importante e fundamental à promoção da "autonomia didática e pedagógica das escolas públicas [que] serve para que definam programas e abordagens nos temas do gênero e da sexualidade, que não necessariamente precisam ser a continuidade da moral das famílias" (SEFFNER, 2011, p. 570), visto que a escola tem papel social e público.

O recorte teórico sobre gênero e sexualidade, com referências ao corpo, que apresentamos pontualmente neste texto é um dos modos de investimento acadêmico e conceitual sobre estes conceitos, assumidos e acionados ao longo da nossa formação. Dispomos, certamente, de outras produções e autores/as que foram importantes e contundentes nas tramas da formação em pesquisa no campo da graduação e da pós-graduação em educação no Brasil. Assim, nosso recorte de apresentação conceitual privilegia o que nos interpelou e o que de melhor manejamos em termos teóricos, políticos e analiticamente em nossas atuações até aqui.

Ao refletirmos sobre o gênero e a sexualidade como organizadores da cultura, privilegiamos problematizar, compreender e, com isso, em alguma medida, explicar como estas categorias funcionam compondo (im)possibilidades sociais para os sujeitos, para as instituições e para a produção do pensamento. Seguindo esta proposição, vivemos uma formação em pesquisa a partir de uma compreensão ampliada de educação (MEYER, 2003), na qual analisam-se as possibilidades de constituição do sujeito na trama de diferentes referentes culturais. Assim, esta concepção ampliada permitiu nos perguntarmos sobre como, em diferentes áreas, a categoria gênero funcionava e, nesse sentido, compartilhamos a formação em nível de pós-graduação com profissionais de diferentes áreas, além das comumente legitimadas como próprias à educação – enfermeiras/os, fisioterapeutas, pedagogas/os, terapeutas ocupacionais, professores/as de Educação Física, dentre outras áreas. Assim, esta característica de constituição na nossa formação, permitiu que o grupo de pesquisa contribuísse e, pelo que pautamos neste texto, se destacasse na promoção da formação continuada e em pesquisas de professores/as de Educação Física.

Além dessa implicação identificamos que as instâncias de aprendizagem não se limitaram às práticas pedagógicas mais reconhecidas e formais. Vivemos pela experiência o deslocamento do foco para todas as instâncias de ensino-aprendizagem presentes em diferentes tempos e espaços da vida, reconhecendo a dimensão cultural tanto dos processos pedagógicos quanto das relações. Nessa direção da noção das pedagogias culturais, Steinberg (1997; 2001)[51] articula-se ao trato com a noção ampliada da educação. Isso implica reconhecer que aprendemos distintos saberes culturais (como sobre gênero e sexualidade) imbricados em diversos artefatos culturais como músicas, mídias, desenhos, filmes, práticas corporais e lúdicas, revistas, esportes e práticas de lazer atravessadas por significados generificados, sexualizados, racializados tanto institucionais quanto espaciais, arquitetônicos e/ou geográficos, inclusive como "pedagogias da noite" (SILVA et. al., 2021), "onde o poder é organizado e difundido". Segundo Costa et al. (2021, p. 128), podemos

> colocar em evidência o caráter pedagógico da vida social contemporânea e, com isso, ajuda-nos a pensar e investigar como distintas pedagogias estão em constante funcionamento em diversos contextos. São pedagogias entendidas na sua pluralidade de formas, pois não seguem procedimentos formais, lineares e não estão atreladas a aparelhos institucionalizados como escolas, hospitais, empresas, exércitos etc.

Nesse contexto e de alguma maneira, logo no início dos anos de 2000, quando começamos a nossa trajetória com os estudos de gênero, seja na graduação, seja na pós-graduação, reconhecíamos poucas autoras que de fato tivessem contribuído para este debate na produção acadêmica em Educação Física. Professoras como Eustáquia Souza, Maria do Carmo Saraiva[52], Helena Altmann, Silvana Goellner, dentre outras, conduziram produções que visibilizavam e afirmavam a importância desta temática na área desta disciplina. Entretanto, ainda reconhecíamos uma certa aridez na recepção deste debate em nossa área, bem como certo isolamento destas colegas no âmbito da produção e, mais ainda, no âmbito da atuação na graduação e na pós-graduação. Nesse contexto, fomos acolhidas em outra área de estudos com nossos objetos de pesquisa voltados à Educação Física e/ou a ela relacionados. Percebemos outros/as colegas no mesmo processo. Para a construção deste texto, escutamos

---

51. Para aprofundar sobre os estudos da mídia como dispositivo pedagógico cf. Sabat (2001) e Andrade et.al. (2015).
52. Para quem quiser se aprofundar sobre as leituras de Maria do Carmo Saraiva, cf. *Co-Educação Física e esportes: quando a diferença é mito* (2008).

alguns/as[53] parceiros/as de formação inicial na área, os quais, na pós-graduação, caminharam junto a nós.

Caminhos metodológicos para composição deste ensaio

As provocações para a construção de um capítulo, com foco mais específico em suas contribuições para a Educação Física, nos fizeram pensar para além da nossa experiência acadêmico-profissional e política com proposições que acionem, de modo central, gênero e sexualidade como categorias fundamentais nessa área. Ampliamos nossos diálogos e a capacidade de pensar as relações entre as outras áreas de pesquisa e a Educação Física a partir das trocas e, fundamentalmente, da escuta dos/das nossos/as colegas e parceiros/as, como nós, também com formação inicial na área, que, em alguma medida, priorizaram seus trabalhos nesse domínio.

Para compor um grupo de parceiros/as neste texto, decidimos definir alguns parâmetros. Primeiro, fizemos uma análise dos currículos *lattes* dos/das professores/as orientadores/as de mestrado e doutorado vinculados/as ao nosso grupo de pesquisa e dele egressos/as. Nesta análise, fizemos um levantamento de produções e autores/as de trabalhos de mestrado e doutorado realizados a partir dos seguintes critérios: a) ter formação inicial em educação física; b) ter pesquisado uma temática/um objeto de pesquisa com foco prioritário para a área Educação Física no mestrado ou/e no doutorado; c) pesquisas concluídas até 2019[54]. Após a verificação dos currículos nessa plataforma e das temáticas pesquisadas, estabelecemos a possibilidade de escuta de seis deles/as.

Num segundo momento, realizamos o contato com estes/estas colegas para a escuta de seus depoimentos/narrativas na modalidade entrevistas via WhatsApp. Esta estratégia constituiu uma possibilidade poderosa, já que, no período de elaboração deste texto, nos encontrávamos/encontramos em momento de pandemia do Covid-19[55]. Nosso intento objetivava ampliar a com-

---

53. Alex Branco Fraga, José G. Soares Damico, Fatima Pilotto, Maria Simone V. Schwengber, Luciene Neves, Ederson dos Santos. Além destes, nos posicionamos como autoras deste texto, ao longo do qual apresentamos e articulamos nossas memórias.
54. Ano anterior ao primeiro momento de escrita deste texto.
55. As mudanças vividas pela população brasileira e mundial em função do contexto sanitário

preensão da importância da formação de pesquisadores/as e do debate acadêmico-político sobre gênero e sexualidade em Educação Física.

Deste modo, elaboramos as seguintes questões para termos a opinião destes/destas colegas e, assim, ampliar a compreensão de como a formação em pesquisa em gênero e sexualidade impactou na vida profissional, coletiva e acadêmica em Educação Física destes/as colegas. Todos/as que aceitaram participar desta proposta foram informados do objetivo da entrevista e da autorização para a publicação deste capítulo. As perguntas iniciais que orientaram a conversa foram: 1) A formação em nível de mestrado e/ou doutorado no âmbito dos estudos feministas, de gênero e de sexualidade construída durante a sua experiência no grupo de estudos, permitiu quais alcances acadêmicos, profissionais e políticos na área Educação Física? 2) Para você, que atuações acadêmicas, profissionais e políticas foram possibilitadas em outras áreas a partir desta formação e experiência? 3. Se você participar: Qual foi a contribuição dessa formação para sua participação no Colégio Brasileiro de Ciências do Esporte (CBCE) e, especificamente, no trabalho desenvolvido no Grupo de Trabalho Temático (GTT) de gênero? Após as transcrições, passamos à nossa análise. Para isso, criamos categorias nas quais distribuímos os elementos de nossa produção analítica.

Narrativas sobre as composições generificadas para a área educação física

> És um senhor tão bonito quanto a cara do meu filho, tempo, tempo, tempo, tempo [...] compositor de destinos, senhor de todos os ritmos, tempo, tempo, tempo, tempo.
> Caetano Veloso. *Oração ao tempo.*

Saudamos Tempo, saudamos Kitembu, saudamos os giros da vida para pensar como os caminhos coletivos, também teórico-políticos e profissionais, que na nossa trajetória permitiram que hoje, anos depois das nossas forma-

---

de pandemia, em função do acesso ao vírus Covid-19 (o vírus é o SARSCOV-2; a doença é Covid-19), afetou os modos de socialização, obrigando uma parte, ainda que privilegiada, da população ao trabalho em atividades remotas.

ções em pesquisa em nível de mestrado e doutorado, pudéssemos escutar e partilhar nossos/as caminhos. Em alguma medida, o tempo seguiu e seguimos as trilhas dos/das nossos/as orientadores/as para seguir uma atuação comprometida com a pesquisa.

Tempo, tempo, tempo, tempo... Deste modo, a escuta-partilha que propusemos com outros/as colegas, que também viveram a sua formação e constituíram, junto conosco, uma caminhada formativa na pós-graduação para a promoção deste texto, também significa saudar o tempo, a formação acadêmica, a formação ética, a formação política, o espaço afetivo e coletivo constituído de ampliação das possibilidades de exercício profissional. Há que se ter pernas e braços desde lá para os caminhos constituídos, mas há que se ter abraços também desde lá. E antes de apontarmos o que selecionamos das escutas dos/das colegas que toparam narrar sua memória-experiência, gostaríamos de agradecer a todos/as que compuseram e compõem nossa caminhada e que nos possibilitou os (des)caminhos até aqui.

Dos modos (coletivos) de formação em pesquisa

Um dos pontos por nós vivido, bem como por todos/as anunciado, como aspecto importante e diferenciado para a formação foi a prática da constituição de um espaço coletivo de debates entre os pares, assim como foi de possibilidade de escuta, de experiência com a crítica como meio de reflexão e de amadurecimento teórico, metodológico e político, de visibilidade e importância para as questões éticas da pesquisa, de constituição de argumentos, de um espaço coletivo de estudos e parcerias e, com isso, de formação dos próprios processos de autoria em pesquisa.

Este processo coletivo foi tão contundente e os impactos/efeitos reconhecidos, como qualificados, que constituímos nosso fazer investigativo e profissional a partir das possibilidades de apropriação dessas estratégias de formação em pesquisa em nossos espaços de atuação. Sobre este aspecto, Simone destaca as possibilidades de articular os momentos de orientação a outras instâncias formativas vivenciadas:

> Eu destacaria que, aqui dentro da universidade, eu trouxe uma contribuição sobre a prática de pesquisa, sobretudo essa ideia de que uma pesquisa

> tem que ser socializada entre os pares, discutida tanto na orientação individual quanto coletiva e eu acho que isso é um dos elementos extremamente importantes [...]. Ao mesmo tempo, também trouxe essa vivência do que se vivia enquanto linha de pesquisa, enquanto grupo. E que, aí, era articulado de modo geral na constituição dos filmes, das instalações de obras de artes. Então, acho que esse olhar alargado de que de algum modo é o grupo que funciona não só na dimensão da produção escrita acadêmica, mas na produção da arte, cinema, música (Simone, 20/06/2020, p. 1).

Ainda podemos citar algumas estratégias pedagógicas no âmbito do ensino nos componentes curriculares ofertados na pós-graduação. Referimo-nos a um modo de propor as atividades:

> Quase todas as disciplinas vinham acompanhadas de um estudo clássico, dos autores e dos comentadores. E, assim, isso me permitiu [...] me inserir em uma universidade no interior do Rio Grande do Sul, em uma região noroeste do estado[56] e passo a ser professora de um programa do mestrado profissional. Tudo o que eu aprendi em termos de cuidado, sobretudo, desse modo que eu destaquei, de cuidado com as disciplinas, ao mesmo tempo, a dimensão de uma pesquisa... uma pesquisa sempre passava por uma discussão de grupos, de pares. Eu acho que isso fez uma diferença significativa enquanto professora, enquanto orientadora dentro do programa (Simone, 20/06/2020, p. 1).

Colegas, que antes eram estudantes da pós-graduação, avaliam a sua inserção na pós-graduação como docentes e sobre os seus modos de atuação como orientadores/as a partir da experiência vivida na formação. Um certo formato de orientação, com proposições coletivas, com atividades de leitura e análise com que pudesse contribuir nos trabalhos dos pares e com o aprendizado de manejos cuidadosos de construção da relação orientador/a-orientandos/as no exercício profissional em pesquisa. Em geral, buscam partilhar aquilo que viveram de positivo:

> Procuro sempre conduzir o grupo de pesquisa do qual sou coordenador, e meus estudantes de mestrado e doutorado, do mesmo modo como fui orientado por Guacira Louro, que tratava cada ideia, cada escrito e cada análise, por menor que fosse ou menos desenvolvida que estivesse, como uma matéria-prima preciosa para a construção do trabalho final. Sem dú-

---

56. Simone já era professora dessa universidade. Aqui, está se referindo, mais especificamente, à inserção na pós-graduação.

vida, ter uma orientadora daquele gabarito, com uma capacidade de escrita extraordinária, foi um dos maiores privilégios que tive em minha vida acadêmica (Alex, 10/06/2020, p. 2).

Uma das coisas que eu acho que são bem relevantes é a articulação que a gente consegue ter com as pessoas que estão [...]. Porque a gente acaba construindo histórias e nós vamos nos costurando uns com os outros. [...] Mas eu sinto que, por muitas vezes, eu preciso de indicação e eu sei pra quem eu vou pedir. [...] Então, isso possibilitou esta rede comunicativa de produção, de fala, de desconstrução de saberes que a gente consegue conversar e produzir coletivamente (Éderson, 27/07/2020, p. 1).

Outro ponto importante a ser considerado é que a pós-graduação se constitui como um espaço de grandes investimentos na produção acadêmica como modo de socializar o conhecimento, mas, fundamentalmente, de responder aos modelos de avaliação impostos aos programas, compondo tarefas e necessidades urgentes para os grupos/linhas de pesquisa. Em certa medida, o manejo destas cobranças se dava em respeito à trajetória, considerando que ali também se tratava de investimento na formação de pesquisadores/as e trabalhadores/as em exercício. Ou seja, destacamos que a formação em pesquisa se deu para estudantes trabalhadores/as em diferentes contextos, dentre professores/as das redes municipais, profissionais de distintas áreas já citadas, que atuavam em instituições públicas e particulares e em determinados tipos de atuação laboral. Referimo-nos a estudantes trabalhadores/as que também realizavam uma formação em pesquisa em programa de pós-graduação em educação nacionalmente reconhecido. Para muitos/as, como nós, autoras deste texto, esta formação impactou de modo contundente em nossa mobilidade social, como anunciado pelo colega Damico no excerto abaixo:

> Então, de modo geral eu acho que obviamente foi fundamental. Não tem como não pensar que é a linha de pesquisa, a orientação da Dagmar, os trabalhos com os colegas tiveram um efeito profundo na minha mobilidade acadêmica, profissional e até mesmo social. Elas, juntas com o trabalho, foram permitindo que eu chegasse na universidade federal, primeiro na federal do Rio Grande. [...] Paris VIII surge na minha vida a partir do meu trabalho na Ulbra com um contato que eu tive com os professores franceses e acabo sendo [o autor da] primeira tese na faculdade de educação que é feita em regime de cotutela com a universidade de Paris VIII. Foi uma experiência única na minha vida em que eu recebo uma bolsa sanduíche

> e que eu pude ficar só estudando, claro, em um país diferente, com uma língua diferente, com muito aprendizado para além do aprendizado acadêmico, mas uma oportunidade de ouro e de fato um privilégio (Damico, 20/06/2020, p. 3).

Damico visibiliza alguns passos que evidenciam como uma formação continuada, e de modo qualificado, em mestrado e doutorado constituiu caminhos e alcances profissionais impensáveis. Certamente, este efeito e/ou desdobramento dos caminhos profissionais após a formação na pós-graduação é contundente e determinante, como para a atuação no Ensino Superior público. Assim, nós alunos/as trabalhadores/as ou bolsistas, vivemos uma formação que nos ofereceu a possibilidade de estudos na pós-graduação com alta qualidade em pesquisa, compondo não somente uma mobilidade teórica, mas metodológica. Vivemos, em certa medida, uma rastro de mobilidade social por nos ter sido fornecida uma sólida base em pesquisa, que nos deu condições de exercício da docência no Ensino Superior em diversas instituições do país.

Contribuição na ampliação das produções acadêmicas em gênero e sexualidade na Educação Física

Quando começamos a investir nossas pesquisas na centralidade das categorias gênero e sexualidade na Educação Física, Silvana Goellner e Helena Altmann eram nossas possibilidades mais próximas de referência e diálogo, considerando o cenário brasileiro. A área da Educação Física não apresentava uma constituição mais extensa, longínqua, madura e, consequentemente, acolhedora para o que propúnhamos a partir da nossa formação. Uma área ainda pouco sensibilizada e com amarras para re/conhecer a importância destas categorias na produção acadêmica, bem como no âmbito da atuação profissional.

O que tínhamos como proposições políticas nesta área estava centrado em outras categorias. Em muitos momentos, nos diálogos vividos em eventos e grupos específicos da área, um tipo de crítica aparecia: "Para que você pesquisa isso?" Era uma pergunta comum, a que respondíamos explicando-lhe a importância para a área. Era justamente por nos questionarem desse modo que precisávamos não desistir de investir nesta formação gênero-sexualizada.

Ainda identificávamos muitas lacunas nos processos teóricos e metodológicos ao pensar em nossos objetos de pesquisa sobre gênero e sexualidade como categorias principais para falar com, para e a partir de espaços de atuação profissional em Educação Física. Os estudos que realizávamos sobre gênero e/ou sexualidade ainda precisavam ser descritivos, exploratórios, profundos e de densidade teórico-analítica. De todo modo, o que queremos dizer é que o cenário da área, pouco acolhedor, punha em dúvida a importância dos nossos estudos, ainda com produções pouco volumosas se comparados com os de hoje na referida área. Certamente, não buscamos com este texto avaliar o impacto das nossas produções na área e/ou apontar nossas produções particulares. Queremos evidenciar a contribuição da formação em pesquisa na promoção da ampliação de pesquisadores/as qualificados/as para atuar com gênero e sexualidade na nossa área.

Partindo da nossa formação em pós-graduação na área da educação, a relação com a educação física constituiu-se como um processo de ida e volta, e vice-versa. Essa circulação foi fundamental para legitimar nossas pesquisas e a produção em gênero dentro de nossa própria área. Precisávamos dar conta de construir esse diálogo entre estudos de gênero e feministas e os de Educação Física. Esta formação articuladora nos levou a uma atuação profissional como efeitos da formação que vivêramos na Educação, seja na docência no Ensino Superior, em nível de graduação e pós-graduação, seja na docência nas redes municipais de ensino. Processo que não foi individual, como destacam Simone e Fátima:

> Então, na minha formação acho que, ao mesmo tempo, me encharquei de pressupostos da educação e sobretudo o pressuposto de gênero e sexualidade. Mas, ao mesmo tempo, eu fui estimulada a também pensar minha própria área de atuação que é a educação física. Então, sempre nessa interface dessa relação (Simone, 20/06/2020, p. 1).

> Com certeza essa discussão gênero, sexualidade e corpo ela me dá uma condição de trabalho na educação básica hoje que, se não fosse essa formação, eu não teria o discernimento que eu tenho para atuar em sala de aula com meus alunos. A própria ideia de diversidade de gênero, diversi-

> dade sexual, de corpo como uma construção. Como algo que não é dado. Acho que essa discussão rendeu boas conversas, boas aulas e ela me dá uma tranquilidade muito grande para falar na área da educação física (Fátima, 16/06/2020, p. 2).

Essa estimulação se constituía, fundamentalmente, pela iniciativa de uma prática política coletiva de formação em pesquisa promovida pelos/as orientadores/as e também na atuação dos pares. A nossa formação na pós-graduação sempre operava na direção de uma atuação teórica aliançada com a proposição do exercício da política como uma forma de resistência ou reinvindicação nos nossos espaços de atuação e a partir das nossas pesquisas, mesmo reconhecendo os limites e as (im)possibilidades no exercício ativo desta proposta formativa. Como efeito disso entendemos e nos posicionamos: não temos como ser neutros/as. Isto caracterizou nossa participação nas representações científicas, discutindo e questionando o a concepção de ciência na educação física. Com isso, nossa organização também foi tomando corpo.

Nosso relato, aqui, aponta para o grande estímulo e orientação de Dagmar Meyer, para que ordenássemos nossos aprendizados no campo da educação – em articulação e com foco prioritário em gênero e sexualidade –, com a área da Educação Física. Falava-se da necessidade de dialogar e de permanecer na Educação Física, compondo e ampliando os espaços destas discussões. Nessa direção, fizemos investimentos em aspectos diferentes entre si.

No mestrado, Priscila Dornelles (2007) pesquisou como corpo e gênero atravessam os discursos que, articulados, justificam a separação de meninos e meninas como um recurso didático-pedagógico adequado e/ou necessário no âmbito da Educação Física escolar para os anos finais do Ensino Fundamental da Rede Municipal de Ensino de Porto Alegre. Ao tomar a Educação Física escolar como uma pedagogia cultural, marca que o discurso biológico atravessa e constitui as justificativas enunciadas pelos/as professores/as sobre a necessidade de separação. Ao mesmo tempo, suspeitamos dos essencialismos e das naturalizações como mecanismos estabelecidos pelos discursos numa tentativa de fixar o corpo como construto biológico, como origem e explicação da divisão entre estudantes na Educação Física escolar.

No mestrado, também se problematizou a questão sobre como se atribuem significados de gênero que atravessam ou instituem modos diferenciados de ser menino e menina no recreio escolar, no Ensino Fundamental em uma escola pública. Nesse momento, não havia pesquisas sobre recreio, nem sobre crianças, muito menos sobre a etnografia como escolha metodológica. Mas, em nossa sociedade, os saberes circulam e não somente ficam dentro do contexto da escola (WENETZ, 2005).

Já em sua tese, Dornelles (2013) problematizou os processos de (hétero) normalização dos corpos na Educação Física escolar. Nela discute como e quais processos de normalização de gênero e sexualidade são postos em movimento no discurso pedagógico de professores/as que atuam na disciplina de Educação Física no Vale do Jiquiriçá/BA. Priscila argumentou que os discursos biológico-reprodutivos e de educação em saúde circunscrevem o limite do pensável sobre sexualidade na escola a partir de uma lógica preventivo-informativa. A investigação realizada permite dizer que a heterossexualidade é assumida como medida do conhecimento e o investimento em pedagogias, com base no sexo (e no gênero binário), conforma o sujeito (ir)reconhecível e (im)possível da Educação Física escolar.

Nessa direção, Ileana Wenetz (2012), em nível do doutorado, mapeou as diferentes representações presentes na construção das brincadeiras (e dos brinquedos) de grupos de crianças do Ensino Fundamental, observando, nesse contexto, como o gênero atravessa/institui ou conforma as ações e os discursos desse grupo social. Em situação semelhante, Ileana pesquisou como e quais discursos sobre infâncias e brincadeiras são mobilizados na escola e no seu entorno, e de que maneira e com quais efeitos eles atravessam, constituem, modificam, circulam e governam (ou não) os corpos das crianças. Nesse estudo, debateu sobre cidade, bairro, ocupação do espaço, sociabilidade infantil, assim como de que e onde as crianças brincaram.

Em ambos os estudos identificamos uma promoção da heterossexualidade na escola. As crianças que, nessa relação, se deslocarem, serão consideradas desviantes. As crianças ocupam diversos espaços segundo o gênero, a geração e os interesses, o que, para nós, acaba por constituir uma geografia do gênero. Também foi observado que as crianças classificam as brincadeiras de maneira diferenciada, percebendo-se uma certa mobilidade em tal compreensão, que chega a admitir, dependendo do contexto no qual elas se encontram, diversas negociações.

Ainda na linha da agência política e dialogando com a Educação Física, propusemos a articulação de diferentes estudiosos/as de gênero e sexualidade na referida área ao nos propormos a organizar um dossiê[57] e dois livros[58]. Interessava-nos fortalecer e ampliar o espaço do referencial teórico dos estudos de gênero, feministas e de sexualidade na Educação Física, bem como a aliança entre estudiosos/as para visibilizar que não éramos poucos/as e que poderíamos construir alianças coletivas. Trabalhamos, assim, com estudiosos/as de diferentes regiões do país, pois nos interessava o diálogo mais do que andarmos sozinhas. Assim, compusemos algumas produções com intento articulador, pois, nessa formação em pesquisa aprendemos que não é possível "inventar a roda" na produção acadêmica. Deste modo, buscamos dialogar com quem nos precedeu, estudar e/ou registrar suas produções e passos, visibilizar quem anda junto e quem tem começado seus investimentos nos estudos de gênero e sexualidade na Educação Física de maneira mais recente. Assim, embora o cenário acadêmico seja extremamente competitivo, por vezes, muito individualista, vaidoso e árido no sentido de construção de partilhas e de inteireza nas proposições coletivas, decidimos seguir nossos caminhos acadêmico-políticos em/para composição de alianças.

Contribuições para o exercício profissional

Além de uma formação com foco no desenvolvimento qualificado e aprofundado em pesquisa, escutamos a posição de que este percurso, em nível de mestrado e doutorado, compôs efeitos contundentes no nosso exercício

---

57. *Caderno Cedes* 87, intitulado: Corpo, Educação Física e sociedade: diálogos em tempos e espaços (*Caderno Cedes*, Campinas, v. 32, n. 87, p. 147-150, mai.-ago./2012. Disponível em https://www.cedes.unicamp.br/publicacoes/edicao/645 Acesso em 30/07/2020).

58. Estamos nos referindo aos livros: WENETZ, I.; SCHWENGBER, M.S.V.; DORNELLES, P.G. (orgs.). *Educação Física e Gênero:* desafios educacionais. Ijuí: Unijuí, 2013. • DORNELLES, P.G.; WENETZ, I.; SCHWENGBER, M.S.V. *Educação Física e sexualidade*: desafios educacionais 1 Ijuí: Unijuí, 2017.

profissional e dos/das colegas na área da Educação Física, e dele partilhamos. Vejamos.

> Fundamentalmente, a partir da minha dissertação de mestrado, três foram os êxitos acadêmicos mais diretos, que repercutiram em toda a minha carreira. Primeiramente, [...] me permitiu realizar o concurso para a Departamento de Educação Física da UFPR e, então, ingressar na carreira universitária. Em segundo lugar, minha dissertação de mestrado foi publicada em livro no ano de 2000 pela editora Autêntica, que contou com o apoio irrestrito da minha orientadora Guacira Lopes Louro. A publicação do livro foi algo que me abriu muitas portas no meio acadêmico, e não apenas na EF. Por último, minha tese de doutorado [...]. A tese virou livro e influenciou de forma bastante significativa os meus estudos/pesquisas/orientações no campo da EF, apesar de a discussão mais forte ter sido a relação atividade física e saúde, do que corpo e gênero (Alex, 10/06/2020, p. 1).

Em conjunto com esta formação em pesquisa gênero-sexualizada, permitiu conquistas no âmbito acadêmico, destacamos as narrativas dos/das nossos/as colegas que pontuam como, a partir daí, foi possível também ampliar os modos de atuação na própria rede/instituição de trabalho:

> Eu trabalho atualmente na secretaria municipal de educação de São Leopoldo. Na secretaria, eu trabalho com formação de professores dentro da área de estudos de gênero e sexualidade, além de coordenar a parte pedagógica da Educação Física da rede municipal de ensino. [...] Para mim, é de um alcance incrível ter esta experiência. E, além da formação de professores aqui do município, eu tenho sido convidado, já faz muitos anos que isso tem sido recorrente, a fazer falas para professores e para estudantes também aqui em toda nossa região, principalmente em toda região do Vale dos Sinos (Éderson, 27/07/2020, p. 1).

> Entendo que sim, teve contribuições, claro, na área da educação física, mas eu, nesse retorno para a universidade, para a Unemat, eu pude também ampliar meus horizontes. Eu não me limitei ao trabalho que poderia fazer lá no curso, mas parti para um trabalho de ativismo intenso. Um ativismo acadêmico. Por que eu digo ativismo acadêmico? Porque eu ingressei, logo depois, um pouco tempo depois, que eu concluí a formação do doutoramento, eu pude ingressar em uma unidade, um centro de direitos humanos da universidade. Um centro daqui de nosso campus e ali eu realmente consegui de maneira mais forte fazer o trabalho voltado para as questões feministas, para as questões de gênero e sexualidade. Esse trabalho permanece [...] (Luciene, 17/06/2020, p. 2).

Sabemos que a formação em pós-graduação em nível de mestrado, conjuntamente com o doutorado, implica um longo período da experiência acadêmica. Um tempo superior ao tempo mínimo de alguns cursos na formação inicial em certas áreas. Nesse tempo de mestrado ou de doutorado, ou de mestrado e de doutorado, nós, autoras, reconhecemos uma prática voltada ao investimento no estudo de produções nacionais e internacionais, de acesso e conhecimento dos/das autores/as clássicos/as dentro dos estudos feministas, de gênero, de sexualidade, bem como de autores/as articuladores/as de conceitos fundamentais para a operação conceitual, política e analítica destes estudos.

Contudo, a atuação transdisciplinar do grupo se dava pela formação e atuação dos/das orientadores/as e também pela própria constituição diversa dos/das estudantes em pós-graduação. Assim, esta formação em muito se articulava com outras áreas e, com isso, estimulava o reconhecimento das produções em gênero e sexualidade em áreas próximas, como a antropologia, a educação física, a enfermagem, por exemplo. O incentivo à participação nas comunidades científicas das nossas áreas "de origem" e no campo da educação era uma marca do grupo. Além da orientação à participação em eventos, a produção acadêmica nas nossas áreas compôs uma base conceitual, política, metodológica e analítica que nos permitiu caminhar por outras áreas desde nossa formação na pós-graduação até os dias atuais:

> Além da minha atuação acadêmica no campo da EF, minha relação com a área da Educação foi muito marcante. Muito em função do estreito contato com os grupos de pesquisa ligados aos estudos de currículo, representado mais especificamente pelo Prof. Tomaz Tadeu da Silva. Inclusive, minha primeira participação na Anped, em Caxambu, se deu no GT de Currículo, onde pude apresentar, pela primeira vez, os resultados da minha dissertação. Até hoje sigo orientando estudos relacionados ao campo do currículo e Educação Física (Alex, 10/06/2020, p. 1).

Desde a nossa formação, este texto nos convocou a refletir sobre as nossas possibilidades de inserção profissional, constituídas a partir da experiência formativa. O convite à escrita deste texto também se constituiu em convite a uma análise das nossas trajetórias desde lá.

Nas instituições em que atuamos, especificamente na graduação, nós, autoras, percebemos que somos as únicas dos nossos cursos com formação inicial em Educação Física que atuam diretamente com gênero e sexualidade, tanto articulando-os em nossos objetos de pesquisa quanto em nosso exercício docente na formação inicial – seja na orientação em pesquisa e/ou de trabalhos de conclusão de curso, seja nas atividades de extensão e nas atividades de ensino. De modo mais direto, nos componentes de estágio na educação física escolar e/ou nas optativas que tratam de gênero e/ou sexualidade nos cursos de Licenciatura em Educação Física da Ufes e da UFRB. Ainda sobre a graduação, especificamente na UFRB, outros componentes com foco nestas temáticas nos cursos de Licenciatura em Pedagogia e Educação do Campo foram ministrados.

Ao longo deste período e de nossa ainda intensa formação/articulação, foi possível promover eventos pioneiros na UFRB, como, por exemplo, com as duas edições do Festival Múltiplas Sexualidades, realizadas nos anos de 2012 e 2013, que contaram com a participação da professora Dagmar Meyer, e a de egressos/as desta formação, como o Fernando Pocahy, a Jeane Félix, o Jamil Sierra. Estes eventos permitiram tanto a ampliação da pauta institucional sobre as discussões de gênero e sexualidade na UFRB, com a criação do Núcleo de Gênero, Diversidade Sexual e Educação (NGDSE) na Pró-reitoria de Políticas Afirmativas e Assuntos Estudantis, como ampliação dos diálogos regionais com pesquisadores/as militantes e a produção acadêmica decorrente destes eventos, com a publicação de dois livros – *O Recôncavo Baiano sai do Armário: universidade, gênero e sexualidade*[59] e *Babado acadêmico no Recôncavo Baiano: universidade, gênero e sexualidade*[60].

No âmbito da atuação na pós-graduação, é evidente que a formação ampliada, nos permitiu a inserção em programas distintos da nossa área de formação inicial. Assim, hoje, estamos vinculadas como professoras: a) ao programa de Psicologia Institucional da Ufes, especificamente, à linha de *processo formativos e educação*, além de atuar no *Grupo de Estudo e Pesquisa em Sexua-*

---

59. GIVIGI, A.C.N.; DORNELLES, P.G. *O recôncavo baiano sai do armário: universidade, gênero e sexualidade*. Cruz das Almas: EDUFRB, 2013. Disponível em https://www.ufrb.edu.br/editora/titulos-publicados?cont=lists&ccname=livro Acesso em 01/08/2020.
60. GIVIGI, A.C.N.; DORNELLES, P.G. *Babado acadêmico no recôncavo baiano: universidade, gênero e sexualidade*. Salvador: Edufba, 2017.

lidade (GEPSS) da Ufes[61]; b) no programa de pós-graduação em educação do campo[62] da UFRB, um mestrado profissional na linha '*cultura, raça, gênero e educação do campo*', atuando, ainda, nos grupos de pesquisa *Núcleo Capitu de gênero, diversidade e sexualidade* e no *Grupo de Estudos em Formação de Professores e Educação Física (Gepefe)*, ambos, vinculados à UFRB.

Certamente, nossa formação em exercício nestas e em outras instituições, nas quais já atuamos, nos permitiram dialogar com outros campos epistemológicos, políticos e metodológicos, bem como com categorias sociais importantes. Entretanto, nossas atuações carregam e propõem, de modo prioritário, o trato com gênero e sexualidade sem perder de vista a necessária intersecção com as demandas regionais de nossos cursos.

Importa informar que ainda seguimos em aliança. Alianças formativas efetivamente no campo da pesquisa, do trabalho coletivo e de um cuidado para potencializar as nossas atuações regionais em nossas instituições. Mais recentemente, especificamente entre os anos de 2014 e 2018, atuamos como pesquisadoras participantes na pesquisa intitulada '*Políticas públicas de inclusão social e transversalidade de gênero:* ênfases, tensões e desafios atuais', coordenada pela professora Dagmar Meyer e financiada pelo CNPq/Edital Universal[63]. Além disso, continuamos à disposição do grupo para participação em bancas de mestrado e doutorado e/ou atividades possíveis, considerando a diminuição de recursos para a pós-graduação nos últimos anos e nossas atuações em regiões mais distantes, como a Região Sudeste e a Região Nordeste.

Inserções nas comunidades científicas e no CBCE: notas sobre o Grupo de Trabalho Temático Gênero

> *Vou aprender a ler*
> *Pra ensinar meus camaradas*
> Roberto Mendes/Capinam)

---

61. Disponível em http://gepss.blogspot.com
62. Disponível em https://www.ufrb.edu.br/ppgeducampo
63. Esta pesquisa nos permitiu a análise do projeto Gênero e Diversidade na Escola. Aspectos importantes desta análise compõem a seguinte publicação: DORNELLES, P.G.; WENETZ, I. Uma análise generificada sobre o Projeto Gênero e Diversidade na Escola. *Cadernos de Pesquisa*, São Paulo, v. 49, n. 173, p. 226-243, jul.-set. 2019.

Pensar a nossa trajetória implica visibilizar uma "costura formativa" para a educação com outras áreas e com a educação física. Com isso, queremos dar atenção especial à nossa inserção no CBCE e, principalmente, à nossa atuação na composição do GTT Gênero, nesta comunidade científica. Cada um opera com alguma lembrança. De modo inicial, importa dizer que nossa participação, ainda como estudantes de graduação em educação física no principal evento deste colégio, isto é, no Congresso Brasileiro de Ciências do Esporte (Conbrace), se deu para nós, Ileana e Priscila, respectivamente, entre a edição de 1999, realizada na cidade de Florianópolis, e a edição de 2005, realizada na cidade de Porto Alegre.

Neste período certamente vivemos um reconhecimento inicial deste espaço, e com nenhuma compreensão ou expectativa de que viveríamos possibilidades de atuação na educação física desde este colégio. Transitamos pelos GTTs, vivenciamos o evento de modo a reconhecer ali a importância de uma entidade científica para uma área do conhecimento, reencontramos amigos/as, conhecemos parceiros/as atuais de trabalho. Após a graduação e durante o mestrado e o doutorado, participamos muito das edições do Congresso Brasileiro de Ciências do Esporte (Conbrace), apresentando trabalhos oriundos das nossas pesquisas em pós-graduação. Para a composição destes trabalhos, analisamos muitas vezes os anais destes eventos, os quais, quando apresentavam estudos com a temática principal gênero ou sexualidade, tais estudos apareciam de modo muito pulverizado entre os Grupos de Trabalhos (GTTs). Deste modo, era um pouco angustiante e um pouco sem precisão e foco a busca por trabalho sobre gênero na educação física nos anais do principal evento da nossa maior entidade científica.

Com o tempo e a inserção nesta comunidade científica, participamos, de modo mais efetivo, principalmente a Ileana, na conformação do GTT Corpo e Cultura. Estivemos presentes, de modo mais apoiador do que protagonista, nas discussões sobre a necessidade da formação do GTT Gênero, uma pauta apresentada na assembleia do Conbrace de 2005, em Porto Alegre. De lá, até a criação do GTT Gênero, em 2015, participamos de eventos na área dos Estudos Culturais (como o Sbece), da Educação (como a reunião anual da Anped), dentre outros. Percebemos, durante estes eventos, que nos encontrávamos com os/as pesquisadores/as com foco em gênero e, também, com formação inicial em educação física e/ou que, ainda, falavam de educação física em suas pesquisas. Mas este espaço de reunião, de articulação de pesquisadores/as em gênero na educação física, de visibilidade das produções na área, não se constituía no Colégio Brasileiro de Ciências do Esporte (CBCE) e no Conbrace, pela ausência de um GTT de Gênero, conforme demanda apresentada.

Como já destacaram as feministas, "todo ato pessoal é político", e essas suas dimensões se misturam, de algum modo, em nossa trajetória. A partir dessa formação, alguns espaços de inserção e representações foram se constituindo como prioridade política em nossa vida profissional. Um deles é a participação no CBCE, na representação do GTT Gênero, criado em 2005, embora, com curto período de existência, promova o debate e apropriação na área acadêmica e atue politicamente na produção do conhecimento tanto em nível escolar quanto em não escolar. A criação em 2015 (mas com movimentos transversais e demandas desde 2005) não foi um mero acaso, mas resultado de um debate e do posicionamento de professores/as da área que reivindicavam, já há muitos anos, a possibilidade de criação do GTT, do qual participamos desde estudantes, e no qual atuamos como professoras, além de atuarmos em nossas instituições como promotoras dessa legitimação[64].

O GTT promove estudos "sobre os processos específicos através dos quais as práticas esportivas e corporais produzem e transformam os sentidos do feminino e do masculino, que tenham por base suportes teóricos-metodológicos de diferentes campos disciplinares em sua interface com EF e Ciências do Esporte"[65]. Em termos científicos e políticos, a participação e representação nos possibilita não somente promover os debates acadêmicos e aprofundá-los na própria área de atuação, como também articula professores/as pesquisadores/as atuantes nessas temáticas, tanto em nível nacional quanto internacional.

---

64. Para maiores detalhes desse caminho, cf. Goellner e Macedo (2015). Para produções do GTT, cf. Wenetz et al. (2020). Destacamos que a atual coordenadora do GTT é Ileana Wenetz, na sua segunda gestão; Priscila Dornelles atua no comitê científico. Ambas, desde o início do GTT, compõem o comitê científico, juntamente com a Maria Simone Vione Schwengber (que já atuou como vice-coordenadora).

65. Disponível em http://www.cbce.org.br/gtt-detalhe.php?id=13

Consideramos que a experiência formativa vivida visibilizou, certamente, ausências e silenciamentos. Trouxe à tona fragmentos discursivos que compunham os estudos e pesquisas com foco no gênero e na sexualidade, como proposições epistêmico-políticas pouco legitimadas nesta comunidade científica e em nossa área. Silenciamento que vários/as colegas estão revertendo com diversas produções[66] e articulação política com o GTT Gênero.

Sobre a experiência formativa e a sua inserção nas comunidades científicas da educação e da educação física, as narrativas dos/das colegas que compuseram comigo evidenciam a sua importância para este movimento de participação e inserção nas comunidades. Assim o expressam alguns de nossos colegas:

> Eu produzi no mestrado 6 artigos que foram publicados após a dissertação; isso me deu uma visibilidade importante tanto na educação quanto na educação física. Minha dissertação foi colocada no estado da arte das questões de gênero, de modo bastante elogioso. Então isso me possibilitou vários aspectos, assim, de alcance de meu trabalho e outras possibilidades. Anped, outras participações, contatos com outras pessoas, passei a ter uma visibilidade que não tinha antes. Para além da Ulbra, o mestrado e o próprio doutorado me permitiram ter uma maior participação no CBCE (Damico, 20/06/2020, p. 2).

> O primeiro Conbrace a gente nunca esquece. O meu foi em setembro de 1999, em Florianópolis. Lá apresentei, no então denominado GTT Educação Física/Esporte e Escola, o pôster "Educação Física e fronteiras de gênero: enunciados de um cotidiano escolar" [...] tema extraído da dissertação de mestrado que havia defendido um ano antes no Programa de Pós-Graduação em Educação da UFRGS, sob orientação da Guacira (Alex, 10/06/2020, p. 1).

> Eu acho que o que o grupo me ensinou é a importância de tu se manter com a comunidade científica nacional e internacional, que é nos grupos e nos GTT de pesquisa. Requer uma participação que eu sempre tive na Anped e no CBCE, com grupos específicos, assim como algumas participações internacionais. Eu acho que essa foi uma contribuição para essa ideia de sempre com teus pares e a constituição de grupo como elo importante na questão da pesquisa. [...] Eu acho que também foi muito desafiada e

---

66. Entre elas, *Gênero e sexualidade no esporte e na educação física*, de Wenetz et al. (2020), obra que pretende trazer algumas problematizações em um número comemorativo. *Ciências do esporte, educação física e produção do conhecimento em 40 anos de CBCE*. Disponível em http://www.cbce.org.br/colecao-40anos.php Acesso em 20/07/2020.

> motivada [...] de modo particular com a convivência da Dagmar, da importância do que ela sempre nos ensinou porque eu fui uma das alunas dela que (ela sempre me dizia isso) que eu consegui me inserir na Anped com ela e a partir dela, porque ela acha que esses espaços também são espaços políticos, não adianta só a gente aprender e fazer uma produção individual, que é um modo da gente de ir marcando e se colocando no mundo. Nesse sentido, o grupo nunca se descuidou; ele é destacado como um dos principais grupos de estudos no Brasil. Elas fizeram o esforço de se fazer presente e de modo muito particular dentro das associações. Porque elas de algum modo nos representam (Simone, 20/06/2020, p. 2).

Obter o espaço do GTT Gênero foi fundamental para pensarmos, de modo articulado com os pares e para a potencialização destas pesquisas, na continuidade da problematização do gênero e da sexualidade na área. É preciso registrar que o GTT Gênero é fruto do resultado de uma longa luta disputada dentro do CBCE por Silvana Goellner, Maria do Carmo Saraiva, Ludmila Mourão, dentre outros/as colegas que atualmente fazem parte do GTT. Processo e importância que nossas colegas também destacam:

> Lá em 2005 eu fui no Conbrace, em Porto Alegre, e meu intuito de estar era realmente para fortalecer a minha/meus interesses em relação a aquilo que eu queria fazer enquanto mestrado, pois naquela época não tinha feito o mestrado ainda e aí tive a grata satisfação de ver na programação do evento algo que eu não queria perder de forma alguma, um minicurso ministrado pela professora Dagmar Meyer, minicurso intitulado: corpo, gênero e educação [...] então, em 2005, eu já conhecia, já conhecia livros e trabalhos publicados pelo grupo. E neste Conbrace de 2005 tive a grata surpresa de fazer esse minicurso com a professora Dagmar; não era, ainda não existia GTT e, pelo que eu me lembro, talvez, foi nesse Conbrace [...] que aconteceu uma reunião entre várias colegas da área para constituição do GTT. Eu lembro de ter participado de algumas reuniões para fazer a proposta de criação do GTT gênero no CBCE [...]. Então, quer dizer, [...] as histórias, a vida, a trajetória que a gente vai cursando também permitem esses encontros e esse encontro era entre Geerge e entre aquilo que seria futuramente um GTT Gênero, né? No CBCE (Luciene, 17/06/2020, p. 2-3).

> Foi fundamental a construção desse espaço do GTT de gênero porque [...] os próprios movimentos das discussões ficaram mais qualificados; essa ideia da constituição de pares foi se solidificando. [...] E quando tu não tens um único GTT, que ora vai para formação de professores ora vai escola, tu perdes muito essa identidade. Então acho que o ganho de ter um GTT, ele é

> um ganho intelectual, de qualificação das pesquisas, um ganho de parceria que começa e que tem uma ancora aí, mas tem uma continuidade anual dessas discussões. As produções, muito mais em rede, a sensibilização para um trabalho de pares, de coletivos que acontece no decorrer do ano de modo muito orgânico e se não tivesse um GTT que tivesse essa ancora eu acho que não teria isso (Simone, 20/06/2020, p. 3-4).

Além das dimensões de potência articuladora e científica citadas neste texto a partir das narrativas dos/das colegas sobre a importância do GTT Gênero, temos aí uma ação política e militante importante em função do atual cenário brasileiro. Os retrocessos no campo educacional e as políticas conservadoras e persecutórias aos estudos vinculados às categorias gênero e sexualidade, inclusive a partir das falácias da suposta "ideologia de gênero", precisam ser combatidas com produção científica e articulação política entre universidade e movimentos sociais.

Registramos, assim, a importância deste espaço político-científico para o campo da educação física e para as necessárias disputas de afirmação da autonomia científica e dos estudos de gênero, feministas e de sexualidade na contemporaneidade.

Limites e possibilidades para o presente/futuro – considerações deste tempo...

> Bom, meu trabalho na linha de pesquisa com a orientação da Dagmar e o trabalho do grupo foram bem importantes na minha trajetória, é claro. Obviamente, vou falar disso de modo bem critico um pouco da característica do campo que eu atuo. Mas ele foi fundamental. Eu já vinha fazendo algumas tentativas para ingresso ao mestrado. Não conseguia ler bem a academia e aí já tem um ponto que acho que é importante de se pensar. Isso acontecia antes das cotas, das ações afirmativas nas universidades federais, na pós-graduação e eu não conseguia ler a etiqueta de universidade. Então propunha projetos e na maior parte das vezes não tinha interlocução. Então, do lugar de um homem negro, heterossexual, eu não sabia como me colocar e como fazer esse ingresso. Em uma aula como aluno especial da Dagmar, eu ouvi uma menção, uma espécie de sintoma contemporâneo que era a anorexia e a bulimia. Aí, eu faço um projeto para ingressar com essa temática (Damico, 20/06/2020, p. 1).

Antes de nos encaminhar para o fechamento desse texto, não podemos deixar de fazer esse movimento sem apresentar as potências necessárias para a formação em pesquisa em gênero e sexualidade a partir das nossas andanças. Nessa direção, queremos construir uma proposição interna, própria aos feminismos, de modo a evidenciar a categoria raça como estruturante da modernidade. Assim, o feminismo negro e as proposições decoloniais, em sua articulação com gênero, compõem uma trama epistêmico-política importante, inclusive com as possibilidades teórico-metodológicas de investimento na categoria interseccionalidade (CRENSHAW, 2015; AKOTIRENE, 2019), para problematizarmos o racismo, a colonização e o gênero como categorias produzidas na modernidade e, portanto, produtoras de desumanização desde a invenção da América (QUIJANO, 2015).

A nossa inserção profissional e acadêmica em instituições localizadas em contextos regionais distintos de onde vivemos a nossa formação em pesquisa nos exigiu e nos convocou politicamente a pensar a produção do que conta como humano a partir da referência ao racismo e sua estrutura na modernidade e/ou a partir dos referencias de gênero junto a intersecção com outras categorias. Assim, raça e colonialidade, por exemplo se constituem como trama teórico-política para se pensar o feminismo e a produção do humano. Este é o "movimento de pensamento" deste tempo no exercício da docência e da pesquisa nas instituições de Ensino Superior nas quais atuamos.

Assim, nossa formação teórico-política em exercício tem visibilizado não só uma ausência de neutralidade científica. Aprendendo com os movimentos políticos dos povos e comunidades tradicionais – como os do movimento negro, o das feministas negras e a partir das perspectivas decoloniais –, temos compreendido nosso lugar de privilégio, por sermos reconhecidas como mulheres brancas, mas também a universidade como espaço de produção/reprodução do racismo estruturante, com sua produção científico-acadêmica branca.

Assim, a trajetória da academia não tem privilegiado a categoria 'raça' para visibilizar um tipo de desumanização, inclusive em suas poderosas alianças com a categoria gênero. Daí a necessidade de ouvirmos, de escutarmos, de constituirmos espaços de prioridade para as narrativas das mulheres negras, das pesquisadoras negras, das professoras negras que atuam na educação física escolar, por exemplo, para pensarmos em "escurecer" a produção científica:

> Há de ressaltar e chamar a atenção que algumas questões do pós-estruturalismo [...] estou afastado já há alguns anos, é que faz um certo apagamento ou coloca a negritude como mais um marcador identitário e não como algo central, que é o projeto decolonial. Então, desse ponto de vista, me parece que é fundamental que a gente possa ter um olhar crítico sobre isso (Damico, 20/06/2020, p. 3).

"Por ser de lá do sertão, lá do serrado, lá do interior do mato, da caatinga, do roçado." Por sermos de tão longe, por tantos caminhos até viver o giro da vida em cima da terra e/ou aquilo que se fez junto aos grupos de estudos e atuação e se refaz a partir dele, saudamos os caminhos e as lonjuras até chegar a pós-graduação. Saudamos os caminhos e as lonjuras após essa etapa e com sua contribuição em nossa formação acadêmico-política, para seguir caminhos na produção de uma educação e de uma educação física que produza saberes, fazeres e proposições sociais implicadas no rompimento com as estruturas do racismo, da colonialidade, do heterossexismo como propostas de ampliação das possibilidades dos corpos e de quem conta como sujeito na modernidade.

Referências

ANDRADE, P.D.; COSTA, M.V. Usos e possibilidades do conceito de pedagogias culturais nas pesquisas em estudos culturais em educação. **Textura**, Canoas, v. 17, n. 34, mai.-ago./2015, p. 48-63.

AKOTIRENE, C. **Interseccionalidade**. São Paulo: Sueli Carneiro/Pólen, 2019.

BUTLER, J. **Bodies that matter, on the discursive limits of "sex"**. Nova York: Routledge, 1993.

CRENSHAW, K. **Por que é que a interseccionalidade não pode esperar**. Trad. de Santiago D'Almeida Ferreira. Disponível em https://apidentidade.wordpress.com/2015/09/27/porque-e-que-a-interseccionalidade-nao-pode-esperar-kimberle-crenshaw/ Acesso em 10/08/2020.

DORNELLES, P.G. **A (hetero)normalização dos corpos em práticas pedagógicas da educação física escolar.** Tese de doutorado em Educação. Porto

Alegre: Programa de Pós-Graduação em Educação/Faculdade de Educação/ Universidade Federal do Rio Grande do Sul, 2013.

DORNELLES, P.G. A feminilidade como "problema" na educação física escolar: notas a partir da separação de meninos e meninas. In: GENU, M.; ABREU, M.P.; TEIXEIRA, C.L. **Práticas corporais, cultura e diversidade**. Belém: Centro de Ciências Sociais e Educação da Universidade do Estado do Pará, 2018, p. 9-26.

FELIPE, J. *Script* de gênero, sexualidades e infâncias: temas para a formação docente. In: ALBUQUERQUE, S.S.; FELIPE, J.; CORSO, L. (orgs.). **Para pensar a docência na Educação Infantil**. Porto Alegre: Evangraf, 2019.

FOUCAULT, M. **História da sexualidade I: A vontade de saber**. Rio de Janeiro: Graal, 1999.

FRAGA, A.B. Memórias do GTT, Atividade Física e Saúde: um capítulo à parte na minha história junto ao CBCE. In: WACHS, F.; LARA, L.; ATHAYDE, P. (orgs.). Ciências do Esporte, Educação Física e Produção do Conhecimento em 40 Anos de CBCE. **Atividade Física e Saúde**, Natal, v. 11, 2020, p. 65-78.

GOELLER, S.V.; MACEDO, C.A. Categoria "gênero" – Anais do Congresso Brasileiro de Ciências do Esporte e a Constituição do Grupo de Trabalho Temático. In: RECHIA, S. et al. (orgs.). **Dilemas e desafios da pós-graduação em educação física**. Ijuí: Unijuí, 2015, p. 1-11. Disponível em: file:///C:/Users/Ponto%20Frio/Downloads/5907-21958-1-PB.pdf Acesso em 30/07/2020.

GOELLNER, S.V. A educação dos corpos, dos gêneros, das sexualidades e o reconhecimento da diversidade. **Cadernos de Formação RBCE**, p. 71-83, mar./2010.

LOURO, G.L. Corpo, escola e identidade. **Educação & Realidade**, Porto Alegre, v. 25, n. 2, p. 59-75, jul.-dez./2000.

LOURO, G.L. **Um corpo estranho – Ensaios sobre sexualidade e Teoria Queer**. Belo Horizonte: Autêntica, 2004.

LOURO, G.L. (org.). **O corpo educado: pedagogias da sexualidade**. Belo Horizonte: Autêntica, 1999.

MEYER, D.E.E. Gênero e educação: teoria e política. In: LOURO, G.L.; FELIPE, J.N.; GOELLNER, S.V. (orgs.). **Corpo, gênero e sexualidade: um debate contemporâneo na educação**. Petrópolis: Vozes, 2003, p. 9-27.

NICHOLSON, L. Interpretando o gênero. **Revista Estudos Feministas**, Florianópolis, v. 8, n. 2, 2000, p. 9-42.

PRECIADO, B. **Manifesto contrassexual – Práticas subversivas de identidade sexual**. Trad. de M.P. Ribeiro. São Paulo: n-1 ed., 2014.

SABAT, R. Pedagogia cultural, gênero e sexualidade. **Estudos Feministas**, ano 9, 2º sem./2001.

SEFFNER, F. Um bocado de sexo, pouco giz, quase nada de apagador e muitas provas: cenas escolares envolvendo questões de gênero e sexualidade. **Revista Estudos Feministas**, Florianópolis, 19 (2), n. 336, p. 561-572, mai.-ago./2011.

SILVA, E.; COSTA, M.V. Pedagogias da noite – Cenas e experiências de aprendizagens noturnas na cidade. **Revista Textura**, v. 23, n. 53, p. 216-237, jan.-mar./2021

STEINBERG, S. Kindercultura: a construção da infância pelas grandes corporações. In: SILVA, L.H et al. (orgs.). **Identidade social e a construção do conhecimento**. Porto Alegre: PMPA, 1997, p. 98-145.

STEINBERG, S.; KINCHELOE, J. (orgs.). *Cultura infantil: a construção corporativa da infância*. Rio de Janeiro: Ed. Civilização Brasileira, 2001.

WEEKS, J. O corpo e a sexualidade. In: LOURO, G.L. **O corpo educado: pedagogias da sexualidade**. Belo Horizonte: Autêntica, 1999, p. 35-82.

WENETZ, I. **Gênero e sexualidade nas brincadeiras do recreio**. Dissertação de mestrado em Ciências do Movimento Humano. Porto Alegre: Programa de Pós-Graduação em Ciências do Movimento Humano/Escola de Educação Física/Universidade Federal do Rio Grande do Sul, 2005.

WENETZ, I. **Presentes na escola e ausentes na rua – Brincadeiras de crianças marcadas pelo gênero e pela sexualidade**. Tese de doutorado em Ciências do Movimento Humano. Porto Alegre: Programa de Pós-Graduação em Ciências do Movimento Humano/Escola de Educação Física/Universidade Federal do Rio Grande do Sul, 2012.

WENETZ, I.; ATHAYDE, L; LARA, L. (orgs.). Gênero e sexualidade no esporte e na educação física. **Ciências do esporte, educação física e produção do conhecimento em 40 anos de CBCE**. Natal: EDUFRN, 2020. Disponível em: http://www.cbce.org.br/colecao-40anos.php Acesso em 20/07/2020.

9
Eu, perfeita!

Estética corporal e *scripts* de gênero (re)produzidos em aplicativo de editoração de imagens

Liliane Madruga Prestes

Start: considerações preliminares sobre estética corporal na contemporaneidade

No contexto atual, o corpo passou a ser um campo aberto às experimentações, ou seja, passou a ser moldado, constantemente modificado na busca de uma suposta perfeição. Tais transformações são preconizadas a partir de diferentes artefatos culturais tais como propagandas, *outdoors*, revistas, jogos online, entre outros, os quais (re) produzem padrões estéticos de corpo.

O pesquisador Edvaldo Couto (2012) ressalta que os avanços da tecnologia e da medicina nos permitem cada vez mais entendermos o corpo enquanto mutante e produzido na e pela cultura. Paralelamente, presenciamos a veiculação de padrões estéticos corporais cada vez mais idealizados e, ao mesmo tempo, inatingíveis. Na sequência de suas análises, o autor evidencia que nunca uma civilização produziu e propagou tantos discursos e imagens relativas aos cuidados com a beleza.

> O corpo se tornou o lugar de sua identidade e seu modo de ser. Nossa época se rende aos diversos cultos que celebram e festejam a corporalidade. Das práticas esportivas ao uso proliferado do silicone e das cirurgias plásticas, muitas técnicas e terapias servem para hipervalorizar e pavonear o corpo nas ruas, praias, clubes, páginas de revistas, programas e televisivos, filmes publicitários, imagens diversas na internet, nas passarelas, galerias

de arte. A todo o instante somos convidados a administrar a própria aparência, a superar e a redesenhar formas físicas. Tornou-se imperativo ter um organismo camaleônico, sujeito de ininterruptamente às transformações. As imagens promocionais do corpo mutante, em toda a parte, evocam os muitos modos em que esse objeto pode ser manipulado e agenciado, em nome de uma perfeição sempre distante e, talvez por isso mesmo, cada vez mais desejada (COUTO, 2012, p. 140).

Conforme nos adverte o autor, o corpo se tornou o lugar de nossas identidades e modos de ser e, neste enfoque, a todo o instante somos convidados/as a administrar a própria aparência, a superar e a redesenhar formas físicas. Logo, ser belo/a e/ou sedutor/a se converteu em um dever, uma conquista a qual se submetem homens e mulheres de todas as idades.

Nessa linha de estudos, cito Silvana Goellner (2008), a qual enfatiza que o corpo é também o seu entorno; ou seja, é produzido *na* e *pela* cultura. Logo, falar do corpo é falar também de nossas identidades. Destaca ainda o fato de que os avanços da tecnociência estão produzindo novos corpos potencializados por meio de todo um aparato para mantê-lo jovem.

A promessa de uma vida mais longa e saudável é acompanhada, por exemplo, de inúmeros discursos e representações que autorregulam o indivíduo tornando-o, muitas vezes, vigia de si próprio. A ênfase na liberdade do corpo no que respeita a sua exposição e desnudamento nos espaços públicos caminha passo a passo com a valorização dos corpos enxutos e "em forma" onde o excesso, mais que rejeitado, é visto por vezes, como resultado da displicência e falta de cuidado. Pensando como Foucault, nesse novo investimento sobre o corpo já não há mais controle – repressão, tão comum aos séculos XVIII e XIX, mas o controle – estimulação porque a valorização e a exploração do corpo são faces de uma mesma moeda. Nas suas palavras: "Fique nu, mas seja magro, bonito e bronzeado!" (GOELLNER, 2008, 147).

Na atualidade, a preocupação com a aparência corporal recai principalmente sobre meninas e mulheres, conforme aponta Jane Felipe (2005, p. 55):

O constante apelo à beleza que se expressa através de um corpo magro e jovem, e que, para se manter dentro desses padrões, precisa cada vez mais se submeter a sacrifícios e cuidados, tem encontrado acolhida não só entre mulheres mais maduras, mas também entre as jovens meninas. Elas frequentam cada vez mais as academias de ginástica, se submetem a cirurgias plásticas, fazem dietas, estabelecem pactos entre amigas como ficar dois meses sem tomar refrigerantes, por exemplo, tudo em nome da beleza.

A busca incessante em conquistar um padrão de beleza cada vez mais inatingível é (re) produzida a partir de diferentes estratégias disciplinares que atuam sobre os corpos e forjam identidades. Neste sentido, Louro (2008) nos chama a atenção para o fato de que os processos de construção de nossas identidades *são transitórios, minuciosos e, ao mesmo tempo, sutis e inacabados.*

> Aprendemos a viver o gênero e a sexualidade na cultura, através dos discursos repetidos da mídia, da igreja, da ciência e das leis e também, contemporaneamente, através dos discursos dos movimentos sociais e dos múltiplos dispositivos tecnológicos. As muitas formas de experimentar prazeres e desejos, de dar e de receber afeto, de amar e de ser amada/o são ensaiadas e ensinadas na cultura, são diferentes de uma cultura para outra, de uma época ou de uma geração para outra. E hoje, mais do que nunca, essas formas são múltiplas. As possibilidades de viver os gêneros e as sexualidades ampliaram-se. As certezas acabaram. Tudo isso pode ser fascinante, rico e também desestabilizador. Mas não há como escapar a esse desafio. O único modo de lidar com a contemporaneidade é, precisamente, não se recusar a vivê-la (LOURO, 2008, p. 22-23).

Ao abordar tais processos de construção das identidades de gênero, a pesquisadora Sara Salih (2012, p. 72-73) pontua o quanto nossas escolhas são limitadas e pautadas em determinados padrões.

> Uma vez que estamos vivendo dentro da lei ou no interior de uma dada cultura, não há possibilidade de nossa escolha ser inteiramente "livre", e é bem provável que a "escolha" de nossas roupas metafóricas se ajuste às expectativas ou talvez às demandas de nossos amigos ou colegas de trabalho, mesmo sem nos darmos conta de que estamos fazendo isso. Além disso, o conjunto de roupas disponíveis será determinado por fatores como a nossa cultura, o nosso trabalho, o nosso rendimento ou o nosso *status* e origem social.

A autora utiliza a metáfora da escolha de um traje no guarda-roupa para demonstrar que, ao analisarmos as relações de gênero, precisamos transpor a ideia de que temos total liberdade para realizarmos nossas escolhas.

> Se decidíssemos ignorar as expectativas e as limitações impostas pelos amigos, colegas etc., "vestindo um gênero" que por alguma razão fosse contrariar aquelas pessoas que têm autoridade sobre nós ou cuja aprovação dependemos, não poderíamos simplesmente reinventar nosso guarda-roupa de gênero metafórico, tampouco adquirir um guarda-roupa inteiramente novo (e mesmo que pudéssemos fazer isso, obviamente estaríamos limi-

tados pelo que estivesse disponível nas lojas). Em vez disso, teríamos de alterar as roupas que já temos para indicar que não as estamos usando de um modo "convencional" – rasgando-as, ou pregando-lhes lantejoulas ou vestindo-as viradas ou do lado do avesso. Em outras palavras, nossa escolha de gênero, tal como a nossa escolha do tipo de subversão, é restrita – o que pode significar que não estamos de maneira alguma "escolhendo" ou "subvertendo" nosso gênero (SALIH, 2012, p. 73).

Com o advento das redes sociais, as repercussões decorrentes do culto ao corpo idealizado impactam e recaem principalmente em torno de meninas e mulheres que, desde a mais tenra idade, são educadas a partir de determinados *scripts* de gênero, entendidos como roteiros que pretendem determinar comportamentos e atitudes pautados numa concepção binária de gênero, como pontua a pesquisadora Jane Felipe (2019, p. 241):

> *Scripts* de gênero são roteiros, definições, normas, apontamentos, às vezes negociáveis, em outras circunstâncias nem tanto, que prescreveriam as condutas dos sujeitos. Quando os *scripts* são ignorados, rompidos ou modificados, seus autores, neste caso, a sociedade que se pretende hegemônica e que insiste em traçar determinados padrões de comportamento, trabalha no sentido de impor sanções e promover discriminações a todos os sujeitos ou grupos que ousam romper, modificar ou mesmo (re)escrever seus próprios *scripts*. Tais expectativas das mais diversas ordens vão sendo tecidas e muito bem tramadas ao longo das nossas vidas por diversos discursos (religioso, médico, psicológico, jurídico, midiático) e instituições (família, escola, igreja etc.), dizendo-nos como devemos ser e nos comportar pelo fato de termos nascido com determinada genitália. A partir de tal inscrição biológica somos descritos como meninos, meninas ou intersex (sujeitos que possuem genitália considerada ambígua).

Tanto os *scripts* de gênero quanto os padrões estéticos têm sido amplamente (re) produzidos em diferentes artefatos veiculados à mídia, em particular, na internet. Neste enfoque, ao investigar os impactos da mídia na produção de tais identidades, Gonçalvez e Martinez (2014, p. 154) constaram a preocupação excessiva, bem como as diferentes estratégias utilizadas por adolescentes a fim de se encaixar em determinados padrões estéticos. Entre as práticas, as dietas são recorrentes entre as garotas, enquanto que os garotos intensificam os exercícios físicos, o que denota o quanto o disciplinamento dos corpos é (re) produzido na perspectiva de gênero.

Cabe ressaltar que assumir o corpo como uma experiência implica ter uma imagem de si mesmo, a qual se vive interiormente, sozinho, mas também no contexto social em que o indivíduo se desenvolve, onde as opiniões dos demais e os padrões estéticos são muito importantes, principalmente na adolescência. Dessa forma, torna-se necessário questionar a forma como vem sendo processada a informação social relativa às características associadas ao gênero, assim como é necessário refletir acerca das mensagens estereotipadas transmitidas na mídia e suas consequências.

O advento de novas tecnologias contribui de forma significativa para a (re) produção de padrões corporais a partir do surgimento de novos procedimentos estéticos incluindo técnicas de intervenções cirúrgicas, dietas, exercícios físicos, entre outras estratégias de disciplinamento. Soma-se a tudo isso a proliferação de ferramentas para o tratamento das imagens que projetam corpos cada vez mais supostamente "perfeitos" e/ou ensinam técnicas de como produzi-lo a partir do que o pesquisador Luiz Felipe Zago et al. (2018, p. 1.098-1.099) denominaram como *pedagoselfies*.

O processo que chamamos de pedagoselfies é aquele em que atua um conjunto de práticas culturais, valores morais e normas sociais que circunscrevem e constituem os modos possíveis de produção de imagens de si por si mesmo (a) por meio da utilização de dispositivos tecnológicos. O neologismo pedagoselfie, por nós criado, justamente pretende referir-se ao conjunto de práticas de transformação do corpo nesse tipo de imagem de si, tirada por si mesmo(a) – constituído por relações de aprendizagem experimentadas mediante intensas negociações entre cultura e tecnologia tendo o corpo como objeto principal.

Entre as ferramentas que vem sendo amplamente utilizadas para a produção das *selfies* cito os diversos programas de editoração de imagens, os quais são amplamente disponibilizados e acessados principalmente através de aparelhos de telefonia celular. Entre estes, cito o editor de imagens denominado *Perfect me,* disponível gratuitamente cada dia mais utilizado por públicos de diferentes idades. Diante disso, a fim de subsidiar e fomentar o debate, apresento algumas reflexões produzidas com base na análise dos conteúdos veiculados em tal artefato.

Estética corporal e *scripts* de gênero (re) produzidas no aplicativo *Perfect me*

Para início de conversa, julgo pertinente destacar o quanto a internet é um território movediço, ou seja, está em constante movimento, com transformações sucessivas que impactam tanto as formas de acesso quanto ao teor e à divulgação de conteúdo. Os diversos espaços da rede são demarcados por disputas de poder. Portanto, apesar de sua amplitude, o acesso é previamente delimitado e determina as escolhas dos/as usuários/as. Tais características foram enfocadas nos estudos de Elizabeth Fernandes de Macedo (1997, p. 75) que desde então nos alerta para o fato de que

> o computador, que se mostra como ferramenta, esconde formas de organização e seleção do conhecimento válido. Utilizá-lo criticamente é, por isso, um processo extremamente difícil, que envolve ter em mente toda a sorte de escolhas que não podemos fazer. Escolhas já realizadas pelo *software* que utilizamos segundo as regras da programação e do mercado.

Enquanto pesquisadora, também fui desafiada a ampliar meu campo de investigações, visto que até então meu foco foram os sites de jogos disponibilizados gratuitamente na internet (PRESTES, 2014). Ocorre que, a partir de janeiro de 2021, houve a desativação do mecanismo Adobe Flash Player[67], o que inviabilizou a continuidade do acesso a tais conteúdos. Logo, uma parcela expressiva de sites de jogos se tornou inacessível na rede, o que conduz gradativamente a migração dos/as usuários/as para os aplicativos. Tais ferramentas são disponibilizadas através da plataforma Play Store[68], cujo controle é de propriedade da Google, uma empresa multinacional, inclusive responsável pelo gerenciamento dos conteúdos disponibilizados desde o ano de 2008. A empresa alega que a desativação dos sites de jogos foi motivada por problemas

---

[67]. O Adobe Flash Player é um plugin (programa, ferramenta ou extensão que se encaixa a outro programa principal para adicionar mais funções e recursos) bastante popular das últimas décadas. Lançada em 1996, a ferramenta foi responsável por diversas aplicações na internet, como jogos *online* e *players* de vídeos. Com a migração dos jogos para plataforma de aplicativos acessados via celular, a ferramenta foi desativa em 31/12/2021, o que impossibilita o acesso a sites de jogos abertos ao público. Entre tais sites cito o www.clickjogos.com, o qual foi foco de minha pesquisa de doutorado (PRESTES, 2014).

[68]. Google Play é um serviço de distribuição digital de aplicativos, jogos, filmes, programas de televisão, músicas e livros, desenvolvido e operado pela Google. Ela é a loja oficial de aplicativos para o sistema operacional Android, além de fornecer conteúdo digital incluindo jogos.

na segurança dos dados e principalmente pela popularização de dispositivos móveis como aparelhos de celular e tablets, nos quais os aplicativos funcionam de forma mais efetiva.

Na plataforma, os aplicativos são distribuídos em categorias, a saber: jogos, aplicativos, filmes e livros e, entre estes, há os que possuem acesso gratuito e outros que possuem taxas para o acesso. No caso específico dos aplicativos de jogos, percebo que os conteúdos disponibilizados continuam (re) produzindo os mesmos padrões de gênero e corpo identificados na pesquisa anteriormente realizada a partir dos sites (PRESTES, 2014). Ao mesmo tempo, constato que há uma proliferação de outros aplicativos que oferecem programas voltados a realização de dietas, exercícios físicos, além de edição de imagens do corpo. Entre estes, encontramos o aplicativo *Perfect me* cuja finalidade é editar fotos do corpo alterando determinadas características. A tela de abertura do referido aplicativo apresenta a imagem de uma modelo, cujo corpo poderá ser transformado conforme as escolhas do/a usuário, o/a qual também poderá editar suas próprias imagens e/ou /ou de outras pessoas[69].

O texto introdutório convida o/a usuário/a a "retocar" o corpo utilizando ferramentas disponibilizadas na parte inferior do aplicativo[70].

> *Perfect Me* é muito simples e intuitivo de usar. Basta escolher uma imagem do seu rosto ou corpo inteiro para começar a usar os recursos do aplicativo. Em outras palavras, depois de escolher uma fotografia, você pode retocar as curvas, a cintura, alongar as pernas, afinar o rosto e fazer os olhos parecerem maiores ou os lábios mais cheios e brilhantes. O *Perfect Me* faz mais do que destacar o melhor das suas imagens suavizando a pele ou refinando os traços faciais. Com esse aplicativo, você também pode adicionar filtros e alterar o fundo de suas imagens, em segundos.
> Experimente o ótimo aplicativo *Perfect Me* e mostre o melhor da sua aparência com apenas alguns cliques.

As opções para editar a imagem do corpo são apresentadas em 9 (nove) categorias, a saber: auto (altera as proporções); emagrecer; peito e bunda; altura; remodelar; abdominais; decote; tatus (no caso, refere-se a tatuagens). Há também categorias para executar transformações faciais (alongar o queixo,

---

69. Disponível em https://perfect-me.br.uptodown.com/android Acesso em 02/03/2021.
70. Disponível em https://perfect-me.br.uptodown.com/android Acesso em 02/03/2021.

diminuir as bochechas e afinar o nariz, aumentar os lábios e olhos etc.), incluir de filtros (ajustar luz, sombra), maquiar, inserir planos de fundo e adesivos.

Parto do pressuposto de que tanto os jogos quanto o aplicativo *Perfect Me* atuam enquanto estratégias para o disciplinamento do corpo buscando enquadrá-lo no padrão de beleza pautado na magreza e na branquitude. Em ambos os artefatos, os procedimentos visam moldar, disfarçar, dissimular e/ou esconder determinadas características físicas a fim de formatar/editar o corpo até atingir o padrão idealizado. Tais práticas nos remetem aos conceitos de objetivação e subjetivação pautados pelo filósofo Michel Foucault (2012). A partir de tais processos, o corpo passa ser objetivado a partir do momento em que é capturado pelos discursos e práticas veiculados na mídia. Ao mesmo tempo, é através de tais discursos e práticas que passamos a nos reconhecer, ou seja, somos subjetivados/as. Tais constatações reportam aos estudos sobre estética e empoderamento realizados Joice Berth (2019). Em suas incursões sobre o tema, sublinha que a palavra estética, de origem grega (*aisthesis*), significa genericamente percepção ou sensação. Portanto, as concepções sobre o que é ser belo/a consistem em percepções individuais e/ou coletivas que podem ser transformadas, manipuladas e/ou influenciadas. Neste prisma, a autora nos adverte o quanto tais padrões de beleza impostos são ilusórios e, ao mesmo tempo, opressores.

> Essa construção perversa do conceito de beleza é um exemplo oportuno para o aprofundamento das reflexões, já que deixa muito visível a intersecção entre as opressões machistas e racistas, e o quanto é ilusório para mulheres brancas a insistência em manter silenciosamente o lugar da beleza construído pela opressão de raça e gênero. Ainda que para a mulher branca pareça conveniente ocupar esse lugar, é absolutamente importante o entendimento de que não é conveniente mantê-lo e muito menos sentir-se confortável dentro dele, já que ele também é aprisionador. Nem todas as mulheres brancas vão atender aos padrões que compõem esse lugar, ou seja, seu caráter excludente é permanente, e ainda fortalece o alto valor aparente que esse lugar prenuncia, que não é humano nem respeitado como deveria. Em outras palavras, mesmo as mulheres brancas que são consideradas bonitas se deparam com diversas práticas machistas direcionadas a elas a partir da construção desumana desse lugar que não é capaz de agregar ou valorizar outras qualidades, senão as que objetificam e aprisionam pela busca incessante em manter-se nele e/ou pela rejeição da própria imagem

quando não se encaixam dentro dos padrões e requisitos que esse lugar exige (BERTH, 2019, p. 82).

Conforme citado anteriormente, os padrões estéticos são constantemente transformados, de acordo com o contexto histórico, social e cultural no qual estamos inseridos/as. No caso da obesidade, por exemplo ela foi definida como doença crônica pela Organização Mundial de Saúde em 1975. Contudo, cabe lembrar que até recentemente a gordura significava *status* social como refere a estudiosa Dirce de Sá Freire (2011, p. 454).

> O passado colonial brasileiro revelou uma "história de gente gorda", em que a gordura era sinônima de formosura, tornando-se a base de sustentação para que a barriga do burguês viesse a significar *status* e prosperidade. Na medida em que a ingesta gordurosa vai "acumulando" adeptos, constata-se uma mudança gradativa do lugar social ocupado pelos gordos. A obesidade perdeu seu prestígio, inquestionável no passado. Houve um tempo em que era bom ser gordo, por mais distante que possa parecer aos sujeitos que vivem no século XXI. E foi em meio aos inúmeros excessos que marcam o crepúsculo do século XX e o alvorecer do XXI que nossa sociedade se viu na eminência de ressignificar seus conceitos de beleza e estética.

Durante muito tempo ser gordo/a foi sinônimo de beleza e formosura, o que pode ser constatado no anúncio publicado no jornal O *Estado de S. Paulo*[71], datado de 7 de abril de 1940, com o seguinte diálogo entre duas mulheres da época:

> –Sou magra de nascença… nunca passarei disto!
> –Eu dizia o mesmo antes de usar Vikelp!
> Os magros de nascença podem ganhar dois quilos numa semana e ter um aspecto melhor. Use Vikelp durante uma semana e veja a diferença. Se V.S. não lucrar ao menos dois quilos, devolveremos o seu dinheiro.

Na contemporaneidade temos presenciado a veiculação e a imposição de um padrão corporal no qual a gordura passa a ser considerada "ruim" e a obesidade como sinônimo de indisciplina e relaxamento em relação ao próprio corpo. Para Prost e Vicent (2009), vivemos um paradoxo, ou seja, celebramos a boa mesa e o regime, a arte culinária e a dietética e, portanto, ser belo/a

---

71. Disponível em http://blogs.estadao.com.br/reclames-do-estadao/tag/vikelp/ Acesso em 24/01/2021.

e sedutor/a se converteu em um dever, uma conquista a qual se submetem homens e mulheres de todas as idades. Concomitantemente, presenciamos a banalização de procedimentos médicos, os quais se transformam em objeto de consumo, e para atingi-lo, adolescentes[72], jovens e mulheres acabam se submetendo a sacrifícios e, não raras vezes, colocando a própria vida em risco. Os corpos que não se encaixam nos padrões vigentes acabam se tornando abjetos e, por conseguinte, se tornam invisíveis e/ou alvos de diversas intervenções (inclusive cirúrgicas) a fim de transformá-lo, discipliná-lo, formatá-lo.

Conforme a Sociedade Internacional de Cirurgia Plástica Estética (2019)[73], em escala mundial, as mulheres lideram a busca por procedimentos cirúrgicos totalizando 85%, sendo que o Brasil ocupa o segundo lugar no *ranking* mundial. Especificamente, no contexto brasileiro, os dados da Sociedade Brasileira de Cirurgia Plástica – SBPC (2018)[74] revelam que 60,3% dos procedimentos cirúrgicos tiveram a finalidade estética enquanto 39,7 % foram para fins reparadores (por exemplo, nos casos de mulheres submetidas a tratamentos de câncer de mama). O estudo aponta ainda que, em sua maioria, são custeados pelo/a próprio/a paciente, o/a qual passa a contar com várias possibilidades de financiamento contribuindo para a proliferação de anúncios na internet e a popularização das cirurgias plásticas.

Diante da proliferação de novas técnicas voltadas à estética corporal, o corpo idealizado e amplamente difundido pela mídia torna-se cada vez mais um objeto de desejo e consumo. Conquistar a suposta "perfeição" acaba se tornando uma obsessão para muitas pessoas que movimentam cifras milionárias para atingi-la. Entre as polêmicas, cito o caso da blogueira conhecida como MC Mirella[75], alvo de críticas após utilizar suas redes sociais para divulgar o sorteio de uma cirurgia plástica. Frente a proliferação de tais práticas, o Conselho Federal de Medicina expediu algumas normativas (entre as quais, a Re-

---

72. Disponível em https://www.anahp.com.br/noticias/noticias-do-mercado/cirurgias-plasticas-em-adolescentes-crescem-141-nos-ultimos-dez-anos/ Acesso em 25/07/2021.
73. Disponível em https://www.isaps.org/wp-content/uploads/2020/12/Global-Survey-2019.pdf Acesso em 10/05/2021.
74. Disponível em http://www2.cirurgiaplastica.org.br/wpcontent/uploads/2019/08/Apresentac%CC%A7a%CC%83o-Censo-2018_V3.pdf Acesso em 28/10/2021.
75. Disponível em https://www.metropoles.com/entretenimento/televisao/a-fazenda-12-mc-mirella-sorteia-lipo-hd-e-silicone-e-internautas-criticam Acesso em 01/05/2020.

solução CFM 1974/2011[76]) a fim de balizar a publicidade de serviços médicos, definindo princípios éticos de orientação educativa, os quais não são compatíveis com práticas meramente comerciais. Cabe pontuar que as cirurgias plásticas envolvem uma série de riscos, os quais não raras vezes são ignorados e/ou desconhecidos pelo/a paciente. A pesquisa realizada por Érico Di Santis (2017) acende o alerta, em especial, às mulheres, uma vez que representam 98% das vítimas fatais decorrentes de complicações pós-cirúrgicas, principalmente em procedimentos de lipoaspiração.

A busca incessante pelo corpo ideal projetado nos diversos artefatos culturais (incluindo jogos, revistas, filmes, sites etc.) é ampliada com inovações em diferentes áreas (medicina estética, nutrição, entre outras). Tal corpo idealizado (em geral, jovem, branco, magro) acaba se transformando em objeto de desejo e de consumo, principalmente para meninas e mulheres. Como consequência, há uma expansão exponencial da indústria da beleza e, por outro lado, o aumento de transtornos principalmente emocionais (ansiedade, depressão etc.) e alimentares (anorexia, bulimia, compulsão).

Dito isso, julgo importante frisar que a intenção não é demonizar a busca por procedimentos estéticos corporais, mas problematizar o quanto às mulheres e meninas acabam se sujeitando a tais práticas na tentativa incessante de adequar o corpo a padrões cada vez mais inatingíveis. No entanto, cabe ressaltar que apesar de todas as pressões que recaem principalmente sobre as mulheres e meninas, em relação aos seus corpos, temos assistido nos últimos anos a importantes movimentos de contestação em relação a esses padrões, especialmente nas redes sociais. A fim de subsidiar o debate, reporto-me as reflexões produzidas por Berth (2019, p. 77), ao apontar o quanto o investimento na estética poderá se tornar uma ferramenta importante de empoderamento, o qual é entendido enquanto instrumento de emancipação política e social.

> Como podemos reagir às agressões do mundo exterior se, ao nos depararmos com nosso reflexo no espelho, o único sentimento é de inadequação e repulsa pela aparência que caracteriza nossa identidade? O que nos moti-

---

76. Disponível em https://sistemas.cfm.org.br/normas/visualizar/resolucoes/BR/2011/1974 Acesso em 01/05/2021.

varia a lutar por emancipação e equidade racial e de gênero se carregamos um sentimento constante de distorção e não pertencimento pautado pela estética que aponta ausência de beleza e, portanto, de qualidades humanas louváveis?

Contudo, problematizar tais discursos e práticas veiculadas na mídia implica compreendermos que nossas identidades sexuais e de gênero são permanentemente construídas e atravessadas por diferentes marcadores como raça/etnia, classe social etc.

Game over: estratégias possíveis e desafios

Para Berth (2019, p. 23), o conceito de empoderamento é um instrumento de emancipação política e social e, portanto,

> [...] Empoderar, dentro das premissas sugeridas, é antes de tudo, pensar em caminhos de reconstrução das bases sociopolíticas, rompendo concomitantemente com o que está posto, entendendo ser esta a formação de todas as vertentes opressoras que temos visto ao longo da História. Esse entendimento é um dos escudos mais eficientes no combate à banalização e ao esvaziamento de toda uma teoria construída e de sua aplicação como instrumento de transformação social.

Ao relacionar a estética corporal enquanto ferramenta para o empoderamento, a autora nos convoca a desconstruirmos os padrões de beleza vigentes. Conforme a autora, as percepções de beleza resultam das impressões que construímos de nós mesmos a partir do contexto histórico e cultural no qual estamos imersos/as.

> Somos bonitos ou somos feios guardados as devidas adequações ao conceito real de belo, que é pautado pela proporção, estilo e harmonia das formas e desenhos da figura humana – tanto quanto qualquer figura humana pode ser. E a adequação ou não aos parâmetros estabelecidos pelo conceito filosófico de belo/beleza/estética não molda caráter e nem anula outras qualidades humanas, não cria juízo de valor humano algum, como fazem supor os perversos contos de fadas escritos para doutrinar o imaginário infantil com as ignorâncias já cultivadas e perpetuadas por adultos. É fundamental que enxerguemos a estética como um dos pilares do processo de empoderamento (BERTH, 2019, p. 78).

Tal postura implica o engajamento em pautas coletivas que visam a promoção da equidade de gênero e a desconstrução da padronização da estética corporal. Este é um dos desafios postos na atual conjuntura na qual presenciamos o aumento expressivo dos discursos de ódio disseminados através da internet. Aliado a isso, vivenciamos o retrocesso das políticas públicas voltadas à garantia dos direitos fundamentais, incluindo a educação, a qual é uma ferramenta imprescindível para rompermos com tais paradigmas estéticos e identitários vigentes. Logo, somos convocados/as a problematizar e tensionar os conteúdos e práticas (re) produzidas através da internet, assumindo o compromisso ético, político e social no contexto qual estamos inseridos/as. Requer, ainda, construirmos estratégias visando o empoderamento individual e coletivo a partir do reconhecimento e da valorização da diversidade.

Referências

COUTO, E.S. Uma estética para corpos mutantes. In: COUTO, E.S.; GOELLNER, S.V. (orgs.). **Corpos mutantes: ensaios sobre novas (d)eficiências corporais.** Porto Alegre: UFRGS, 2007.

COUTO, E.S. **Corpos voláteis, corpos perfeitos: estudos sobre estéticas, pedagogias e políticas do pós-humano.** Salvador: Edufba, 2012, 182 p.

DI SANTIS, É.P. **Mortes relacionadas à lipoaspiração no Brasil entre 1987 e 2015.** Tese e doutorado em Ciências, 215 f. São Paulo: Escola Paulista de Medicina/Universidade Federal de São Paulo, 2017.

FELIPE, J. Erotização dos corpos infantis. In: LOURO, G.L. et al. (orgs.). **Corpo, gênero e sexualidade: um debate contemporâneo na educação.** 5. ed. Petrópolis: Vozes, 2005.

FELIPE, J. *Scripts* de gênero, sexualidade e infâncias: temas para a formação docente. In: ALBUQUERQUE, S.S.; FELIPE, J.; CORSO, L.V. (orgs.). **Para pensar a docência na Educação Infantil.** Porto Alegre: Evanfrag, 2019.

FREIRE, D.S. Com açúcar e com afeto. In. DEL PRIORE, M.; AMANTINO, M. (orgs.). **História do corpo no Brasil.** São Paulo: Unesp, 2011, p. 453-475.

GOELLNER, S.V. A produção cultural do corpo. In: LOURO, G.; FELIPE, J.; GOELLNER, S. (orgs.). **Corpo, gênero e sexualidade: um debate contemporâneo na educação.** Vol. 1. 4. ed. Petrópolis: Vozes, 2008, p. 28-40.

GONÇALVES, V.O.; MARTÍNEZ, J.P. Imagem corporal de adolescentes: um estudo sobre as relações de gênero e influência da mídia. **Comunicação & Informação**, Goiânia, v. 17, n. 2, 2014, p. 139-154. Disponível em https://www.revistas.ufg.br/ci/article/view/31792 Acesso em 02/05/2021.

LOURO, G.L. **Gênero, sexualidade e educa**ção: *uma perspectiva pós-estruturalista*. 7. ed. Petrópolis: Vozes, 2004.

LOURO, G.L. (org.). **O corpo educado – Pedagogias da sexualidade**. 2. ed. 3. reimpr. Belo Horizonte: Autêntica, 2007.

PROST, A.; VINCENT, G. (orgs.). **História da vida privada: da Primeira Guerra aos nossos dias.** São Paulo: Companhia das Letras, 2009.

SALIH, S. **Judith Butler e a Teoria Queer**. Trad. de Guacira Lopes Louro. Belo Horizonte: Autêntica, 2012.

ZAGO, L.F.; GUIZZO, B.S.; PEREIRA, E.S. Pedagoselfies: os significados do corpo e da imagem na produção de autorretratos entre jovens meninas. **ETD – Educação Temática Digital**, Campinas, v. 20, n. 4, 2018, p. 1.096-1.116, 2018. DOI: 10.20396/etd.v20i4.8650314. Disponível em https://periodicos.sbu.unicamp.br/ojs/index.php/etd/article/view/8650314 Acesso em 22/05/2021.

10
Não há nada tão raro quanto o normal
O homem comum, a virilidade política e a norma em tempos conservadores

Fernando Seffner

Muito tropeçando e pouco andando aqui chegamos

Escola estadual de Ensino Fundamental, situada na zona leste de Porto Alegre. Tarde abafada, mistura de calor com umidade elevada. Por conta de greve do magistério, as aulas entraram janeiro à dentro, e o final do ano letivo ainda vai demorar umas três semanas. Praticamente ninguém está de bom humor – professores e professoras, alunos e alunas, funcionárias, eu mesmo. Estou ali para supervisionar as aulas de um estagiário de História – que além de não estar de bom humor, está nervoso e suando muito –, e aproveitando para realizar etnografia de cenas escolares[77], metodologia de pesquisa analisada em (SEFFNER, 2020a). O recreio foi estendido, para que os professores possam deliberar sobre recuperações e provas finais. Saio a circular pelo pátio e pelos corredores da escola, buscando conversar com o alunado, fotografar produções escritas nas paredes, anotar o que dizem as pichações, especular os agrupamentos e assuntos. Um grupo de crianças me cerca, e pergunta se sou o professor que veio ver o estagiário. Digo que sim, e perguntam se é na sala deles que vou observar. Na hora me atrapalho, sei que o estagiário tem

---

[77]. Projeto de pesquisa "Investigação das aprendizagens de estagiários na produção de atividades didáticas e na relação com as culturas juvenis a partir dos relatórios de estágio docente em Ensino de História". Informações mais detalhadas no currículo online em http://lattes.cnpq.br/2541553433398672

duas turmas, logo me dou conta que não é a turma deles, é a outra turma. Nem poderia ser a turma deles, que naquele dia não tem aulas de História. Ficam desapontados, queriam que eu fosse observar a turma deles, pois eles são "a pior turma da escola". Dizem isso com uma alegria contagiante. Naquele momento ficamos todos de bom humor. Implico com eles, retrucando que todas as turmas dizem que são as mais bagunceiras. Eles praticamente me arrastam até a sala de aula, para mostrar como é verdade. Entro na sala, e me indicam, com enorme orgulho, um cartaz de letras grandes, onde está escrito: "aviso para a turma 61, é proibido quebrar as classes e as cadeiras da sala, os alunos que quebrarem os pais serão chamados e cobrados". Pergunto o que estava acontecendo. No meio de tantos falando ao mesmo tempo, consigo entender que estavam aprendendo sobre o Egito Antigo e as pirâmides, e começaram a empilhar as classes e as cadeiras fazendo pirâmide na sala, e depois derrubavam e saiam correndo, sempre no final do turno, alguns pulando a janela da sala e saindo pelos fundos, para não serem vistos. Daí o aviso indicando a proibição. Ao retornar para a sala dos professores, pergunto ao estagiário porque não escolheu a turma 61 para ser observada por mim. Ele apenas responde: "nem me fale disso professor". Deparo-me com o pensamento: a norma, quanto tem que se pronunciar, quando é obrigada a dizer de si, produz textos que provocam riso, e são motivo de reações não esperadas entre aqueles que ela pretende regrar. A norma é um conjunto de "estados e situações" (FONSECA, 2011, p. 39) que não parece ter que dizer de si. Ela simplesmente é, opera no silêncio. A norma é desajeitada para falar. O que era para ser uma censura se converteu, para os alunos da turma 61, no maior troféu que podiam ter nesse final de ano, a comprovação de que são, efetivamente, a pior turma da escola. O cartaz virou um diploma, uma certificação. O melhor da norma é quando cala.

Uma das estratégias que persigo nesse texto é tomar a norma quando ela não mais consegue operar de modo silencioso. Quando parece ter perdido parte do vigor, obrigada a se expressar e dizer de si, a manifestar seu próprio desconforto, quase a exigir reparação. Quero flagrar a norma quando instada a reforçar algo que até ali não precisava ser dito, sequer pensado, simplesmente acontecia. Quando a 'ordem', o 'normal', o 'natural' parecem se perder, como a norma reage? E busco pensar algumas implicações que daí decorrem. A norma que me interessa analisar é aquela que diz respeito a questões em gênero e sexualidade, a chamada heteronormatividade, por vezes dita heterossexualidade compulsória. Mais apropriadamente cisheteronormatividade, com o prefixo cis reforçando aquela identificação confortável entre o gênero e a quase consequente orientação sexual designadas ao nascer e as preferências do indivíduo ao longo da vida, o que configura no senso comum o normal de gênero. A escolha por enfatizar o prefixo cis está em sintonia com a necessidade de novos vocabulários, para enfrentar novos desafios e construir novas estratégias de resistência, evitando o epistemicídio heterossexual branco ocidental:

> Entendo que a palavra cisgênero é hoje um caso bem-sucedido de ocupação epistêmica, pois foi adotada por diversas pessoas transgêneras, travestis, mulheres transexuais e homens trans para designar aqueles que não são tratados como transgêneros pela sociedade (DUMARESQ, 2016, p. 127).

Marcar os sujeitos cisheterossexuais da norma é das boas estratégias para fazer a norma falar, aposta que venho desenvolvendo aqui. Seguindo as ideias de Leila Dumaresq, aposto em designações que forcem a construção de diálogos mais horizontais, onde alguém que se marca – ou é marcado – como trans, travesti, gay ou lésbica, produz conhecimentos sobre si e sobre os demais, inclusive sobre os sujeitos agora marcados como cis, em posição de igualdade. Todos, todas e todes se autodeclaram e são nomeados pelos demais. Todos e todas e todes são marcados pela norma. Alguns não são mais do que outros, todos têm alguma marca. Todo mundo habita o mundo a partir de marcas, posições de sujeito, lugares de fala, fruto de interpelações. Não há posição universal ou não marcada, nem superior as demais. Viver em posição de apego absoluto a norma não é algo que não necessite ser problematizado, é mais um território no leque da diversidade. Pode ser até que seja um território com maior densidade populacional do que outros territórios, mas isso não lhe dá superioridade para regrar quem são os demais. Todos, todas e todes escutam, falam, constroem conhecimentos, que são válidos no debate. E a arena que desejo observar tudo isso acontecer é a da grande política, a que envolve partidos, governos, casas parlamentares, num determinado país, o Brasil. E o que desejo argumentar é que, nesse tema – gênero e sexualidade – e nesse lugar – a arena da grande política brasileira, a norma, quando se expressa, se expressa para regrar o gênero de modo binário. Particularmente para definir modos de ser homem, jeitos viris de ser, e estabelecer parâmetros para as masculinidades 'verdadeiras', aquelas capazes de conduzir a vida política, e situadas em posição hierárquica superior as demais.

Outro elemento importante como estratégia-ferramenta para o exercício analítico que mais adiante segue é pensar a centralidade do corpo nas falas e manifestações que recolhi para exame, em exercício que também está feito em outros capítulos do presente livro, ligados a outros temas. Penso aqui as conexões entre gênero, sexualidade e corpo em sintonia com Nicholson (2000), que postula que tal relação não é simplesmente marcada por um determinismo biológico, nem é meramente acidental. A autora postula o abandono das teorizações baseadas no determinismo biológico ou no fundacionalismo biológico, e advoga relações mais móveis entre corpo, gênero, sexualidade e muitos outros marcadores sociais da diferença:

> Defendo que a população humana difere, dentro de si mesma, não só em termos das expectativas sociais sobre como pensamos, sentimos e agimos; há também diferenças nos modos como entendemos o corpo. Consequentemente, precisamos entender as variações sociais na distinção masculino/feminino como relacionadas a diferenças que vão "até o fundo" – aquelas diferenças ligadas não só aos fenômenos limitados que muitas associamos ao "gênero" (isto é, a estereótipos culturais de personalidade e comportamento), mas também a formas culturalmente variadas de se entender o corpo. Essa compreensão não faz com que o corpo desapareça da teoria feminista. Com ela o corpo se torna, isto sim, uma variável, mais do que uma constante [...] (NICHOLSON, 2000, p. 15).

O desafio então é pensar essa mobilidade toda no contexto brasileiro atual, associando debates na arena da grande política com informações sobre corpo, gênero, sexualidade, a interagir com outros marcadores. O exercício analítico que vou empreender aqui é continuação daquele esboçado em Seffner (2016), e continuado de modo disperso em outros textos de minha autoria, particularmente aqueles em que se abordam o movimento "escola sem partido" e o movimento "ideologia de gênero"[78]. A questão principal levantada no artigo acima citado era:

---

78. O conjunto de textos e participações em eventos debatendo tais temas está disponível em http://lattes.cnpq.br/2541553433398672 Acesso em 02/06/2020.

> Em seu clássico texto "Gênero: uma categoria útil de análise histórica", Joan Scott comenta que "Uma vez que, aparentemente, a guerra, a diplomacia e a alta política não tem a ver explicitamente com essas relações, o gênero parece não se aplicar a estes objetos, continuando, assim, a ser irrelevante para o pensamento dos/as historiadores/as preocupados/as com questões de política e poder" (SCOTT, 1995, p. 76). O tempo do gênero e da sexualidade fazendo parte da alta política parece ter chegado. Que consequências isso pode trazer? (SEFFNER, 2016, p. 1).

Observando o largo tempo histórico percorrido desde a edição primeira do clássico de Joan Scott, que é de 1988, me coloquei como tarefa uma especulação: as questões de gênero e sexualidade vêm se deslocando, ou sendo deslocadas, para o centro da arena política. Isso as torna inseparáveis da luta pela democracia, em um movimento que também se verifica com o tema da raça, como se pode ver na campanha "Enquanto houver racismo, não haverá democracia"[79], e na produção acadêmica que lhe acompanha, como em Ribeiro (2019). Os debates e as demandas acerca de gênero, sexualidade e raça por largo tempo pareciam dizer respeito apenas as chamadas minorias. Sua progressiva aproximação com o campo dos direitos humanos e da luta democrática transferiu as lutas de arenas essencialmente identitárias para a arena da chamada grande política. Tal como afirmado para raça, afirmamos aqui que gênero e sexualidade são questões estruturantes da vida em sociedade, e compareçam hoje, mesmo quando não nomeadas diretamente, nos impasses que cercam grande conjunto de temas nas casas legislativas, no executivo, no judiciário e em categorias produzidas pela ciência política para análise dos impasses da democracia, sem contar sua forte presença nos movimentos sociais.

Dizer que a cisheteronormatividade busca reforçar os estereótipos de gênero mais tradicionais não é exatamente uma novidade. Ocorre que com isso, as 'falas' da norma costuram de modo decisivo gênero e sexualidade com o debate da grande política. Mais ainda, as ações para fazer prevalecer a norma caminham no contexto atual brasileiro num claro sentido de virilizar a política e assegurar o predomínio masculino. Em verdade, de um certo masculino, que implica a consequente submissão do feminino e de determinadas

---

79. Mais informações em https://comracismonaohademocracia.org.br/ Acesso em 03/06/2020.

outras formas de viver o masculino. Essas estratégias confirmam que gênero e sexualidade são elementos estruturantes da vida em sociedade, e não, como por vezes se escuta, 'questões menores' ou apenas 'questões de costumes' ou temas dos quais, quando se fala, é para desviar as atenções daqueles 'realmente importantes'. Também confirmam que a cisheteronormatividade vai muito além de ocupar-se apenas com os afetos e a orientação sexual das pessoas, ela é um regime político de distribuição de poder. Rich (2010) toma a heterossexualidade compulsória como uma instituição que, de modo primordial, retira poder das mulheres, e também percebe a "heterossexualidade como uma instituição econômica" (RICH, 2010, p. 34). A autora reitera que "precisamos de uma economia que compreenda a instituição da heterossexualidade e a dupla carga de trabalho das mulheres, além da divisão sexual do trabalho como a mais idealizada das relações econômicas" (RICH, 2010, p. 43). Monique Wittig também toma a heterossexualidade como instituição, por vezes nominada por ela como "pensamento hétero", e afirma que:

> [...] o pensamento hétero desenvolve uma interpretação totalizante da história, da realidade social, da cultura, da linguagem e simultaneamente de todos os fenômenos subjetivos. Posso apenas sublinhar o caráter opressivo de que se reveste o pensamento hétero na sua tendência para imediatamente universalizar a sua produção de conceitos em leis gerais que se reclamam de ser aplicáveis a todas as sociedades, a todas as épocas, a todos os indivíduos (WITTIG, 2010, p. 3).

Segundo Grossi (2018), duas afirmações recorrentes e importantes no pensamento de Monique Wittig são "ser lésbica é um ato político" e "as lésbicas não são mulheres". Essas duas afirmações reforçam a noção de heteronormatividade como um regime político de grande potência na sociedade, sem deixar de lado o caráter ligado às relações de afeto e sexualidade, mas ampliando o escopo de seu uso para a arena da chamada grande política. Nessas afirmações há uma politização do afeto entre mulheres, e uma politização da categoria lésbica. E ao afirmar que lésbicas não são mulheres se ressalta "uma forma de tentar escapar das relações de poder masculino, da sociedade patriarcal, das relações heterocentradas, das relações onde as mulheres estão sempre em lugar de apoio, subalterno nas relações com os homens" (GROSSI, 2018, p. 88). É dentro desse quadro conceitual que buscamos entender a virilização da vida política. Esse movimento de assegurar valores 'verdadeiramente masculinos' e heterossexuais na vida política, econômica, social e cultural brasileira, vem conjugado com a adesão à racionalidade neoliberal. Também se conjuga com um vigoroso traço supremacista branco, e se associa a certos discursos religiosos que combinam forte apego ao regramento moral, ao mesmo tempo que defendem as noções de estado mínimo e sujeito empreendedor. Sujeito esse que é sempre tomado como um sujeito masculino.

Como cheguei a essa preocupação analítica? Em parte, analisando minhas próprias reações frente a dois movimentos: o movimento "escola sem partido" e o movimento "ideologia de gênero". Cada um desses movimentos afeta de modo particular as duas atividades acadêmicas em que me insiro mais fortemente. Na graduação, sou professor de estágios docentes em ensino de História, e atuo como docente e orientador no Mestrado Profissional em Ensino de História – Profhistória. O movimento "escola sem partido" ataca de modo muito direto professores e professoras de História, e busca estabelecer censura sobre as aulas, os conteúdos e os livros didáticos dessa área. Em outro âmbito, na Faculdade de Educação, sou docente no Programa de Pós-Graduação em Educação, e ali coordeno a linha de pesquisa Educação, Sexualidade e Relações de Gênero, além de também coordenar o Grupo de Estudos em Educação e Relações de Gênero Geerge. O movimento "ideologia de gênero" ataca de modo frontal nossos temas de pesquisa nesse âmbito, quando não nos ataca diretamente, via perseguições e linchamento pelas redes sociais.

Nos dois casos, percebi, em mim mesmo, essas reações de riso, deboche, zombaria, descrença, quando manifestações que indicavam a fala da norma surgiram. Em um evento nacional da área de História, tempos atrás, quando um colega apresentou sua pesquisa sobre algo que se definia como "por uma escola sem partido", todos nós consideramos aquilo ridículo, sem sentido, manifestação de gente burra e sem noção etc. A norma se via ameaçada, ao perceber certa politização nos currículos de História, com o forte ingresso do debate acerca do ensino dos temas sensíveis, das questões socialmente controversas, dos passados que nunca passam e da denúncia de crimes dos regimes autoritários e coloniais, conforme discutido em Pereira e Seffner (2018). E a norma falava desse modo para nós risível, defendendo uma escola dita sem partido. Ora, dizíamos nós, é claro que ninguém defende uma escola com partido, esse movimento já nasceu morto. No momento em que escrevo esse texto sei bem o quanto esse movimento cresceu. Incontáveis câmaras municipais aprovaram projetos nesse sentido, mesmo com questionamentos jurídicos. Instalou-se no ambiente escolar um temor difuso e uma ameaça concreta à liberdade de ensinar de professores e professoras de História, conforme se analisa em Penna, Queiroz e Frigotto (2018).

Situação semelhante vivi em um evento internacional de gênero, também anos atrás. Em mais de uma sessão, e nos comentários de corredores, zombávamos da tal "ideologia de gênero", como coisa de malucos, ignorantes, pessoas sem estudo, até de Judith Butler eles falavam, confundindo tudo, não tinham ideia do que era performatividade de gênero. Hoje sei bem o quanto recuamos na possibilidade de discutir questões em gênero e sexualidade nos programas escolares, fruto do ataque de grupos conservadores, que varreram o termo gênero dos planos de ensino. Mais ainda, aprovaram projetos em câmaras municipais e assembleias estaduais com claras ameaças a quem se dispuser a fazer esse debate nas salas de aula, mesmo quando desejado explicitamente pelos alunos e alunas. Numerosas pesquisas mostram a articulação dos discursos antigênero com a racionalidade neoliberal contemporânea (BARZOTTO; SEFFNER, 2020), enquanto outras analisam a dimensão internacional do movimento e suas origens históricas (JUNQUEIRA, 2018) e também seu espalhamento particular no âmbito da América Latina[80].

Todo o campo discursivo da política, no Brasil e no mundo, se moveu, e passou a considerar críveis tais movimentos, bem como as associações conceituais que fazem. Esses movimentos e suas demandas legislativas ganharam também um sentido de necessidade, de colocar as coisas no 'devido lugar', um lugar de onde nunca deveriam ter saído, e conquistaram apoio expressivo no eleitorado. Confesso que ainda sinto vontade de rir frente a tais iniciativas. Mas logo trato de analisar com frieza o que está ocorrendo, e farejo ameaças graves. Em pleno momento de pandemia de Covid-19 e agravamento da si-

---

[80]. O conjunto de publicações do maior mapeamento realizado até o momento no âmbito das lutas antigênero na América Latina está disponível no repositório https://sxpolitics.org/GPAL/ e foi produzido pelo Observatório de Sexualidade e Política (SPW na sigla em inglês), um fórum global composto de pesquisadoras/es e ativistas de vários países e regiões do mundo.

tuação de saúde e econômica no Brasil, me deparo com a onipresente preocupação de muitos parlamentares com as questões em gênero e sexualidade, materializada no Projeto de Lei 2.578/2020[81]:

> Determina que tanto o sexo biológico como as características sexuais primárias e cromossômicas definem o gênero do indivíduo no Brasil.
> O Congresso Nacional decreta:
> Art. 1º O gênero de um indivíduo é baseado no sexo biológico ao nascer e nas características sexuais primárias e cromossômicas.
> Parágrafo Único. Entendem-se como características sexuais primárias e cromossômicas aquelas que o indivíduo possui no momento de seu nascimento.

Como não sorrir frente a uma proposição dessas? Em primeiro lugar, é uma lei para definir quem é homem e quem é mulher. A expressão inicial "o Congresso Nacional decreta", seguida da definição de homem e mulher é, para mim, causadora de acesso de riso. Em segundo lugar, a lei vale apenas no Brasil. Podemos pensar que se você cruzar para a Bolívia já não vale mais o gênero que lhe foi assignado ao nascer, pois você nasceu no Brasil, e não na Bolívia. Como tal tipo de lei não existe em outros países ao nosso redor, a própria legislação levanta uma indagação sobre a norma no Brasil, país onde foi necessário escrever na lei quem é homem e quem é mulher. Em terceiro lugar, ela opera com a noção de origem, tudo está na origem, e depois de feito não pode mais ser modificado. Isso é algo um tanto risível nos dias de hoje, com a forte ênfase de que todos devemos estar sempre nos reinventando. Na justificativa, encontramos o seguinte parágrafo: "O presente projeto, portanto, pretende dar clareza às discussões sobre o assunto e segurança aos legisladores quando os mesmos usarem o termo 'gênero' em suas ações legislativas, de modo que seus textos não tenham o significado deturpado"[82]. Em um momento de plena disputa e guerras culturais, a pretensão legislativa de dar clareza via um decreto soa absurda.

---

81. De autoria do Deputado Federal Filipe Barros (PSL/PR). Inteiro teor do projeto e detalhes de sua tramitação disponíveis em https://www.camara.leg.br/proposicoesWeb/fichadetramitacao?idProposicao=2252276&fichaAmigavel=nao Acesso em 02/06/2020.

82. Inteiro teor do projeto e detalhes de sua tramitação disponíveis em https://www.camara.leg.br/proposicoesWeb/fichadetramitacao?idProposicao=2252276&fichaAmigavel=nao Acesso em 02/06/2020.

Mais uma vez concluo: a norma, quando ameaçada e obrigada a dizer de si, se expressa de modo muito desajeitado. Seu maior efeito persuasivo se dá no silêncio, não quando fala. Mas isso não significa que tais manifestações, como esse projeto de lei, não ganhem adeptos e não produzam efeitos. Pelo contrário, as proposições que a muitos de nós parecem ridículas e desprovidas de sentido, encontram pleno sentido e necessidade de existência em largas parcelas da população. E o que chama a atenção é também o momento da proposição dessa lei. O projeto foi apresentado para iniciar tramitação em doze de maio de 2020. Nesse dia o Brasil bateu o recorde até ali de mortes em 24 horas pela Covid, com 881 óbitos registrados, o maior número em um dia desde o início da pandemia, recorde que depois foi sucessivamente sendo batido. A situação já era, sob todos os aspectos, inclusive o da crise econômica, muito preocupante no país. E temos um deputado ocupado em regrar o gênero dos brasileiros e brasileiras via decreto, no meio da escalada descontrolada da pandemia. Regrar gênero não é então um tema menor, e há que se explorar as conexões entre essas iniciativas e outros elementos da vida política.

Na contramão ideológica do projeto apresentado acima, mas reiterando a afirmação de que questões em gênero e sexualidade se tornaram centrais no debate político brasileiro, temos a tramitação da Sugestão n. 4, de 2020[83], que trata da inclusão do gênero neutro nos documentos oficiais de identificação. Após obter o número de apoios necessários para tramitar – mais de 20 mil subscritores via Programa e-Cidadania – a sugestão está em análise na Comissão de Direitos Humanos e Legislação Participativa do Senado. Curta e direta, propõe que em todos os documentos oficiais de identificação de pessoa física no país seja possível acessar a opção neutro em termos de gênero, ao lado dos já tradicionais masculino e feminino. Na justificativa da proposição, estão citados o respeito aos direitos humanos, de modo particular das populações de travestis e transexuais e não binários. Mais uma vez, temos as questões em gênero e sexualidade na alçada do que estou aqui chamando de arena da grande política. E mais uma vez essas iniciativas mostram a demanda ao estado para que regulamente situações e condições, concedendo a elas cidadania.

---

83. Informações, inteiro teor da sugestão e detalhes da tramitação em https://www25.senado.leg.br/web/atividade/materias/-/materia/141474 Acesso em 25/06/2020.

Como último exemplo dessas situações em que a norma de gênero precisa dizer de si, e o faz via operações no Poder Legislativo, trago a manifestação de repúdio à Universidade Federal de Santa Catarina (UFSC), aprovada pela Assembleia Legislativa do Estado de Santa Catarina (Alesc), em julho de 2020. O fato causador do repúdio foi uma *live* produzida por discentes e docentes da UFSC, que abordou o movimento LGBTQIA+[84]. O que quero destacar aqui é que a nota, na tentativa de explicar claramente o que repudia e porque repudia, coloca em circulação – citando e por vezes tentando explicar o que significam – conceitos como heteronormatividade, não binariedade, tecnologias de gênero, homossexualidade, disforia, teoria de gênero, LGBTQIA+, e se obriga a afirmar que "a sexualidade humana deriva diretamente da característica biológica XY e XX". Feito isso, reconhece que a "democracia pressupõe opiniões antagônicas", mas enfatiza a condenação do debate online promovido, pois ele tem potencial para "confundir o psicológico dos acadêmicos mais vulneráveis, subvertendo a heteronormatividade social", estando aí o grande perigo desses eventos. Para repudiar, é necessário dissertar sobre o assunto, trazer o vocabulário que existe sobre o tema, inclusive reconhecendo certa fragilidade no arranjo da norma. O reconhecimento dessa fragilidade da norma aparece em outro ponto da nota, quando diz que a teoria de gênero pode abrir caminho para "instaurar políticas públicas visando à transformação social", fazendo "ruir gradualmente com os milenares pilares que sustentaram a sociedade até então", e "destruindo a estrutura familiar". A norma, quando se defende e argumenta para que as coisas fiquem como sempre foram, demonstra a possibilidade de que mudanças podem ocorrer, e no caso aqui se vale até de certo tom apocalíptico. O melhor, reitero, é que da norma não se fale, que ela simplesmente exista. Quando ela fala, já está indicada uma situação em que ela não conta com garantias tradicionais para seu funcionamento.

Como nos tornamos esse Brasil onde há necessidade de regrar, de modo explícito, acerca de gênero e sexualidade? Não apenas regrar pela fala de pessoas comuns, mas em dimensão mais ampla, na fala de autoridades públi-

---

84. O relato do embate, com detalhes da nota e placar da votação, está narrado pela assessoria de comunicação da Alesc em http://agenciaal.alesc.sc.gov.br/index.php/noticia_single/mocoes-relacionadas-a-ufsc-voltam-a-provocar-polemica-em-plenario Acesso em 19/07/2020.

cas? Não apenas para regrar no campo conservador, mas também no campo progressista? Como nos tornamos esse Brasil onde uma ministra declara logo após a posse que "atenção, atenção, é uma nova era no Brasil, menino veste azul, e menina veste rosa"[85] para em seguida confirmar a nova orientação dizendo "vamos ensinar os meninos a levarem flores para as meninas, por que não? A abrir porta do carro para uma mulher, por que não?"[86] Tais declarações devemos tomar no sentido literal – aquele usual, denotativo da expressão – ou no sentido figurado – um sentido alterado, conotativo? Será possível nesse contexto estabelecer diferença perceptível entre essas duas modalidades de sentido? E se o presidente da república, quando ainda deputado federal, fazia afirmações do tipo "O filho começa a ficar assim meio *gayzinho*, leva um couro, ele muda o comportamento dele. Tá certo?"[87], devemos considerar isso algo como "força de expressão" ou tomar "a sério?" Se muitos de nós achamos que tais afirmações devem ser levadas a sério, outros acham que não é assim, e aí se inclui a opinião da "namoradinha do Brasil", Regina Duarte: "Mas, quando conheci o Bolsonaro pessoalmente, encontrei um cara doce, um homem dos anos de 1950, como meu pai, e que faz brincadeiras homofóbicas, mas é da boca pra fora, um jeito masculino que vem desde Monteiro Lobato, que chamava o brasileiro de preguiçoso e que dizia que lugar de negro é na cozinha"[88]. Tais episódios o que permitem pensar acerca das conexões entre norma, fazer falar a norma, questões em gênero e sexualidade, virilização da arena da grande política e democracia?

---

85. Reportagem com vídeo da cena em que a afirmação é proferida está disponível em https://g1.globo.com/politica/noticia/2019/01/03/damares-diz-que-video-e-metafora-e-que-meninos-e-meninas-podem-usar-qualquer-cor.ghtml Acesso em 02/07/2020.
86. Reportagem com a declaração oficial em https://noticias.uol.com.br/politica/ultimas-noticias/2019/03/08/damares-vamos-ensinar-meninos-a-levar-flores-e-abrir-porta-para-mulheres.htm?cmpid=copiaescola Acesso em 03/07/2020.
87. TV Câmara. *Programa Participação Popular*, edição de 18 de novembro de 2010. Debate acerca da chamada Lei da Palmada, posteriormente aprovada em 2014 com o nome de Lei Menino Bernardo. Disponível na íntegra e no canal oficial do programa em https://www.youtube.com/watch?v=tq_QsIcx7SA Acesso em 28/06/2020.
88. Notícia da entrevista com diversos excertos das falas disponível em https://veja.abril.com.br/entretenimento/regina-duarte-diz-que-bolsonaro-e-doce-e-homofobia-e-da-boca-pra-fora/ Acesso em 12/04/2020.

Dizer sim e apontar ao futuro na terra do dizer não e fazer culto ao passado

Os movimentos citados acima, movimento "escola sem partido" e movimento "ideologia de gênero", e as ações legislativas de viés conservador que apontamos, operam na lógica do não e do retorno: querem retirar temas dos currículos ou dos debates na sociedade, querem impedir a realização de eventos, querem calar e proibir manifestações, tem uma saudade do passado, exalam nostalgia por um mundo em que mulheres, negros, pobres, jovens, por não terem direitos, tinham participação política restrita ou nula. O grande não que pronunciam é um não aos procedimentos da democracia, e o não às demandas em gênero e sexualidade se alinha a essa estratégia. A valorização do estado mínimo e do sujeito empreendedor da racionalidade neoliberal opera com grande quantidade de negativas aos direitos sociais. Queremos aqui apontar a importância do sim. O primeiro sim é afirmar que nunca no Brasil um governo falou tanto em gênero e sexualidade quanto o atual, na busca de mostrar que não se deve falar nisso. Pode parecer paradoxal, mas na tentativa de reiteradamente condenar temas em gênero e sexualidade (proclamar o não), os governantes passam o tempo todo falando dos ditos temas (dizendo o sim), conforme discutido em Seffner (2020). Tal estratégia de condenação, falando sem cessar do tema do qual se diz que nunca deveria ser falado, derivou inclusive na divulgação, em conta pessoal do presidente da República, de conteúdos de teor suposto pornográfico, no caso da cena envolvendo a prática de *golden shower* no carnaval de 2019[89].

Tais movimentos levam a reiterar o objetivo desse texto: compreender melhor as conexões entre politizar o gênero e generificar a política. Entendemos que não é possível ocupar-se da primeira tarefa – politizar o gênero – sem de modo simultâneo ocupar-se da segunda – tomar categorias da política e generificá-las. Ou se fazem as duas lides, ou nenhuma das duas sai bem-feita. O que venho argumentando aqui se insere em uma tradição já consolidada, na qual pretendo acrescentar modesta contribuição. Vasta literatura acadêmica

---

89. Informações sobre a polêmica podem ser vistas em https://g1.globo.com/politica/noticia/2019/03/06/apos-postar-video-com-pornografia-bolsonaro-pergunta-o-que-e-golden-shower.ghtml Acesso em 24/06/2020.

feminista, desde muito tempo, define gênero em clara conexão com a política, e um volume menor de trabalhos acadêmicos, mais recentes, se ocupa de mostrar que decisões e estratégias políticas são profundamente generificadas, mesmo – e especialmente – quando não citam nada em termos diretos em gênero. Se tomamos a esfera da política como aquela que lida com a distribuição das relações de poder, gênero foi definido desde o momento inicial de seu uso corrente como amplamente implicado com política. Recordamos a afirmação clássica "o gênero é uma forma primária de dar significado às relações de poder" (SCOTT, 1995, p. 86), e a partir dela podemos pensar em muitos modos de conexões de gênero com política, como em parte já fizemos com a cisheteronormatividade.

A percepção do mundo da política e das políticas públicas como generificadas é mais recente. Apenas para citar de passagem, pensando no Brasil e dentre muitos artigos, Farah (2004) mostra que desde a década de 1980 temos uma incorporação da perspectiva de gênero no desenho de políticas públicas no Brasil, e Meyer et. al. (2014) analisam as conexões entre políticas públicas, vulnerabilidade e feminização. A agenda de lutas do movimento feminista cruzou com o movimento de reforma do estado, fruto dos processos de maior participação democrática e das diretrizes da Constituição Federal de 1988, e cada vez mais marcou as políticas públicas. Marcou inicialmente por declinar o sujeito mulher, e posteriormente foi indicando o caráter relacional das relações de gênero e nomeando os homens. Em outra direção, Silva (2016), ao analisar a Política de Redução de Danos para o uso de substâncias psicoativas, mostra que "termos como usuário, dependente, droga, substância, autonomia, dentre outros utilizados de forma naturalizada na política" (SILVA, 2016, p. 9) trazem consigo evidentes marcas de gênero, indicando territórios do masculino e do feminino, embora sem citar, de modo objetivo, nem gênero, nem homens, nem mulheres, e acabam por estabelecer hierarquias entre eles.

O que chama a atenção no cenário político atual são reiteradas manifestações do que nomeamos no título desse capítulo de virilidade política. Parece não bastar mais ser apenas um homem heterossexual branco, casado, católico, cidadão de bem exercendo um cargo político. Há que marcar a masculinidade com superlativos. Ela é reificada por referências à família, filhos, força, passado de atleta, pertença militar, soluções violentas para problemas sociais. Mas também por constantes falas de duplo sentido envolvendo sexo e gênero, em frases ditas por integrantes homens do primeiro escalão do governo, como "nós voltamos a namorar" (para se referir ao retorno das boas relações com o presidente do congresso)[90]; "você faria um troca a troca com outro ministro" (presidente comentando a necessidade de um ministro dar lugar a outro ao seu lado)[91]; "ela queria um furo, ela queria dar o furo a qualquer preço contra mim" (criticando matéria de uma repórter mulher)[92]; "Bolsonaro está com uma fixação no Doria" (fala de um deputado em relação ao presidente)[93]. A listagem é enorme, e pode ser conferida navegando nas páginas dos grandes jornais. Já tivemos autoridades, e inclusive presidentes, com falas polêmicas sobre temas sexuais – lembramos aqui Lula ao dizer que as feministas do partido tinham grelo duro[94], e Collor a proclamar que tinha aquilo roxo[95] – mas certamente o volume de frases desse teor no atual governo é absolutamente mais elevado do que tudo que já se viu na história política brasileira. Uma possibilidade de explicação para tal comportamento está no que anunciamos no primeiro item desse texto. A tentativa de virilizar a grande política, fazer dela um local quase exclusivo para homens brancos, mais velhos, cisheterossexuais, do centro sul do país, com notório pertencimento religioso a denominações evangélicas e com família "de bem" constituída, parece ter feito com que certos atributos de masculinidade se transferissem para o com-

---

90. Reportagem explicitando o contexto na revista *Valor Econômico*, 14/05/2020. Disponível em https://valor.globo.com/politica/noticia/2020/05/14/bolsonaro-voltamos-a-namorar-est-tudo-bem-com-o-rodrigo-maia.ghtml Acesso em 20/07/2020.

91. Reportagem explicitando o contexto no site Congresso em Foco, 13/08/2019. Disponível em https://congressoemfoco.uol.com.br/governo/treze-frases-de-bolsonaro-de-natureza-sexual-e-machista/ Acesso em 18/07/2020.

92. Edição do *Correio Braziliense*, 18/02/2020. Disponível em https://www.correiobraziliense.com.br/app/noticia/politica/2020/02/18/interna_politica,828834/bolsonaro-sobre-reporter-da-folha-ela-queria-dar-um-furo-jornal-reage.shtml Acesso em 17/07/2020.

93. Frase do deputado Alexandre Frota, reportagem do UOL do dia 4 de setembro de 2019. Disponível em https://noticias.uol.com.br/politica/ultimas-noticias/2019/09/04/frota-usa-termo-sexual-para-retrucar-bolsonaro-apos-declaracao-sobre-doria.htm Acesso em 17/07/2020.

94. Reportagem do *Jornal Extra* comentando o caso, 17/03/2016. Disponível em https://extra.globo.com/noticias/brasil/lula-chama-feministas-do-pt-de-mulheres-do-grelo-duro-internautas-reagem-18897069.html Acesso em 20/07/2020.

95. *Fac-símile* da edição do *Jornal do Brasil*, 04/04/1991. Disponível em vídeo em https://www.youtube.com/watch?v=GW-u_6OGYhc Acesso em 20/07/2020.

portamento das autoridades, tendo nesse comportamento uma importância política estruturante dos discursos. Um dos mais evidentes são as constantes alusões justamente aquilo que, em princípio, tais governantes afirmam que não se deve falar, do sexo e do gênero.

A partir dos estudos de Safatle (2020; 2019) e Marks (2020) sobre as formas de vida fascistas no contemporâneo e os vínculos fascismo e questões de gênero, visualizamos conexões importantes entre a) o regime político atual brasileiro de características marcadamente fascistas; b) os ataques às mulheres e ao feminismo com elementos de misoginia e c) a virilização da política via performances públicas masculinas que acentuam determinados traços do que podemos classificar como masculinidades patriarcais. Seguindo pistas colhidas nas obras dos autores indicados, e operando com as noções de norma e cisheteronormatividade como sistema político enunciadas acima, verificamos que a ênfase em comportamentos masculinos viris não é detalhe trivial, mas, ao contrário, elemento estruturante das manobras na grande arena política. Especialmente a partir dos artigos e exposições públicas do pensamento de Safatle acerca da presença fascista no Brasil contemporâneo, tomamos quatro conjuntos de características para identificar uma forma fascista de vida ou um discurso fascista em nosso meio, e cruzamos isso com a produção de performances masculinas[96]. Capturamos exemplos de falas e atitudes do atual presidente da República, e costuramos com outras manifestações semelhantes expressivas dos cidadãos comuns, para dar conta do anunciado no título, conexões entre a virilidade política e a masculinidade do homem comum, em um período histórico que cobre cerca dos últimos dez anos.

O primeiro conjunto de características a identificar formas fascistas de vida no contemporâneo brasileiro é certa combinação entre violência e brutalização das relações sociais. Há uma sensação difusa de impotência frente ao que vem sendo chamado de "o sistema", especialmente entre largo espectro de homens, que se sentem humilhados pelo não reconhecimento de seus "di-

---

96. Uma visão sintética desses quatro pontos está enunciada no TV Cult – O que é fascismo, com Vladimir Safatle. Disponível em https://www.youtube.com/watch?v=_ypurfdlPmU&feature=share&fbclid=IwAR0kIlzrKcu8vV1W9n8cUFkhU4CxDdEBpLYkTwR_Q1n12GO-ZydHqHA-nIYI Acesso em 02/07/2020.

reitos". Essa expressão "meus direitos" no mais das vezes faz referência a um passado mítico, e carrega uma retórica da perda de privilégios – percebidos, é claro, como direitos – cuja origem se perde no fim dos tempos. Isso caracteriza uma tradição – inventada com certeza, como de resto todas as tradições o são, mas aceita de modo consensual por esses homens como elemento fundamental que fornece a base da boa sociedade. A tradição a que nos referimos se ancora no "contraste entre as constantes mudanças e inovações do mundo moderno e a tentativa de estruturar de maneira imutável e invariável ao menos alguns aspectos da vida social" (HOBSBAWM, 1984, p. 10). O território da vida social aonde esses embates acontecem, visando preservar privilégios, é aquele das questões em gênero e sexualidade, em que a masculinidade hegemônica está confrontada com o avanço de direitos e conquistas do feminismo e do movimento LGBTQIA+. O recurso ao discurso da tradição incide com mais frequência "quando uma transformação rápida da sociedade debilita [...] os padrões sociais para os quais as 'velhas' tradições foram feitas, produzindo novos padrões com os quais essas tradições são incompatíveis" (HOBSBAWM, 1984, p. 12). É nesse campo de luta que aparecem as marcas de gênero e sexualidade do primeiro traço de emergência de vidas fascistas entre nós.

Poucas vezes esses enfrentamentos entre tradição e inovação são claramente enunciados ou percebidos com nitidez, articulando cada etapa do raciocínio, por quem acredita na importância das tradições. O mais comum, conforme citado acima, é o uso de expressões vagas e de pretenso vigor histórico como "milenares pilares que sustentam a sociedade", e a sua repetição à exaustão. A sensação difusa de perda de poder, combinada com a humilhação tanto pela impotência frente ao "sistema" e suas burocracias quanto pelos avanços na conquista de direitos "pelos outros", tem levado um número expressivo de homens a apoiar candidatos que se enunciam como contrários ao sistema. As rotineiras pesquisas de opinião na corrida presidencial de 2018, e aquelas realizadas ao longo do mandato do atual presidente, indicam uma visível preferência de seu nome entre homens, inclusive aqueles de maior renda e maior escolaridade, dado que não se modificou substancialmente ao longo dos últimos três anos. As manifestações que alicerçaram o Movimento Ele Não ou #EleNão, majoritariamente lideradas por mulheres, com amplitude não apenas no Brasil. mas em muitos outros países do mundo, tiveram expressão pública mais intensa no dia 29 de setembro de 2018, um sábado. Esse movimento constituiu não apenas o maior ato de protesto já realizado por mulheres contra um candidato à corrida presidencial no Brasil, como também a mais numerosa concentração popular dentre os atos de campanha no contexto daquela corrida presidencial. No momento em que escrevo esse texto mais uma pesquisa de opinião vem a público, indagando acerca da avaliação dos atos do presidente da República no enfrentamento da pandemia de Covid-19, e os resultados mostram que "no conjunto, 46% dos entrevistados o desaprovam e 43% o aprovam. [...] Bolsonaro é mais popular entre homens (49%) do que entre mulheres (aprovação de 37%)"[97].

Apresentar-se como "outsider" do jogo político, com discurso de ataque às instituições, não importando se elas são instituições democráticas ou não, e de ataque à própria democracia enquanto valor político, carrega consigo elementos viris evidentes. Um desses elementos é o uso recorrente da palavra 'mito' entre seus apoiadores, para referir-se a Bolsonaro. Navegando pela web em notícias ou matérias curtas que comentam esse uso, tanto entre apoiadores quanto críticos, um conjunto de constatações se repete: o presidente tem como nome do meio Messias; sua adesão ao politicamente incorreto o qualifica para ser um mito; a truculência para dizer as coisas é percebida como originalidade e franqueza; valores morais conservadores operam como força fundante do mito; ênfase na mistura de situação de crise econômica com repetição de partidos na política indicando a necessidade de alguém que venha de fora para romper "com tudo". Todos esses elementos são claramente associados ao campo da masculinidade e da virilidade. Outro elemento associado à ideia de "outsider" é a figura de herói que luta em favor do povo, mas é contido pelas amarras do sistema, conforme discutido em Nobre (2020), e claramente visível em *slogans* de apoiadores como "deixem Bolsonaro governar", "deixem o cara trabalhar", "a turma que perdeu a eleição em 2018 não deixa o presidente governar", "o congresso não deixa o presidente governar", "abaixo STF que não deixa o presidente governar". A ideia de um herói acorrentado,

---

[97]. Relatório completo da pesquisa, no site da empresa que a realizou. Disponível em https://www.poder360.com.br/datapoder360/aprovacao-do-governo-bolsonaro-sobe-para-43-desaprovacao-esta-em-46/ Acesso em 24/07/2020.

que se considera titã, que tem passado de atleta que faz lembrar Atlas seu irmão, sofrendo numa trama de poder e resistência porque roubou algo dos deuses para doar aos homens, já tendo sobrevivido a uma facada e ao contágio da Covid-19, faz lembrar a história mitológica *O Prometeu acorrentado* (ÉSQUILO, 1993), narrativa que jamais poderia se aplicar a uma mulher nos termos em que foi concebida.

Citamos acima a figura presidencial, mas nos diálogos com trabalhadores empresários de si mesmos, que sistematicamente coletamos, essa sensação de herói acorrentado é frequente, como podemos ver em declarações de motoristas de aplicativo do tipo "a prefeitura não deixa a gente trabalhar", "os fiscais de trânsito não deixam a gente estacionar para pegar passageiro", "o governo quer cobrar taxas e isso dificulta nosso trabalho", "querem estabelecer horários e documentação, isso impede a livre concorrência e prejudica o meu trabalho", "eu acordo cedo e começo a trabalhar e pelo meio do dia vem aquela burocracia do trânsito me atrapalhar e me sugar". A demanda para ser herói é receita masculina que se aplica a todos e todas, inclusive crianças, como se vê em um conjunto de declarações do presidente insistindo no retorno às aulas presenciais na educação básica no contexto da pandemia, com frases do tipo "as crianças têm que voltar à escola", "tem que enfrentar a chuva, pô! Tem que enfrentar o vírus", "não adianta se acovardar", coletadas aleatoriamente entre maio e junho de 2020[98]. Tais declarações não deixam de provocar riso, vindas de quem desde muito defende a educação doméstica ou familiar, de modo a não expor as crianças à "doutrinação do marxismo cultural" nas escolas. O distanciamento social exigido pela pandemia transformou o mundo na maior experiência planetária de educação doméstica jamais vivida pela humanidade desde a invenção da escola moderna.

O segundo conjunto de características para identificar a presença de formas fascistas emergentes na sociedade brasileira contemporânea diz respeito a um patriotismo militarizado com forte conteúdo paranoico, levando a ações tanto de exaltação do estado nação quanto de proteção contra "os outros" que

---

98. Exemplo das declarações pode ser visto em reportagem do jornal *O Globo*, 16/04/2020. Disponível em https://oglobo.globo.com/brasil/contrariando-recomendacoes-da-oms-bolsonaro-volta-defender-reabertura-de-escolas-24376739 Acesso em 20/06/2020.

podem ameaçar nosso espaço vital verde amarelo. Ser patriota é, entre outras coisas, jamais criticar o país, estabelecendo uma linha de estreita vinculação entre país, nação, cidadãos, governo e presidente da República. Exaltar o que está sendo feito pelo governo, associado a exaltar o Brasil, pode levar a afirmações do tipo "Como a passagem da pandemia no Brasil será registrada no futuro? [...] O Brasil vai ser um exemplo positivo para o mundo. Usamos o que tem de mais moderno. Criamos critérios técnicos e seguimos em cima deles. Vamos ganhar essa guerra", afirmação feita pelo ministro interino da Saúde em entrevista[99], em contexto de unanimidade internacional em relação à situação de quase total descontrole da pandemia de Covid-19 no país. O aspecto paranoico em relação 'aos outros' tem muitas manifestações. Há necessidade de se proteger dos migrantes, dos refugiados, dos que não são bons brasileiros, das estratégias chinesas de controle do mundo, das ideias comunistas, da influência de Cuba, do reconhecimento facial, da inserção de chips em nossos corpos no momento da vacinação, do perigo de espalhamento da revolução bolivariana da Venezuela entre nós, dos navios espiões que circulam por águas brasileiras, das ideologias que dominam a mente dos incautos, dos exageros da imprensa na cobertura do que ocorre no Brasil, das perguntas indesejadas de jornalistas, dos dados de pesquisas científicas que insistem em não validar soluções miraculosas, de supostos radares ou drones que circulam em nosso espaço aéreo, da fraude nas urnas eletrônicas etc. Se há necessidade de se proteger, há então necessidade de se armar. Amplia-se a possibilidade de acesso a armamento ao cidadão comum – na maior parte, homens, tendo em vista que as armas são objeto de fascínio do mundo masculino, tomadas como verdadeira cura para situações de impotência e humilhação. Com isso, vende-se a ideia de segurança, mas a situação de desequilíbrio de gênero deixa as mulheres em situação de insegurança, o que vale também para homens que não andam armados, o que é o caso da maioria. Considerando que a compra, o registro, o carregamento com munição e a manutenção de uma arma envolvem disponibilidade financeira, aprofunda-se a desigualdade entre ricos e pobres.

---

99. Entrevista completa ao ministro interino da Saúde. Disponível em https://veja.abril.com.br/politica/em-entrevista-pazuello-fala-de-acusacao-de-genocidio-e-rumor-de-demissao/ Acesso em 18/07/2020.

A insistência na ideia de proteção não é apenas individual. Governo civil e exército insistem, há algum tempo, na necessidade de melhor policiar fronteiras, mesmo sem a existência de conflitos com outros países. A insistência nessa necessidade de proteger o Estado-nação redundou em 2020 na renovação dos protocolos de segurança nacional apontando para a possibilidade de conflitos no chamado "entorno estratégico" do Brasil. A edição 2020 do Livro Branco da Defesa Nacional rompe uma tradição que remonta 1999, e indica necessidade de que o país se previna para enfrentar crises e tensões nas fronteiras[100]. O protagonismo nessas manifestações é cem por cento masculino, nomeadamente de militares de alta patente. Há fatores novos que demonstrem a potencialidade de conflito? Dizem os homens autores da nova edição do documento que sim, mas quando perguntados sobre que fatos novos são esses, citam fatos recorrentes pelo menos nos últimos 20 anos: eventuais derramamentos de óleo na costa brasileira, ação de piratas nas costas africanas, pesca predatória com barcos estrangeiros ao longo de todo o extenso litoral brasileiro, rotas de narcotráfico que cruzam o território pátrio, crises humanitárias em países da América Latina, necessidade de controle nas vastas áreas amazônicas etc. Em suma, quando se listam as causas das possíveis tensões e conflitos, verificamos que não tivemos o ingresso de nada substancialmente novo, mas o olhar sobre o que já acontecia agora vê ali a emergência de perigos maiores. Esse olhar tem um gênero claro, é masculino, e um traço claro, é um tanto paranoico. Com isso, o Ministério da Defesa reforça a necessidade de investimento em armamentos. De modo claramente explicitado nas declarações e nos documentos, as forças armadas desejam passar para um orçamento regular e permanente de 2% do Produto Interno Bruto (PIB), substancial elevação do patamar atual, que é de 1,4% do PIB. O traço paranoico militar, que potencializa o discurso do medo como afeto político que unifica os brasileiros contra 'os demais', implica virilização da sociedade, com mais armas, mais controles, mais vigilância, maior quantidade de militares, em geral homens, em atuação.

---

100. Notícia completa em https://g1.globo.com/politica/noticia/2020/07/16/em-documento--ministerio-da-defesa-ve-risco-de-crises-e-tensoes-no-entorno-estrategico-do-brasil.ghtml Acesso em 22/07/2020.

O terceiro conjunto de características a indicar a presença de formas fascistas de vida na sociedade brasileira diz respeito às demonstrações de forte insensibilidade à violência ou aos infortúnios que acometem as populações mais vulneráveis. Só há espaço para manifestação de solidariedade com aqueles que fazem parte do 'nosso' círculo. Esse 'nosso' círculo indica um 'nosso' que em geral se refere à minha família, aos adeptos da minha religião, aos membros da minha rede social, aos integrantes da minha corporação militar ou policial, aos vizinhos do meu condomínio. Fora isso, não há demonstração de sensibilidade à dor dos demais. Não há solidariedade genérica, base importante da noção de espaço público, não há circulação de afetos políticos, apenas afetos domésticos. O indivíduo que enuncia tudo isso é claramente entendido como viril, possivelmente um homem, mas não necessariamente, e as famílias são vistas na ótica de um agregado que obedece ao poder patriarcal. Esse modo de entender o funcionamento da sociedade lembra em particular uma famosa frase de Margaret Thatcher quando Primeira-Ministra do Reino Unido: "A sociedade não existe. Existem homens, existem mulheres e existem famílias"[101]. A ordem em que os sujeitos estão citados não é trivial, revela hierarquia, o homem encabeça, a mulher segue, a família se constitui. Daí deriva certa noção de cidadania ativa (MASCHETTE, 2020), pedagogia política que visa a produção de um cidadão ativo, empreendedor, de *ethos* claramente viril, e que remete a tradição dos pioneiros que, sem qualquer ajuda do estado ou das políticas públicas, construíram a nação. Aqui também há claramente certa noção de darwinismo social, no sentido de que em um ambiente de ampla competição e liberdade individual os mais fortes, os mais aptos, irão sobreviver, melhorando a espécie e eliminando os fracos.

O discurso virilizante desse projeto político postula que o estado de bem-estar social produz sujeitos fracos, passivos, acostumados a uma cultura da dependência, e isso por conta de um estado que lhes provê tudo, por vezes chamado na versão em inglês de *nanny State* (Estado babá). A cidadania ativa,

---

101. No original, "There is no such thing as society. There are men, there are women and there are families". A entrevista em que tais frases foram ditas ocorreu em 1987, e sua transcrição está disponível no site oficial que guarda o acervo de memória de Margareth Thatcher, em documento localizado especificamente em https://www.margaretthatcher.org/document/106689 Acesso em 12/06/2020.

ao contrário, remete à produção de sujeitos que se responsabilizam integralmente pelo seu sucesso, pela resolução de seus problemas e pelas suas derrotas, novamente num corte de gênero que implica remeter a figura masculina viril, decidida, empreendedora, dotada de forte vontade pessoal e pensamento racional. A sociedade não é vista pela ótica da comunidade que se ajuda, mas sim como conjunto de competidores em concorrência. A concorrência é que gera riquezas individuais, e o país é rico a partir do acúmulo individual. Como corolário desse sistema de pensamento, o sofrimento dos outros, o desemprego dos outros, a falta de acesso de grupos sociais a bens e serviços, a ausência de poupança para fazer frente a infortúnios passageiros não mobiliza afetos políticos de solidariedade genérica. Há uma insensibilidade absoluta em relação a essas existências que 'não dão certo' ou que sofrem com infortúnios, mesmo quando esses infortúnios são resultados de catástrofes imprevisíveis, como pandemias ou desastres naturais. A declaração que me parece sintetizar essa absoluta falta de sensibilidade genérica foi dada pelo presidente em resposta a um jornalista, que lhe pediu alguma manifestação em relação ao grande número de mortos pela pandemia acontecidos naquele dia: "Ô, cara, quem fala de... Eu não sou coveiro, tá certo? [...] Não sou coveiro, tá?"[102] Variações dessa frase são cada vez mais comuns no vocabulário das relações sociais, especialmente em questões de violência contra a mulher ("quem mandou estar vestida daquela forma"), manifestações de homofobia ("era só não ficar correndo atrás de homem que não seria agredido"), moradores em áreas de risco ("a casa foi alagada porque vão morar na beira do rio") etc. Para além de frases, temos atos individuais que mostram essa insensibilidade. Enquanto redigia esse capítulo, um simples olhar na mídia flagrou duas dessas situações: um homem quebrou as cruzes postas nas areias da praia no Rio de Janeiro em lembrança aos mortos da Covid-19 na cidade alegando que estavam ferindo seu direito de passear na praia sem lembrar dessas mortes[103], e um outro sujeito, também homem, destruiu a estrutura de balões posta em homenagem às vítimas do desastre na barragem de Brumadinho quando da passagem da

---

102. O vídeo completo desse diálogo, acontecido em 20/04/2020, pode ser assistido em https://www.youtube.com/watch?v=aIpUbYjjdn0 Acesso em 20/05/2020.
103. Reportagem da revista *IstoÉ*, 11/06/2020. Disponível em https://istoe.com.br/no-rio-homem-derruba-cruzes-que-lembram-mortos-pela-covid-19/ Acesso em 20/06/2020.

data de um ano e meio do ocorrido[104]. No limite, esse conjunto de atos e falas indica que tais vítimas nem deveriam existir, não deveriam ser visíveis, não são existências reconhecidas, não chegam à condição de gente, são no máximo coisas, cuja ausência não implica para quem assim os vê nenhuma solidariedade, nenhuma possibilidade de interlocução, nenhuma possibilidade de afetos. De modo escancarado, muito do que se escuta em relação ao Programa Bolsa Família e seus beneficiários traz esse tom acusatório e de humilhação.

O quarto conjunto de características que nos faz ver a presença de formas de vida fascistas no interior da sociedade brasileira, em profunda imbricação com pedagogias do gênero e da sexualidade (LOURO, 1999) e produção de masculinidades, é a valorização da liderança ao estilo fora da lei na luta contra o sistema. Podemos pensar aqui nos tantos filmes de policiais – ou ex-policiais aposentados – que advogam que através do estrito cumprimento da lei não será possível chegar à punição dos culpados, e então iniciam uma carreira solo fazendo justiça com as próprias mãos. Todos nós fomos um tanto pedagogizados para apreciar esses tipos, sempre masculinos, que são duros, vivem sozinhos, são frugais no consumo, sofrem, correm perigos, são desajeitados para manifestar emoções, mas buscam a justiça com um vigor tremendo. Que cometam deslizes e violências é algo que muitos de nós perdoamos, algo como os fins justificam os meios, e no fundo eles têm bom coração, já demonstrava Regina Duarte publicando vídeo que se refere ao presidente da República, e no qual se escuta "Ele foi traído inúmeras vezes. Inúmeras, inúmeras. Então, a gente tem que falar pro coração dele; que a gente não tem nada a temer. Tem que falar a verdade, sem medo, sem gerar resistência dele, porque ele é muito; Né, ele tá muito..."[105] Esses sujeitos estão acima da lei de um modo particular, porque na verdade querem fazer a justiça que a lei supostamente não faz. Precisam desfrutar da mais ampla liberdade pessoal para atingir seus fins. São sempre homens, é de virilidade política que aqui se fala, mais uma vez.

---

104. Reportagem do site G1 Globo em 27/07/2020. Disponível em https://g1.globo.com/mg/minas-gerais/noticia/2020/07/27/video-mostra-homem-destruindo-homenagem-a-vitimas-de-barragem-em-brumadinho.ghtml Acesso em 30/07/2020.

105. Reportagem do *Correio Braziliense* com transcrição do áudio feita em 06/05/2020. Disponível em https://www.correiobraziliense.com.br/app/noticia/politica/2020/05/06/interna_politica,852050/regina-duarte-publica-audio-sobre-homem-traido-e-falar-ao-coracao.shtml Acesso em 20/07/2020.

A presidência da República é ocupada nos dias de hoje por um homem com essas características, cercado por um sem número de outros homens, e também mulheres, que se associam a essa visão. Grande quantidade de policiais e militares também advoga desfrutar dessa liberdade, que já andou até na pauta de virar lei, conhecida como "excludente de ilicitude". Essa verdadeira "licença para matar" é defendida por conta do medo, da violenta emoção e do elemento surpresa nas ações da polícia, que poderiam levar o policial a matar antes de sequer abordar alguém. O recurso a esse conjunto vago de sentimentos lembra um pouco o já conhecido argumento para isentar os homens que mataram suas companheiras de punição, especialmente quando da descoberta de uma suposta traição, por estarem agindo em "legítima defesa da honra" e "presas de violenta emoção"[106]. A noção deita raízes na legislação do Brasil Colônia, onde efetivamente o marido poderia matar a esposa em caso dessa suspeita. A recorrência desse comportamento está capturada de modo exemplar na abertura do romance *Gabriela, cravo e canela* (AMADO, 1999), em que se narra a execução de dona Sinhazinha e seu amante pelo coronel Jesuíno. Fato em seguida comentado, e comemorado, no bar do seu Nacib, com elogios ao coronel por, sobretudo, manter sua honra intacta, e nisso estamos falando de um acontecimento que se passa na década de 1920 na cidade de Ilhéus.

O traço a indicar o surgimento de vidas fascistas entre nós é a colocação desses homens acima da lei, e quanto mais envolvidos na arena da grande política, mais ainda acima da lei, gerando um efeito cascata que faz desse excludente de ilicitude um objeto de desejo de grande contingente de homens. Isso se acompanha da licença para exercer, de modo completo, a liberdade de expressão, sem nenhuma preocupação se com ela produzem-se discursos de ódio ou estimula-se a desobediência das leis acordadas. São tão numerosos os exemplos de falas, não apenas na presidência, mas em todos os níveis da sociedade, e de comportamentos flagrados de policiais em abordagens a demonstrar isso, que se torna até difícil selecionar quais as mais representativas. Escolho algumas das falas presidenciais que sintetizam a conexão entre "não

---

106. Em 12 de março de 2021 o STF Superior Tribunal Federal decidiu por unanimidade invalidar o uso da tese da legítima defesa da honra no julgamento de casos de feminicídio, encerrando longo ciclo de uso desta argumentação pelos tribunais, que favorecia de modo flagrante homens réus confessos de terem assassinado esposas ou companheiras.

gostei de você ou não concordo com suas ideias" e então "desejo que você morra", pois não se trata de um debate político entre oponentes, mas de uma guerra entre inimigos a serem eliminados: "O erro da ditadura foi torturar e não matar" (2016); "Através do voto você não vai mudar nada nesse país, nada, absolutamente nada! Só vai mudar, infelizmente, se um dia nós partirmos para uma guerra civil aqui dentro, e fazendo o trabalho que o regime militar não fez: matando uns 30 mil, começando com o FHC, não deixar para fora não, matando! Se vai morrer alguns inocentes, tudo bem, tudo quanto é guerra morre inocente" (1999)[107]; "Vamos fuzilar a petralhada aqui do Acre. Vou botar esses picaretas para correr do Acre. Já que gosta tanto da Venezuela, essa turma tem que ir para lá" (2018)[108]; "[O policial] entra, resolve o problema e, se matar 10, 15 ou 20, com 10 ou 30 tiros cada um, ele tem que ser condecorado, e não processado" (2018). Daí ao envolvimento desses sujeitos com milícias, que agenciam de modo privado o cuidado de comunidades, substituindo o Estado e criando leis próprias, é um passo a indicar que não apenas o sujeito se coloca acima das leis, como passa a produzir as leis, em associação com outros.

Pecados velhos fazem sombras compridas

Os quatro conjuntos de características que acima descrevemos para indicar a existência de modos de vida fascistas entre nós, e acentuar neles as questões de produção das masculinidades, da cisheteronormatividade e de questões de virilidade e sexualidade, constituem um primeiro passo no caminho de estabelecer conexões entre categorias da ciência política e os estudos em gênero e sexualidade. O ideal da cisheteronormatividade é um funcionamento silencioso. Mesmo quando circulam, à vista de todos e todas, pessoas que desafiam seus preceitos. O sujeito gay que "conhece seu lugar" (no salão de beleza, por exemplo), a lésbica que "é discreta" (eventualmente assumindo um papel de professora solteirona), homens que se vestem de mulher apenas

---

107. Reportagem do jornal *Folha de S. Paulo*, 28/03/2019. Disponível em https://www1.folha.uol.com.br/poder/2019/03/veja-10-frases-polemicas-de-bolsonaro-sobre-o-golpe-de-1964-e-a-ditadura-militar.shtml Acesso em 20/07/2020.
108. Revista *Exame*, 03/09/2018. Disponível em https://exame.com/brasil/vamos-fuzilar-a-petralhada-diz-bolsonaro-em-campanha-no-acre/ Acesso em 20/07/2020.

em caráter muito reservado (uma festa privada), são tolerados, e no mais das vezes não fazem a norma falar. Existem para demarcar as fronteiras que não se deve atravessar, para melhor entender o que é ser um homem de verdade, uma mulher de verdade. São conhecidos, mas não são reconhecidos. Existem como vidas menores.

Ocorre que tivemos uma sociedade brasileira que se organizou para lutar pelo final da ditadura militar, que se envolveu no processo de construção da Constituição Federal de 1988, e que lutou pelo aprofundamento do regime democrático. Com isso, produziu um vigoroso movimento de proliferação de identidades culturais. A produção de identidades é uma produção de novos sujeitos, e ela implicou a busca por novos direitos. Fez valer a definição de que democracia é um regime de invenção de novos direitos, de constante ampliação de direitos. Para os marcadores gênero e sexualidade esses novos sujeitos e seus direitos implicaram visibilidade e reconhecimento. A retórica do sentimento da perda é em boa medida daí derivada. O governo que temos atualmente parece buscar a produção de novos sujeitos, recuperando direitos perdidos ou ameaçados, e com isso precisa barrar, ou pelo menos dificultar, o reconhecimento dos sujeitos criados no período de ampliação da densidade democrática. Não é mais possível calar, a norma precisa falar, se defender, estabelecer novas demarcações. E para fazer isso a todo momento precisa falar desses outros que deseja reprimir ou conter.

Há certa similaridade entre as demonstrações de virilidade das autoridades e o que chamo no título desse capítulo de homem comum. Exemplifico para melhor compreensão. Servi-me tanto de declarações dos sujeitos da grande política quanto de cenas regulares da vida pessoal onde estive envolvido com sujeitos comuns, pois, a um cientista social, o mundo é seu laboratório. Entro no veículo, cumprimento com muita cortesia, puxo conversa, e logo encaminho para o tema que me interessa: como aquele sujeito veio parar ali, e quais suas impressões sobre a experiência como trabalhador de plataforma de aplicativos de transporte. Tanto as minhas perguntas quanto as respostas que escuto dos motoristas se repetem com notável semelhança. Passei a vida procurando diversidade e diferença nas pesquisas, agora me dou conta que "observar a variedade humana é algo que pode dar prazer, mas observar a mesmice humana também" (McEWAN, 1999, p. 10). Agrada-me essa repetição, foi ela que despertou minha curiosidade. E essa semelhança está dada por falas que conectam regimes políticos com modos de ser homem. Valores fundantes dessa masculinidade, que estamos chamando de normal, se associam com estruturas políticas amplas. O sujeito veio parar ali por demissão ou por esgotamento de oportunidades em área de atuação tradicional. Esse movimento de trânsito entre o trabalho anterior e a ocupação atual é em geral descrito por frases de heroísmo típicas da masculinidade, como "eu resolvi me lançar", "eu já estava cansado da minha vidinha", "eu sabia que podia mais", "eu queria andar na minha velocidade, não ficar esperando pelos outros".

Na continuidade da conversa, há uma exaltação das noções de liberdade pessoal e não subordinação a chefias, expressas em frases do tipo "aqui eu faço meu horário", "aqui eu é que organizo meu dia", "sou eu que decido a hora de começar e de parar", "agora eu sou meu próprio patrão". O uso recorrente do pronome na primeira pessoa do singular revela um protagonismo que tem gênero, é masculino, mesmo quando a motorista é uma mulher. Com cautela, encaminho a conversa para a delicada questão da proteção social, por vezes me valendo de alguma observação feita pelo motorista, do tipo "ralei o joelho por conta da embreagem desse carro, que é muito dura, tive que parar uns dias de dirigir". Para meu espanto, muitos motoristas recusam alguma proteção da plataforma ou do estado, por vezes chamando a estrutura de cuidado social de "favor" ou de "estímulo à preguiça". Se abordo a questão previdenciária, escuto que "por ora não estou pensando nisso, pois tenho que aplicar em outros projetos de vida", ou "sempre se pode ir diminuindo um pouco o trabalho a cada dia, aposentadoria não é para mim", essa última frase indicando completa superposição entre viver e trabalhar, até ao dia de morrer. E dita em tom claro de exaltação da virilidade.

Há uma mistura entre ordem e desordem nas falas. Por um lado, são vigorosas as denúncias que faz esse meu motorista padrão de aplicativo em relação à corrupção, ao desregramento moral, à falta de limites. Tem que haver ordem, militares, mais polícia, o presidente está certo, tem que fazer "sinal de arminha" com as mãos, para mostrar que há limites. Por outro lado, o sujeito deseja trabalhar sem regramentos, e sem limites. É um empresário de si mesmo, quer fazer as coisas do jeito que lhe for melhor, e critica então todos os regramentos que sobre ele recaem. Essa oscilação entre tais extremos me deixa confuso. Afinal, como já tratamos acima, no que devemos acreditar daquilo que está sendo dito? Se tomamos o caso do presidente, essa *performance* se amplifica. Seguindo de perto as ideias de Safatle nos textos já referidos, as afirmações absurdas que escutamos, reforçando os traços viris, se dão num ar de mistura entre militar e palhaço de circo. São para levar a sério? Mais uma vez penso: a norma, quando obrigada a dizer de si, a se defender, produz falas aparentemente confusas, pois o melhor da norma é calar, não falar. Se abandono a dicotomia que indiquei, oscilação entre postura militar e palhaço de circo, a segunda imagem que me ocorre é aquela do sujeito tosco, endeusado por muitos por ser então original: ele fala sem fazer concessões ao politicamente correto. Também aí a norma, ao buscar estabelecer os limites que garantam a velha ordem, fala de um jeito que causa aparente confusão. Tomo essas aparências de confusão como projeto político, não acho que sejam apenas acidentais. Em suma, não há incompetência, há projeto político. Mesmo assim, como já comentei mais acima, não resisto ao riso, embora tenha temores. O que é real e o que é apenas bravata? Essa mistura de ordem e desordem, de lei e anomia, parece indicar o surgimento de formas de vida fascistas entre nós. Também parece indicar os perigos que nos rondam quando a norma ousa falar, mesmo que consideremos suas falas atrapalhadas. Mesmo sem dizer de modo claro, ou dizendo nessa mistura de posições, os discursos de virilização da política assumem a violência, legitimam o racismo, não condenam a discriminação, são tolerantes com a homofobia, estimulam a misoginia, contribuem ativamente para a produção de estigmas sobre todos aqueles que afrontam a norma. São pecados velhos da sociedade brasileira, a lançar sombras compridas, mas que andaram um tanto ofuscadas pelas luzes da democracia, para usar a velha retórica iluminista e o conhecido ditado popular.

    O que o título do capítulo tem a ver com essas proposições de análise? A frase inicial que anima o título, não há nada tão raro quanto o normal, foi extraída tal qual do livro *Confissões*, de William Somerset Maughan (2006). Nesta obra, o autor faz reflexões sobre um conjunto de temas e sobre sua própria trajetória de escritor de sucesso desde o primeiro livro publicado, o que o fez ser mal visto por boa parte da crítica. Ao abordar a questão do talento e da criatividade nas artes, afirma que, mesmo quem chamamos de gênio, tem um mundo particular tal qual o dos homens comuns. Afirma também que aquilo que o gênio comunica, e que o faz ser reconhecido, só indica que ele é "supremamente normal". Por outro lado, há elementos que o distinguem, pois ele consegue não se dirigir apenas a um ou outro, mas a "todos os homens"[109]. Essa complexa situação que envolve ruptura e continuidade entre ser normal e ser gênio, entre ter qualidade e ser popular, faz com que Somerset Maugham conclua: "Aqui se aplica a lição de anatomia: não há nada tão raro como o normal". (MAUGHAM, 2006, Loc. 1049 eBook Kindle). É da biologia que ele retira os termos que sustentam a frase, que, à primeira vista, parece incompreensível. Esse conjunto de articulações entre ser normal e ser gênio também ajuda a explicar a segunda parte do título: do homem comum à virilidade política em tempos conservadores. Mais ainda, ajuda a salientar alguns traços do que entendemos aqui por normal e norma e suas articulações, necessárias para traçar formas de resistência em tempos difíceis.

Esse capítulo abre com uma cena da cultura escolar, onde a norma tem que dizer de si. A partir dali, avancei para outros territórios, sempre buscando saber dos caminhos da norma, e mostrando seus esforços de manutenção da ordem em estreita conexão com o surgimento de formas de vida fascistas entre nós, tarefa que envolve regramentos em gênero e sexualidade. Da escola para outros espaços me ocupo em explicitar as múltiplas e complexas "paragens" do gênero e da sexualidade, e considero todos esses espaços como formativos, institucionais ou não. Em todos eles temos a forte atuação de pedagogias do gênero e da sexualidade. Assusto-me, mas também me acomete o riso muitas vezes, frente a certas cenas. Mais ainda, alegra-me a presença da insubmissão, sempre a cavar resistências, a colocar a norma em apuros, a obrigar que diga de si. Se de parte das autoridades nesse momento não espero muito em termos de luta contra a norma, conforta-me a permanente energia da parte das ditas

---

109. No livro, publicado originalmente com o título *The Summing up*, no ano de 1938, o autor fala sempre dos homens. Embora se possa dizer que se refere à humanidade ao escrever homens, a leitura da obra não deixa dúvidas de que ele efetivamente pensa nos sujeitos homens, especialmente quando trata de genialidade e autoria, desconsiderando a possibilidade de que as mulheres tenham talento.

minorias na tentativa de dobrar a norma. Particularmente, as populações de travestis e transexuais fazem isso todos os dias, entre sedução e enfrentamento, e termino esse texto com outra cena, daquelas que nos fazem ver a potência das pequenas situações, a indicar a presença da semente de grandes energias de mudança.

O bar fica localizado em uma avenida movimentada no extremo da zona norte de Porto Alegre, a meio caminho entre locais de concentração de caminhoneiros que pernoitam na cidade. Abre às 19h e fecha no amanhecer do dia seguinte, em horário incerto, a depender do movimento. Estou lá com um orientando, acompanhando travestis que se prostituem nas redondezas, e vêm ali para comer e beber algo. Estamos buscando informações sobre os modos de prevenção à Aids entre elas, nas suas negociações com a clientela, preferencialmente com os motoristas de caminhão[110]. Vou ao banheiro, que fica no fundo de um corredor cercado de caixas de bebidas. Na porta está escrito, em tinta vermelha, o aviso: "é proibido entrar mais de uma pessoa por vez no banheiro". Acho divertido o aviso, e mais divertido ainda quando abro a porta, e constato que a peça não mede mais do que um metro por um metro, comportando apenas o vaso sanitário. A pia fica lá na frente, no início do corredor, à vista de todos. A norma dos banheiros é que comportem uma pessoa por vez, ainda mais no reservado do vaso sanitário. Dificilmente encontramos avisos indicando isso, pois se trata de algo que parece que nascemos sabendo. O mundo sempre foi assim, uma pessoa de cada vez no banheiro, é óbvio, é assim que tem que ser, dirão muitos. Ali não parece ser assim. Foi necessário colocar um aviso. O silêncio da norma não bastou para conter a contravenção. Naquele bar foi necessário indicar, através de um regulamento, o conteúdo da norma. A indicação foi feita proibindo o excesso – mais do que um de cada vez no banheiro não pode. Converso com o proprietário. Ele diz: "se eu não me cuido, elas (referindo-se às travestis) fazem programa no banheiro,

---

110. Projeto de pesquisa "Avaliação do impacto de projetos de educação sexual e de intervenção com profissionais do sexo, travestis e caminhoneiros no Rio Grande do Sul", financiamento Prosare – Programa de Apoio a Projetos em Sexualidade e Saúde Reprodutiva. "Avaliação de políticas públicas e suas repercussões no campo da saúde e dos direitos sexuais e reprodutivos", Fundação Ford. Informações mais detalhadas no currículo online em http://lattes.cnpq.br/2541553433398672

atendem cliente. A pia era lá no fundo do corredor, eu coloquei aqui na frente. Com o banheiro e a pia elas faziam serviço completo, economizavam no aluguel do quarto". A resistência à norma é processo cotidiano, do menor ao maior gesto, e no exato momento em que você lê esse texto, em muitos lugares essa luta se trava. É isso que amplia as possibilidades de viver no mundo, de aprender com as diferenças, de alargar os modos de ser, de criar alianças e produzir solidariedade.

Referências

AMADO, J. **Gabriela, cravo e canela**. Rio de Janeiro: Record, 1999.

BARZOTTO, C.E.; SEFFNER, F. Escola sem partido e sem gênero: redefinição das fronteiras público e privado na educação. **Revista da Faeeba – Educação e contemporaneidade**, Salvador, v. 29, n. 58, p. 150-167, abr.-jun./2020. Disponível em http://www.revistas.uneb.br/index.php/faeeba/article/view/8105 Acesso em 04/07/2020.

DUMARESQ, L. Ensaio (travesti) sobre a escuta (cisgênera). **Periodicus**, Salvador, v. 1, n. 5, mai.-out./2016, p. 121-131. Disponível em https://portalseer.ufba.br/index.php/revistaperiodicus/article/view/17180/11337 Acesso em 12/05/2020.

ÉSQUILO. **O Prometeu acorrentado**. Rio de Janeiro: Zahar, 1993.

FARAH, M.F.S. Gênero e políticas públicas. **Estudos Feministas**, Florianópolis, 12 (1), p. 47-71, jan.-abr./2004. Disponível em https://www.scielo.br/pdf/ref/v12n1/21692.pdf Acesso em 03/06/2020.

FONSECA, M.A. **Michel Foucault e o Direito**. São Paulo: Saraiva, 2011.

GROSSI, M.P. O pensamento de Monique Wittig: dossiê-entrevista. **Cadernos de Gênero e Diversidade**, Salvador, v. 4, n. 02, p. 83-90, abr.-jun./2018. Disponível em https://portalseer.ufba.br/index.php/cadgendiv/article/view/25050 Acesso em 25/06/2020.

HOBSBAWM, E. Introdução: A invenção das tradições. In.: HOBSBAWM, E.; RANGER, T. (orgs.). **A invenção das tradições**. Rio de Janeiro: Paz e Terra, 1984, p. 9-23.

JUNQUEIRA, R.D. A invenção da "ideologia de gênero": a emergência de um cenário político-discursivo e a elaboração de uma retórica reacionária antigênero. **Revista de Psicologia Política**, v. 18, n. 43, p. 449-502, dez./2018. Disponível em http://pepsic.bvsalud.org/pdf/rpp/v18n43/v18n43a04.pdf Acesso em 22/06/2020.

LOURO, G.L. Pedagogias da sexualidade. In: LOURO, G.L. (org.). **O corpo educado: pedagogias da sexualidade**. Belo Horizonte: Autêntica, 1999, p. 7-34.

MARKS, L.U. Which Came First, Fascism or Misogyny? – Reading Klaus Theweleit's Male Fantasies. In: GANDESHA, S. (org.). **Spectres of fascism**. Londres: Pluto Press, 2020. E-book Kindle, Loc. 2.578-2.798.

MASCHETTE, L.C. Thatcherismo e cidadania: razões para o surgimento do conceito de active citizenship no final dos anos 1980. **Revista de História**, São Paulo, n. 179, a09218, 2020. Disponível em https://www.scielo.br/pdf/rh/n179/2316-9141-rh-179-a09218.pdf Acesso em 20/07/2020.

MAUGHAM, W. *Somerset*. São Paulo: Globo, 2006. E-book Kindle.

McEVAN, I. **Amor para sempre**. Rio de Janeiro: Rocco, 1999.

MEYER, D.E.; KLEIN, C.; DAL'IGNA, M.C.; ALVARENGA, L.F. Vulnerabilidade, gênero e políticas sociais: a feminização da inclusão social. **Revista Estudos Feministas**, Florianópolis, v. 22, n. 3, p. 885-904, 2014. Disponível em https://www.scielo.br/scielo.php?script=sci_arttext&pid=S0104-026X2014000300009&lng=pt&tlng=pt Acesso em 20/07/2020.

NICHOLSON, L. Interpretando o gênero. **Revista Estudos Feministas**, Florianópolis, v. 8, n. 2, p. 9-41, 2000. Disponível em https://periodicos.ufsc.br/index.php/ref/article/view/11917 Acesso em 12/05/2020.

NOBRE, M. **Ponto-final: a Guerra de Bolsonaro contra a democracia**. São Paulo: Todavia, 2020.

PENNA, F.P.; QUEIROZ, F.; FRIGOTTO, G. (orgs.). **Educação democrática: antídoto ao escola sem partido**. Rio de Janeiro: Uerj/LPP, 2018.

PEREIRA, N.M.; SEFFNER, F. Ensino de História: passados vivos e educação em questões sensíveis. **Revista História Hoje**, v. 7, n. 13, p. 14-33, jan.--jun./2018. Disponível em https://rhhj.anpuh.org/RHHJ/article/view/427/275 Acesso em 25/06/2020.

RIBEIRO, D. **Pequeno manual antirracista**. São Paulo: Companhia das Letras, 2019.

RICH, A. Heterossexualidade compulsória e existência lésbica. **Bagoas**, v. 4, n. 5, p. 17-44, jan.-jun./2010. Disponível em https://www.cchla.ufrn.br/bagoas/v04n05art01_rich.pdf Acesso em 25/06/2020.

SAFATLE, V. Falar de fascismo no Brasil. **El País**, ed. online, 05/07/2019. Disponível em https://brasil.elpais.com/brasil/2019/07/03/opinion/1562176410_719446.html Acesso em 12/05/2020.

SAFATLE, V. Fascist neoliberalism and preventive counterrevolution: the second round of the Latin American laboratory. In: GANDESHA, S. (org.). **Spectres of fascism**. Londres, Pluto, 2020, p. 179-191.

SCOTT, J. Gênero: uma categoria útil de análise histórica. **Educação e Realidade**, v. 20 (2), p. 71-99, jul.-dez./1995. Disponível em https://seer.ufrgs.br/index.php/educacaoerealidade/article/view/71721 Acesso em 03/06/2020.

SEFFNER, F. Atravessamentos de gênero, sexualidade e educação: tempos difíceis e novas arenas políticas. In: XI REUNIÃO CIENTÍFICA REGIONAL DA ASSOCIAÇÃO NACIONAL DE PESQUISA E PÓS-GRADUAÇÃO EM EDUCAÇÃO. **Anais...** Curitiba, 2016, p. 1-17. Disponível em http://www.anpedsul2016.ufpr.br/portal/wp-content/uploads/2015/11/Eixo-18-G%-C3%AAnero-Sexualidade-e-Educa%C3%A7%C3%A3o.pdf Acesso em 03/06/2020.

SEFFNER, F. Cultura escolar e questões em gênero e sexualidade – O delicado equilíbrio entre cumprir, transgredir e resistir. **Revista Retratos da Escola**, Brasília, v. 14, n. 28, p. 75-90, jan.-abr. 2020. Disponível em http://retratosdaescola.emnuvens.com.br/rde Acesso em 20/07/2020.

SEFFNER, F. Sempre atrás de um buraco tem um olho: racionalidade neoliberal, autoritarismo fundamentalista, gênero e sexualidade na educação básica. **Práxis Educativa**, v. 15, p. 1-19, 2020. Disponível em https://www.revistas2.uepg.br/index.php/praxiseducativa/article/view/15010 Acesso em 02/06/2020.

SILVA, M.D.J. **Posições de sujeito usuário/a de substâncias psicoativas na política de redução de danos: uma análise cultural**. Dissertação de Mestrado. Porto Alegre: Universidade Federal do Rio Grande do Sul, 2016. Disponível em https://lume.ufrgs.br/handle/10183/148287 Acesso em 03/06/2020.

WITTIG, M. **O pensamento hétero**, 2010. Disponível em http://mulheresrebeldes.blogspot.com.br/2010/07/sempre-viva-wittig.html

11
Gênero, sexualidade e envelhecimento
Modos de pesquisar em educação

Fernando Altair Pocahy
Luiz Fernando Calage Alvarenga

A velhice em disputa

Categoria política, social e cultural, tanto quanto o gênero, a raça e a sexualidade, a velhice foi se articulando de forma mais intensa na esteira das transformações relativas ao processo de industrialização iniciado no século XIX nas sociedades ocidentais, intrinsecamente relacionados à produção discursiva da normalização da vida – uma operação biopolítica (FOUCAULT, 2005/1976). Foi, portanto, em momento histórico específico em que se movimentaram algumas das condições e possibilidades para que algo sobre a velhice, nos termos aproximados como conhecemos hoje, pudesse existir-diferir, constituindo-se objeto de conhecimento, modo de percepção de si e problema/ ou tema de interesse social.

Em termos de uma identidade ou norma, os modos como a velhice passou a ser representada e vivida estiveram (e ainda estão) condicionados à(s) *espiteme(s)* de sua época e desde lugar onde se situa, refletindo sua dimensão de algo produzido, partilhado e também disputado. A fim de se fixarem seus significados e bem governar uma determinada população, dita então idosa, estabeleceram-se (e continuam a se estabelecer) meios específicos, alguns planificados, outros no avesso disso: pedagogias culturais – práticas de condução de condutas forjadas em campos/planos estratégicos como a ciência, política social, arte, biossociabilidades específicas etc., ocuparam (e ainda ocupam) centralidade nesses processos, acionando inteligibilidades e estabelecendo sentidos não apenas para a velhice e o envelhecimento, mas para o humano dito (in)viável e (im)possível (BUTLER, 2005), por meio de (in)definições e referentes de (a)normalidade.

A instabilidade própria das mudanças e os (im/prováveis) conflitos que ocorrem no interior de uma prática ou relação social qualquer nos permitem suspeitar de uma identidade ou mesmo uma "cultura do envelhecimento", sugerindo que os significados que aí se engendram não são tão facilmente partilháveis e, tampouco, perenes. Desconfiamos que existam mais esforços (pedagógicos) envolvidos na fixação desse marcador de diferença mais do que propriamente elementos para a taxonomia geracional e pronta partilha das representações.

Se há algo de permanência na cultura (do envelhecimento) são as suas lutas internas, a constante disputa diante dos meios de produção e circulação de seus significados. Os modos como os sujeitos aprendem a (re)conhecer a si mesmos e o mundo em que vivem constituem, ao menos para nós, uma das possibilidades de alargamento das formas de compreensão sobre as posições de sujeito que daí emergem ou que se circunscrevem / e se inscrevem na/com a cultura e como se articulam a determinadas formas de governo da população.

São, portanto, as estratégias e maneiras de se (auto)conduzir no interior da experiência da velhice o que nos permite apostar em uma agonística social e cultural da longevidade, balizada por biopolíticas "contexto-dependentes" (MEYER, 2014), algumas atravessadas por fluxos políticos globais. É importante ressaltar que as definições sobre a velhice são acionadas desde acordos, convenções e estabelecidos desde instituições como Organização Mundial da Saúde, Conferências Mundiais sobre Populações, entre outras arenas, como as instâncias que produzem ciência/ conhecimento, condições estas igualmente operantes na produção da identidade e da diferença (geracional, de gênero, sexualidade, raça...)

Nossas apostas de trabalho e pesquisa encontram inspiração em Silva (2000) e Louro (1999; 2008) para articular pedagogias culturais, gênero, sexualidade e envelhecimento. Pois é desde seus argumentos em torno dos meios pelos quais se intenta conduzir um campo estratégico ou indivíduos (em uma determinada relação de saber-poder) que prosseguimos com a ideia de que a cultura é campo de luta pela significação, envolve vários grupos e sujeitos sociais, pressupõe a ação de uns sobre os/as outros/as.

Esse entendimento afasta-se, em parte, daqueles que tomam a cultura apenas como um conjunto fixo de valores, hábitos, práticas e conhecimentos acumulados por um grupo de pessoas e que seriam transmitidos de geração para geração. Não refutamos que essa transmissão ocorra. Porém, questionamos a sua pretensa estabilidade e perenidade, assim como destacamos a agência envolvendo os sujeitos neste/deste jogo (sujeitos ou em vias de assujeitamento a algo, alguma posição, algum lugar de enunciação).

Nosso desafio na pesquisa e na intervenção social é, portanto, compreender como se dão estas disputas (tentativas de governo) e como os sujeitos se agem diante delas, como conduzem a si mesmos/as, nos momentos e movimentos em que são interpelados/as a uma dada posição de sujeito. Por esse motivo, inquirimos os graus de dominação (próprios) a estas tentativas de governo (da vida) e seus campos estratégicos de saber-poder, bem como buscamos cartografar as resistências que se produzem de forma a virar o jogo, ali onde uma determinada forma objetivação produz efeitos de excessiva atuação (ou dominação) sobre o/a outro/a.

Cartografar a produção de pesquisa, assim como conjuntos de práticas sociais e culturais, é acompanhar os agenciamentos e as políticas de afecção que nos constituem (ROLNIK, 2006; 2011). Assim, ao propormos algumas possíveis dimensões epistemológicas, relacionadas à cultura do envelhecimento, colocamos em pauta os diferentes saberes, termos, teorias que falam sobre o envelhecimento, os quais proliferam de forma intensa na contemporaneidade. Ao falarem o que é e quem faz parte ou o que se deve fazer para enfrentar, prevenir, conviver com o ato de envelhecer, esses modos de narrar-dizer utilizam-se de jogos de linguagem (instituídos intrinsecamente nos termos de saber-poder) que atravessam, constituem e dimensionam pessoas e formas de compreender o que está relacionado ao envelhecimento – aos discursos que o produzem e regulam e aos modos de vida que a partir disso encontram lugar.

Portanto, nossos objetivos perseguem a investigação tanto dos processos que intentam produzir, marcar e governar os sujeitos (ou dis/posições de sujeito) quanto os modos como esses passam a se reposicionar diante de formas contemporâneas de condução de condutas, algumas delas em franca dissidência. Diante desses desafios, podemos ampliar nossas perguntas sobre a velhice: o que a racionalidade econômica que assalta boa parte do mundo e que intenta ser hegemônica deseja que aprendamos-ensinemos sobre nós mesmos/as a partir da idade que levamos – ou das formas que nossos corpos assumem no curso da vida? Como os marcadores da diferença (gênero, raça/etnia, sexualidade, situação socioeconômica, região) se articulam na gestão das populações idosas, como potencializam os mandatos de governo de outrem (a imposição da autorresponsabilidade) e como isso se articula na experiência do governo de si? Quais são os jogos de verdade que se estabelecem no presente a partir do marcador da idade/velhice e como isso opera na produção de representações do viável e possível ou de uma vida passível de governo – uma população? Quais instâncias pedagógicas (LOURO, 2011) estão sendo acionadas nas formas de regulação da vida – especialmente a partir do horizonte (biopolítico e cultural) de longevidade?

Consideramos de fundamental importância para o campo dos estudos de gênero, sexualidade e envelhecimento na educação em saúde compreender como se produzem tanto as disputas em torno destes significados (igualmente para que se fixem e se conduzam os sujeitos) quanto os meios pelos quais elas se articulam: quais são as negociações, convenções, pactos, acordos etc., estratégias implícitas ou explícitas, táticas, usos, artifícios, as micropolíticas.

Sobre a emergência política e cultural do envelhecimento

A forma ou as noções e representações mais próximas àquilo que vivemos em relação às posições geracionais (infância, juventude, velhice) encontra-se, em parte, ligada aos jogos biopolíticos associados ao intenso processo de industrialização do século XIX, como já destacamos. Mas cabe sinalizar que isso ocorre notadamente por meio do governo das populações, pois aí se redefiniram os lugares e posições que situam nas diferentes culturas e sociedades os sujeitos a partir da idade e desde outros enquadramentos de inteligibilidade – como o gênero, a sexualidade, a raça etc.

Com isso se estabeleceram espaços-tempos a que deve(ria)m ocupar cada sujeito com a idade que leva – e de acordo com seu gênero, origem social, capacidade físico-intelectual etc. Cabe destacar a leitura de Foucault (20/05/1976, p. 291) sobre as novas preocupações em torno de questões sobre os processos que redefinem a velhice:

> O outro campo de intervenção da biopolítica vai ser todo um conjunto de fenômenos dos quais uns são universais e outros são acidentais, mas que, de uma parte, nunca são inteiramente compreensíveis, mesmo que sejam acidentais, e que acarretam também consequências análogas de incapacidade, de por indivíduos fora de circuito, de neutralização etc. Será o problema muito importante, já no início do século XIX (na hora da industrialização), da velhice, do indivíduo que cai, em consequência, para fora do campo de capacidade, de atividade. E, da outra parte, os acidentes, as enfermidades, as anomalias diversas. E é em relação a estes fenômenos que essa biopolítica vai introduzir não somente instituições de assistência (que existem faz muito tempo), mas mecanismos muito mais sutis, economicamente muito mais racionais do que a grande assistência, a um só tempo maciça e lacunar, que era essencialmente vinculada à Igreja. Vamos ter mecanismos mais sutis, mais racionais, de seguros, de poupança individual e coletiva, de seguridade etc.

Na esteira desse argumento percebemos a articulação de processos de subjetivação, cujos resíduos – significados, sentidos, percepções, sentimento ou alguma ideia que alguém estabelece sobre si mesmo etc. – correspondem ao que podemos chamar de subjetividade, ainda que para alguns se constitua como identidade. Nossa aposta é a de que o resíduo ético-político de uma determinada relação ou prática social-cultural permite a afirmação de uma subjetividade, algum tipo de autointeligibilidade e autoidentificação, que pode ser sustentado por maior ou menor tempo, movimentando o sujeito em práticas e experimentações. No entanto, não há garantia de que esta autodefinição (ou uma disposição face a um governo) seja perene.

Isto é, considerando-se que os processos de subjetivação consistem de práticas que não são estáticas, pois correspondem a fluxo de forças sociais, culturais, políticas, econômicas, esta ideia que portamos sobre nós mesmos (criança, jovem, adulto, velho, homem, mulher, homossexual, heterossexual, deficiente, louco/a etc.) está sendo constantemente modificada, colocada sob rasura, interpelada por forças que antecedem muitas vezes qualquer reflexão que possamos fazer de nós mesmos/as.

Desse modo, distanciamo-nos da ideia de identidade, como elemento de fixação desses sentidos. Em todo caso, e para fins estratégicos, especialmente no âmbito das políticas públicas e sociais, podemos considerar o conceito, porém tomada em sua forma não fixada, ali onde exibe alguma fissura ou onde sua indefinição se exibe também como um efeito residual e temporal do processo de subjetivação. Não como um fim, mas como uma (dis)posição estratégica, situada desde determinadas condições de (im)possibilidade. Algo desta noção tem sua produtividade e, consequentemente, seus riscos quando acionada no plano da reivindicação de direitos. Isso pode ser observado nas conquistas com a implementação de políticas públicas para a população idosa ou outras garantias sociais dirigidas a populações específicas. Aqui estaria a positividade dos termos de uma política de identidade.

Porém, em via não oposta, ponderamos sobre os riscos da essencialização e da naturalização da categoria idoso/a, caso não atentemos para a pluralidade dos modos de vivenciar a velhice ou outra posição qualquer, bem como os jogos de poder-saber que "arregimentam" os sujeitos a uma determinada concepção do que é ser/ agir como velho/a, homem, mulher etc.

Assim, entendemos que o que se configura como velhice e os significados a ela atribuídos na contemporaneidade vêm sendo historicamente constituídos e em constante possibilidade de litígio cultural, social e epistemológico. Para se entender o que hoje se coloca sobre essa fase da vida, é preciso pensar nas condições de possibilidades para que a velhice fosse assim designada e classificada, e para que determinados sujeitos passassem a compor esse grupo.

Mas não está equivocado/a quem diz que é isto ou aquilo (jovem, velho/a, homem, mulher etc.) e nosso movimento não é o de "instaurar" outro regime de verdade. Porém, a fixação dos significados e da margem de liberdade que temos para nos movimentarmos com essa autoidentificação está intrinsecamente relacionada às mudanças de nosso tempo, especialmente às formas de sujeição impetradas por racionalidades econômicas e seus pressupostos para o governo das populações. Pode ser que algumas destas formas de autorreconhecimento nos coloquem em posição de afirmarmos com mais segurança que somos isto e aquilo, e com isso nos movimentamos em resistência a uma transformação qualquer.

Alguns sujeitos estariam mais aderentes a essas posições, por vários motivos, mas esses não constituem necessariamente nossa orientação investigativa. Interessa-nos, de outra parte, o campo de produção das possibilidades para essa adesão, mais do que abordar por que alguém o faz e por que o fez. Ou seja: como se produz algo desde uma dada interpelação ou agenciamento coletivo de enunciação – identitária, ou respondendo a uma interpelação normativa qualquer etc. – a produzir movimentos de expansão ou regulação das experimentações que os sujeitos podem produzir?

É possível imaginar que nós, de alguma forma, nos encontramos mais ou menos identificados com uma dada representação geracional, afinal, nos reconhecemos como crianças, jovens, adultos. O risco está em que estas fronteiras estejam definidas a despeito de uma reflexividade ética, sem que estejamos atentos/as aos modos como estas fronteiras foram estabelecidas e como vem se produzindo maneiras de fixá-las. Estamos nos referindo aos momentos e situações em que somos instados a aderir (de forma mais intensa e por maior tempo) a um conjunto de significações ou contingências do presente – ou o jogo entre estas duas coisas ao mesmo tempo –, isto é, ao ali onde estaríamos mais fortemente enredados em determinadas representações.

A suposta previsibilidade que advém dessas representações demanda um trabalho muito intenso, e tem muitas vezes custo social e subjetivo muito alto. Por vezes, implica se dirigir ao outro de modo que ele, em suas formas singulares de diferir – ser e estar no mundo –, não ameace esta forma que se conquistou a tão duras penas. Rolnik (2006; 2011) chamou esse apego (por vezes patológico) de toxicomania de identidade, um forte assujeitamento a um ideal regulatório ou código moral (alguns deles, por certo, oferecendo privilégios sociais, estéticos etc.).

O desafio diante disso tudo é que não temos tampouco a certeza de que uma pedagogia dita libertadora desses estados seria eficaz, ao menos no sentido de "liberar os sujeitos de um dado estado de opressão/ou alienação".

O fim das metanarrativas (SILVA, 1999) imunizou a muitos/as dessa vontade abolicionista, mas ainda há adeptos/as da salvação e da ânsia pela tutela do/a outro/a.

Não nos parece sensato afirmar que o modo como nós imaginamos o mundo (com os traços de liberdade, modos de movimentar-se nele) seria o modo ideal e libertador. Como afirma Foucault (1997), nós não nos encontraremos em algum momento ou posição não capturada por alguma medida de inteligibilidade, alguma norma. A norma nesse sentido não seria boa ou ruim, porém as formas como se intenta produzir a sua afirmação e conduzir as condutas de outros/as que nela não se encaixem podem de alguma maneira produzir efeitos excludentes e devastadores.

A velhice calculada

Os processos de envelhecimento e mais amplamente o modo como as sociedades ocidentais vêm tratando a vida longeva correspondem à biopolítica (FOUCAULT, 1997), esse modo de conduzir uma dada população, engendrada desde dispositivos de normalização da vida e de técnicas de governo – modos de dirigir as condutas e as instâncias por onde/ desde onde os sujeitos se movimentam. Essas colocações se alinham às proposições de Foucault (2001), ao abordar a legitimação do saber médico na obra *O nascimento da clínica*, pois o corpo passou a ser tomado como centro das estratégias de poder/saber sobre os sujeitos e sobre as populações.

Nesse contexto, o corpo (dito) velho é usado para classificar uma fase da vida e os sujeitos que ela compõe. O corpo "velho" é o lugar do qual as patologias tomam conta, tornando-o improdutivo social e economicamente. Nesse período, configura-se a geriatria como área de saber encarregada do corpo velho, colando os entendimentos e os significados de velhice aos conceitos próprios do campo da saúde do idoso pelas lentes de certa vertente biomédica e/ou aquelas que insistem em operar na oposição natureza X cultura.

As preocupações com a longevidade e o envelhecimento tomaram vulto no curso das sociedades industriais a partir da segunda metade do século XX. Cada vez mais interpeladas por racionalidades político-econômicas, sobretudo pela baliza previdenciária e da assistência à saúde, os termos da agonística da vida (in)viável e (im)possível na velhice encontram-se penhorados desde um cálculo estatal de governo.

No curso das transformações sociais, políticas e científicas da modernidade, a velhice passou a ser objeto do discurso de legisladores sociais, dando ensejo à criação de instituições específicas, como as caixas de aposentadoria para aqueles/as que tivessem atingindo um tempo máximo de exercício laboral ou idade mínima, e à especialização progressiva de determinados hospícios em asilo para velhos, assim como saberes próprios a esse sujeito "emergente" às preocupações sociais.

Silva (2008) reforça o entendimento fundamental para a compreensão da categoria velhice, como uma das muitas invenções da medicina moderna, pois a velhice e o processo de envelhecimento passaram a ser entendidos como problemas clínicos, pautados por certezas biológicas e processos invariáveis – a morte, por sua vez, passou a ser vista como resultado de doenças específicas da velhice. Nessa direção, a longevidade começou a ter limites biológicos insuperáveis, sendo a velhice considerada como uma etapa necessária da vida, na qual o corpo se degenera.

Em face disso destacamos dois pontos implicados nas discussões que aqui propomos: o primeiro, associa o envelhecimento a práticas médicas, constituindo-o de certa forma como doença, pela utilização de termos e frases como *prevenção, terapia genética* [entre outras], *a cura do envelhecimento* e *ninguém mais morrerá de velho*. E, outro aspecto, relacionado com o primeiro, que enfoca o envelhecer como um processo a ser aprendido e ensinado, e que apoia nos investimentos sobre o corpo a maioria de suas estratégias.

Alguns aspectos, dentre muitos relacionados à velhice, evidenciam a cadeia enunciativa que cerca a experiência de êxito diante da longevidade, mediadas por diferentes agentes políticos-científicos-sociais: o envelhecer bem e as principais áreas do conhecimento que falam sobre esse processo, centradas na produção de um processo ativo e nos efeitos que isso está produzindo nos sujeitos e nas práticas sociais; os corpos que melhor envelhecem tomados como aqueles que conseguem se manter mais tempo próximos de representações de corpos jovens, ou seja, envelhecer de forma aceitável e recomendável está associado a manter-se jovem e os investimentos sobre o corpo que envelhece que interpelam corpos de sujeitos masculinos e femininos de formas diferentes, constituindo de forma relacional o que e quem é ou pode ser identificado/a como idoso/a.

Em uma aposta ampla, porém incompleta, destacamos alguns dos pressupostos da racionalidade neoliberal, como arena dos processos supracitados: conjurando a imposição de regimes de austeridade, limites da presença do Estado e esvaziamento da propriedade social (CASTEL, 1997) à responsabilização pela própria vida e saúde (MEYER, 2003), o governo das populações na esteira neoliberal opera fundamentalmente pela fixação da diferença, notadamente apelando à identidade, balizada pela dimensão da produtividade (econômica), a dispensar o Estado de suas responsabilidades. Segundo Brown (2016), "[...] a racionalidade neoliberal dissemina o modelo do mercado a todas as esferas e atividades – configura os seremos humanos de modo exaustivo como modelos do mercado, sempre, unicamente e em todas as partes como *homo aeconomicus*" (p. 36). A autora (op. cit.) afirma ainda que para o capital humano e todas as suas esferas de atividade está associado cada vez mais ao capital financeiro e de investimentos e não mais apenas produtivo ou empresarial.

Cabe destacar, a diferença em seu plano expandido e não fixada é considerada ponto de instabilidade para essas formas de governo, pois opera na desestabilização dos fluxos de autoinvestimento. A emergência de discursos de ódio e o incremento do desprezo pela velhice, por exemplo, são algumas das evidências desse jogo performativo, especialmente por apontarem para certo fracasso na economia do eu. Porém, as significações da velhice e sua articulação com os processos de envelhecimento não se definem de forma independente e tampouco assujeitadas unicamente a uma racionalidade político-econômica. Elas operam em articulação com outros marcadores sociais, favorecendo maior ou menor aderência ao discurso que lhe intenta governar, atendendo o cálculo neoliberal que atribuí valor de investimento ou não à diferença.

Diante disso assume-se que o envelhecimento pode estar tão mais ou menos articulado aos ideais regulatórios de gênero, raça, deficiência e sexualidade. Esta aposta liga-se ao fato de que o delineamento das formas de governo de uma população qualquer, mas neste caso a idosa, pressupõe alguma medida regulatória de gênero ou está articulada ao dispositivo da sexualidade ou narrada desde a branquitude ou do capacitismo.

É importante destacar que a emergência de faixas de envelhecimento assume formas específicas como gênero e sexualidade atuam sobre elas, assim como a deficiência e, talvez menos, a raça. Os nossos estudos e trabalhos de pesquisa vêm acompanhando práticas de produção, marcação e governo da diferença geracional (POCAHY, 2011; ALVARENGA, 2012), indicando que ao mesmo modo em que insurgem modos de ressignificação e dissidências aos discursos que estabelecem a velhice como uma categoria de inteligibilidade social e cultural, e não são raros os esforços biopolíticos que intentam situá-la desde a racionalidade neoliberal.

O (des)governo das idades

Fazendo eco a tantas outras análises culturais e sociais no campo dos estudos em educação e saúde: a experiência do envelhecimento na sociedade brasileira não pode ser pensada sem que a concebamos de forma contexto-dependente (MEYER, 2014). A velhice não é uma categoria plena de sentidos e significados. Ao contrário. Como viemos afirmando, esses são produzidos e marcados de acordo com cada época (geração), lugar, e de acordo com a incidência maior ou menor de um ou outro marcador de diferença, como gênero, sexualidade, raça, deficiência, pertencimento religioso, escolaridade, condições socioeconômicas etc.

O que nos permite reafirmar a velhice enquanto categoria política e cultural tanto pode ser compreendida por meio dos movimentos engendrados em sua fixação como aqueles que, no avesso da norma, instauram dissidência aos seus significados, ao modo como jogamos com os jogos de verdade em torno de uma vida dita (in)viável e (im)possível a ser vivida nos termos de longevidade autoassegurada, saudável.

Uma ressalva é importante: não se trata em nossa perspectiva de negar a evidência de que algo se modifica em nossos corpos no curso da vida de modo que convencionamos denominar isso de velhice. Mas seria pouco afirmar que a velhice é apenas a evidência de uma capacidade normativa que os sujeitos adquirem por meio de um corte cronológico ou mesmo de ampla representação produzida e partilhada em alguns contextos sociais e culturais. Se pudermos aproximar muitos sujeitos de uma experiência física razoavelmente comum, muitos/as outros/as se distanciam e provocam a instabilidade desses marcos regulatórios, informando-nos que nossas categorias são construtos sociais e que estão constantemente sob suspeita ou rasura.

Com isso, estamos sugerindo que os significados para a velhice não descansam nos atributos e capacidades físicas. Por certo são partilháveis entre muitos/as, mas as suas próprias definições e marcos de inteligibilidade estão constantemente sendo desestabilizados/as. Essas unidades de representação vêm sendo cada vez mais questionadas, algumas delas borram-se face às fronteiras do corpo que se expandem com novas tecnologias, práticas culturais, políticas etc., como podemos observar desde os trabalhos que viemos produzindo (POCAHY, 2011; ALVARENGA, 2006; 2012). E se podemos afirmar que esses significados não estão totalmente dados, igualmente podemos dizer que eles são disputados no interior de cada cultura e sociedade – entre sujeitos interpelados na posição do envelhecimento, entre sujeitos que produzem políticas e práticas para esses, entre sujeitos que produzem conhecimento sobre o envelhecimento.

Portanto, ao dirigirmo-nos a alguém que está sobre a insígnia (oficial ou não) da velhice ou de teorizarmos sobre o envelhecimento, isso deve ser pensado também como um modo de produzir significados. Muitas vezes, ao se forjar uma figura razoavelmente localizada em uma representação, devemos ponderar os riscos de um governo (dessa população). Como afirmam algumas teóricas feministas, sobretudo na crítica ao feminismo ocidental, ao falar de gênero estamos também produzindo-o (OYĚWÙMÍ, 1997; 2017). Descrever a velhice é, muitas vezes, também uma tentativa de produzir um sujeito inteligível e governável.

Alcançar uma velhice saudável e (auto)responsável é hoje imperativo social partilhado e consumido por muitos sujeitos e instituições. No entanto, essas formas de governo da velhice, e nós suspeitamos, não ocorrem solitárias, como se o sujeito fosse apenas "idosos/as". Outros dispositivos entram em ação para o "bom governo dos vivos". Afinal, como temos aprendido de outros estudos, as formas de autorresponsabilização sobre si recaem de forma diferenciada a partir das posições que os sujeitos ocupam (ou são interpelados a ocuparem) em cada sociedade, lugar etc.

O(s) discurso(s) da promoção da saúde voltado(s) para a população posicionada como idosa configura(m) o que Foucault (1999) denominou de biopolítica, pois o poder atua não somente sobre os corpos dos indivíduos de forma isolada, como também sobre o corpo da população a fim de produzir comunidades e populações saudáveis, de acordo com as normas que os conhecimentos, principalmente os da área biomédica, produzem. Em alguns de nossos estudos viemos analisando práticas envolvidas no disciplinamento de corpos individuais, considerando as inserções desse tipo de lugar (as atividades físicas) no contexto das biopolíticas voltadas para a população dita idosa (ALVARENGA, 2012).

Foucault (2002) destaca as questões que, segundo ele, colocam as práticas da medicina – e, poderíamos dizer, da saúde, de modo geral – em relação direta com a política e a economia. De acordo com o autor, o capitalismo socializou o corpo como objeto de força de trabalho, força de produção. O controle social sobre os indivíduos opera-se sobre o corpo, estando as práticas de saúde envolvidas nesses processos de controle e disciplinamento. O corpo, nesse contexto, é visto como um constructo forjado, construído, modificado dentro da cultura, sendo alvo de processos que resultam em diferenciação, classificação e hierarquização social.

Diante disso poderíamos nos perguntar se homens e mulheres responderiam da mesma forma aos desígnios de uma velhice saudável e responsável sobre si. Por acaso as mulheres já não o fariam desde sempre, interpeladas pelo discurso da categoria mulher – e feminino? Quais os impactos destas novas formas de autorregulação em sujeitos que historicamente vêm sendo marcados por formas de governo cotidianas? Como deveriam responder ainda mais as mulheres? Como os homens se situam nestes novos rumos da inteligibilidade do cuidado? Que impactos sobre a masculinidade podem repercutir as novas tecnologias de gestão da velhice? E como se situam sujeitos historicamente marcados no avesso das normas de gênero e sexualidade, os/as dissidentes do ideal moderno de humano?

Muitos são os questionamentos sobre as formas de significação e (auto) governo da velhice na contemporaneidade. E, em face disso, poderíamos lançar outras tantas perguntas, articuladas com outras tantas particularidades ou (dis)posições de sujeito. Porém, diante dos limites deste capítulo, nos dirigimos a pensar um conjunto de práticas e investigações que de alguma forma colocam em evidência a produção, a marcação e o (auto)governo da diferença; junto a isto, associam-se movimentos de sujeitos, coletivos e práticas socioinstitucionais que permitem outros agenciamentos coletivos de enunciação para a velhice. É o caso de nossas experiências de pesquisa com sujeitos em práticas de sociabilidade, balizadas periférica ou centralmente pelo (homo)erotismo (POCAHY, 2011; DUARTE, 2013); é o caso ainda de nossas interlocuções com profissionais no campo da saúde e educação que dialogam com sujeitos interpelados pelo envelhecimento (ALVARENGA, 2012); ou acompanhando as cenas da cisgeneridade heterossexual no cinema (LOURO, 2018); e das práticas de juvenilização do corpo na velhice ou o envelhecer jovem (COUTO; MEYER, 2011).

Esses questionamentos aparecem amplificados neste momento da pandemia provocada pelo Covid-19, no qual se pressupõe uma população a gerir de forma a melhor responder às investiduras das políticas sanitárias alinhadas aos modelos de austeridade e recuo da presença do estado. Os atravessamentos de gênero, raça e sexualidade são aqui fundamentais para este (des)governo.

Das muitas maneiras de envelhecer…

Não entendemos o corpo velho desvinculado do corpo jovem, mas destacamos que os investimentos culturais atuam na direção de fazer com que o primeiro sempre tome como referência o segundo. Nessa direção, Strim (2011) indica que os investimentos na potencialização do corpo, a necessidade de escrutinar o próprio corpo, a responsabilização do indivíduo em lidar com os riscos aos quais está exposto, a busca incessante por mais saúde e o consumo do próprio corpo são pressupostos da pedagogia que resulta dos discursos contemporâneos sobre o corpo.

O envelhecimento ativo e bem-sucedido, conforme muitos/as *experts*, é um processo que pode ser aprendido. A partir daí, foram produzidos e produzem-se cada vez mais práticas para o ensino-aprendizagem, resultantes da articulação de vários discursos que se propõem a educar sujeitos e que se apoiam em algumas particularidades biológicas e sociais que seriam comuns a eles para garantir que se envelheça com saúde e qualidade de vida. Uma das principais práticas para a garantia disso é manter-se sexualmente ativo. Para dar conta da manutenção da atividade sexual, muitas estratégias são colocadas em funcionamento, inclusive e, principalmente, a medicalização.

Conforme Couto e Meyer (2011), o "viver para ser velho" assume agora, em qualquer fase da vida, uma perspectiva de "viver para parecer jovem" em toda e qualquer etapa da existência. Com isso assumimos que a forma como propomos analisar a velhice a partir de determinadas práticas de si na contemporaneidade adquire diferenças daquela vivida em outros momentos e culturas, mas que tem em comum o fato de que a velhice é algo com que temos que nos (pre)ocupar.

Essas afirmações podem ser traduzidas em orientações sobre como cuidar de si; cuidados estes que deveriam ser, e são, adotados pelos sujeitos velhos e que estão envelhecendo – numa perspectiva, então, da qual poucos escapam – para envelhecer bem e ativamente. Entretanto, não são somente a veiculação e a repetição exaustiva dessas prescrições que permitem conectá-las com a noção do cuidado de si: porque elas precisam ser ensinadas e aprendidas; porque para praticá-las é preciso abandonar outras; porque são atividades realizadas com outras pessoas; e, o mais importante, porque para adotá-las é preciso pensar, eleger quais as que vai atender e, acima de tudo, adotar uma conduta sobre si para dar conta dessas prescrições, possíveis de ser concebidas como cuidados de si.

E se forem exercitadas como cuidado de si, de acordo com Couto e Meyer (op. cit.), podem colocar o sujeito exatamente na *contramão* da velhice, uma vez que essa compreensão do cuidado de si, traduzida em muitos aspectos do chamado culto ao corpo contemporâneo, tem o objetivo "de empurrar alegremente o vivente em direção contrária, para o rejuvenescimento. Cuidar de si, agora, pode significar não se permitir mais envelhecer".

Esse entendimento está dentro do que chamamos de imperativo contemporâneo do envelhecimento, o qual determina possibilidades de ser velho a partir do corpo que *deve envelhecer sem envelhecer*, atuando nos processos de subjetivação de diferentes sujeitos para dar conta de tal imperativo. Sublinhamos o argumento de que, para darem conta de ser esses velhos e ter esses corpos, é preciso que os sujeitos atuem sobre si.

Utilizamos aqui a noção de arte de envelhecer associada às dinâmicas de gênero que a partir dos entendimentos sobre o *cuidado de si* enquanto cuidado ético-moral de si mesmo, orientado para uma estilização da vida, uma estética da existência, para artes da existência. Foucault (2004) aponta que as práticas de si devem ser pensadas como as práticas racionais e voluntárias pelas quais os sujeitos não apenas determinam para si mesmos regras de conduta, como também buscam transformar-se, modificar-se em seu ser singular, e fazer de sua vida uma obra que seja portadora de certos valores estéticos e que corresponda a certos critérios de estilo. São exercícios de si pelos quais se poderá, ao longo de toda a vida, viver a existência como experimentos de liberdade.

As práticas a que fazemos referência dizem respeito à forma como os sujeitos estão conduzindo questões relacionadas ao convívio social, a afetividades, erotismo e à saúde, todas elas atravessadas e dimensionadas por pressupostos de gênero, raça/etnia e sexualidade. Esses marcadores da diferença são tomados como elementos constitutivos dos discursos colocados em funcionamento nas distintas práticas que os sujeitos estão adotando para dar conta de viver sua velhice.

Des(a)fiando a pesquisa em educação

As apostas e experimentações de alguns dos trabalhos em educação ao abordarem experimentações particulares do envelhecimento na intersecção com gênero e sexualidade (ALVARENGA, 2006; 2012; POCAHY, 2011; COUTO; MEYER, 2011; DUARTE, 2013; LOURO, 2018) sinalizam que nos constituímos como sujeitos em múltiplos e variados espaços-tempos por onde andamos e desde onde somos afetados. Lugares, práticas, objetos por onde se articulam intensa produção da diferença. Isso nos conduz a reafirmar a velhice não como um universal ou matéria condenada aos caprichos da fisiologia, mas como efeito de um conjunto de práticas de significação, como nos recordam Doll, Ramos e Baues (2015, p. 10):

Hoje é possível pensar em uma gama de lugares de aprendizagem, tais como a mídia, a cultura popular, o cinema, a publicidade, as comunicações de massa e as organizações políticas e religiosas (GIROUX, 1995). Essas esferas produzem imagens e saberes sobre a velhice que operam como dispositivos pedagógicos (FISCHER, 1997), subjetivando os sujeitos e produzindo modos de identificação e compreensão de si e do mundo. As imagens orientam expectativas, valores, percepções e comportamentos, produzindo saberes e identidades por meio dos discursos que elas colocam em circulação.

Acreditamos que tais rotas de investigação, especialmente sobre a emergência de um objeto e as formas de fixação da diferença sobre a qual as próprias teorizações incidem, encontram-se em consonância com as ponderações de Silva (1999, p. 25) que recuperamos de forma direta: "Ao descrever um 'objeto', a teoria, de certo modo, inventa-o. O objeto que a teoria supostamente descreve é, efetivamente, um produto de sua criação". O que desejamos (re)afirmar com tal argumento é que a emergência da população (de pessoas ditas velhas/idosas) e as significações para/sobre a "velhice" estão abertas, em fluxos que apontam para continuidades e descontinuidades balizadas pela *episteme* de uma época e lugar, agenciada no encontro entre culturas, com suas tradições, memórias e desafios do presente – com as formas de governar derivadas de racionalidades político-econômicas.

Diante dessa dinâmica seus significados deslizam e é desde essa agonística por onde temos a chance de escapar de alguma medida que nos coloque em sujeição e risco – de abjeção/ objetificação/ violência/ exclusão. Afinal, ao tomarmos a velhice ou envelhecimento como objeto, isso não corresponde a uma obediente sujeição à cronologia forjada nos jogos biopolíticos, mas a possibilidade de ampliarmos as redes de significação que nos constituem – também nós como sujeitos que envelhecem.

A velhice ou envelhecimento pode bem ser, como afirmam muitos/as dos/as interlocutores/as em nossos estudos, aquele momento-posição em que algumas normas e imperativos de sujeição afrouxam. Pode ser o tempo em que alguns ultrapassam as tantas fronteiras da vida, arriscando limites, estranhando as representações ditas normais ou esperadas para um (determinado) corpo. Louro (2011, p. 16) nos alerta para as relações de poder a partir de gênero e sexualidade nestas tramas interseccionais; o que vale aqui, e em certa medida lançamos a aposta, também para o marcador geracional:

> Os jogos de poder que constituem as relações de gênero são mais intrincados e sutis do que parecem à primeira vista. São jogos exercidos, muitas vezes, com cumplicidade e malícia, eventualmente com violência ou consentimento, mas, sempre, com ingredientes de resistência. Como em outros jogos, as posições dos participantes podem ser transitórias e moventes; quem assume a iniciativa e o protagonismo num momento pode, em outro, se submeter. E pode se submeter para, adiante, ganhar uma nova posição. Se as formas de exercer o poder nessas relações (e em tantas outras) são, frequentemente, discretas e quase invisíveis, as formas de resistir ou de escapar à submissão são, igualmente, sutis e múltiplas. Por isso é ingênuo reduzir as relações de gênero a uma equação formada pelo binômio homem dominante versus mulher dominada. Os enredos e as estratégias desses encontros são bem mais complexos. Além disso, jogos de poder não se exercitam apenas no campo do gênero e da sexualidade, mas se dão, ao mesmo tempo, em muitos outros domínios, embaralhando os confrontos.

Por certo, outras normas e formas de apreensão/objetivação podem surgir, noutras ocasiões se precarizam as experiências-vidas, especialmente pelas imposturas de governamentalidades neoliberais e pela assunção do conservadorismo de costumes.

Pesquisar sobre como os significados de gênero e sexualidade são apre(e)ndidos-ensinados, a partir de miradas sobre as relações de saber-poder que os cercam, sobre os meandros dos jogos de verdade, sobre os modos como nos constituímos a partir da/na/ com a diferença nos permite afirmar que o desprezo pela velhice, assim como as formas de regulá-la, são produzidos nos jogos da cultura e em tantas outras instâncias sociais-culturais como a escola, o cinema, as campanhas publicitárias e nas abordagens da saúde e da assistência. Estamos seguros de que desde esses lugares produzem ainda experimentações dissidentes e resistências. E o que se constitui sujeito (in)viável e (im)possível a partir de gênero e sexualidade hoje já não mais pode ser pensado sem que se considere o peso da idade/ ou a marca geracional e os efeitos do racismo e da cisgeneridade.

Apesar de todos os riscos e "perigos" que nos demandam operações estratégicas com identidades e representações, cálculos, políticas etc., estamos bastante atentos às ciladas que a fixação da diferença nos coloca. Ali mesmo onde ela pode se deitar com a noção de identidade ou ser interpelada de forma letal pelas políticas do ódio (POCAHY, 2019), encontramos potência em um modo de agir ético-epistemológico. Nesse sentido, nossos objetos e procedimentos se afastam da representação inconteste ou da ideia do diferente (o outro como diferente). Arriscamos diferir. Como afirma Silva (2002, p. 66): "A identidade é. A diferença devém".

Cada vez mais compreendemos que o que sabemos está muito ligado ao que nos é permitido saber dentro de determinados regimes de verdade, mas sabemos que podemos, de maneira pequena e localizada, desencadear mudanças quando colocamos algumas verdades em suspeita e movimento.

Referências

ALVARENGA, L.F.C. **Flores de plástico não morrem? – Educação, saúde e envelhecimento**. Dissertação de mestrado em Educação. Porto Alegre: Faculdade de Educação, 2006.

ALVARENGA, L.F.C. **A arte de envelhecer ativamente: articulações entre corpo, gênero e sexualidade**. Tese de doutorado em Educação. Porto Alegre: Faculdade de Educação, 2012.

BROWN, W. **El pueblo sin atributos – La secreta revolución del neoliberalismo**. Barcelona/ México/ Buenos Aires: Malpaso, 2016.

BUTLER, J. **Humain, inhumain: le travail critique des normes – entretiens**. Paris: Amsterdam, 2005.

CASTEL, R. A dinâmica dos processos de marginalização: da vulnerabilidade à desfiliação. **Caderno CRH**, Salvador, n. 26/27, p. 19-40, jan.-dez./1997.

COUTO, E.; MEYER, D.E. Viver para ser velho?– Cuidado de si, envelhecimento e juvenilização. **Entreideias**, Salvador, n. 19, p. 11-20, jan.-jun,/2011, p. 21-32.

DOLL, J.; RAMOS, A.C.; BUAES, C.S. Apresentação – Educação e Envelhecimento. **Educação e Realidade**, Porto Alegre, v. 40, n. 1, p. 9-15, 2015.

DUARTE, G. **O "Bloco das Irenes": articulações entre amizade, homossexualidade(s) e o processo de envelhecimento**. Tese de doutorado em Educação. Porto Alegre: Faculdade de Educação/Universidade Federal do Rio Grande do Sul, 2013.

FOUCAULT, M. **História da sexualidade – A vontade de saber**. Rio de Janeiro: Graal, 1997.

FOUCAULT, M. **O nascimento da clínica**. Rio de Janeiro: Forense Universitária, 2001.

FOUCAULT, M. **Em defesa da sociedade**. 4. reimpr. São Paulo: Martins Fontes, 2005.

FOUCAULT, M. **A hermenêutica do sujeito**. 2. ed. São Paulo: Martins Fontes, 2006.

LOURO, G.L. Pedagogias da sexualidade. In: LOURO, G.L. (org.). **O corpo educado – Pedagogias da sexualidade**. Belo Horizonte: Autêntica, 1999.

LOURO, G.L. Gênero e sexualidade: pedagogias contemporâneas. **Pro-Posições**, Campinas, v. 19, n. 2, p. 17-23, 2008.

LOURO, G.L. Chega de saudade. **Revista Entreideias**, Salvador, n. 19, p. 11-20, 2011.

LOURO, G.L. **Flor de açafrão:** *takes, cuts, close-ups*. Belo Horizonte: Autêntica, 2018.

MEYER, D.E. Abordagens pós-estruturalistas de pesquisa na interface educação, saúde e gênero: perspectiva metodológica. In: MEYER, D.E.; PARAÍSO, M. (orgs.). **Metodologias de pesquisas pós-críticas em educação**. Belo Horizonte: Mazza, 2014, p. 49-64.

OYĚWÙMÍ, O. **La invención de las mujeres – Una perspectiva africana sobre los discursos occidentales del** género. Bogotá: La Frontera, 2017.

POCAHY, F.A. **Entre vapores e dublagens: dissidências homo/eróticas nas tramas do envelhecimento**. Tese de doutorado em Educação. Porto Alegre: Faculdade de Educação/Universidade Federal do Rio Grande do Sul, 2011.

POCAHY, F.A. Gênero, sexualidade e envelhecimento: miradas pós-críticas na educação. **Momento – Diálogos em Educação**, Rio Grande do Sul, v. 3, p. 87-111, 2019.

ROLNIK, S. **Cartografia sentimental. Transformações contemporâneas do desejo.** Porto Alegre: Sulina/UFRGS, 2011.

SILVA, L.R.F. Da velhice à terceira idade: o percurso histórico das identidades atreladas ao processo de envelhecimento. **História, Ciências, Saúde-Manguinhos**, Rio de Janeiro, v. 15, n. 1, p. 155-167, mar./2008.

SILVA, T.T. **Documentos de identidade: uma introdução às teorias do currículo**. Belo Horizonte: Autêntica, 1999.

SILVA, T.T. Identidade e diferença: impertinências. **Educação & Sociedade**, Campinas, v. 23, n. 79, p. 65-66, 2002.

STRIM, C. **O corpo de Cláudia – Saúde como um "mais": corpo molecular e otimização da beleza em revista**. Dissertação de mestrado em Educação. Porto Alegre: Faculdade de Educação/Universidade Federal do Rio Grande do Sul, 2001.

12
Um currículo de masculinidade em movimento

Gustavo Andrada Bandeira

Um problema de gênero

Sendo um homem cisgênero, branco, heterossexual, de classe média e urbano precisei de um número um tanto significativo de experiências para entender que essas características que eu tinha (tenho) são feitas e não são naturais. Respondendo afirmativamente a maioria dos marcos normativos que construíam as possibilidades de minha subjetivação parecia que eu cumpria aquilo que era esperado, o que seria "natural". As normas de gênero, sexualidade, raça/cor e outras eram repetidas exaustivamente e no momento em que constituíam as subjetividades, incluindo a minha, eficientemente se apagavam tentando esconder seu feito. Em um mundo feito e pensado por e para homens cisgênero, brancos, heterossexuais, de classe média e urbanos[111] parecia fácil construir minha identidade ou, no mínimo, eu sabia como deveria ser tal identidade.

Para entender gênero como uma construção cultural, precisei passar por uma experiência não tão normativa para a minha masculinidade. Após um início de Ensino Superior frustrado nas ciências exatas, migrei para o curso de pedagogia. Frequentar esse mundo amplamente feminino (conquanto não me pareça que fosse feminista naquele momento) me permitiu um deslocamento da norma que eu transitava com tamanha naturalidade. Era mais fácil enxer-

---

111. Em seu capítulo neste livro, Fernando Seffner também dialoga com essa construção do "homem comum" em tempos conservadores.

gar as construções de gênero naquela turma de mulheres do que nos demais ambientes que eu frequentava, como os estádios de futebol.

Escritas que começam com memórias quase sempre tentam dar certa coerência ao texto nem sempre idênticas às vivências, mas elas procuram costurar um sentido do que tentamos pensar agora. Ao conseguir tomar o gênero como uma construção cultural, mesmo que primeiramente nas minhas colegas, foi possível pensar a minha construção como sujeito de gênero. E desse lugar nasceu meu interesse de pesquisa. Como são feitas as masculinidades heterossexuais em nossa cultura. Quais as estratégias pedagógicas utilizadas para aqueles que respondem afirmativamente as normas culturais, especialmente as que se referem a gênero e sexualidade.

Após um pequeno flerte com o cinema alcancei meu campo de investigação. No meu caso, o campo de futebol. Torcedor de estádio desde os 5 anos de idade, minhas construções de torcedor e de masculino aconteceram de forma concomitante e, em não poucas vezes, acabam se confundindo. Fui para os estádios de futebol para olhar um currículo de masculinidade dos torcedores, currículo muito importante na minha constituição enquanto sujeito.

Um dos conceitos que aprendemos através dos Estudos de Gênero Pós-Estruturalistas e dos Estudos Culturais é que as normas são disputadas, elas possuem espaço de fissura, elas permitem movimento. Apesar disso, muitas vezes ainda mostramos nosso recorte temporal de investigação como um dado estático (a forma como pensamos por vezes se contrapõe aos nossos conceitos, por isso é sempre importante mantermos a atenção). Por motivos pessoais e profissionais, entre o ingresso no mestrado Acadêmico e a conclusão do doutorado se passaram dez anos e meio. Muita coisa aconteceu nos estádios de futebol nesse período. O meu time/clube, inclusive, trocou de estádio e é disso que tratarei nesse capítulo. Pretendo pensar e problematizar de que maneira o currículo de masculinidade e do torcer nos estádios de futebol se movimentou ao longo desta década de trabalho. Para tanto, este texto está dividido em seis partes. Após essa breve introdução, falarei de alguns entendimentos sobre o futebol e sua relação com as masculinidades além de pontuar os estádios de futebol como local de aprendizagem de gênero. Dando continuidade ao texto pontuo as escolhas metodológicas utilizadas em minhas investigações durante a realização do Mestrado e do Doutorado. Na quarta parte do texto, apresento a utilização do conceito de currículo de masculinidade na prática cultural em que ocorreram minhas investigações. Antes de encerrar, apresento o que foi possível visualizar de movimento durante esses dez anos. Finalizo apontando um pequeno movimento atual que parece seguir colocando esse currículo de masculinidade em jogo.

Os estádios de futebol e a aprendizagem de masculinidades

Os estádios de futebol se constituíram, historicamente, como um espaço legitimado para homens. Eles são um contexto cultural específico, um local que institucionaliza práticas, ensina, produz e representa masculinidades. Através de distintas formas de socialização, os sujeitos que frequentam esses locais passam por diferentes processos pedagógicos. Os sujeitos torcedores que frequentam os estádios são produzidos ao longo de diferentes jogos e situações. Diferentes conteúdos nos estádios são didaticamente ensinados através de cânticos, xingamentos e *performances* que acabam produzindo uma lógica de atitudes indispensáveis para a apreciação estética dos eventos nesse ambiente. A investigação nos estádios de futebol permite estar em um local bastante atravessado por conteúdos de masculinidades e que dialoga com diferentes narrativas produzidas por atores distintos em um contexto coletivo de constante enfrentamento simbólico entre torcidas rivais.

Existe certo consenso de que os esportes, como os conhecemos, são um fenômeno próprio da modernidade. Os esportes modernos, seja em sua prática ou em sua fruição, acabam sendo um espaço privilegiado de investigação sobre as masculinidades. Para Martine Segalen, os esportes acabam sendo a única instância contemporânea em que os homens poderiam se fantasiar, o que segundo a autora pode ser entendido como "uma forma primeira de travestimento de sua identidade" (2002, p. 82). Apesar dessa possibilidade de travestimento identitário, ainda existem hierarquias de gênero bastante marcadas com conteúdos específicos, abordando não apenas a predominância da masculinidade como representação legítima no espaço dos esportes, em geral, e do futebol de espetáculo, em específico, como limitando as possibilidades de vivências dessa masculinidade.

O contexto de produções de masculinidade dos estádios de futebol é marcado por um forte heterossexismo e por manifestações constantes que desvalorizam masculinidades que fujam de representações heteronormativas. Nos estádios, também existe de forma um tanto permanente, certa promessa de confrontos físicos. Curiosamente, neste espaço, também aparecem grandes manifestações públicas de sentimentos e de afetos masculinos. Nos estádios de futebol, demonstrações de afetos entre homens parecem não causar o mesmo impacto de reprovação que em outras esferas de nossa cultura heteronormativa. Nesse contexto específico, algumas práticas são autorizadas em um processo coletivo de construção de fraternidades e solidariedades masculinas.

Boa parte das manifestações que ocorrem nos estádios de futebol é protagonizada por um sujeito coletivo, 'a torcida'[112], "vale a pena distinguir o torcedor individual da torcida – um ser coletivo, nascido dos indivíduos, mas inexplicável se tomado como simples soma destes" (FAUSTO, 2010, p. 146). Estar em uma torcida ou fazer parte de uma torcida permite uma série de inscrições. Essas inscrições provocam distintas incitações para a circulação de significados em uma determinada cultura. Christian Bromberger salienta que durante as partidas nos estádios aparecem "as dimensões salientes da experiência social e cultural (a relação com o corpo, a afirmação das identidades, o lugar da competição nas sociedades contemporâneas, as novas formas de heroísmo...)" (2008, p. 241).

Os estádios de futebol inserem os sujeitos em diferentes pedagogias. Ele é um espaço de vivência intensa dos diferentes conteúdos produzidos sobre gênero, emoções e sobre o torcer. Os olhos dos pequenos torcedores que são inseridos em um ambiente de estádio de futebol indicam como nesse local as práticas não são naturais. Nesse ambiente historicamente associado ao masculino, uma série de ações são entendidas como legítimas a partir de processos de naturalização que mais do que marcarem as opções fragilmente consensuadas de vivência nesse espaço, marcam algumas das formas de manifestação como as únicas possíveis. Esse processo de naturalização, que conta com a

---

112. Utilizo aspas simples no texto quando procuro fazer algum destaque ou utilizar as palavras com outros sentidos que não os convencionais; o uso de aspas duplas aparece quando utilizo citações, palavras e/ou expressões de outros autores.

reiteração das *performances* a cada partida, acaba permitindo que o estádio de futebol seja entendido como um espaço privilegiado para determinadas práticas e, mais do que isso, capaz de dividir algumas ações entre 'dentro' e 'fora' do estádio.

O futebol faz circular diferentes emoções, aproximando e distanciando sujeitos. Algumas unidades produzidas nos estádios de futebol ou durante as partidas não serão mantidas, necessariamente, ao final dos jogos ou em outros contextos. Além da forte imbricação entre a construção de uma subjetividade torcedora e masculina, o estádio de futebol possui um histórico que autoriza algumas práticas que permitem aos sujeitos entenderem esse espaço como autônomo em relação aos demais espaços cotidianos. Entretanto, tendo ocupado um lugar de tamanho protagonismo na cultura, não é de se estranhar que discursos constituídos de/por perspectivas diferentes questionem o que ocorre nesse contexto cultural específico.

Estratégias de jogo

Para chegar ao gol, aos três pontos, ao título do campeonato ou próximo da questão que tenta dar fluxo aos trabalhos de investigação é preciso construir uma metodologia de pesquisa coerente com os conceitos abordados e com a perspectiva teórica assumida. A metodologia nos diz sobre os caminhos a percorrer e os percursos a trilhar. É importante marcar quais os trajetos foram realizados em que "*formas* [...] sempre têm por base um *conteúdo*, uma perspectiva ou uma teoria" (MEYER; PARAÍSO, 2012, p. 15). Para Norbert Elias (1992), é a descoberta, e não o método, que define que uma investigação pode ou não receber o 'selo de científica'. Só conseguimos enxergar um determinado problema a partir de uma perspectiva teórica. É a teoria que nos leva a enxergar. A vinculação teórica está implicada uma escolha que produz, automaticamente, uma renúncia e a negação de outras possibilidades. A teoria nos leva a ver e nos leva a não ver.

Uma das implicações da perspectiva adotada é a localização do pesquisador. O olhar do pesquisador nunca é neutro, mas está sempre atravessado pelas opções políticas e pela forma como interage com seu campo empírico, o que acaba por fornecer uma e não outras possibilidades de interpretação. Esse declarado interesse não afasta a responsabilidade do pesquisador com o que foi produzido no campo, mas possibilita uma relação um tanto mais humilde, dá uma dimensão mais adequada ao trabalho, considerando que este só foi produzido de uma determinada forma e não de outra pelos distintos atravessamentos históricos e culturais dos quais o pesquisador faz parte:

> [...] o reconhecimento direto e franco dos limites – um dado observador, num certo momento e num dado lugar – é uma das coisas que mais recomendam todo esse estilo de realizar pesquisas. [...]. A renúncia à autoridade proveniente das 'visões que partem de lugar nenhum' ('Vi a realidade e ela é real') não constitui uma perda, mas um ganho; e não é um recuo, mas um avanço (GEERTZ, 2001, p. 127).

Na minha constituição como sujeito masculino, o currículo de masculinidade produzido nos estádios de futebol foi muito importante, uma vez que frequentei o estádio Olímpico Monumental, do Grêmio, regularmente entre 1988 e o início de 2013. No final de 2012, o Grêmio inaugurou um novo estádio, a Arena do Grêmio. Essa transição da antiga casa para a nova arena produziu distintas questões teóricas e trouxe, também, algumas inquietações para mim enquanto torcedor.

Na perspectiva teórica em que este trabalho se insere, as práticas culturais são entendidas como textos a serem analisados em sua materialidade. As representações são sempre traço, marca visível. Para dar conta de minhas questões, tomei a análise cultural como procedimento analítico. Dagmar Estermann Meyer aponta que a análise cultural e a análise de discurso "permitem descrever e problematizar discursos que, imbricados, permitem aos sujeitos/instituições expressar-se de determinados modos e não de outros" (2012, p. 55).

Para Geertz, "a análise cultural é (ou deveria ser) uma adivinhação dos significados, uma avaliação das conjeturas, um traçar de conclusões explanatórias a partir das melhores conjeturas e não a descoberta do Continente dos Significados e o mapeamento da sua paisagem incorpórea" (1989, p. 30-31). Esse tipo de investimento teórico trabalha com a sua provisoriedade, mas, também, com a falta de completude de outros trabalhos. A análise cultural ganha maior relevância a partir de uma perspectiva que olha para a 'centralidade da cultura' e para como esta articula diferentes pedagogias de produção de subjetividades.

> [...] o que é a educação senão o processo através do qual a sociedade incute normas, padrões e valores – em resumo, a 'cultura' – na geração seguinte na esperança e expectativa de que, desta forma, guiará, canalizará, influenciará e moldará as ações e as crenças das gerações futuras conforme os valores e normas de seus pais e do sistema de valores predominante da sociedade? O que é isso senão regulação – governo moral feito pela cultura? [...]. Toda a nossa conduta e todas as nossas ações são moldadas, influenciadas e, desta forma, reguladas normativamente pelos significados culturais (HALL, 1997, p. 40-41).

Para verificar um currículo de masculinidade, primeiro, nos antigos estádios Olímpico e Beira-Rio e, depois, na Arena do Grêmio, localizar as representações de masculinidades que por ali circulavam e circulam me pareceu produtivo dialogar com diferentes textos que acabaram produzindo e compartilhando significados sobre essas práticas. Como outra aposta metodológica, fiz usos de uma etnografia pós-moderna, da forma como esta vem sendo utilizada nas pesquisas em Educação, com observações participantes e construção de diários de campo. Em alguma medida, procurei entender como os torcedores de futebol foram interpelados pelos currículos do torcer e de masculinidade presentes nos estádios de futebol.

> [...] os sujeitos se constituem de múltiplas e distintas identidades (de gênero, de raça, etnia, sexualidade etc.), na medida em que são interpelados a partir de diferentes situações, instituições ou agrupamentos sociais. Stuart Hall, um autor ao qual frequentemente recorremos, diz que a identidade é um ponto de apego provisório a uma determinada posição de sujeito. Reconhecer-se numa identidade supõe, então, responder afirmativamente a uma interpelação e estabelecer um sentido de pertencimento (LOURO, 2007, p. 240).

Uma das formas de olhar para as manifestações dos torcedores nos estádios foi procurar observar qual o comportamento desse sujeito coletivo em multidão: 'a torcida'. Aqui, não se entende a multidão como um todo unificado, mas como um conjunto de pessoas, um coletivo que autoriza determinados comportamentos ao mesmo tempo em que inibe uma série de outros. Olhar para a multidão, implicou procurar localizar quais as falas foram possíveis; o que os sujeitos se autorizaram a gritar; quais gritos foram rechaçados. As manifestações individuais são atravessadas por uma espécie de 'controle' produzido pela própria torcida que autoriza e desautoriza as manifestações que ali aparecem. Além dos cânticos e xingamentos, dialoguei com uma das opções metodológicas utilizadas por Arlei Damo, também realizada em estádios de futebol, e procurei observar "os ditos individuais, contextualizando-os em relação a outros ditos e ao jogo, e não propriamente em relação ao sujeito que os enunciou" (2005, p. 387).

As manifestações dos torcedores nos estádios de futebol obedecem a indicativos coletivos nos quais "ritos orais [...] põem em ação somente sentimentos e ideias coletivas, e têm até a vantagem de nos deixar entrever o grupo, a coletividade em ação ou mesmo interação" (MAUSS, 1979, p. 149). As falas ditas coletivamente pelos sujeitos anônimos, ou pelos sujeitos nomeados apenas como gremistas ou colorados, auxiliam na verificação das distribuições das práticas discursivas. "Sabe-se bem que não se tem o direito de dizer tudo, que não se pode falar de tudo em qualquer circunstância, que qualquer um, enfim, não pode falar de qualquer coisa" (FOUCAULT, 2006, p. 9). Torcer é entrar em uma ordem discursiva, e torcer em um estádio de futebol exige do sujeito que quiser essa identificação atitudes específicas, uma vez que "ninguém entrará na ordem do discurso se não satisfazer a certas exigências ou se não for, de início, qualificado para fazê-lo" (Ibid., p. 37).

Dentre as estratégias metodológicas que adotei para a realização da investigação do doutorado, diferentemente do que fiz no mestrado, estava um diálogo com pequenos grupos de torcedores, quase sempre duplas ou trios, nos quais me inseria para discutir algumas das percepções desses indivíduos sobre a mudança do Olímpico para a Arena, como entendiam o 'caso Aranha'[113] e quais memórias possuíam sobre a extinta Coligay[114]. Essas conversas foram realizadas, na maior parte das vezes, antes das partidas. Eu estava sempre vestido com uma camiseta do Grêmio, apresentava-me enquanto pesquisador,

---

113. O então goleiro do Santos, Aranha, foi chamado de macaco por torcedores do Grêmio em partida pela Copa do Brasil de 2014. Em função das ofensas raciais, o Grêmio acabou sendo eliminado da competição e ampliou os debates sobre o permitido e o proibido de ser manifestado nos estádios de futebol.
114. A Coligay reuniu entre o final da década de 1970 e o início dos anos de 1980 um grupo de torcedores gremistas identificados como homossexuais que realizavam *performances* no estádio Olímpico. Na primeira metade desta década um livro sobre a torcida foi publicado e existe uma imagem em homenagem a esses torcedores no museu do clube no novo estádio fazendo com que a torcida tenha retornado a historiografia do clube após décadas de apagamento.

apontava brevemente os assuntos que gostaria de conversar e solicitava registrar esse diálogo em um gravador.

Esses pequenos diálogos, com diferentes torcedores, permitiram acessar narrativas a partir de suas inserções e distintas apropriações nesse novo espaço, assim como eram interpelados pelo currículo de torcedor de futebol e de masculinidade atravessados pelos conteúdos que acabavam por mobilizar as condutas dos torcedores do Grêmio. Os sujeitos que participaram dessas conversas não foram entendidos como a origem dos discursos.

> Ao analisar um discurso – mesmo que o documento considerado seja a reprodução de um simples ato de fala individual –, não estamos diante da manifestação de *um* sujeito, mas sim nos defrontamos com um lugar de sua dispersão e de sua descontinuidade, já que o sujeito da linguagem não é um sujeito em si, idealizado, essencial, origem inarredável do sentido: ele é ao mesmo tempo falante e falado, porque através dele outros ditos se dizem (FISCHER, 2001, p. 207).

A aposta por esses diálogos se deu a partir do entendimento que as narrativas produzidas pelos sujeitos permitiram acessar diferentes tentativas de dar inteligibilidade às práticas desenvolvidas por esses atores. A aposta em conversas com pequenos grupos acabou permitindo que as falas não acabassem restringidas apenas por minha presença. A presença de um amigo, irmão, pai ou filho também autorizava determinadas participações e, pelo contexto de sociabilidade em que foram realizadas, também me permitiu participar do local de socialização dos torcedores e não fazer com que eles participassem de uma 'cena de pesquisa' mais formalmente apresentada. Mesmo com todo esse cuidado me chamou atenção a quantidade de manifestações divergentes do 'politicamente correto' que, conforme acreditava, ocupariam certa posição normativa nesse diálogo com alguém na posição de pesquisador. Talvez, o clubismo que me unia aos entrevistados os autorizou a fugir desse lugar e, inclusive, a apresentarem manifestações bastante aproximadas a discursos de ódio.

Currículo de masculinidade nos estádios de futebol

Os comportamentos dos torcedores nos estádios de futebol não são naturais. Os indivíduos são inseridos em um currículo com uma série de narrativas e práticas que produzem as formas de expressão permitidas e, mesmo, as emoções e as masculinidades adequadas nessa prática cultural. Esse currículo não é aqui entendido como um caminho de início, meio e fim em que os sujeitos sairiam de uma condição de não aptos até um lugar onde seriam diplomados e estariam habilitados a 'exercer' sua condição torcedora ou masculina. O currículo seria mais bem entendido, aqui, se pensado como uma série de prescrições, algo que os sujeitos são reiteradamente convidados a fazer.

Os estádios de futebol podem ser pensados como um contexto cultural específico, que ensina comportamentos, valores, formas 'corretas' ou 'adequadas' de práticas diversas através de seu desenho arquitetônico, cânticos repetidos e *performance*s explicitadas. Os estádios se constituem como um artefato cultural, eles são produzidos, são feitos e são portadores de pedagogias. Os estádios são coisas concretas, não apenas porque são feitos de concreto, mas porque se constituem como artefatos portadores de pedagogias de gênero e de sexualidade, dentre outras pedagogias culturais. É necessário passar por diferentes processos de aprendizagens para que os sujeitos possam ser introduzidos nesse contexto cultural. Estar em um estádio de futebol significa passar por diferentes pedagogias. "A prática e a contemplação esportiva podem ser consideradas atos educativos, sejam eles atinentes ao domínio das técnicas corporais, das sensibilidades estéticas ou dos controles/descontroles emocionais" (DAMO, 2005, p. 43-44).

As masculinidades, também, são constituídas através de diferentes processos educativos. Para se tornar homem ou para conseguir apresentar uma possibilidade inteligível de vivência masculina, é necessário passar por diferentes processos pedagógicos. Poderíamos nos questionar quais possibilidades ou quais processos educativos são necessários para que um sujeito possa ser transformado em masculino em uma determinada cultura. Aqui vale destacar o entendimento de educação neste trabalho. A educação,

> [...] envolve o conjunto de processos através do qual indivíduos são transformados ou se transformam em sujeitos de uma cultura. Tornar-se sujeito de uma cultura envolve um complexo de forças e de processos de aprendizagem que hoje deriva de uma infinidade de instituições e 'lugares pedagógicos' para além da família, da igreja e da escola, e engloba uma ampla e variada gama de processos educativos, incluindo aqueles que são chamados em outras teorizações de 'socialização' (MEYER, 2009, p. 222).

A partir dos Estudos Culturais, é possível entender que existe pedagogia em diferentes artefatos e práticas culturais. Todo e qualquer artefato apresenta um currículo (PARAÍSO, 2012). Não é interessante, porém, pensar esse currículo de masculinidade e do torcer como um percurso fechado com largada e chegada, em que completar essa trajetória seria necessário para adquirir certa habilitação ou permissão para executar uma determinada atividade. O currículo de masculinidade e do torcer nos estádios de futebol seria mais produtivamente pensado como uma série de sugestões ou de indicações, algo que os sujeitos são reiteradamente incitados a fazer. Esses currículos (o plural pode ser interessante para pensar que são múltiplos, que se atravessam mutuamente e poderão, inclusive, ser contraditórios) apontam para diferentes processos educativos, quase sempre não formais, para os sujeitos que pretendem percorrer caminhos que possam levá-los a serem entendidos como torcedores, como homens ou masculinos em um contexto cultural específico.

O conceito pedagógico de currículo me parece produtivo para pensar nas práticas de produção das masculinidades, especialmente por dois desdobramentos. No primeiro deles, currículo pode ser entendido como "lugar, espaço, território. [...] trajetória, viagem, percurso" (SILVA, 2003, p. 150). Esta interpretação abre a possibilidade para uma série de questões: quais os percursos sugeridos, trajetórias indicadas ou roteiros de viagem oferecidos para masculinidades em diferentes contextos culturais? Como acontecem as socializações e as avaliações para a aprendizagem 'correta' de uma masculinidade em diferentes espaços, como os estádios de futebol?

A segunda potencialidade do conceito se associa aos conteúdos presentes em um determinado currículo, "o currículo é sempre resultado de uma seleção: de um universo mais amplo de conhecimentos e saberes seleciona-se aquela parte que vai constituir, precisamente, o currículo" (SILVA, 2003, p. 15). Outras questões podem ser formuladas a partir desse entendimento: que conteúdos estão em pauta quando se pensa/produz as diferentes masculinidades em um mesmo contexto cultural? Como esses conteúdos se hierarquizam e hierarquizam as masculinidades? O que aparece como conhecimento relevante e irrelevante nas diferentes formas de socialização?

Além desses dois desdobramentos, o conceito de currículo apresenta outra possibilidade produtiva. Como cada sujeito que percorre a trajetória de um currículo possui diferentes atravessamentos identitários, e passa por distintos processos de subjetivação, que podem ampliar as experiências facilitando ou dificultando aprendizagens, não existe relação causal entre os 'alvos' de um determinado currículo e seus 'resultados'. Como todo percurso, "mesmo que existam regras, que se tracem planos e sejam criadas estratégias e técnicas, haverá aqueles e aquelas que rompem as regras e transgridem os arranjos. A imprevisibilidade é inerente ao percurso" (LOURO, 2004b, p. 16). Esse atravessamento de diferentes currículos impossibilita que apenas um conteúdo ou uma vivência sejam suficientes na produção de um específico sujeito masculino ou torcedor.

Apesar da imprevisibilidade de como os sujeitos se apropriarão de determinados conteúdos, não podemos ignorar que todo currículo tem como objetivo um resultado, um sujeito com determinadas características, que tenha sido atravessado uma série de aprendizagens, dentro de uma sequência esperada, de forma ordenada e, em alguma medida, com resultados mais ou menos esperados. Independentemente da perspectiva política ou pedagógica, um currículo conservador ou progressista tem sempre um sujeito pensado para o final de sua trajetória, "o que está em jogo em um currículo é a constituição de modos de vida" (PARAÍSO, 2010, p. 13). Esse sujeito não somente deverá ter aprendido cognitivamente alguns conteúdos como deverá ter sido subjetivado por esse currículo. Quem são os sujeitos engendrados pelo currículo de masculinidade dos torcedores de futebol? O que eles deverão ter aprendido após passarem por esse currículo? O que esses sujeitos poderão falar e o que terão obrigatoriedade de calar após serem socializados nesse currículo?

Se pensarmos na polifonia do conceito de currículo, ainda apareceria outro atravessamento produtivo para pensar as práticas dos torcedores de futebol nas praças esportivas.

> Quando se fala em currículo, logo surge o caráter polissêmico da palavra. Ela designa várias coisas: ora é um atalho em um caminho ou é o próprio caminho; ora, uma corrida ou o ato de correr; ora é a programação pedagógica do que é ensinado aos alunos; ora, o documento que reúne os dados relativos a uma pessoa (em termos de sua formação, experiências, realiza-

ções etc.), aquilo que chamamos de *curriculum vitae*. Parece haver aí uma ambiguidade perturbadora: ora o currículo é uma entidade geográfica, ora uma ação; ora ele é um programa, ora é um documento (VEIGA-NETO, 2009, p. 17).

Tomando a perspectiva de um *curriculum vitae*, escutar os torcedores em seus pequenos grupos de socialização permitiu, em alguma medida, visualizar de que maneira eles se aproximaram ou se afastaram desses diversos conteúdos aos quais foram interpelados reiteradas vezes e em diferentes situações. E, também, como se sentiam interpelados por algumas das pautas apresentadas por grupos que, até então, eram percebidos como menos importantes ou, mesmo, afastados das práticas e das sociabilidades torcedoras nos estádios.

Tomando o conceito de dispositivo de Michel Foucault, que seria entendido como

> [...] um conjunto decididamente heterogêneo que engloba discursos, instituições, organizações arquitetônicas, decisões regulamentares, leis, medidas administrativas, enunciados científicos, proposições filosóficas, morais, filantrópicas. Em suma, o dito e o não dito são os elementos do dispositivo. O dispositivo é a rede que se pode estabelecer entre estes elementos (2004, p. 244).

e dialogando com o trabalho de Rosa Maria Bueno Fischer ao propor o conceito de 'dispositivo pedagógico da mídia', que ela define como um "modo muito concreto de formar, de constituir sujeitos sociais, através da prática cotidiana de consumir produtos televisivos" (1997, p. 71), seria possível supor a existência de um dispositivo pedagógico dos estádios de futebol que abarcaria esse heterogêneo conjunto de discursos sobre o torcer e sobre como se constituir como um sujeito masculino através das diferentes práticas educativas que acontecem neste contexto específico.

Em minhas investigações, o conceito de gênero foi protagonista. Em nossa cultura, gênero é um elemento definidor de inteligibilidade: "não se pode dizer que os corpos tenham uma existência significável anterior à marca do seu gênero" (BUTLER, 2003, p. 27). Gênero é um processo sem origem nem final, mas que se constrói em ato, ou melhor dito, em uma sequência de atos que está sempre ocorrendo. Segundo Judith Butler, as identidades de gênero e de sexualidade são performativas, "o gênero é sempre um feito, [...] não há identidade de gênero por trás das expressões de gênero; essa identidade é performativamente constituída" (2003, p. 48). Com isso, podemos entender que a identidade generificada necessita de uma constante reiteração, o que exige que se efetuem e se repitam atos com significação social, e nessa repetição, esse mesmo significado pode ser legitimado (PELLER, 2011). Nesse sentido, gênero é muito mais um verbo do que um substantivo. A construção generificada deve ser entendida como

> [...] um processo contínuo de repetições que, ao mesmo tempo, anula a si mesmo (pois mostra a necessidade de repetir-se para substituir) e aprofunda suas regras. [...] assumir um gênero não é algo que, uma vez feito, estabiliza-se. Ao contrário, estamos diante de uma inscrição que deve ser continuamente repetida e reafirmada, como se estivesse, a qualquer momento, a ponto de produzir efeitos inesperados, sair dos trilhos (SAFATLE, 2015, p. 189).

É com o conceito de gênero que me permito pensar nas masculinidades como construções culturais. Ele "funciona como um organizador social e da cultura [...] e, assim, engloba todos os processos pelos quais a cultura constrói e distingue corpos e sujeitos femininos e masculinos" (MEYER, 2012, p. 51).

> A inscrição dos gêneros – feminino ou masculino – nos corpos é feita, sempre, no contexto de uma determinada cultura e, portanto, com as marcas dessa cultura. As possibilidades da sexualidade – das formas de expressar desejos e prazeres – também são sempre socialmente estabelecidas e codificadas. As identidades de gênero e sexuais são, portanto, compostas e definidas por relações sociais, elas são moldadas pelas redes de poder de uma sociedade (LOURO, 2001, p. 11).

O conceito de gênero com o qual trabalho está ancorado nos Estudos de Gênero Pós-Estruturalistas e nos Estudos Culturais (LOURO, 2004a; MEYER, 2003). Nessa perspectiva, gênero não pode ser reduzido a qualquer aspecto essencialista, seja ele biológico ou cultural. Judith Butler (2009) argumenta que nem o gênero e nem a sexualidade são elementos que possuímos. Esses conceitos seriam mais bem entendidos como 'um modo de despossessão', sempre em uma relação com o outro. "O gênero é uma complexidade cuja totalidade é permanentemente protelada, jamais plenamente exibida em qualquer conjuntura considerada" (Ibid., 2003, p. 37). Os gêneros estão imbricados em processos pedagógicos que utilizam diferentes estratégias metodológicas, dentre as quais a reiteração e a repetição de práticas construídas, como culturalmente adequadas.

O conceito de gênero, na perspectiva dos Estudos de Gênero Pós-Estruturalistas e dos Estudos Culturais, aponta para quatro desdobramentos importantes (MEYER, 2003). O primeiro destaca a permanente construção dos sujeitos de gênero. Essa construção não é um processo linear ou evolutivo de causa e efeito. Aprendemos, em diferentes instituições, artefatos e práticas culturais, formas adequadas de 'exercer' um gênero. Essas aprendizagens acontecem ao longo de nossas vidas. O segundo desdobramento do conceito demonstra a diversidade de masculinidades e feminilidades variando em diferentes tempos e espaços e dentro de uma mesma cultura. O conceito tem sua potência catalisada quando associado a outros marcadores sociais, como classe social, religião, raça/etnia, nacionalidade... (MEYER, 2003). A relação entre os sujeitos de gênero é a terceira implicação do conceito. As construções de masculinidades possuem nas feminilidades o seu oposto, seu limite, sua fronteira. Pensar nas masculinidades de forma isolada não tende a ser muito produtivo. Mesmo que em determinados contextos exista uma preponderância de exigências e expectativas sobre comportamentos masculinos ou femininos, a principal fronteira nessas construções, da forma como nossa cultura se organiza, nesse momento, segue sendo o 'polo oposto' de gênero. Esse binarismo é uma relação infinita, com fronteiras movediças. Ele ajuda a construir uma ficção de estabilidade que é reiteradamente afirmada para provocar uma suposta permanência. "Numa perspectiva pós-estruturalista, nossa tarefa seria perturbar a aparente solidez desse par binário, entender que esses dois elementos estão mutuamente implicados, dependem um do outro para se afirmar, supõem um ao outro" (LOURO, 2009, p. 89). A última implicação do conceito de gênero nos mostra como as diferentes instituições sociais são atravessadas por pressupostos de masculinidade e de feminilidade. Elas são produzidas por pressupostos de gênero ao mesmo tempo em que participam das produções de gênero (MEYER, 2003).

Podemos caracterizar o que comumente chamamos de 'nossa cultura' como heteronormativa. A heteronormatividade atua como um amplo sistema de relações de poder vinculadas a práticas e a instituições que colocam a heterossexualidade como a norma cultural hegemônica. Ela acaba por construir e manter uma 'superioridade' ou 'privilégios' aos sujeitos identificados com a heterossexualidade. O processo continuado de reiteração da heterossexualidade acaba sendo naturalizado e invisibilizado "exatamente porque é empreendido de forma continuada e constante (muitas vezes, sutil) pelas mais diversas instâncias sociais" (LOURO, 2009, p. 90). Uma importante estratégia nessa construção normativa é a naturalização dos processos que abarca, negando sua construção sócio-histórica.

Ao procurar observar as representações de masculinidade através de um currículo dos torcedores nos estádios de futebol, é sempre relevante estar atento aos conteúdos que são repetidos e, dentro do possível, aos conteúdos que são silenciados nessa tentativa de construção de determinada 'naturalidade' para as normas culturais de gênero e de sexualidade. Permito-me entender os estádios de futebol como um desses espaços heteronormativos que atuam na produção e na circulação de conteúdos sobre as formas adequadas e inadequadas de vivências de masculinidades. É pensando nessa performatividade de gênero e olhando para a reiteração heteronormativa que busquei olhar para esse currículo de masculinidade do torcedor de futebol de estádio. A ideia foi observar de que forma os torcedores performatizavam o gênero e o torcer, e como isso era atravessado por algumas categorias como, especialmente neste contexto, a de homofobia ou de heterossexismo.

Um currículo de masculinidade em movimento

As normas de gênero que integram o currículo de masculinidades dos torcedores de futebol de estádio não trabalham somente como uma categoria de gênero, mas sim, fazendo a associação de diferentes marcadores identitários. Permito-me apontar que a performatividade masculina nos estádios de futebol se associa a um gênero, uma sexualidade, um regionalismo, um clubismo, uma estética, uma tradição... Ser masculino e torcedor de futebol implica ser heterossexual, estar vinculado a determinadas representações regionais, possuir vínculos com a história de um determinado clube, associar-se a uma estética marcada como adequada para as praças esportivas e vincular boa parte das positividades de suas ações em um determinado histórico de práticas que poderiam ser lidos como certa tradição.

O currículo de masculinidade dos torcedores de estádio produz uma representação do torcedor que avalia e hierarquiza a conduta de todos os sujeitos no estádio, sejam eles homens, mulheres, crianças, idosos... Essa performatividade de gênero esperada para o torcedor de futebol inclui, além da masculinidade, a heterossexualidade e o heterossexismo. Essa masculinidade possui uma estética popular como normatividade – os xingamentos, as injúrias e as permissividades fariam certa associação com o popular, muito mais pela falta de certa polidez, do que por pertencimento de classe econômica. Por fim, a tradição da torcida autoriza práticas e acaba naturalizando manifestações que podem ser apontadas como inadequadas por atores externos à torcida ou que estivessem bastante atravessados por outros conteúdos, lógicas ou currículos.

É interessante pensar que um sujeito interpelado por um currículo determinado, como o currículo de masculinidades do torcedor de estádio, está sendo atravessado, ao mesmo tempo, por outros currículos culturais. Quando convocado a falar sobre si mesmo, o sujeito poderá tomar sua vivência nesse contexto específico como parâmetro, mas ele não conseguirá apagar uma série de outras aprendizagens ou outros currículos que o interpelam e o subjetivam de forma concomitante, mesmo que de maneira inconsciente. Talvez, essa abordagem possa potencializar alguns entendimentos de currículo para o campo da educação.

Se pensar as práticas culturais através do conceito de currículo, entendendo o mesmo como um percurso ou um conjunto de conteúdos ou saberes, já poderia possibilitar certa ampliação do conceito, parece-me que tomar a ideia de que o sujeito pensado por um currículo está pensado e atravessado, também, por outros currículos, permitiria potencializar os espaços de vazamento, de resistência... Com isso, seríamos mais precisos ao tentarmos entender a constituição desse sujeito que se relaciona com um currículo pontual que estamos observando. Essa precisão não estaria vinculada a uma maior exatidão, mas seria mais bem associada à certa humildade ao entender que conseguimos visualizar uma experiência bastante singela dentre tantas outras que trabalham na produção de um determinado sujeito.

Os indivíduos torcedores, que são interpelados por diferentes conteúdos de forma simultânea, no estádio estão subordinados à torcida. Mais do que a junção de elementos que a constituem, a torcida funciona como um ente moral que estabelece sobre esses elementos, os torcedores, o que seria autorizado ou proibido dentro desse contexto. O clubismo é um dos conteúdos mais significativos desse currículo de masculinidades dos torcedores de estádio. É preciso defender o clube em todas as situações possíveis. As avaliações morais, éticas e estéticas acabam sendo feitas a partir desse engajamento/militância.

Essa relação entre o indivíduo torcedor e esse 'ente coletivo' que chamamos de torcida é uma chave explicativa para um número importante de atitudes. Os torcedores conseguem diferenciar-se desse coletivo, ao mesmo tempo em que se entendem participantes dessa mesma coletividade. Algumas discussões poderiam ser defendidas individualmente, como exemplo uma manifestação que positivasse a presença de sexualidades não heteronormativas no estádio. Ao mesmo tempo, porém, esses mesmos indivíduos entendiam que 'a torcida' não aceitaria manifestações como essas. A torcida, em algumas circunstâncias, não poderia ser responsabilizada por ações realizadas por individualidades torcedoras, ao mesmo tempo em que as individualidades torcedoras não poderiam ser adequadamente avaliadas em suas ações sem levar o contexto da torcida em consideração.

Os torcedores do Grêmio abordados durante a realização de minha investigação para o doutorado pareciam ainda estar em trânsito. Dado o lugar normativo que o estádio Olímpico possui nas representações sobre o torcer para os gremistas, existia uma expectativa de que a Arena deveria repetir o antigo estádio e que isso aconteceria com o passar do tempo. Entretanto, é possível apostar que alguns elementos das vivências torcedoras que existiam na antiga casa estarão presentes apenas nas memórias dos torcedores. Trocar de casa, como ocorreu com o Grêmio e seus torcedores, exige uma série de investimentos. Durante o trabalho de campo acabei dialogando com torcedores que foram 'alfabetizados' para o torcer no antigo estádio Olímpico, com um conjunto de práticas que acabaram não sendo trazidas para a Arena ou, no mínimo, que passaram a ser questionadas, que perderam seu *status* de naturalizadas.

Em 2009, indiquei alguns conteúdos que consegui visualizar por meio de minha observação participante nos antigos estádios Olímpico e Beira-Rio (antes da reforma para a Copa do Mundo de 2014). Esse trânsito realizado pelos torcedores, a elitização da Arena em relação ao Olímpico, e a forte tensão entre o indivíduo, torcedor, com a coletividade, torcida, também foi acompanhada por uma série de atravessamentos do circuito da cultura nas práticas vividas em um estádio de futebol.

Nos antigos estádios, observava as insistentes provocações, ameaças e injúrias como compondo ações de violência simbólica ou verbal. Apontei, inclusive, que ela parecia ser a forma de relacionamento preferencial dos torcedores com os diferentes atores nos estádios de futebol. O diálogo com os torcedores me permitiu verificar de que maneira a naturalização dessas práticas acabaria por tentar retirar das mesmas a violência como uma forma de descrevê-las. Os torcedores pedem que suas práticas nos estádios durante os dias das partidas sejam entendidas como ações excepcionais, que não seguiriam as mesmas lógicas do cotidiano. Em alguma medida, o que se pratica no estádio ficaria no estádio e atenderia a códigos específicos dessa forma particular de socialização.

Nesse contexto, o que chamei de violência ao observar os torcedores apenas enquanto coletivo, foi chamado por eles de brincadeiras ou de piadas. Permito-me inferir que esse deslocamento para manifestações idênticas não altera significativamente a presença dos conteúdos depreciativos relacionados a determinadas identidades, especialmente às não heterossexuais. Se gritos como 'bicha' ou 'veado' não são ofensas, e sim piadas, ensina-se nesse currículo de masculinidades que rir de usos corporais que fujam da heteronormatividade é aceitável.

Os torcedores pedem para si, enquanto estão no estádio de futebol, certa autorização para o uso de uma estética mais bem associada ao popular ou ao grotesco. Acredito que essa estética seja mais bem lida como afastada de normas de polidez do que praticada por sujeitos que poderiam ser identificados como populares. Os torcedores reconhecem que os ditos nos estádios podem ser recebidos por um público que não estaria acostumado com essa socialização de maneira distinta da forma como é acolhida nesse ambiente.

Aqui, existe uma disputa por significados em que ora os torcedores parecem não estar muito preocupados em explicar essas significações, deixando-as subordinadas a uma estética do estádio que eles pretendem mais específica, ora procuram argumentar que os termos que ali aparecem não possuem o mesmo significado que em outros contextos culturais. Talvez, a principal alteridade dessa estética esteja associada ao politicamente correto, muito reclamado pelos torcedores como uma demanda externa para as práticas realizadas nas praças esportivas.

No Olímpico e no Beira-Rio, consegui visualizar como a extrapolação das emoções aparecia reiteradas vezes ao se pensar nas vivências que acontecem nos estádios de futebol. Essas emoções em excesso, também, poderiam justificar certa alteração da percepção existente no cotidiano. Alguns torcedores na Arena pediam o direito de extravasar nos estádios de futebol. Nesse contexto, os homens se permitem demonstrações de afetos que são menos autorizadas em outros espaços, especialmente marcados pela heteronormatividade de nossa cultura. Há certo reconhecimento de que algumas ações interditadas em outras esferas são autorizadas nesse contexto de ludicidade e emoções. Entretanto, também é bastante evidente que essa autorização não significaria uma liberação dos limites normativos, mas um trânsito entre limites diferentes.

Essa presença de afetos e carinhos entre homens, bastante mais restritas em outras socializações, poderia ser entendida, em um primeiro momento, como certa resistência às práticas heteronormativas e heterossexistas em outros espaços de socialização. Entretanto, o amor e os afetos também permitiam a construção de hierarquias na relação entre a 'nossa torcida' e a 'torcida deles'. Mesmo que representações de amor romântico não fossem muito vinculadas a masculinidades como as que vemos representadas nos estádios, nossa maior capacidade de sermos fiéis ao nosso clube e amá-lo mais do que o rival também nos fazia mais corajosos e masculinos.

Ao finalizar minha dissertação de mestrado, localizei duas representações de masculinidades mais fortemente marcadas nos estádios de futebol: a 'nossa' e a 'deles'. A interdição a um termo específico fez com que a torcida do Grêmio não conseguisse utilizar a mesma lógica predominante até então. Se não apareceram de forma tão evidente essas duas masculinidades opostas, foi possível visualizar como essa relação entre 'nós' e 'eles' é constitutiva e acaba por servir como certo limite ou potência. A rivalidade, por um lado, acaba autorizando o uso da alcunha 'macaco' (forma preferencial que os gremistas se referiam – ou referem – aos colorados, torcedores rivais) que, segundo entendimento dos gremistas, teria perdido seu traço histórico associado ao racismo para passar a ser adotado como sinônimo de colorado. Essa mesma autorização funcionaria como limite cognitivo ao negar a existência de outros entendimentos sobre o termo. A participação dos colorados nas trocas jocosas parecia justificar a manutenção dos diálogos via ofensas ou injúrias.

Em relação a sexualidades não heteronormativas e à experiência da Coligay, a rivalidade voltava a aparecer de forma constitutiva. A Coligay poderia ser positiva se colocasse a representação de nossa torcida mais associada ao respeito às diferenças, ou mais bem encaixada no vocabulário politicamente correto. Ao mesmo tempo, o conteúdo das sexualidades não normativas ainda seria um elemento que poderia nos fazer 'perder' essa disputa por masculinidade com o rival, que, nesse contexto, seria nosso limite constitutivo.

Um jogo em andamento

Antes mesmo de meu retorno para o Doutorado, como torcedor de futebol praticante comprei, com certa facilidade, a narrativa de que os novos estádios, construídos ou reformados para a Copa do Mundo de futebol masculino da Fifa no Brasil, em 2014, exigiriam novas condutas dos torcedores. Em relação às masculinidades, acreditava que a exclusão dos torcedores de menor poder aquisitivo, e sua substituição por sujeitos mais abastados, produziria uma masculinidade distinta, tomando o atravessamento de classe como definitivo para a construção do gênero.

Essas mudanças não aconteceram de forma tão imediata ou direta. É possível ver que um currículo de masculinidade que localizei nos antigos estádios, no final da última década, foi atravessado por diferentes conteúdos que incluíram a elitização do público e a arquitetura dos novos estádios. Além desses, existiu a entrada de conteúdos que já circulavam no circuito mais amplo da cultura, mas que os estádios de futebol ainda se negavam a colocar em questão, por esse lugar ter sido apropriado como um local de reserva masculina heterossexual e heterossexista.

A vantagem de ser um pesquisador/torcedor é que continuarei a frequentar o estádio. Como sempre, a pesquisa termina muito mais pelo prazo a que ela está subordinada do que pela possibilidade de se esgotar um determinado assunto. Ainda é muito cedo para saber o que acontecerá com esse currículo de masculinidade dos torcedores de estádio de futebol na Arena do Grêmio a partir dessa desnaturalização das práticas existentes. Encerro esse capítulo com algumas pistas que consegui verificar entre a entrega da tese, em julho de 2017 e o momento anterior à interrupção dos calendários esportivos em função da pandemia do Covid-19.

No momento atual é possível entender que se está jogando um jogo sobre as masculinidades torcedores dos estádios de futebol. Os clubes parecem que estão entendendo seu protagonismo nesse enfrentamento. Durante a realização dos diálogos com os torcedores do Grêmio, eles questionavam a viabilidade de o clube querer para si a alcunha de primeiro clube tolerante em relação a sexualidade, em função da existência da Coligay. Mesmo que timidamente, em conjunto com outros clubes brasileiros, o Grêmio realiza ações de publicidade vinculadas ao dia do combate a homofobia. Agora conseguimos visualizar o Bahia buscando o título de clube mais democrático do Brasil com seu núcleo de ações afirmativas com campanhas contra diferentes violências como o machismo, racismo e a homofobia. Após um episódio de homofobia durante uma partida, o Fluminense jogou estampando no peito seu orgulho por ser o 'time de todos'. Até os lentos e conservadores tribunais de justiça brasileiros já se autorizam a punir um atleta por cantos homofóbicos, até então naturalizados no cenário do futebol brasileiro. O jogo está acontecendo, ele não acontecerá depois. E aqui há que ser protagonista e nunca esquecer que um gol ou uma vitória não garantem nada. O importante é estar sempre disposto a jogar!

Referências

BROMBERGER, C. As práticas e os espetáculos esportivos na perspectiva da etnologia. **Horizontes Antropológicos – Antropologia e esporte**, Porto Alegre: ano 14, n. 30, p. 237-253, jul.-dez./2008, p. 237-253.

BUTLER, J. **Problemas de gênero: feminismo e subversão da identidade.** Rio de Janeiro: Civilização Brasileira, 2003.

BUTLER, J. **Vida precaria: el poder del duelo y la violencia.** Buenos Aires: Paidós, 2009.

DAMO, A.S. **Do dom à profissão: uma etnografia do futebol de espetáculo a partir da formação de jogadores no Brasil e na França.** Tese de doutorado em Antropologia Social, 435 f. Porto Alegre: Programa de Pós-Graduação em Antropologia Social/Instituto de Filosofia e Ciências Humanas/Universidade Federal do Rio Grande do Sul, 2005.

ELIAS, N. Introdução. In: ELIAS, N.; DUNNING, E. **A busca da excitação.** Lisboa: Difel, 1992, p. 39-99.

FAUSTO, B. De alma lavada e coração pulsante. **Revista de História**, São Paulo, n. 163, p. 139-148, jul.-dez./2010.

FISCHER, R.M.B. O estatuto pedagógico da mídia: questões de análise. **Educação & Realidade – Cultura, mídia e educação.** Porto Alegre, v. 22, n. 2, p. 59-79, jul.-dez./1997.

FISCHER, R.M.B. Foucault e a análise do discurso em educação. **Cadernos de Pesquisa**, São Paulo, n. 114, p. 197-223, nov./2001.

FOUCAULT, M. Sobre a história da sexualidade. **Microfísica do poder.** Rio de Janeiro: Graal, 2004, p. 243-276.

FOUCAULT, M. **A ordem do discurso.** 13. ed. São Paulo: Loyola, 2006.

GEERTZ, C. **A interpretação das culturas.** Rio de Janeiro: Guanabara Koogan, 1989.

GEERTZ, C. **Nova luz sobre a antropologia.** Rio de Janeiro: Zahar, 2001.

HALL, S. A centralidade da cultura: notas sobre as revoluções de nosso tempo. **Educação & Realidade – Cultura, mídia e educação**, Porto Alegre, v. 22, n. 2, p. 15-46, jul.-dez./1997.

LOURO, G.L. Pedagogias da sexualidade. In: LOURO, G.L. (org.). **O corpo educado: pedagogias da sexualidade.** 2. ed. Belo Horizonte: Autêntica, 2001, p. 7-34.

LOURO, G.L. **Gênero, sexualidade e educação: uma perspectiva pós-estruturalista.** 7. ed. Petrópolis: Vozes, 2004a.

LOURO, G.L. Viajantes pós-modernos. **Um corpo estranho: ensaios sobre sexualidade e Teoria Queer**. Belo Horizonte: Autêntica, 2004b, p. 7-25.

LOURO, G.L. Conhecer, pesquisar, escrever... **Educação, Sociedade & Culturas**, n. 25, p. 235-245, 2007.

LOURO, G.L. Heteronormatividade e homofobia. In: JUNQUEIRA, R.D. (org.). **Diversidade sexual na educação – Problematizações sobre a homofobia nas escolas**. Brasília: Ministério da Educação/Secretaria de Educação Continuada, Alfabetização e Diversidade/Unesco, 2009, p. 85-93.

MAUSS, M. A expressão obrigatória dos sentimentos. In: OLIVEIRA, R.C. (org.). **Marcel Mauss**. São Paulo: Ática, 1979, p. 147-153.

MEYER, D.E.E. Gênero e educação: teoria e política. In: LOURO, G.L.; NECKEL, J.F; GOELLNER, S.V. (orgs.). **Corpo, gênero e sexualidade: um debate contemporâneo**. Petrópolis: Vozes, 2003, p. 9-27.

MEYER, D.E. Corpo, violência e educação: uma abordagem de gênero. In: JUNQUEIRA, R.D. (org.). **Diversidade sexual na educação: problematizações sobre a homofobia nas escolas**. Brasília: Ministério da Educação/Secretaria de Educação Continuada, Alfabetização e Diversidade/Unesco, 2009, p. 213-233.

MEYER, D.E. Abordagens pós-estruturalistas de pesquisa na interface educação, saúde e gênero: perspectiva metodológica. In: MEYER, D.E.; PARAÍSO, M.A. (orgs.). **Metodologias de pesquisas pós-críticas em educação**. Belo Horizonte: Mazza, 2012, p. 47-61.

MEYER, D.E.; PARAÍSO, M.A. Apresentação. In: MEYER, D.E.; PARAÍSO, M.A. (orgs.). **Metodologias de pesquisas pós-críticas em educação**. Belo Horizonte: Mazza, 2012, p. 15-22.

PARAÍSO, M.A. Apresentação. In: PARAÍSO, M.A. (org.). *Pesquisas sobre currículos e culturas*: temas, embates, problemas e possibilidades. Curitiba: CRV, 2010, p. 11-14.

PARAÍSO, M.A. Metodologias de pesquisas pós-críticas em educação e currículo: trajetórias, pressupostos, procedimentos e estratégias analíticas. In: MEYER, D.E.; PARAÍSO, M.A. (orgs.). **Metodologias de pesquisas pós-críticas em educação**. Belo Horizonte: Mazza, 2012, p. 23-45.

PELLER, M. Judith Butler y Ernesto Laclau: debates sobre la subjetividad, el psicoanálisis y la política. **Sexualidad, Salud y Sociedad – Revista Latinoamericana**, n. 7, p. 44-68, abr./2011.

SAFATLE, V. Dos problemas de gênero a uma teoria da despossessão necessária: ética, política e reconhecimento em Judith Butler. In: BUTLER, J. **Relatar a si mesmo: crítica da violência ética**. Belo Horizonte: Autêntica, 2015, p. 173-196.

SEGALEN, M. **Ritos e rituais contemporâneos**. Rio de Janeiro: FGV, 2002.

SILVA, T.T. **Documentos de identidade – Uma introdução às teorias do currículo**. 2. ed. Belo Horizonte: Autêntica, 2003.

VEIGA-NETO, A. O currículo e seus três adversários: os funcionários da verdade, os técnicos do desejo, o fascismo. In: RAGO, M.; VEIGA-NETO, A. (orgs.). **Para uma vida não fascista**. Belo Horizonte: Autêntica, 2009, p. 13-25.

13
O gênero e a sexualidade na educação em tempos violentos

Rosimeri Aquino da Silva
Rosângela de Fátima Rodrigues Soares

Muito embora de visíveis emergências, as relações de gênero e de sexualidade, assim como a violência que parece funcionar por vezes como uma espécie de matriz constitutiva dessas relações, são conceitos de difícil trato educacional. Sobre eles, mais do que conhecimentos fundamentados em pesquisa científica, pesam, de sobremaneira, lugares-comuns. Essa é uma compreensão usual entre profissionais da educação básica, sobretudo nos últimos anos, onde as discussões sobre essas categorias têm adquirido espaço na cena escolar. A heterogeneidade de acepções sobre seus significados, assim como claras tentativas de excluí-las como conteúdos pertinentes, especialmente a tentativa de exclusão da categoria de gênero[115] (SEFFNER, 2016), justificariam parte das dificuldades no seu tratamento educacional. Nossas experiências como professoras em cursos de graduação em licenciaturas e em atividades voltadas à extensão têm nos colocado diante da constatação de suas presenças cada vez mais constantes nos currículos, especialmente naqueles trabalhados em aulas práticas por futuros professores do campo humanístico (sociologia, história, educação física, geografia etc.).

Professores/as atuantes na educação básica, narram que os conceitos de gênero, de sexualidade e de violência, estão presentes em seus currículos. Por

---

115. Cf. o documentário "Gênero sob ataque". Disponível em: https://www.youtube.com/results?search_query=g%C3%AAnero+sob+ataque Acesso em 28/01/2020.

vezes de forma tácita: em forma de comportamentos, atitudes, padrões de recompensa e castigo, que, sem estar explícito, contribuem para a aprendizagem de forma ampla. Esses aspectos do ambiente escolar é algo que força os professores ao conhecimento e ao debate, visto demandas do próprio cotidiano escolar. Como educadoras voltadas para esses conhecimentos, nós temos a convicção, sobre a contribuição relevante e atual desses estudos para a formação de novas gerações. Dificilmente, nos últimos tempos, encontramos alunos universitários, que não apresentem algum tipo de entendimento sobre questões de gênero e de sexualidade. Conhecimentos desde a referência a autores, até o conhecimento sobre disputas políticas em torno do que seria o "real" significado desses conceitos. Alunos do Estágio de Docência em sociologia do Curso de Licenciatura em Ciências Sociais, por seu turno, têm incluído, de forma geral, nas aulas práticas voltadas para o Ensino Médio, a temática de gênero. Se no passado essa temática aparecia de forma incipiente, é possível afirmar que atualmente ela é presença quase que obrigatória.

A proposição deste capítulo é a de compreendermos a inserção das relações de gênero e de sexualidade, nas suas articulações com a violência nos currículos da educação básica contemporânea. Interessa-nos avaliar e problematizar as justificativas utilizadas por profissionais docentes para a inserção dessas temáticas no rol de conteúdos destinados a essa formação, assim como as dificuldades por eles encontradas.

É certo de que nossas memórias significativas, relativas às atividades de ensino que realizamos em nossa trajetória profissional, voltadas para esses estudos, são de fundamental importância para a realização deste texto. Além disso, utilizaremos como base de dados: relatórios (orais e escritos) produzidos por licenciandos/as em sociologia durante seus estágios obrigatórios de docência[116], assim como narrativas de professores atuantes no Ensino Médio nessa disciplina e em outras afins, professores com os quais tivemos contato

---

116. A Disciplina de Estágio de Docência em Ciências Sociais da UFRGS, de acordo com a súmula, é uma atividade de ensino de caráter teórico-prático. Ela visa a inserção e a convivência do discente-estagiário no contexto escolar, a partir de sua atuação como regente/docente de sala de aula na área de Ciências Sociais/Sociologia em instituições de educação básica. Dispomos de um arquivo com mais de cem relatórios produzidos por discentes estagiários nos últimos dez anos, ele é uma base de dados importante para a discussão que empreendemos no presente texto.

nos programas de extensão universitária e nas nossas idas às escolas. Desses apontamentos diversos citaremos apenas as datas e o evento, mantendo o anonimato e sigilo ético.

Numa tentativa de propor questionamentos que se relacionam com a proposição desse texto, elencamos alguns cujas respostas pretendemos ensaiar ao longo do trabalho: em que momento interessou à educação escolarizada o gênero e a sexualidade como conteúdos curriculares? Como situar a tipologia[117] usual da violência nessas relações? Que respostas os professores encontram para os questionamentos relativos ao gênero e a sexualidade?

É necessário, como já foi afirmado, trazer à memória breves seleções das narrativas dos participantes das atividades de ensino e extensão, situações de sala de aula (por assim dizer), junto às referências teóricas fundamentais para a compreensão das mesmas. Elencamos dois conjuntos de respostas colhidas junto aos docentes: o primeiro diz respeito à emergência da epidemia da Aids e o segundo encontra razões nas transformações culturais ocorridas na sociedade contemporânea, no sentido amplo do que isso significa. Sobre essas respostas vamos discorrer a seguir.

Escola, sexualidade e epidemia: relação difícil, porém possível

A primeira referência teórica é o texto Pedagogias da sexualidade, publicado por Louro (1999) para o livro *O corpo educado: pedagogias da sexualidade*[118]. Organizado por essa autora, o livro reuniu também estudos de Britzman, hooks, Parker, Weeks e Butler, e pode-se considerar resumidamente que, em seu todo, reúnem-se discussões em torno da questão do corpo e da sexualidade, onde o argumento central é a de que essas são produções históricas,

---

117. A OMS define violência como uso intencional da força ou poder contra si mesmo, outra pessoa ou grupo ou comunidade, de forma efetiva ou através de ameaça. Ela ocasiona ou tem grandes probabilidades de ocasionar lesão, morte, dano psíquico, alterações do desenvolvimento ou privações. São elencados nove tipos de violência, entre elas a violência física, a violência sexual, a negligência e o abandono e a denominada violência psicológica/moral. Cf. mais informações no site do Cevs – Centro estadual de vigilância em saúde do Rio Grande do Sul: https://www.cevs.rs.gov.br/tipologia-da-violencia Acesso em 10/06/2020.

118. Referimo-nos à sua primeira edição: *O corpo educado: pedagogias da sexualidade*, organizado por Guacira Louro em 1999 (Belo Horizonte: Autêntica). O livro encontra-se em sua quarta edição (Autêntica, 2018).

portanto, sujeitas a relações de poder que conformam dimensões sociais e políticas, o que altera a compreensão de que corpo e sexualidade pertencem ao domínio privado ou mesmo uma questão de caráter íntimo e individual. Trouxemos essa referência visto que ela, assim como os outros textos do livro, foi amplamente utilizada no nosso trabalho junto à extensão, na graduação e orientação de alunos.

Na primeira parte de seu texto, Louro argumenta sobre o caráter social e político da sexualidade, apesar de sua tradicional e aparente privacidade vivenciada em outras épocas. O argumento trazido pela autora, assim como por outras autoras filiadas às abordagens teóricas feministas contemporâneas foram fundamentais para examinar a construção da normalização e, com isso, a criação de limites rígidos nos sentimentos, nos desejos e nos atos. Tal construção estabelece outros comportamentos e formações sociais como não desejáveis. É por meio de classificações como normal/desviante que se constroem formas rígidas de conhecer e, com isso, a produção de discursos que instauram determinados saberes normatizantes.

Apesar de o sexo importar tanto, a ignorância e o suposto desconhecimento em relação a ele parece ser uma tônica. Com efeito, professores atuantes na educação básica, durante uma atividade de extensão, ilustraram esse argumento, apresentando narrativas sobre outros tempos, onde o sexo, a sexualidade (sobretudo no âmbito escolar) pareciam não existir. Ou, quando conhecimentos presentes, nas formas essencialistas e assépticas nas aulas de Biologia, foram reduzidos a prosaicas informações sobre a reprodução e seus relativos órgãos necessários, perspectiva que ignora a sexualidade como um processo amplo e complexo que envolve elementos sociais e culturais.

Muito embora a sexualidade, no sentido lato do termo, estivesse presente no campo educacional, as lembranças de profissionais mais antigas tendiam a localizar quase que uma completa ausência dessas temáticas nos currículos propriamente ditos daquela formação. Mas ela estava presente, tanto em sua articulação para a formação de identidades de gênero, como apontam muitos estudos do campo educacional (LOURO, 1997; LOURO, 2001; LOURO; FELIPE; GOELLNER, 2010) como também na sua forma banal e cotidiana, nas normas escolares, no uso do espaço e do tempo, nos relacionamentos, nas conversas reservadas sobre temas tabus, nos comentários sobre algum produto cultural da moda, nas preocupações de alguns profissionais com os comportamentos de jovens tidos como desviantes, na denominada gravidez indesejada de adolescentes, nos modelos de amizade e namoro, nas expectativas e fantasias sobre destinos futuros, parecendo, muitas vezes, que a sexualidade na escola estaria em todos os lugares e em lugar nenhum. A escola não é o ponto final, mas pode ter implicações na constituição das identidades sexuais.

Todavia, em determinado momento se começou a falar, no sentido curricular, ou seja, na forma de conteúdo, de conhecimentos, sobre sexo, sobre gênero, sexualidade. Quais foram as razões apontadas pelos professores? Especialmente profissionais mais antigos lembram que a Aids impactou a educação, embora tenha ocorrido, num primeiro momento, uma espécie de descaso com essa doença, visto que a informação dominante era a de que ela acometia grupos específicos da sociedade formados por homossexuais masculinos, usuários de drogas injetáveis e profissionais do sexo. O imobilismo inicial do governo no enfrentamento à Aids repercutia nas intuições escolares. Nos termos de Sontag (1989), a epidemia, ou melhor, as discursividades sobre ela eram carregadas de designações moralistas, de metáforas, em que a letalidade parecia importar menos do que os aspectos associados à vergonha, à culpa e à decadência associada às pessoas contaminadas pelo vírus da Aids. Butler (2019) lembra que nos primeiros anos da epidemia, nos Estados Unidos, pessoas participantes de vigílias públicas, entre outros projetos de aporte aos pacientes soropositivos, tiveram de superar uma espécie de vergonha pública que associava as complicações da doença à homossexualidade, ao uso de drogas e à promiscuidade. Em seu texto O corpo e a sexualidade, Weeks (2018) lembra que as imagens de pessoas cujos corpos foram devastados pela Aids eram apresentados pela imprensa sensacionalista da época, pareciam não só nos causar assombros, mas, também, elas tinham por função nos advertir de que a natureza poderia se vingar dos nossos excessos e perversidades sexuais. Seguindo Sontag, ele afirma: "mais do que um conjunto de doenças: ela se tornou uma poderosa metáfora para nossa cultura sexual" (SONTAG, apud WEEKS, 2018, p. 46).

Não é surpreendente que no Brasil, seguindo essa tendência mundial e respeitadas as diferenças socioeconômicas e culturais, algo de similar tenha ocorrido, visto que eram constantes situações em que se manifestaram estigmas, discriminações, hostilidades, segregações e mesmo violência física contra as pessoas identificadas como pertencentes à grupos definidos como de risco, a saber, pessoas cuja conduta sexual era definida como anormal e promíscua (PAIVA, 2002; PAIVA et al., 2002). Embora se tentasse esclarecer sobre formas de transmissão, para além da vulnerabilidade de alguns grupos, como aqueles identificados inicialmente, a estigmatização permanecia (PÁDUA, 1986; PARKER; AGGLETON, 2001; FERREIRA, 2008).

Em medida significativa, notadamente quando se modificaram as informações sobre a doença que passou a ser definida como um problema de saúde pública, a escola foi convocada a abordar conteúdos sobre corpos, práticas e sexo, no bojo das discussões mais amplas sobre seu papel, função e tarefa junto à sociedade. Obviamente isso não ocorreu de forma tranquila e uníssona. Seria uma perspectiva por demais idealizada imaginar todos os professores como orientadores sexuais, capacitados para lidar e encontrar respostas às curiosidades, incertezas e dúvidas trazidas pelos jovens, visto que a dificuldade de diálogo é conformada numa via de duas mãos. Ou seja, muito provavelmente a grande maioria dos alunos não se sentia à vontade para tratar publicamente de questões sempre tidas como de foro íntimo; assim como muitos docentes tinham também as suas dificuldades, além da falta de informação, teriam de lidar com os *seus preconceitos e moralismos*[119], como afirmou uma professora de Ensino Médio (2017). Não podemos ignorar também que, muitas vezes, professores temem seus alunos, há um pânico e desconhecimento de quem são essas pessoas que estão em sua sala de aula, sendo que, a persistência desse tom apocalíptico se refere na maioria das vezes à sexualidade dos estudantes. As representações que concebem o jovem estudante como um indivíduo hipersexualizado, imaturo e incontrolável não são incomuns. E a Aids ampliou essa sensação visto que a síndrome reintroduziu as conexões entre sexualidade e morte, conexão essa que já tinha sido dispersada pelo controle da reprodução e pela reprodução desvinculada do sexo. A diferença é

---

119. Utilizaremos palavras em itálico para destacar as falas de professores e alunos.

que o HIV atinge ambos os sexos, diferente da reprodução, que diz respeito às mulheres.

Ausências tradicionalmente constituídas não são facilmente superadas com a imposição e/ou sugestão de novos projetos educacionais, parâmetros curriculares ou orientações superiores. A fuga do tratamento curricular desses temas ainda era uma realidade em muitas escolas, não poucas vezes justificadas pela escassez do tempo, pelo mal-estar provocado pelas dificuldades na abordagem de temas tabus como esses, pelo reconhecimento usual de que havia outras questões mais importantes para a formação das novas gerações.

Entretanto, em muitas instituições escolares discutia-se sobre comportamento sexual através da justificativa de que devia-se compreender a epidemia, não exclusivamente seu caráter médico, mas sim os instigantes problemas que ela trazia para a sociedade, para os jovens especialmente, público majoritário da escola. Alguns lembram que no final dos anos de 1990 e início dos anos de 2000 houve uma certa efervescência, representantes de ONGs voltados a informação sobre formas de prevenção às DSTs faziam palestras, ensinavam sobre uso de preservativos, distribuíam cartilhas, veiculavam filmes. Por vezes, profissionais da saúde compareciam nas escolas, procurando esclarecer dúvidas sobre formas de contágio, práticas sexuais, grupos mais afetados, vulnerabilidades e estratégias de combate à doença etc.

Alguns professores, mesmo encontrando inúmeras dificuldades, abordavam conteúdos relativos a estigmas, preconceitos, discriminação, violências físicas e simbólicas, entre outras, por considerarem suas vinculações com a problemática da doença no seu sentido amplo. Quando se abordava a questão da Aids, não era incomum que as discussões gravitassem em torno da abjeção direcionada aos homossexuais, uma forma de violência cuja banalização e mesmo naturalização somente aumentava seu vigor diante do medo, do preconceito e da desinformação que pareciam caracterizá-la. Daniel e Parker (1991)[120] lembram que em nome da proteção à sociedade em geral, atos de violências diversas foram praticados contra homossexuais masculinos, entre eles recusa de atendimento médico e apedrejamento. Mesmo que alguns anos

---

120. Cf. tb. o trabalho completo relançado em 2018 no site http://abiaids.org.br/aids-a-terceira--epidemia-ensaios-e-tentativas/32235 Acesso em 10/05/2020

tivessem se passado desde as primeiras notificações da doença e se dispusesse de ampla informação de que ela poderia acometer a todos (mulheres, crianças, heterossexuais), permanecia a crença de que se tratava de uma doença de homossexuais, produzida e disseminada irresponsavelmente por eles, o que justificaria não só a discriminação, mas também qualquer ato de agressão e crueldade dirigido contra eles. Sobre a violência, lembrando Adorno, Butler (2019) considera que quando ela é praticada em nome da civilização, seu próprio caráter bárbaro se revela, pois encontra justificativa "presumindo a sub-humanidade bárbara do outro contra o qual essa violência é perpetrada" (BUTLER, 2019, p. 139). De forma análoga, podemos pensar que naquele momento da epidemia, homossexuais masculinos poderiam estar no nível da sub-humanidade para muitas pessoas, algo que na atualidade talvez persista em alguns setores específicos mais conservadores.

Outras violências, ao longo do tempo, foram articuladas à questão da Aids, no tocante às fragilidades (especialmente econômicas) em que se encontravam grupos sociais formados por crianças e mulheres. O abuso sexual na infância, tematizado no capítulo três do presente livro, aparentemente algo surpreendente para alguns professores, não se tratava de uma realidade desconhecida pelos estudantes, discutia-se como essa situação desenhava um quadro de grande vulnerabilidade às doenças, não só às infecções provenientes das DSTS/HIV/Aids, mas também doenças mentais, dependência química etc. Quase duas décadas após as primeiras inserções de temática relativas à sexualidade no campo escolar, por volta de 2012, uma professora-estagiária da disciplina de Ciências Sociais relatou que ao apresentar o filme *Preciosa*[121] em uma turma do Ensino Médio, ouviu de um aluno que aquela situação apresentada na trama era *normal*, visto que muitas crianças eram abusadas pelos pais, irmãos mais velhos, padrastos e *não dava nada*, pois ninguém se importava, especialmente com crianças pobres. Muitos colegas desse aluno concordaram

---

121. *Preciosa: uma história de esperança* é um filme americano de 2009. Preciosa é uma jovem negra e obesa de 16 anos. Ela vive no bairro de Harlem, na cidade de Nova York, com a mãe desempregada que a submete a uma série de abusos. Preciosa foi frequentemente estuprada por seu pai, desde os três anos de idade. Ele a engravida duas vezes e também a contamina com o vírus da Aids. Disponível em https://pt.wikipedia.org/wiki/Precious_(filme) Acesso em 12/06/2019.

com sua fala, acrescentando que *as leis deveriam ser mais duras e que só a pena de morte serviria como punição aos violadores de pessoas mais frágeis* (falas de alunos do Ensino Médio no estágio em 2019).

Essas considerações dos alunos abriram brechas para que se discutisse sobre a eficácia da pena de morte, assim como sobre formas distintas de violência, suas diferentes faces: psicológica, física e social. Ou seja, assim como nessa aula, a temática da violência e seus aspectos multifacetários já se fazia presente nos currículos.

Na esteira da democratização vivida no país, na discussão dos direitos humanos que passou a fazer parte do cotidiano brasileiro, foi possível observar nas escolas, tal qual narram muitos professores, a discussão sobre *bullying*, noções de cidadania e Direitos Humanos, às vezes nas suas articulações com a própria epidemia e outros temas. Propunham-se oficinas, peças teatrais, elaboração de documentários sobre violência contra mulheres, LGBTs, negros, moradores de comunidades carentes. A Aids, como vimos, contribuiu, no sentido geral, que se passasse a abordar, no âmbito escolar, sobre uma ampla gama de dimensões da vida social, muito embora discentes-estagiários relatem que os aspectos da epidemia propriamente ditos são, nos tempos atuais, raramente mencionados, a mesma compreensão é esboçada por professores mais antigos: *Eu creio que a Aids não é mais um mistério, algo que causa temores nas gerações formadas pelos jovens de hoje, o uso de preservativos é normal para eles, assim como o conhecimento sobre medicações modernas que auxiliam no tratamento de soropositivos. Ela não é mais uma sentença de morte como foi antigamente* (fala de uma professora de um curso de extensão em 2007). Outra professora afirmou que é complicado estabelecer uma data exata ou um único motivo para o início dessas discussões no âmbito escolar, mas acredita que é inquestionável a importância do advento da Aids, assim como uma série de outros acontecimentos, de outras transformações na sociedade. Ela disse; *o mundo mudou, a escola também, embora ela pareça a mesma, essa mudança diz respeito aos conhecimentos, de repente estávamos abordando temas impensáveis em outros tempos* (fala de uma professora de um curso de extensão em 2007).

O mundo e a escola foram transformados? Um pouco, talvez, mas...

Na escola, na esteira dos debates sobre a epidemia da Aids, abriu-se um campo de discussões sobre uma série de conflitos presentes no social. Não significa afirmar que não estivessem lá, visto que, na avaliação de alguns professores, as múltiplas conflitualidades que conformam a sociedade sempre estão presentes na escola. Entretanto, há o reconhecimento de que se passou a tratá-las como conhecimentos pertinentes, fundamentais para a formação dos jovens alunos. No que tange a sexualidade, especificamente, a abordagem trabalhada ora reafirmava padrões hegemônicos sobre, por exemplo, os usos dos corpos, dos prazeres, nos termos da heteronormatividade, ora eram apontados o caráter conflitivo que os constitui. Alguns exemplos sobre esse último aspecto foram narrados: discutia-se sobre formas de tratar crianças e adolescentes que pareciam não se ajustar aos parâmetros hegemônicos do gênero a partir de noções sobre natureza, sobre a importância dos aspectos religiosos e perspectivas familiares. Foram inúmeros os momentos em que foram proferidas frases como: *nenhuma mãe, nenhum pai deseja que seu filho seja gay! Os pais foram muito moles, se fosse meu filho eu não aceitaria,* nos comentários sobre o menino Ludovic, personagem do filme *Minha vida em cor de rosa*[122], feitos por alunos, durante uma atividade proposta para uma turma do Ensino Médio (falas de alunos do Ensino Médio no estágio em 2011)

Porém, mesmo assim, nos cabe celebrar o fato de, na escola, ter algum espaço para se debater sobre esses temas a partir de uma perspectiva mais pluralista. Se a sexualidade tem sido um lugar de discursos conservadores, tem sido também um lugar de questionamentos e lutas de poder que buscam trazer outras dimensões políticas e sociais. A saber, admitia-se, como afirma Louro (2018), a existência de novas formas de relacionamento e de estilos de vida que, apesar de parecerem perigosas, perturbadoras para muitos, já estavam transformando e intervindo "em setores que haviam sido, por muito tempo, considerados imutáveis, transhistóricos e universais" (LOURO, 2018, p. 10).

---

122. *Minha vida em cor de rosa*: filme dirigido por Alain Berliner e lançado em 1997. Ele conta a história de um menino chamado Ludovic. Ele imagina que deveria ter nascido menina e passa agir de acordo com esse desejo. O filme mostra os preconceitos que a personagem principal e os seus familiares enfrentam em relação a esse comportamento. Cf. https://cinemaemcena.com.br/coluna/ler/553/minha-vida-em-cor-de-rosa Acesso em 20/06/2011.

Esses argumentos, acima referidos, incorporam-se, ou fortalecem teoricamente, a um segundo conjunto de respostas dadas pelos professores e discentes-estagiários às inserções do gênero, da sexualidade e da violência nos currículos escolares. Ele se centra na compreensão de que ocorreram profundas transformações na cultura, nas lutas sociais, no processo de democratização do país, na forma das pessoas se relacionarem e se identificarem e, como uma de suas consequências entram em cena, no tecido social, personagens não convencionais. Histórias, ficcionais ou não, que poderiam perturbar a heteronormatividade, passaram a estar em toda parte, nos cotidianos escolares, como também, nas novelas, nas propagandas, nos filmes, nas músicas, nos livros, a arte nas suas diversas manifestações adentrava e também era re/produzida entre os muros da escola.

Além disso, explorar os sentidos que determinadas formas de viver a sexualidade adquirem em determinados contextos diz quem somos e o que somos. A linguagem apesar de não ser pessoal e privada, os indivíduos podem alterá-la, fazendo-a ter sentidos diversos em diferentes momentos. Britzman, no seu texto, "Curiosidade, sexualidade e Currículo" (2018, p. 138) aposta em projetos que busquem ampliar compreensões sobre a sexualidade, "além dos limites do conhecimento disciplinado e além do mecanismo defensivo do discurso oficial". No que se refere à sexualidade, quanto mais aproximamo-nos desta, mais evidencia-se seu caráter ambíguo: se, por um lado, há uma insistência na estabilidade dos significados atribuídos à sexualidade, por outro, ela revela-se com uma linguagem imprecisa: "[...] a linguagem do sexo é tão imprecisa, tão polivalente, que é 'difícil' saber quando estamos falando sobre sexo e quando estamos falando sobre negócios ou política ou outras questões importantes" (PATTON, apud BRITZMAN, 2018, p. 110).

Nessa medida, ela diz que a literatura, a música e o cinema possuem grande potencial de explorar fissuras, ilusões, insuficiências nas formas como os conhecimentos hegemônicos, especialmente os escolares, vêm tratando a sexualidade. Para a abordagem de novos temas, novos recursos, novas didáticas, por assim dizer, também foram acionadas, professores relembram o envolvimento de alunos em atividades nas quais se utilizava, por exemplo, a música, o teatro, os grafites, a escrita de contos e a arte cinematográfica.

Utilizamos filmes nas graduações e extensão, assim como nossos discentes-estagiários e professores já atuantes nas instituições, eles atuavam (e ainda atuam) como importantes ferramentas para as discussões empreendidas sobre os conteúdos curriculares sobre gênero, sexualidade e suas relações com distintas formas de violência, assim como com uma variedade de outros temas, de fenômenos sociais contemporâneos. Assim, associamos à compreensão acima referida de Britzman, importantes argumentos de Almeida (2014, p. 16), sobre as possibilidades formativas do cinema, especialmente quando esse autor arrola quatro possibilidades: experiência estética (sensações, imagens que podem nos afetar de diferentes maneiras); imersão no imaginário (a mediação simbólica operada pelos filmes nas nossas relações); modelos de existência (possibilidades de identificação) e, finalmente, formas de pensamento (possibilidades de pensamentos plurais). Os filmes são como "janelas", seguindo esse autor, "desde que não se creia muito apressadamente de que mostra o que é real, portanto, verdadeiro. Não são fatos que vemos pela janela, mas interpretações, possibilidade de compreensão, hipóteses" (ALMEIDA, 2014, p. 8). A partir desses autores, podemos afirmar que lidamos com as possibilidades, com as interpretações possíveis, abandonando a pretensão de decidir entre verdade ou mentira, falso ou verdadeiro, real ou ficção. Mais do que isso, interessa-nos observar que normas, valores e comportamentos são colocados em jogo e, com isso, que significados são construídos.

É possível observar, portanto, quando se discutia, utilizando ferramentas didáticas cinematográficas, os significados sobre novos arranjos familiares, algo profundamente difícil nessas instituições, visto que a noção de família desestruturada (aquela não formada por pai, mãe, filhos) era constantemente acionada para justificar fracassos individuais dos alunos, relacionados aos seus desempenhos escolares. A família é o que existe de mais reincidente em nossa cultura. É a instituição social mais conclamada na salvação do declínio moral da juventude. Algo curioso, visto que muitas famílias de estudantes e mesmo de professoras se apresentavam fora dos padrões estabelecidos, sendo que muitas delas se caracterizavam pela ausência paterna, sendo "chefiadas", por assim dizer, por mulheres, configuração essa apresentada e discutida no capítulo um deste livro.

No âmbito acadêmico, a partir dos anos de 1980 e 1990, gênero e sexualidade tornam-se importantes objetos de estudo, de pesquisa e de extensão. Esses estudos, com destaque as ciências humanas, certamente impactaram na formação dos novos professores, e nos professores que vêm trabalhando, nas últimas décadas, na educação básica. Esse campo de conhecimento permitiu que indivíduos considerados desviantes, pudessem desafiar a norma e ousassem a produzir novas formas de relações sociais. Conhecimentos até então considerados indignos, desafiam e povoam o cotidiano dos professores, que buscam apreender e alguns até reinventar-se para lidar com teorias que contestam, tensionam a estabilidade das identidades culturais. Que potencialidades e deslocamentos foram/são produzidos por essas políticas do conhecimento no âmbito da educação?

É importante assinalar, nos termos de uma professora, que uma mudança cultural, *talvez a mais fundamental, vinha ocorrendo nas décadas anteriores e seus efeitos, em grande medida, foram sentidos na escola: mulheres passaram a lutar e se organizar em torno de seus direitos, essa mudança foi denominada feminismo* (fala de uma professora em um curso de extensão em 2012). Notada essa centralidade no quadro das transformações culturais, sociais e políticas, que segundo as respostas dos professores justificam a inserção das temáticas de gênero, sexualidade e violência no currículo escolar, cabe algumas observações relativas ao período referenciado. Embora sua verificável fragmentação, o movimento feminista brasileiro teve importante participação no processo de redemocratização do país. Brabo (2008) lembra que entre 1975 e 1985, diferentes segmentos sociais formados por negros, trabalhadores de distintos ofícios, defensores de direitos das crianças e adolescentes, indígenas, entre outros, uniram-se em prol de suas pautas específicas e também pela democracia. O movimento feminista, junto a esses e outros movimentos sociais, por seu turno, além dessa luta comum, colocava em cena o debate sobre as condições de desigualdade experenciadas pelas mulheres. Em pleno regime militar elas "saíram às ruas na campanha pela anistia, contra a violência, contra a carestia, e, posteriormente, em 1980, pelas eleições diretas, culminando com a eleição de algumas mulheres para a Assembleia Legislativa" (BRABO, 2008, p. 156).

No início dos anos de 1990, na avaliação de Alvarez e Costa (2019, p. 194), despontam outros feminismos, ou melhor "outras" do feminismo anterior, visto como mais disciplinado política e academicamente. Elas argumentam que houve uma pluralização do feminismo, ele se tornou mais indisciplinado e se multiplicou em diversas intervenções político-culturais. Assim, emergem organizações feministas heterogêneas, multifacetadas, nas quais se fazem presentes mulheres afro-brasileiras, lésbicas, trabalhadoras, mulheres pobres. Acontecem marchas de mulheres, no Brasil e em outros países, de diferentes formas. Também há um significativo incremento de publicações feministas alternativas e no âmbito acadêmico. Há uma significativa produção de dissertações de mestrado, teses, publicação de periódicos, formam-se núcleos/grupos de pesquisa, fomentam-se atividades de extensão, proliferam seminários, conferências etc. Partindo desse cenário desenhado pelas autoras, parece impossível pensar que parte de seus efeitos não tenham, em alguma medida, invadido os muros da escola. Afinal, lá exercem seus ofícios mulheres habitantes desses tempos de transformações.

E, no que concerne às pautas feministas sobre a exigência de maior participação das mulheres no espaço público, discussões sobre exclusões históricas, opressões de muitas ordens etc., é possível afirmar que elas ecoavam também no ambiente escolar, nos anos que se seguiram, muito embora desordenadamente e sofrendo resistências, visto que sua abordagem não se deu de forma ampla e contínua. É um contexto em que se discutiam as conquistas das mulheres: direitos, profissão etc., assim como a permanência de muitas, apesar dos avanços, nos lugares de submissão, nas estatísticas da violência, nos postos de trabalho menos remunerados. Em muitos casos, a resistência às pautas feministas ocorria de forma clara e objetiva, na escola através do reforço às noções moralistas e conservadoras sobre o "papel da mulher", através do reforço aos valores familiares tradicionais, através das distinções entre as boas e más mulheres, através de críticas ferrenhas à Marcha das Vadias[123]

---

123. A *Marcha das vadias* é um protesto feminista que ocorre em várias cidades do mundo. Começou em Toronto, em 2011, como reação à declaração de um policial, em um fórum universitário sobre segurança no *campus*, de que as mulheres poderiam evitar ser estupradas se não se vestissem como *sluts* (vagabundas, putas, vadias). Reconhecendo nesta declaração um exemplo amplamente aceito de como a violência sexual é justificada com base no comportamento e no

etc., compreensões essas bastante comuns, segundo os professores, em todos os segmentos da comunidade escolar. Uma professora afirmou, *o mundo mudou, as mulheres mudaram, é claro que a escola sofreu seus impactos e teve que se adaptar!* Entretanto, não há como pensar que isso foi simples, visto que em alguns lugares nunca se discutiu gênero, por exemplo, *penso que talvez isso aconteça, por que em muitas escolas as pessoas, em geral, preferem ficar longe de confusões, dependendo do lugar esse tema sempre gera confusão* (fala de uma professora de Ensino Médio em 2019).

Numa atividade de extensão feita junto à professores da rede pública de ensino, apresentamos o filme *A excêntrica família de Antônia*[124]. Nosso objetivo consistiu em discutir sobre a persistência, no século atual, de rígidas convenções de gênero, de família e de normas tradicionais de sexualidade. Distintas formas de violência contra mulheres, narradas na trama, foram apontadas pelos participantes do curso, intrafamiliar, física, sexual, assim como foi avaliado positivamente a capacidade de superação dos traumas, a solidariedade e a força que elas demonstravam.

A violência no seio doméstico, afirmaram os professores, era uma situação largamente conhecida e mesmo vivida pelos seus alunos, uma professora observou: *nós também passamos filmes para debates, trazemos dados (em 2015 o Mapa da Violência do Ipea registrou que 500 mil mulheres são estupradas no Brasil, a taxa de 4,8 homicídios para cada 100 mulheres é a quinta maior do mundo, o feminicídio aumentou em 21%, 54% do total de feminicídios são de mulheres negras). Sim, nós discutimos muito, as reações deles são variadas, é um tema dolorido* (fala de uma professora de um curso de extensão em 2017).

---

corpo das mulheres, a primeira *Slutwalk* de Toronto teve como principais bandeiras o fim da violência sexual e da culpabilização da vítima, bem como a liberdade e a autonomia das mulheres sobre seus corpos (GOMES; SORJ, 2014, p. 437).

124. *A excêntrica família de Antônia* é um filme de 1995, escrito e dirigido pela diretora holandesa Marleen Gorris. O filme se passa após a Segunda Guerra Mundial. Conta a história da matriarca Antonia que, depois de voltar à vila onde nasceu, estabelece uma comunidade com sua filha. Antônia é uma "mãe solteira" e a história se desenvolve em torno da relação das duas (mães e filha) com os moradores da vila. Assumem a fazenda da família e alojam pessoas "excêntricas"; entre elas, uma jovem com problemas psicológicos que foi estuprada pelo irmão. Disponível em https://pt.wikipedia.org/wiki/Antonia_(filme_de_1995) Acesso em 20/04/1995. Sobre este filme, cf. tb. o texto disponível em http://repositorio.pucrs.br/dspace/bitstream/10923/8906/2/Facamos_justica_as_mulheres_de_familias_excentricas_e_aos_gays_da_faixa_de_Gaza.pdf Acesso em 10/03/2020

Alguns alunos pareciam já infectados pela linguagem da violência, que se desenhava como único dispositivo acionado para a resolução dos conflitos entre homens e mulheres, numa espécie de "confissão de impotência", para usar uma terminologia de ŽIŽEK (2009). As justificativas para o uso da violência giravam em torno das noções de ciúmes, amor e paixões de grande intensidade, sentimento de posse, comportamento controlador, uso abusivo de drogas.

Ressalta-se que as práticas de violência começam a ser debatidas no Brasil a partir dos anos de 1980, no contexto de início da democratização. A Lei Maria da Penha[125] que visa punir e coibir a violência doméstica, somente entra em vigor no ano de 2006. Trata-se, portanto, de uma longa história de violência contra mulheres, essa longevidade pode ter implicado na naturalização, na banalização (em grande medida) de sua permanência, apesar dos avanços. De acordo com Arendt (2014, p. 18), a violência sempre exerceu grande papel nos assuntos humanos, mas pouco foi avaliada, levada de fato em consideração, o que revelaria "como a violência e a sua arbitrariedade são tidas por óbvias e, nessa medida, negligenciadas".

Alvarez e Costa (2019), assim como outros estudiosos, também argumentam sobre o potencial revolucionário trazidos por pensadoras feministas, inseridas notadamente no campo dos Estudos Culturais, no que diz respeito a centralidade do gênero nas pautas de conhecimento. Elas apontam que a partir desses empreendimentos, teoricamente, se passou a uma "valorização da esfera privada e das esferas públicas alternativas; o deslocamento da categoria de classe como mecanismo primário de dominação; e ênfase nas questões sobre subjetividade, identidade, sexualidade, desejo e emoção, possibilitando assim maior compreensão da dominação/subordinação em nível subjetivo" (ALVAREZ E COSTA, 2019, p. 184).

Sobre essas acepções, é notável a narrativa de um discente-estagiário: o objetivo, o tema pensado para uma determinada aula versou sobre condições de trabalho na contemporaneidade neoliberal. Entretanto, ao apresentar um documentário sobre costureiras autônomas que trabalham em casa para determinadas empresas, sem receberem pagamento por horas extras, sem direito

---

125. Cf. http://www.planalto.gov.br/ccivil_03/_ato2004-2006/2006/lei/l11340.htm Acesso em 15/05/2020.

trabalhista algum, sem seguro de saúde, dispostas a longas jornadas para que o produto final seja entregue no tempo estipulado etc., o debate *descambou*, segundo lembra o discente-estagiário, para as condições de vida daquelas mulheres e das mulheres pobres em geral: *certamente elas tinham bastante trabalho em casa também; deveriam ser responsáveis pelo sustento de toda família; seus corpos pareciam acabados; as mulheres sempre sofrem mais; suas vidas deveriam ser bem difíceis; hoje em dia o trabalho dito como autônomo é uma nova forma de escravidão e as mulheres, visto suas eternas responsabilidades como mães, esposas, guardiãs da família, certamente têm que dar conta de tudo* (falas de alunos do Ensino Médio no estágio em 2019).

As frases acima referidas foram pronunciadas pelos alunos de distintas maneiras, alguns pareciam utilizar como recurso para fugir da seriedade da discussão, uma espécie de riso nervoso, assim como ditos populares: *é assim mesmo, desde que o mundo é mundo*, e piadinhas sobre *a roubada de ser mulher*, ou seja, o azar (no entendimento de alguns alunos) de ter *nascido para sofrer*, para *esquentar a barriga no fogão e esfriar no tanque de roupas*; trabalhar, trabalhar e não incomodar por que, dependendo do humor do marido, ela pode *levar um couro* (sofrer violência física). Outros contestavam largamente essa condição (que mais parecia remeter a um destino natural e imutável), sobretudo as meninas, afirmando que *suas vidas não seriam assim; essas situações precisavam mudar; não era justo, mulheres não eram valorizadas, mas muitas lutavam mesmo pelos seus direitos* (falas de alunos do Ensino Médio no estágio em 2019).

As meninas, estudantes no Ensino Médio, de acordo com Seffner (2016), vêm demonstrando atitudes de protagonismo, de comportamentos vinculados a um feminismo, a uma maneira de se posicionarem (que remete a essa compreensão), em acontecimentos importantes que estão a impactar a escola da atualidade, como nas ocupações ocorridas nas escolas estaduais gaúchas em 2016[126]. Esse autor realizou observações junto as escolas ocupadas, e na sua avaliação foi notável a centralidade ocupada por elas na organização das

---

126. Movimento estudantil ocorrido em 2016 nas escolas brasileiras. Sobre a participação de estudantes do Rio Grande do Sul, cf. https://www.ufrgs.br/coorlicen/noticias.php?id=693&pagina=6

atividades, no comando dos grupos ocupantes, na definição de pautas e, de forma importante, no uso da palavra. Assim como nas ruas, em décadas anteriores, houve um significativo abandono de um silêncio que tradicionalmente caracterizou o comportamento feminino especialmente no âmbito da escola. Não há dúvidas que isso não se deu de forma unívoca, mas é inegável que diversos acontecimentos sociais, ocorridos publicamente, relativos ao que se poderia denominar de pauta feminista, vem obtendo efeitos sobre as novas gerações de mulheres.

Em tempos violentos para concluir

A epidemia da Aids e as transformações culturais ocorridas nas últimas décadas, com destaque a emergência das mulheres no espaço público, exigindo equidade, direitos humanos, transformação nas relações de gênero, entre outras pautas feministas, impactou as instituições sociais modernas. A escola, portanto, não pode se esquivar completamente desse impacto, embora não tão sutis resistências tenham ocorrido e ainda ocorrem.

Outros entendimentos também foram possíveis, a partir da leitura dos dados colhidos para o presente trabalho:

Foi necessário compreender que a inserção das temáticas relativas à questão de gênero e de sexualidade, nas últimas décadas, nos currículos do Ensino Médio, a partir de narrativas de docentes e de discentes-estagiários, contribuiu para o entendimento, em primeiro lugar, da articulação dessas temáticas com a questão da violência. A saber, a compreensão das histórias sociais, culturais e políticas, pertinentes a essas temáticas, não se furta do reconhecimento de que diferentes formas de violência a elas estão vinculadas. Nas palavras das professoras e dos professores, falar sobre minorias sociais, sejam elas mulheres ou LGBTS, implica no reconhecimento de suas lutas e conquistas, mas também das suas vulnerabilidades, condições de desigualdade, discriminações.

No mesmo âmbito, entender a violência como uma das formas através das quais o poder se manifesta e que as relações de gênero e de sexualidade são constituídas por relações de poder, nos levaria a indicação de que sempre vivemos tempos violentos. Isso implicaria, à primeira vista, uma diminuição de seus impactos, em alguma medida, seria como conciliar com a ideia de que nada pode ser feito, porque a vida sempre foi assim. A dramaticidade de determinados atos violentos, os seus excessos, mesmo que tais atos indiquem a continuidade de disputas em torno das relações de poder, têm de nos forçar a pensar de que a eles devemos nos opor, principalmente em determinados contextos políticos onde é claro o recrudescimento da violência e de pautas moralistas que buscam impedir temas como gênero e sexualidade façam parte do cotidiano escolar. A naturalização da violência é incompatível com o trabalho pedagógico que nos propomos. Um outro aspecto de grande importância, relativo à violência pertinente às relações de gênero e de sexualidade, foi depreendido dessas narrativas: ao nos distanciarmos dos aspectos menos visíveis da violência, na tentativa de melhor compreendê-la, sobretudo a partir de suas dramáticas evidências, corremos o risco de nos distrairmos, de não a reconhecer na linguagem cotidiana, nos gestos e conteúdos repetidos.

Referências

ALMEIDA, R. Possibilidades formativas do cinema. **Revista Brasileira de Estudos de Cinema e Audiovisual**, v. 3, n. 2, p. 1-18, 2014. Disponível em https://rebeca.socine.org.br/1/article/view/118/46 Acesso em 02/06/2020.

ALVAREZ, S.E.; COSTA, C.L. Dos estudos culturais ao pensamento descolonial: intervenções feministas nos debates sobre cultura, poder e política na América Latina. In: GONÇALVES, C.R.; ROCHA, M.A.M. (orgs.). **Feminismos descoloniais e outros escritos**. Fortaleza: Expressão, 2019, p. 183-206. Disponível em https://www.academia.edu/42605207/LIVRO_FEMINISMOS_DESCOLONIAIS_E_OUTROS_ESCRITOS_FEMINISTAS Acesso em 16/06/2020.

ARENDT, H. **Sobre a violência**. Lisboa: Relógio D'água, 2014.

BRABO, T.S.A.M. Educação e democracia – O papel do movimento feminista para a igualdade de gênero na escola. **Ex aequo**, n. 17, p. 155-165, 2008. Disponível em http://www.scielo.mec.pt/pdf/aeq/n17/n17a10.pdf Acesso em 10/06/2020.

BRITZMAN, D. Curiosidade, sexualidade e currículo. In: LOURO, G.L. **O corpo educado: pedagogias da sexualidade**. 4. ed. Belo Horizonte: Autêntica, 2018, p. 105-142.

BUTLER, J. **Quadros de guerra – Quando a vida é passível de luto?** Rio de Janeiro: Civilização Brasileira, 2019.

DANIEL, H.; PARKER, R. **Aids: a terceira epidemia**. São Paulo: Iglu, 1991.

FERREIRA, M.P. Grupo de estudos em população, sexualidade e Aids – Nível de conhecimento e percepção de risco da população brasileira sobre o HIV/Aids, 1998 e 2005. **Revista de Saúde Pública,** 42 (supl. 1), p. 65-71, 2008. Disponível em: https://www.scielo.br/scielo.php?pid=S0034-89102008000800009&script=sci_abstract&tlng=pt Acesso em 21/05/2020.

GOMES, C.; SORJ, B. Corpo, geração e identidade: a Marcha das Vadias no Brasil. **Revista Sociedade e Estado** v. 29, n. 2, p. 443-447, mai.-ago./2014, p. 443-447. Disponível em: https://www.scielo.br/pdf/se/v29n2/07.pdf Acesso em 20/06/2020.

LOURO, G.L. **Gênero, sexualidade e educação: uma perspectiva pós-estruturalista**. Petrópolis: Vozes, 1997.

LOURO, G.L. O currículo e as diferenças sexuais e de gênero. In: COSTA, M.V. (org.). **O currículo nos limiares do contemporâneo**. Rio de Janeiro: DP&A, 2001, p. 85-92.

LOURO, G.L. Pedagogias da sexualidade. In: LOURO, G.L. (org.). **O corpo educado: pedagogias da sexualidade**. 4. ed. Belo Horizonte: Autêntica, 2018, p. 7-42.

LOURO, G.L.; NECKEL, J.F.; GOELLNER, S.V. (orgs.). **Corpo, gênero e sexualidade: um debate contemporâneo na educação**. 5. ed. Petrópolis: Vozes, 2010.

PÁDUA, I.M. Sida, doença estigmatizante: uma leitura antropológica do problema. **Anais da Faculdade de Medicina da Universidade Federal de Minas Gerais**, 35 (1), p. 22-27, 1986.

PAIVA, V. Sem mágicas soluções: a prevenção e o cuidado em HIV/Aids e o processo de emancipação psicossocial. **Interface – Comunicação, Saúde, Educação**, v. 6, n. 11, p. 25-38, ago./2002.

PAIVA, V.; PERES, C.; BLESSA, C. Jovens e adolescentes em tempo de Aids – Reflexões sobre uma década de trabalho de prevenção. **Psicologia**, São Paulo, v. 13, n. 1, 2002. Disponível em https://doi.org/10.1590/S0103-65642002000100004 Acesso em 11/06/2020.

PARKER, R.; AGGLETON, P. **Estigma, discriminação e Aids**. Rio de Janeiro: Abia; 2001.

SEFFNER, F. Atravessamentos de gênero, sexualidade e educação: tempos difíceis e novas arenas em políticas. **Reunião Científica Regional da Anped – Educação, movimentos sociais e políticas governamentais**. Curitiba: UFPR, 2016. Disponível em http://www.anpedsul2016.ufpr.br/portal/wp-content/uploads/2015/11/Eixo-18-G%C3%AAnero-Sexualidade-e-Educa%C3%A7%C3%A3o.pdf Acesso em 28/06/2020.

SHOHAT, E.; STAM, R. **Crítica da imagem eurocêntrica**. São Paulo: Cosac Naify, 2006.

SONTAG, S. **Aids & suas metáforas**. São Paulo: Companhia das Letras, 1989.

WEEKS, J. O corpo e a sexualidade. In: LOURO, G.L. (org.). **O corpo educado: pedagogias da sexualidade**. 4. ed. Belo Horizonte: Autêntica, 2018, p. 43-104.

ŽIŽEK, S. **Violência – Seis notas à margem**. Lisboa: Relógio D'Água, 2009.

14
A narrativa "ideologia de gênero"

Impactos na educação brasileira e nas políticas de identidade

Jimena Furlani

Aquelas/es que estudam as relações de gênero e seu efeito nos processos pedagógicos na educação formal, nos últimos anos, se deparam com a narrativa "ideologia de gênero". Este artigo, originário de um projeto de pesquisa[127], tem como objetivo apresentar um breve diagnóstico acerca do surgimento dessa narrativa no âmbito da sociedade, assim como, avaliar o impacto que esse entendimento teve sobre o texto final dos Planos Educação. Em que medida a supressão de palavras repercutirá das conquistas e visibilidades das identidades de gênero, sexuais e etnicorraciais, políticas públicas e nos currículos educacionais? Para isso, as análises, aqui apresentadas, são resultantes de uma revisão bibliográfica e da análise discursiva, em especial, do processo de construção do Plano Nacional de Educação.

Em 2014, o Congresso Nacional aprovou o Plano Nacional de Educação (Lei 13.005, de 25/06/2014). Durante as discussões para sua aprovação no Congresso, a bancada religiosa (evangélicos e católicos), na Câmara e no Senado, colocou-se contra o que eles entediam ser a "ideologia de gênero", supostamente presente no texto do PNE. Ao final dos debates, suprimiu-se (do inciso III, art. 2º) conceitos e termos que visibilizavam marcadores sociais,

---

127. Título da pesquisa: "O surgimento da 'Ideologia de Gênero' e seus impactos na Educação Brasileira – contrapondo discursos religiosos com Políticas Públicas" (Udesc/FAED/NPP20160001403), realizado de 01/03/2016 a 31/12/2017.

associados às identidades culturais específicas, como raça-etnia, regionalidade, gênero e orientação sexual[128].

Antes do documento chegar ao Congresso Nacional, o PNE foi discutido em todo o país por profissionais da Educação sendo referendado nas Conferências Nacionais de Educação (2010; 2014)[129]. A redação aprovada na Conferência Nacional de Educação (CONAE, 2010), referiu-se ao art. 2º das Diretrizes do PNE, inciso III, (que foi encaminhada ao Ministério da Educação), da seguinte forma: III – superação das desigualdades educacionais, com ênfase na promoção da igualdade racial, regional, de gênero e de orientação sexual.

Antes da votação final a Conae 2014 encaminhou ao Ministério da Educação uma nova redação ao art. 2º, do PNE, incluindo pretensões da luta pela Educação Especial e Inclusiva (a acessibilidade no âmbito escolar). O artigo 2º chegou a ter a seguinte redação: São Diretrizes do PNE: [...] (DOURADO, 2013, p. 778): III. Superação das desigualdades educacionais, com ênfase na promoção da igualdade racial, regional, de gênero e de orientação sexual, e na garantia de acessibilidade.

O texto final, modificado, suprimido e aprovado pelo Congresso Nacional, em dezembro de 2014, ratificou uma queda de braço política, discursiva

---

128. As Diretrizes do Plano Nacional de Educação, aprovadas, no art. 2 : I – erradicação do analfabetismo; II – universalização do atendimento escolar; III – superação das desigualdades educacionais, com ênfase na promoção da cidadania e na erradicação de todas as formas de discriminação; IV – melhoria da qualidade da educação; V – formação para o trabalho e para a cidadania, com ênfase nos valores morais e éticos em que se fundamenta a sociedade; VI – promoção do princípio da gestão democrática da educação pública; VII – promoção humanística, científica, cultural e tecnológica do País; VIII – estabelecimento de meta de aplicação de recursos públicos em educação como proporção do Produto Interno Bruto – PIB, que assegure atendimento às necessidades de expansão, com padrão de qualidade e equidade; IX – valorização dos(as) profissionais da educação; X – promoção dos princípios do respeito aos direitos humanos, à diversidade e à sustentabilidade socioambiental.

129. Conae, promovida pelo Poder Público federal. Esse evento se destina à discussão de temas relevantes para educação brasileira e é um espaço democrático para articulação entre profissionais da educação e a sociedade. Para se realizar uma Conae, antes são realizadas conferências ordinárias municipais e/ou intermunicipais, estaduais e do Distrito Federal: 1ª Conae – Brasília, 28/03 a 01/04/2010 (Tema: "Construindo um Sistema Nacional Articulado de Educação – o Plano Nacional de Educação, Diretrizes e Estratégias de Ação"); 2ª Conae – Brasília, 17-21/02/2014 (Tema: "O PNE na Articulação do Sistema Nacional de Educação: Participação Popular, Cooperação Federativa e Regime de Colaboração"); 3ª Conae – Brasília, 21-23/11/2018 (Tema: "A Consolidação do Sistema Nacional de Educação – SNE e o Plano Nacional de Educação – PNE: monitoramento, avaliação e proposição de políticas para a garantia do direito à educação de qualidade social, pública, gratuita e laica").

e ideológica. O PNE 2014 consagrou a vitória de um legislativo (conservador / fundamentalista / retrógrado) que alterou, deliberadamente os documentos, amplamente discutidos e elaborados por profissionais da Educação de todos os Estados do país e aprovados nas instâncias educacionais democráticas (CONAE, 2010; 2014), ficando o texto final: Art. 2º São diretrizes do PNE: [...] III – superação das desigualdades educacionais, com ênfase na promoção da cidadania e na erradicação de todas as formas de discriminação; [...] (Lei 13.005/2014).

Mas, afinal, a cidadania de que sujeitos? Quando o PNE se dispõe a erradicar todas as formas de discriminação, o texto nos permite saber, que discriminações merecem a prioridade das Políticas Públicas? A ocultação de termos e palavras poderia ser vista como uma estratégia à imobilização dos poderes públicos (municipais, estaduais e federal) quando da tentativa de proposição e implementação dessas políticas públicas?

Jaqueline Pitanguy (2002) considera que a cidadania e os direitos humanos só podem ser assegurados na existência social, "na medida em que são enunciados em normas, legislações e tratados, configurando o espaço da cidadania formal" (p. 111). A cidadania formal (e real) necessita, a partir desse entendimento, necessariamente ser visibilizada nas Leis. É nesse sentido que, no âmbito legislativo, nos últimos 50 anos, os movimentos sociais (utilizando-se de suas políticas identitárias) buscaram garantir a viabilidade jurídica de seus direitos, através da aprovação de leis. Vamos lembrar que a primeira iniciativa do movimento LGBT[130] foi, em 1995, com o Projeto de Lei que propunha incluir no art. 5º, da Constituição Federal, a não discriminação por orientação sexual.

O mesmo raciocínio (de inclusão de enunciados), serviria, de modo inverso (para impedir direitos)? Parece que sim e, parece que foi essa a estratégia

---

130. A partir de agora utilizarei a sigla TLGB. Foi na Primeira Conferência Nacional de *Gays, Lésbicas, Bissexuais, Travestis e Transexuais* (GLBT), realizada em Brasília, em 2008, que o presidente da Associação Brasileira GLBT (Toni Reis), por decisão da plenária, anunciou a mudança na nomenclatura do movimento GLBT para LGBT. A decisão demonstrou a sensibilidade da plenária frente à solicitação feita pelas mulheres lésbicas e assegurou, a partir de 2008, uma maior visibilidade à discriminação sofrida por elas (G1, 2008). Não cabe a mim alterar a sigla no Movimento – que continua LGBT. A homofobia, lesbofobia e bifobia precisam ser problematizadas, sempre. No entanto, nos últimos anos, tenho usado TLGB em minhas aulas, cursos e reflexões. Os níveis que a transfobia tem apresentado, sobretudo em nosso país, precisam ser combatidos. Usar TLGB é uma forma de eu dar ênfase à necessária mudança do quadro de violência que sofre a população trans.

utilizada por aqueles grupos e instituições contrários a concessão desses direitos a esses sujeitos, ou seja, o empenho em "retirar palavras" dos textos das leis e invisibilizá-los nas políticas públicas.

No Congresso Nacional, em 2014, venceu a estratégia de tornar invisíveis, não apenas identidades e sujeitos, mas também, formas de preconceito e de discriminação. O Congresso adotou uma redação abrangente e não objetiva; suprimiu termos consagrados nas políticas identitárias e os substituiu por termos genéricos e desmobilizantes ("cidadania" e "formas de discriminação").

Após três anos e meio de tramitação (BRASIL, 2014, p. 15) a Lei 13.005, de 25/06/2014, que aprovou o atual Plano Nacional de Educação (2014-2024) não apenas alterou o inciso III das Diretrizes mas, excluiu de todas as menções, no texto do PNE, do termo "gênero" na sua forma simples ou composta (desigualdades de gênero, violência de gênero, equidade de gênero, identidade de gênero); assim o fez, também com os termos orientação sexual e homofobia. De forma inequívoca, deliberadamente, o legislativo aprovou um PNE 2014 que subtraiu termos ligados aos movimentos de mulheres, movimento feminista e movimentos de pessoas TLGB.

No entanto, a utilização de termos genéricos (promoção da cidadania) não seria uma forma de dizer que "somos todos iguais" e que os governos devem promover o bem-estar dos sujeitos e de todas as identidades, não precisando, dessa forma, mencioná-los? Querer visibilizar pautas do movimento de mulheres e das pessoas TLGBs não seria um exagero e uma demonstração de "vitimização"? Explicitar no texto do PNE sujeitos específicos (TLGBs) não seria uma forma de conceder-lhes privilégios da legislação e confirmar a existência de uma "ditadura gay" no país? Esses questionamentos foram utilizados, na forma de frases afirmativas, como argumentos apresentados pela bancada cristã no Congresso Nacional, para retirada dos termos da 3ª. diretriz, do PNE 2014. Sem dúvida, mereceriam uma maior problematização sobretudo porque evidenciam a estratégia argumentativa de desqualificar políticas públicas, específicas, voltadas aos sujeitos TLGB.

O quadro a seguir mostra uma síntese de como o texto do PNE 2014 se refere aos sujeitos da diversidade e como suas pautas e necessidades estão expressas na legislação maior da Educação Brasileira.

Quadro 1: Identidades culturais/marcadores sociais e sujeitos visibilizados nas metas do PNE 2014

Marcadores Sociais e sujeitos	Metas E Estratégias visibilizadas no texto do PNE 2014-2024	Menções explícitas no texto
Gênero (mulheres)	Meta 3, Estratégia 3.8) Ensino Médio: [...] **situações de discriminação, preconceitos e violências**, práticas irregulares de exploração do trabalho, consumo de drogas, **gravidez precoce** [...]. Meta 7, Estratégia 7.23): [...] a **violência doméstica e sexual** [...]. Meta 14: aumento de matrículas Pós-G., Estratégia 14.8): [...] **estimular a participação das mulheres** nos cursos de pós-graduação *stricto sensu* [...]:	
Orientação sexual (TLGB)	Nenhuma menção.	-
Raça-etnia (População negra e quilombolas)	Art. 7º, § 4º Art. 8º, II Meta 1, Estratégia 1.10) Meta 2, Estratégia 2.6) Meta 2, Estratégia 2.10) Meta 3, Estratégia 3.7) Meta 5, Estratégia 5.5) Meta 6, Estratégia 6.7) Meta 7, Estratégia 7.25) Meta 7, estratégia 7.26) Meta 7, Estratégia 7.27) Meta 10: EJA, Estratégia 10.3) Meta 11: Triplicar matrículas, Estratégia 11.9) Meta 11, Estratégia 1.13) Meta 12: matrículas no ES, Estratégia 12.5) Meta 12: matrículas no ES, Estratégia 12.13) Meta 13: elevar a qualidade do ES, Estratégia 13.4) Meta 14: aumentaras matrículas na pós-G., Estratégia 14.5) Meta 15: regime de colaboração entes federativos, Estratégia 15.5)	19

Marcadores Sociais e sujeitos	Metas E Estratégias visibilizadas no texto do PNE 2014-2024	Menções explícitas no texto
Raça-etnia (População indígena)	Art. 7º, § 4º Art. 8º, II Meta 1, Estratégia 1.10) Meta 2, Estratégia 2.6) Meta 2, Estratégia 2.10) Meta 3, Estratégia 3.7) Meta 5, Estratégia 5.5) Meta 6, Estratégia 6.7) Meta 7, estratégia 7.26) Meta 7, Estratégia 7.27) Meta 10: EJA, Estratégia 10.3) Meta 11: triplicar matrículas, Estratégia 11.9) Meta 12: matrículas no ES, Estratégia 12.5) Meta 12: matrículas no ES, Estratégia 12.13) Meta 13: elevar a qualidade do ES, Estratégia 13.4) Meta 14: aumentar as matrículas na pós-G., Estratégia 14.5) Meta 15: regime de colaboração de entes federativos, Estratégia 15.5)	17
Origem/ regionalidade (População do Campo)	Art. 7º, § 4º Art. 8º, II Meta 1, Estratégia 1.10) Meta 2, Estratégia 2.6) Meta 2, Estratégia 2.10) Meta 3, Estratégia 3.7) Meta 5, Estratégia 5.5) Meta 6, Estratégia 6.7) Meta 7, Estratégia 7.14) Meta 7, Estratégia 7.26) Meta 7, Estratégia 7.27) Meta 10: EJA, Estratégia 10.3) Meta 11: triplicar matrículas, Estratégia 11.9) Meta 12: matrículas no ES, Estratégia 12.13) Meta 14: aumentar as matrículas na pós-G., Estratégia 14.5) Meta 15: regime de colaboração entes federativos, Estratégia 15.5)	16

O quadro nos mostra que, o ato deliberado de ocultar palavras, metas e estratégias no PNE-2014, voltou-se, exclusivamente, para atingir os sujeitos TLGBs e o uso do termo "gênero", oriundo dos Estudos das Relações de Gênero, movimentos de mulheres e movimentos feministas. Observa-se que o PNE assegurou (e visibilizou em seu texto) a população negra e quilombola,

Condição física (Pessoas deficientes)	Art. 8º, III Meta 1, Estratégia 1.11) Meta 2, Estratégia 2.6) Meta 3, Estratégia 3.7) Meta 4: universalizar o **sistema educacional inclusivo**, Estratégia 4.1) a 4.19) Meta 5, Estratégia 5.7) Meta 6, Estratégia 6.8) Meta 7, Estratégia 7.8) Meta 7, Estratégia 7.18) Meta 7, estratégia 7.26) Meta 7, Estratégia 7.27) Meta 9: população com 15 anos ou mais, Estratégia 9.11) Meta 10: EJA, Estratégia 10.4) Meta 10: EJA, Estratégia 10.8) Meta 11: triplicar matrículas, Estratégia 11.10) Meta 12: matrículas no ES, Estratégia 12.5) Meta 12, Estratégia 12.10) Meta 12, Estratégia 12.15) Meta 13: elevar a qualidade do ES, Estratégia 13.4) Meta 15: regime de colaboração de entes federativos, Estratégia 15.5) Meta 16, Estratégia 16.3)	39
Classe social (Pessoas vulneráveis socioeconomicamente)	Meta 6, Estratégia 6.2): [...] comunidades **pobres** ou com **crianças em situação de vulnerabilidade social.**; Meta 7, Estratégia 7.10) Meta 7, Estratégia 7.28) Meta 12: matrículas no ES, Estratégia 12.5) Meta 20: ampliar o investimento público, Estratégia 20.12): **vulnerabilidade socioeconômica.**	5
Origem	Meta 7, Estratégia 7.1): **respeitar a diversidade regional, estadual e local.** Meta 11, Estratégia 1.13) reduzir as **desigualdades etnicorraciais** e **regionais** [...]. Meta 14: aumentar matrículas na pós-G., Estratégia 14.5) Meta 14: aumento matrículas Pós-G., Estratégia 14.14)	4

Fonte: a autora.

as populações indígenas, do campo, pessoas deficientes, crianças e pessoas vulneráveis socioeconomicamente, pessoas de diferentes origens. De modo indireto, sujeitos TLGB encontram amparo para suas políticas, somente em metas e estratégias genéricas, no PNE 2014.

Quadro 2 Textos genéricos do PNE 2014 comuns a todos os sujeitos e suas políticas identitárias

Identidades Culturais e sujeitos	PNE 2014
Mulheres TLGBs População de pessoas negras e quilombolas População indígena População do campo Pessoas deficientes Pessoas em vulnerabilidade socioeconômica Pessoas de diferentes origens	**Art. 2º São DIRETRIZES do PNE:** III – superação das desigualdades educacionais, com ênfase na **promoção da cidadania** e na erradicação de todas as formas de discriminação; V – formação para o trabalho e para a cidadania, com ênfase nos valores morais e éticos em que se fundamenta a sociedade; X – promoção dos princípios do respeito aos direitos humanos, à diversidade e à sustentabilidade socioambiental. Meta 2, Estratégia 2.4) fortalecer o acompanhamento e o monitoramento do **acesso, da permanência** e do aproveitamento escolar dos beneficiários de programas de transferência de renda, bem como das **situações de discriminação, preconceitos e violências na escola**, visando ao estabelecimento de condições adequadas para o sucesso escolar dos(as) alunos(as), **em colaboração com as famílias** e com **órgãos públicos de assistência social, saúde e proteção à infância, adolescência e juventude.** Meta 3, Estratégia 3.8) estruturar e fortalecer o acompanhamento e o monitoramento do acesso e da permanência dos e das jovens beneficiários (as) de **programas de transferência de renda**, no ENSINO MÉDIO, quanto à frequência, ao aproveitamento escolar e à interação com o coletivo, bem como das **situações de discriminação, preconceitos e violências,** práticas irregulares de exploração do trabalho, consumo de drogas, **gravidez precoce**, em colaboração com as famílias e com órgãos públicos de assistência social, saúde e proteção à adolescência e juventude. Meta 3, Estratégia 3.13) implementar **políticas de prevenção à evasão** motivada por **preconceito ou quaisquer formas de discriminação**, criando **rede de proteção** contra formas associadas de exclusão. Meta 12 – Ampliar matrículas no Ensino Superior, 12.9) ampliar a participação proporcional de **grupos historicamente desfavorecidos** na educação superior, inclusive mediante a adoção de **políticas afirmativas**, na forma da lei.

> Meta 13, Elevar Qualidade do ES – Estratégia 13.4) **promover a melhoria da qualidade dos cursos de pedagogia e licenciaturas**, por meio da aplicação de instrumento próprio de avaliação aprovado pela Comissão Nacional de Avaliação da Educação Superior – Conaes, integrando-os às demandas e necessidades das redes de educação básica, de modo a permitir aos graduandos a aquisição das qualificações necessárias a conduzir o processo pedagógico de seus futuros alunos (as), combinando formação geral e específica com a prática didática, além da **educação para as relações étnico-raciais**, A DIVERSIDADE e **as necessidades das pessoas com deficiência**.

Fonte: a autora.

Os argumentos utilizados pela bancada religiosa cristã, enfatizavam a necessária exclusão do que eles denominavam de "a perversa ideologia de gênero" cuja, principal ameaça, era "a afronta e o risco que causava às crianças e às famílias brasileiras".

No mês de junho de 2015 (prazo final para as aprovações dos Planos de Educação nos municípios brasileiros e assembleias legislativas), vereadores e deputados estaduais foram pressionados pelas bancadas religiosas (católica e evangélica) para retirarem dos Planos de Educação toda e qualquer referência ou frase que contivesse as palavras *gênero, diversidade, orientação sexual* e *educação sexual*. No dia 16 de junho de 2015 o cardeal, arcebispo de Aparecida (Dom Raymundo Damasceno Assis) e o bispo auxiliar (Dom Darci José Nicioli, CSsR) divulgam uma carta aos fiéis católicos e pedem que os municípios vetem a "ideologia de gênero" nos Planos Municipais de Educação (A12 Redação). Numa ação orquestrada, em todo o país, padres católicos e pastores protestantes se unem na cruzada contra a "ideologia de gênero" e orientam seus fiéis a atuarem junto as votações e aprovações dos planos municipais e estaduais de educação, nas Câmaras de Vereadores e nas Assembleias Legislativas.

Por que o conceito gênero se tornou "perigoso" para instituições religiosas? Onde, quando e como surgiu a expressão "ideologia de gênero" e o discurso antigênero? Em que medida as teorias e os estudos das relações de gênero ameaçam instituições religiosas milenares a ponto de essas, se voltarem ao impedimento de direitos à certas camadas da população?

Antecedentes históricos: algumas reflexões

A partir da metade do século XX o mundo viu o surgimento: dos Movimentos Sociais, do discurso pró-Direitos Humanos, das políticas identitárias, da mudança paradigmática a favor dos respeitos as diferenças e diversidade. No campo das ciências humanas e sociais, intensificaram-se reflexões sobre os processos de exclusão para além das análises econômicas trazidas pela crítica ao neoliberalismo, a globalização, a internacionalização da economia, a noção de bem-estar proporcionada apenas, por aspectos de ordem econômica. Segundo José Lopes (2008),

> Nesse movimento, a razão da participação autônoma e (ou) solidária dos sujeitos, na produção da vida social, mudou substancialmente. Acima de tudo, ela foi condicionada por um gradual parcelamento dos ideais representativos, nas sociedades democráticas, ajustado ao reconhecimento das diferenças culturais, étnicas ou de gênero e às demandas da internacionalização da economia (p. 358).

Em meados do século XX, a ONU passa a assumir uma política mais abrangente em prol dos Direitos Humanos. Em muitos países Ocidentais, seus governos implementam projetos sociais, promovem a criação de leis voltadas ao reconhecimento da história, da cultura e das identidades excluídas. Nesses países é garantida, mesmo que minimamente, a cidadania das chamadas "minorias" (raciais, de gênero e sexuais), através de políticas afirmativas e da aprovação de leis específicas. Nesse contexto mundial ficam mais evidentes os paradoxos e antagonismos da humanidade (autoritarismos, ditaduras, fundamentalismos, preconceitos) e as Ciências Humanas (História, Sociologia, Antropologia, Filosofia, Pedagogia) contribuem muito para reflexões políticas e sociais, especialmente, no âmbito da educação formal (da educação básica à pós-graduação).

Nesse contexto, o conceito de gênero surge nos anos de 1970-1980 no interior dos Estudos sobre Mulheres (e depois, no interior dos feminismos). Inicialmente, em campos teóricos da sociologia, da antropologia e da história, e, com o tempo, consolida-se como ferramenta importante para a análise, compreensão e crítica do mundo e de instituições (como o Estado, a escola, as leis, as mídias, as religiões, as mídias etc.). Mais ainda... o conceito gênero permitiu a compreensão das profundas mudanças no âmbito da organização da sociedade: do entendimento e dos limites entre o público e o privado; da mudança do papel da mulher na família tradicional; do patriarcado no interior da família; dos diferentes arranjos familiares e suas dinâmicas no entendimento da parentalidade; das desigualdades no espaço do trabalho; da ressignificação da maternidade e paternidade; dos direitos sexuais e reprodutivos das mulheres; dos modos como se expressa a violência nos relacionamentos sexuais-afetivos; na compreensão do machismo, do sexismo e das relações de poder neles contidas; e, a partir dos anos de 1990-2000, contribui para que os estudos gays e lésbicos passassem a explicar os sujeitos da diversidade ajudando a consagrar o conceito de identidade de gênero e ampliando a compreensão do conceito de violências de gênero para além das mulheres, ou seja, também para a população trans (travestis, transexuais e transgêneros). Esses são alguns exemplos do alcance dos Estudos das Relações de Gênero que nos possibilita entender o quanto esse campo de conhecimento se tornou, para muitas instituições, perturbador.

Sobretudo nos séculos XX e XXI, as Ciências Humanas e Sociais "forçaram" o mundo a repensar a moral, os costumes, as tradições, as culturas. A Igreja Católica, por exemplo, encontrou nesses estudos e reflexões, contrapontos às suas narrativas seculares; um forte obstáculo ao *status quo* que sua moral impunha às sociedades. Essas instituições religiosas começam a se opor ao que, muitos chamarão (inclusive a própria Igreja), de uma "nova ordem mundial"[131]. Embora esse termo se refira à conjuntura geopolítica pós-Guerra Fria, observaremos a Igreja Católica se referindo ao conceito gênero como desencadeador de um processo de desestabilização do entendimento do que seja o "ser humano" (homem e mulher); algo que terá um efeito direto no entendimento das identidades, dos direitos humanos, na definição de leis.

---

131. Para Rodolfo Pena (2020) A Nova Ordem Mundial – ou Nova Ordem Geopolítica Mundial – significa o plano geopolítico internacional das correlações de poder e força entre os estados nacionais após o final da Guerra Fria. Com a queda do Muro de Berlim, em 1989, e o esfacelamento da União Soviética, em 1991, o mundo se viu diante de uma nova configuração política. A soberania dos Estados Unidos e do capitalismo se estendeu por praticamente todo o mundo e a Otan (Organização do Tratado do Atlântico Norte) se consolidou como o maior e mais poderoso tratado militar internacional. O planeta, que antes se encontrava na denominada "Ordem Bipolar" da Guerra Fria, passou a buscar um novo termo para designar o novo plano político.

A narrativa "ideologia de gênero"

Para Rogério Junqueira (2017), a narrativa "Ideologia de gênero" é uma invenção católica que surgiu no Conselho Pontifício para a Família, da Congregação para a Doutrina da Fé (meados de 1990 e início dos anos de 2000). "Trata-se de um sintagma urdido no âmbito da formulação de uma retórica reacionária antifeminista sintonizada com o pensamento e o catecismo de Karol Wojtyla". Junqueira (2017) argumenta que foi no pontificado de João Paulo II que houve uma importante mudança no discurso católico na construção de uma nova ordem social: a "Teologia do Corpo" (formulada e apresentada por ele e pelo Cardeal Joseph Ratzinger – papa de 2005 a 2013) que apresentará a mulher e seus atributos (amor materno, p. ex.), como naturais, essencialistas e derivados de sua anatomia e psicologia.

O determinismo biológico passa a ser exaltado pela Igreja Católica para, não apenas "naturalizar" a subordinação da mulher ao homem, mas para enfatizá-la como ser, indiscutivelmente, *complementar a ele*. O discurso da complementaridade entre homem e mulher passa a ser chave na construção, paralela, da narrativa "ideologia de gênero".

> O pontificado marcou-se pela radicalização do discurso da Santa Sé sobre moralidade sexual (especialmente quanto a aborto, contracepção e homossexualidade) e um virulento ataque àquilo que se costuma chamar de modernidade. Apresentada por Wojtyla nas audiências gerais durante os primeiros cinco anos do papado, essa teologia foi reunida em *Homem e Mulher o Criou*, de 1984, e encontrou uma de suas mais nítidas formulações na *Carta às Famílias Gratissimam Sane*, de 1994 (JUNQUEIRA, 2017).

Faz todo o sentido que a Igreja Católica, então, busque "fazer da heterossexualidade e da família heterossexual o centro de sua 'antropologia' e de sua doutrina" (JUNQUEIRA, 2017), especialmente para se opor as mudanças mundiais, sobretudo aquelas que levam a humanidade e a muitos países, gradativamente, aceitar a diversidade sexual e de gênero, as novas formas de conjugalidade, os novos arranjos familiares – entre eles, o da família homoafetiva ou o da família monoparental (que no caso do Brasil, são quase 40% das famílias em que prevalece a mulher como único adulto cuidando das/os filhas/os).

A narrativa "ideologia de gênero" surge como uma estratégia de *marketing* negativo aos Estudos das Relações de Gênero, num tempo histórico que é, exatamente posterior as Conferências Internacionais da ONU sobre População (realizada no Cairo / Egito, em 1994), e da Conferência Mundial sobre as Mulheres (realizada em Pequim, China, em 1995)[132]. É na Conferência Mundial no Cairo, em 1994, que as políticas sociais sobre saúde e direitos reprodutivos das mulheres passam a ser visibilizadas nas discussões e nos textos da ONU:

> O conjunto de temas debatidos e acordados no processo da Conferência do Cairo, havia, de fato, desestabilizado as concepções doutrinárias do Vaticano e outras visões conservadoras por muitos lados: a aceitação do aborto como um grave problema de saúde pública, o conceito de direitos reprodutivos, a educação em sexualidade, as múltiplas formas de família, e mais especialmente, a entrada no debate do recém-inventado conceito de direitos sexuais" (CORREA, 2017).

Em abril de 1998, o termo "ideologia de gênero" é utilizado num documento eclesiástico: numa nota da Conferência Episcopal do Peru (intitulada La *ideologia de género: sus peligros y alcances)*. Essa nota, escrita pelo Monsenhor Oscar Alzamora Revoredo (bispo auxiliar de Lima/Peru), tornou-se "uma referência na construção do discurso antigênero do vaticano", e teve como referência o artigo de Daly O'Leary (ligada à *Opus Dei* e representante do *lobby* católico Family Research Council e também, membro da National Association for Research & Therapy of Homosexuality[133]. O'Leary foi delegada da Santa Sé nas conferências da ONU (1994 e 1995), e mantinha ligações diretas com Ratzinger. Seu livro The Gender Agenda (1997) foi traduzido em várias de línguas, tornando-se uma das principais literaturas antigênero (JUNQUEIRA, 2017).

---

132. Sônia Correa (2017) que nos permite entender a relação da Santa Sé e do Movimento Pró-Vida-Família em construir essa narrativa chamada "ideologia de gênero". Nesse vídeo, Correa nos apresenta uma análise que nos remete aos bastidores das Conferências da ONU (no Cairo e em Pequim). O título do texto é "Gênero ameaça(n)do – Análises e resistências frente a movimentação conservadora sob a perspectiva dos Direitos Humanos". O título do vídeo no YouTube é: "Gênero ameaça(N)do – Sônia Correa: Ideologia de gênero": rastros perdidos e pontos cegos.

133. A *Family Research Council* e da *National Association for Research & Therapy of Homosexuality* foram conhecidas por promoverem terapias reparadoras da homossexualidade (a chamada "cura *gay*").

Os movimentos feministas e de mulheres se utilizarão do conceito gênero para argumentação em prol do "direito de escolha ao próprio corpo" e seus desdobramentos: os direitos sexuais, o planejamento familiar, as leis de descriminalização do aborto, as políticas de direitos sexuais e reprodutivos, o combate à violência de gênero etc. É a partir dos anos de 1990, pela inclusão dos documentos oficiais da ONU e pelos processos de reconhecimento de direitos, em vários países, que o conceito *gênero*, também, permitirá que os sujeitos TLGB possam "ser explicados", compreendidos e entendidos como possibilidades identitárias humanas, tão possíveis quanto qualquer outra identidade. Termos como "identidade de gênero" e "orientação sexual" passaram a ser vistas (pelos Estudos de Gênero) como dimensões identitárias humanas existenciais e, portanto, um direito de expressão incontestável por aqueles que passariam a defender os direitos humanos: ONU, União Europeia, governos e partidos de esquerda, movimentos sociais.

> Os Estudos Feministas ou generificados contribuíram muito para se denunciar o território de desigualdades e violências criado por um centramento masculinista e sexista de mundo; expuseram o aprisionamento do papel da mulher aos atributos familiares e reprodutivos ao contestar, principalmente, a imposição de papéis sociais (e econômicos) legitimados pela leitura equivocada e distorcida de funções e características biológicas. Destacaram que em nossos corpos atravessam os pertencimentos culturais, as raças, as etnias, as idades, as sociedades, as crenças, as subjetividades, os sistemas de troca e também as diferentes vivências do desejo sexual, o que culminou na crítica da heterossexualidade – orientação eleita como a regra, a norma e a única implicação possível para se coligar às parcerias afetivas. E mais: abriram as picadas para o estabelecimento de uma série de leis, punições e regimentos públicos de combate à violência contra mulheres e minorias sexuais (CARVALHO, 2017).

Dessa forma, é perfeitamente compreensível que os Estudos de Gênero (e o conceito gênero) tenha se tornado "o maior inimigo" para as instituições conservadoras e fundamentalistas do mundo, uma vez que essas reconhecem e defendem, apenas o *Direito Natural* (baseado na Bíblia). Nessa lógica argumentativa, os "sujeitos merecedores de direitos" são apenas o homem e a mulher: Deus criou o homem e a mulher (Gênesis 2, 18-24). Deus criou a mulher para servir ao homem; Deus criou a família cristã, com muitos filhos e filhas; "Crescei e multiplicai" etc.

Esse processo de reconhecer o humano como plural, ocorreu, gradativamente, tanto no interior dos Estudos de Gênero quanto no interior das instituições políticas e dos estados nação, durante o século XX e XXI. Por exemplo, segundo Correia (2017) embora o conceito de "direitos sexuais" tenha sido incorporado na Plataforma de Ação da Conferência do Cairo, ele não se estabeleceu com firmeza naquele evento da ONU. O movimento político, entre as Conferência (Cairo, 1994 e Pequim, 1995), foi tensionado, sobretudo pelas mulheres lésbicas que, buscando garantir sua visibilidade, se utilizavam do conceito dos "direitos sexuais" para denunciar o disciplinamento da sexualidade desviante contrapondo com o estímulo da heterossexualidade procriativa compulsória. Sônia Correa (2017) lembrará a contribuição de Judith Butler nesse contexto de compreensão das políticas de identidade: "Admitir as lésbicas no domínio do universal implica desfazer o humano ao menos nas suas formas atuais, ou imaginar o humano para além das suas formas convencionais".

A narrativa "ideologia de gênero" é o modo como parte da Igreja Católica, ligada ao Movimento denominado Pró-Vida e Pró-Família, resolveu nomear, convenientemente, os Estudos das Relações de Gênero, buscando desmoraliza-lo frente a opinião pública.

Para Junqueira (2017), a construção dessa retórica antigênero, além da Cúria Romana, foi articulada por conferências episcopais de diversos países, pelos movimentos pró-vida e pró-família, por associações de terapias reparativas (em especial as de "cura *gay*") e *think tanks* de direita[134]. O autor ainda destaca "marcante a atuação de grupos religiosos radicais estadunidenses e de membros da *Opus Dei* e de outros movimentos eclesiais".

Em certa medida podemos pensar nos Estudos das Relações de Gênero como um campo disciplinar e instituidor de uma nova visão de mundo que expande a noção do ser humano limitada pelo olhar teológico cristão. Na me-

---

134. *Think Tanks* (fábricas de ideias, *tanks* de ideias). Também podem ser traduzidos como círculo de reflexão ou laboratório de ideias. Seriam uma associação de indivíduos especializados, formando instituições e/ou organizações, que fazem pesquisas e discussões sobre assuntos políticos, econômicos, estratégicos, englobando também diversos outros temas, sendo estas pesquisas tanto sobre problemas domésticos quanto internacionais. Disponível em https://pt.wikipedia.org/wiki/Think_tank Acesso em 15/05/2018.

dida em que os sujeitos da diversidade (sexual e de gênero) encontram nesse campo científico, respaldo explicativo para sua existência, estamos, sim, diante de uma ideologia: entendida aqui, como nova consciência social que considera o humano plural, diverso.

> Nos últimos anos, em dezenas de países de todos os continentes, presencia-se a eclosão de um **ativismo religioso reacionário** que encontrou no "gênero" o principal mote em suas mobilizações. "Gênero", "ideologia de gênero", "teoria do gênero" ou expressões afins são brandidos em tons alarmistas, conclamando a sociedade para enfrentar um inimigo imaginário comum. E, em nome da luta contra ele, se empreendem ações políticas voltadas a **reafirmar e impor valores morais tradicionais e pontos doutrinais cristãos dogmáticos** e **intransigentes** (LOWENKRON; MORA, 2017; grifos meus).

A "ideologia de gênero" é uma interpretação, propositadamente construída, de modo a alarmar, amedrontar e colocar as pessoas contra o conceito gênero e contra os sujeitos que se utilizam desse conceito na luta pelo reconhecimento de suas identidades. No Brasil, a "ideologia de gênero" foi apresentada como se fosse política do governo federal (em especial, dos governos dos Partidos dos Trabalhadores, mas também, de todos os partidos de esquerda que objetivam "acabar com a família" e instaurar um clima de permissividade sexual). Esse entendimento, chamado de "ideologia de gênero", no interior da Igreja Católica e do Movimento Pró-Vida e Pró-Família) não está presente só no Brasil; observa-se em diferentes países da Europa (Espanha, Itália, Portugal, França) e da América Latina.

Organizando uma simples cronologia:

• Nos anos de 1970 a 1980, os Estudos sobre Mulheres e os Estudos das Relações de Gênero (sobretudo no âmbito das pesquisas feministas) começa a usar o termo gênero.

• Em 1994 e 1995, realizam-se as Conferências da ONU, que passa a adotar, não apenas o termo gênero em seus documentos, mas a assumir a perspectiva de gênero nas políticas públicas mundiais[135].

---

135. Cf. o livro *Contra o cristianismo – a ONU e a União Europeia como nova ideologia* (Eugênia Roccella e Lucetta Scaraffia, 2014).

• Em 1998, ocorre o evento que nos ajuda a ter a dimensão temporal de tal discussão na Igreja Católica: a Conferência Episcopal, no Peru, cujo título foi "La ideologia de género: sus peligros y alcances".

• Em 2000, a Cúria Romana lança a publicação intitulada *Família, Matrimônio e "uniões de fato"*, em que menciona o termo "ideologia de gênero".

• Em 2003, o Conselho Pontifício para a Família, publica o *Lexicon: termos ambíguos e discutidos sobre família, vida e questões éticas*[136].

Segundo Junqueira (2017), um dos primeiros (ou talvez o primeiro) que explicita, o que denomina de cruzadas antigênero, foi o do monsenhor Michel Schooyans (jesuíta belga que viveu no Brasil entre 1959 e 1969, sendo professor na PUC de São Paulo). Seu livro, *L'Évangile face au désordre mondial*, de 1997 (edição em português em 2000), cujo prefácio foi de Ratzinger, dedicou amplo espaço à denúncia de um complô da "ideologia de gênero" que, segundo ele, os organismos internacionais estariam à deriva do interesse de minorias sexuais subversivas, promotoras de uma cultura antifamília, do colonialismo sexual e da ideologia da morte.

> A principal intencionalidade desses missionários da "família natural" era e é opor-se a ações voltadas a legalizar o aborto, criminalizar discriminações e violências em função da orientação sexual e da identidade de gênero, legalizar o casamento igualitário, reconhecer a homoparentalidade, estender o direito de adoção a genitores de mesmo sexo, bem como políticas educacionais de igualdade sexual e de gênero e de promoção do reconhecimento da diferença/diversidade sexual e de gênero (JUNQUEIRA, 2017).

Um referencial que reitera o termo "ideologia de gênero" sendo recorrentemente citado, é o do advogado argentino Jorge Scala. Seu livro, intitulado, na primeira edição, *Ideologia de Gênero – o Gênero como ferramenta de poder*, foi traduzido e editado no Brasil com o título *Ideologia de Gênero – Neototalitarismo e a destruição da família"* (2. ed., Ed. Katechesis, 2015). Observa-se o

---

136. O *Lexicon*: "dicionário enciclopédico sobre temas relativos a gênero, sexualidade e bioética, que "ataca vigorosamente todo um conjunto de valores e referências que se consolidou sobretudo em sociedades secularizadas e que, ao se afirmarem nas conferências da ONU, disseminou-se pelo mundo. Seus verbetes tornaram-se textos de iniciação para interessados em aprender sobre a "ideologia de gênero" e a combatê-la" (JUNQUEIRA, 2017).

uso religioso e político da família, nos sugerindo a complexidade das relações de poder envolvidas no combate a essa narrativa.

Um posicionamento jurídico frente à "ideologia de gênero"

Em 2017, a Procuradoria-Geral da República (PGR) emitiu parecer (n. 144.923/2017-AsJConst/SAJ/PGR)[137] contra leis de sete municípios[138] que proibiram o ensino da suposta "ideologia de gênero" nas escolas de educação básica. Segundo o então Procurador Rodrigo Janot, os 7 municípios violam os dispositivos constitucionais relativos ao direito à igualdade, à proibição de censura em atividades culturais, ao devido processo legal, à laicidade do Estado, à exclusividade da União de legislar sobre diretrizes e bases da educação, ao pluralismo de ideias e de concepções pedagógicas, e ao direito à liberdade de aprender, ensinar, pesquisar e divulgar o pensamento, a arte e o saber. Janot, ao se referir ao Art. 3º da lei municipal aprovada no Município de Ipatinga (MG), afirmou:

> O art. 3º da Lei 3.491/2015 utiliza indevidamente a expressão "ideologia de gênero" (cujo conteúdo é incerto e constitui, ela própria, uma manifestação ideológica) e não "estudos" ou "teoria de gênero", para legitimar fusão artificial entre gênero e interesses e afastar a temática do campo dos direitos e do processo educativo. Ao proibir a adoção de diretrizes sobre diversidade de gênero, a lei discrimina a população LGBT. "Ideologia", nesse caso, serve como palavra-disfarce. Por essa razão, não haveria utilidade em debater seu sentido na lei municipal (JANOT, 2017, p. 8).

Continua o Procurador-Geral da República, na p. 9, de seu parecer à Presidente do Supremo Tribunal Federal (Ministra Carmen Lúcia), com uma citação que aponta para o uso do conceito "ideologia de gênero" como forma de tolher a abordagem das diferentes manifestações da sexualidade, na escola.

> Nas discussões e aprovações dos Planos de Educação ficou evidente que combater a "ideologia de gênero" significava retirar de qualquer documento as palavras gênero, orientação sexual, diversidade sexual, nome social

---

137. Arguição de descumprimento de preceito fundamental. Lei 3.491/2015 do Município de Ipatinga (MG). Vedação de diretrizes, estratégias ou ações de promoção à diversidade de gênero, "ideologia de gênero" e orientação sexual.
138. Novo Gama (GO), Cascavel (PR), Paranaguá (PR), Blumenau (SC), Palmas (TO), Tubarão (SC) e Ipatinga (MG).

e educação sexual. Mesmo que as palavras, nas frases, não implicassem nenhuma ameaça objetiva, evitar que as palavras fossem visibilizadas na lei certamente dificultaria aqueles que pretendessem trabalhar esses temas na educação, e, sem muitos argumentos, as palavras foram excluídas. [...] Aliás, não é a existência do conceito de gênero que "fez surgir" na humanidade pessoas homossexuais, travestis, lésbicas, transgêneros, transexuais ou bissexuais, por exemplo. Os estudos de gênero existem para estudar esses sujeitos, compreender a expressão de suas identidades, propor conceitos e teorias para sua existência e ajudar a construir um mundo onde todos/as se respeitem (FURLANI, apud JANOT, 2017, p. 9).

Foi a existência do conceito gênero que "transformou" as mulheres em contestadoras? A condição histórica e material, de subordinação e de sofrimento existencial, das mulheres, em todas as culturas, em todas as épocas históricas nos mostram que foram as realidades existências que as impulsionaram, e as impulsionam, a lutar pelas mudanças sociais que lhes garantam uma cidadania mais plena. O conceito de gênero pode ser banido do planeta, que mesmo assim a humanidade continuará se expressando em sua diversidade e buscando direitos humanos para todos. Assim como, no âmbito da socialização escolar, sujeitos e suas diferenças estarão sempre no contexto da escola e necessitarão estar visibilizados nos currículos, na formação inicial e continuada[139].

O que esconde o discurso antigênero?

Em certa medida podemos pensar nos Estudos da Relações de Gênero como um campo disciplinar e instituidor de uma nova visão de mundo, que respeita as diferenças e as multiplicidades do humano. Os Estudos das Relações de Gênero nos apresentam, não apenas um campo científico de análise e problematização do social, mas também, uma visão de mundo que expande a noção de humanidade para além do limitado olhar teológico, de parte do mundo cristão mais conservador.

---

139. Para melhor entender as possibilidades dos Estudos de Gênero na Educação, sobretudo para crianças e jovens da Educação Infantil, Ensino Fundamental e Ensino Médio, sugiro ver Furlani, 2011.

Constituída de muitos enunciados, a narrativa "ideologia de gênero" apresenta uma complexidade discursiva e política, que pode ser compreendida nos entendimentos a seguir (FURLANI, 2016). Aspectos esses, que divergem dos conceitos trazidos pelos Estudos de Gênero e que nos permitem melhor entender como o discurso antigênero se constitui numa "outra ideologia" – numa outra visão de mundo:

1) Os Estudos das Relações de Gênero opõem-se ao destino biológico, distinguindo sexo de gênero, afirmando que "sexo é a nossa biologia" e que "Gênero são aspectos sociais e culturais que constituem homens e mulheres". As instituições e pessoas que criaram e usam a narrativa "Ideologia de Gênero", colocam o destino biológico como inquestionável; a **exclusão da palavra gênero** é estratégia política; não reconhecem o conceito gênero e insistem para que se utilize, apenas, o conceito sexo ao se referir as pessoas. Não apenas dos currículos escolares mas, da legislação em geral, a retirada da palavra "gênero" é estratégia para que sujeitos TLGB não sejam reconhecidos e não tenham seus direitos e reinvindicações garantidos pelas leis ou jurisprudência, uma vez que gênero é também uma categoria jurídica.

2) A Teoria de Gênero não nega a biologia dos corpos e dos sujeitos, mas, questiona o **determinismo biológico**; a reprodução é vista como uma escolha, assim como a maternidade e a paternidade; reconhece relacionamentos baseados no afeto, amor, respeito (por exemplo, relacionamentos homoafetivos) e problematiza a heteronormatividade. Por outro lado, as instituições e pessoas que criaram e usam a narrativa "Ideologia de Gênero", acolhem o determinismo biológico; utilizam os enunciados "crescei e multiplicai" e "filhos/as são dádivas de Deus" como a norma legítima; reiteram a procriação como relações naturais e as únicas aceitáveis; enfatizam a "complementaridade entre homem e mulher" como único modelo que deve ser permitido das uniões entre as pessoas.

3) Os Estudos de Gênero reconhecem o ser humano como sujeito múltiplo de **identidades culturais** (sexo, gênero, orientação sexual, raça-etnia, religião, condição física, nacionalidade, classe social, geração etc.), sendo cada identidade existencial na vida da pessoa e, portanto, devendo ser respeitada; as identidades são percebidas e disputadas no contexto histórico,

social e cultural e estão, em processo de construção permanente. O discurso antigênero (pessoas e instituições) não reconhece o sujeito plural como merecedor de dignidade e respeito. Respaldados pelo texto bíblico, a análise fundamentalista e preconceituosa enfatiza que "Deus criou o homem e a mulher" e ponto-final (Deus não criou travestis, transexuais, transgêneros, p. ex.). As instituições e pessoas que combatem a "ideologia de gênero", não reconhecem as identidades como possíveis. Entendem que o ser humano nasceu à imagem e semelhança de Deus não podendo ser modificado. Se "Deus criou o macho e a fêmea" não há espaço para os sujeitos da diversidade sexual e de gênero.

4) Para os Estudos de Gênero, a identidade de gênero, a orientação sexual e a origem étnico-racial são **pertencimentos identitários existenciais** do sujeito. Dessa forma, não apenas aceita sujeitos TLGBs e religiões de matrizes africanas (p. ex.) como entende os **direitos humanos como universais**, baseados nas raízes iluministas. Os direitos são sempre negociáveis e se modificam ao longo do tempo. É a favor dos Direitos das mulheres, das populações TLGB, das comunidades negras, quilombolas, indígenas. Com isso, os Estudos de Gênero colocam-se solidários aos **movimentos sociais** e consideram importantes as discussões acerca da Cultura do Estupro, por exemplo, trazida pelos movimentos feministas. O discurso antigênero (pessoas e instituições) não reconhece a identidade de gênero, a orientação sexual e a origem étnico-racial como pertencimentos identitários. Não aceita sujeitos TLGB e a livre expressão das religiões de matrizes africanas. Comumente, se opõe ao cumprimento da Lei 10.639/2003 e Lei 11.645/2008 no âmbito das escolas e currículos escolares. Aceita apenas o Direito Natural baseado nas raízes judaico-cristãs. Portanto, os direitos humanos da população TLGB não são vistos como negociáveis nas políticas de identidade, o que explica por que essas instituições se opõem as políticas internacionais da ONU e dos países da União Europeia (cf. ROCCELLA; SCARAFFIA, 2014). O discurso (e as pessoas) antigênero não reconhece e faz pouco caso e escárnio das análises Feministas que denunciam, por exemplo, a existência da Cultura do Estupro. Comumente afirmam ser "mimimi" as discussões sobre violência, racismo e políticas

afirmativas. Portanto, os Estudos de Gênero se constituem como um múltiplo campo de teorias e de conceitos das diferentes Ciências Humanas e Sociais, que valoriza e tem como referência e possibilidade analítica dos vários **FEMINISMOS** existentes. Por outro lado, o discurso antigênero apresenta o Feminismo como se fosse apenas o Feminismo Radical e Marxista; não o reconhece, o desvaloriza, o ridiculariza e o menospreza, assim como o faz com as pessoas que se dizem feministas (homens ou mulheres).

5) Os Estudos de Gênero reconhecem todos os modelos de **famílias**. Fala em Famílias contemporâneas ou novos arranjos familiares: Família nuclear, Família Monoparental, Família homoafetiva, Família intergeracional, Família interétnica, Famílias populares, Família adotiva, Família substituta, Família natural etc. O discurso antigênero reconhece apenas um modelo de família, conforme a tradição judaico-cristã (a família natural). A incoerência e hipocrisia desse ponto de vista limitado só se explica no alto nível de homofobia e transfobia presentes nessas pessoas e instituições, pois aceitar os **novos arranjos familiares** da contemporaneidade seria, também, aceitar as famílias homoafetivas e as famílias monoparentais, entre outras. O discurso fundamentalista reitera o enunciado: "A família é uma só: homem, mulher e filhos naturais, originários do casamento". As instituições e pessoas que se utilizam da narrativa "ideologia de gênero", pretendem legitimar apenas um modelo de família e defendem a aprovação do Estatuto da Família (PL 6583-2013).

6) Os Estudos de Gênero problematizam e relativizam **temas éticos e polêmicos**, de modo separado e considerando cada instância de discussão como: Direito de livre escolha da mulher, Direitos Sexuais e Reprodutivos, Aborto, Formas de anticoncepção, Eutanásia, Pesquisa em Células tronco. O discurso antigênero é contra relativizar esses temas; alegam que essas temáticas se constituem na "cultura da morte" e preconizam o Direito Natural cujo destino das coisas pertente ao deus cristão. Enquanto que os Estudos de Gênero integram e ajudam, na definição e na construção, das Políticas de Direitos Humanos dos estados-nação, da ONU e da União Europeia, as pessoas e instituições que se utilizam da narrativa "ideologia de gênero" não apenas são contra as Políticas de Direitos Humanos da ONU e

da União Europeia, mas alegam haver uma conspiração internacional para extinguir a ideologia judaico-cristã das instâncias de poder.

7) Enquanto os Estudos de Gênero defendem a visão de mundo que valoriza o **estado democrático de direito** e o **estado laico**, as pessoas e instituições que se utilizam da narrativa "ideologia de gênero (e enfatizam o discurso antigênero), entendem que o mundo deve ser regido pela ideologia Judaico-Cristã. Essas pessoas e instituições ameaçam o Estado Democrático de Direito na medida em que atacam e fragilizam o Estado Laico; não é de todo impossível afirmar que objetivam transformar o país numa teocracia cristã na medida em que, justificam a suspensão das políticas públicas voltadas aos grupos subordinados, alegando que o estado deve atuar somente para a "maioria cristã".

Reflexões finais

O conceito gênero surgiu nas Ciências Humanas e Sociais, nas décadas de 1970 e 1980, porque se tornou necessário mostrar que muitas das desigualdades às quais as mulheres eram (e são) submetidas, na vida social, são decorrentes da crença de que nossa biologia nos faz pessoas inferiores, incapazes e merecedoras de menos direitos. O conceito gênero buscou, não negar o fato de que possuímos uma biologia, mas afirmar que ela não deve definir nosso destino sociocultural. Inicialmente, essas reflexões surgem na sociologia, história, filosofia e antropologia, mas, hoje, os Estudos de Gênero se constituem num campo científico-multidisciplinar, composto por várias abordagens e presentes em todas as Ciências – nas naturais, nas exatas, nas jurídicas, nas da saúde, nas da comunicação, do esporte etc. Hoje, os Estudos das Relações de Gênero se aproximam também das discussões com outras identidades, como raça-etnia, classe social, religião, nacionalidade, condição física, orientação sexual etc., sendo, por isso, chamados de estudos de interseccionalidade.

Para além, o conceito gênero contribuiu na discussão e na compreensão da identidade dos sujeitos TLGB, especialmente os sujeitos trans, na medida em que discute, por exemplo, a identidade de gênero e o uso do nome social. Portanto, a perspectiva de gênero está na base dos novos direitos humanos e na justificativa das políticas de amparo, tanto às mulheres (que repercute nas discussões acerca do conceito de vida e das leis sobre direitos sexuais e reprodutivos, e aborto) quanto as políticas de respeito à população TLGB. Sem dúvida, se considerarmos que o conceito gênero permite as discussões acerca da posição da mulher na sociedade, da aceitação dos novos arranjos familiares, das novas conjugalidades nos relacionamentos afetivos, ampliação da forma de ver os sujeitos da pós-modernidade e no reconhecimento da chamada diversidade sexual e de gênero, então, não há campo do conhecimento contemporâneo mais impactante e perturbador para as instituições conservadoras, tradicionais e reacionárias que os efeitos reflexivos dos Estudos das Relações de Gênero.

O discurso antigênero surgiu para fazer frente a esse entendimento de mundo e de humanidade. Em que medida a história recente contribuiu para que tivéssemos "condições de possibilidades históricas" para que movimentos conservadores/reacionários tivessem tanta projeção no Brasil? Nos últimos anos, o descontentamento com os governos federais pós-Constituição de 1988, somado à convergência de inúmeras críticas e análise conjunturais (em vários campos, como economia, política e educação), favoreceu o surgimento e a união de forças conservadoras e tradicionais contra as políticas públicas de igualdade, respeito às diferenças, direitos humanos e políticas afirmativas. Um exemplo disso, é o surgimento do projeto Escola Sem Partido, no ano de 2004, pelo advogado Miguel Nagib, frente ao posicionamento de professores/as.

> A proposição religiosa, no contexto atual, também está encampada pelo **Movimento Brasil Livre** e pelo **Movimento Escola Sem Partido**. Essas duas organizações mantêm dispositivos de negação e de controle à educação para os gêneros e para as sexualidades na veiculação de enunciados e discursos que colocam a família como ameaçada e os órgãos governamentais e de ensino, entre eles o MEC, como **maquinarias de doutrinações ideológicas** responsáveis pela dissolução da moral vigente. [...] (CARVALHO, 2017) (grifos meus).

Outro aspecto que merece especial atenção é o surgimento e crescimento, no Brasil, da "escolarização em casa", denominada *homeschooling*. Um entendimento que cresce, em especial, no interior de parte da Igreja Católica e que se relaciona, diretamente, com a crescente desqualificação da educação pública, das/os professoras/es e das políticas educacionais e curriculares.

[...] promovem, nas entrelinhas, um **desmantelamento do sistema educacional** para o que mesmo seja desacreditado e aberto às relações econômicas. [...] defendem, em termos de políticas educativas, a legalização do "*homeschooling*" (educação domiciliar que aumenta o poder de interferência familiar na instrução dos estudantes e diminui a socialização coletiva), a apresentação de políticas refratárias em legislativos estaduais e municipais, a redução de impostos para escolas privadas, a militarização de escolas, a gestão privada da escola pública por organizações sociais e sistemas de ensino particulares (inclusive, os sistemas de ensino confessionais), a facilitação da expansão da rede privada via financiamento institucional, a censura de professoras/es em suas práticas docentes e a extinção das abordagens de temas com relevância social (CARVALHO, 2017; grifos meus).

A narrativa "ideologia de gênero" se presta para muitos objetivos, que vão desde a fragilização da escola pública, passando pela privatização da educação, até a total perda de direitos de todas aquelas identidades e sujeitos que, supostamente "ferem" a moral judaico-cristã. Construída propositadamente a partir de interpretações equivocadas dos Estudos de Gênero, visa, tão somente, causar confusões e pânico moral e social, voltando as pessoas (em especial, as famílias) contra professoras/es na Escola. Essa narrativa é uma estratégia falaciosa de retrocesso aos avanços dos direitos sociais, civis e políticos das mulheres e da população TLGB, em que, as pessoas e instituições que se utilizam dela, buscam esconder seus princípios preconceituosos, suas tentativas de reprimir as identidades sexuais e de gênero, tentando impor sua moral.

É preciso se distanciar desse termo e enfatizar que a narrativa "ideologia de gênero" é uma interpretação tendenciosa e não reconhecida pelos Estudos de Gênero e por suas/seus estudiosas/os e pesquisadoras/es, e bem distantes daquilo que buscamos para nossas crianças, jovens e suas famílias. Devemos informar as pessoas e apresentar-lhes as contribuições que os Estudos das Relações de Gênero podem trazer para a construção de uma sociedade com menos preconceitos e violências.

Referências

A12 Redação. **Arquidiocese de Aparecida pede que municípios vetem ideologia de gênero no Plano Municipal de Educação**, 2015. Disponível em https://www.a12.com/redacaoa12/igreja/arquidiocese-de-aparecida-divulga-

-carta-sobre-ideologia-de-genero-no-plano-municipal-de-educacao Acesso em 17/11/2018.

BRASIL. **Plano Nacional de Educação 2014-2024 – Lei n. 13.005, de 25 de junho de 2014, que aprova o Plano Nacional de Educação (PNE) e dá outras providências**. Brasília: Câmara dos Deputados/Edições Câmara, 2014, 86 p. [Série Legislação, n. 125].

CARVALHO, F. **Resposta ao arcebispo de Maring**á: não existe ideologia de gênero. Disponível em https://margotjung.com.br/resposta-ao-arcebispo-de-maringa-nao-existe-ideologia-de-genero/ Acesso em 17/11/2018.

CORREA, S. **Gênero ameaça(n)do – Sônia Correa: "Ideologia de gênero": rastros perdidos e pontos cegos**, 30/10/2017. Disponível em https://www.youtube.com/watch?v=VWBj6GX2Umo&t=163s Acesso em 24/04/2019.

DOURADO, L.F. Sistema Nacional de Educação, federalismo e os obstáculos ao direito à educação básica. **Educação & Sociedade,** Campinas, v. 34, n. 124, p. 761-785, jul.-set./2013. Disponível em http://www.scielo.br/scielo.php?script=sci_arttext&pid=S0101-73302013000300007 Acesso em 14/03/2020.

FURLANI, J. **Educação sexual na sala de aula – Relações de gênero, orientação sexual e igualdade étnico-racial numa proposta de respeito às diferenças**. Belo Horizonte: Autêntica, 2011.

FURLANI, J. **Existe "ideologia de gênero"?**, 2016. Disponível em https://apublica.org/2016/08/existe-ideologia-de-genero/ Acesso em 14/04/2020.

FURLANI, J. **Ideologia de gênero – Quem criou, por que e para quê?** Parte 1/6, 14/07/2016. Disponível em https://www.youtube.com/watch?v=5ro1O10l0v8 Acesso em 30/03/2020.

G1. **Movimento GLBT decide mudar para LGBT**, 08/06/2008. Disponível em http://g1.globo.com/Noticias/Brasil/0,,MUL593295-5598,00-MOVIMENTO+GLBT+DECIDE+MUDAR+PARA+LGBT.html Acesso em 14/04/2020.

JUNQUEIRA, R.D. **A gênese de uma categoria**, 20/12/2017. Disponível em http://www.clam.org.br/destaque/conteudo.asp?cod=12704 Acesso em 05/01/2018.

LOPES, J.R. Processos sociais de exclusão e políticas públicas de enfrentamento da pobreza. **Cad. CRH**, Salvador, v. 21, n. 53, p. 347-360, ago./2008. Disponível em http://www.scielo.br/scielo.php?script=sci_arttext&pid=S0103-49792008000200011&lng=pt&nrm=iso Acesso em 30/05/2020.

LOWENKRON, L.; MORA, C. **A gênese de uma categoria**, 20/12/2017. Disponível em http://www.clam.org.br/destaque/conteudo.asp?cod=12704 Acesso em 05/01/2018.

PENA, R.F.A. "Nova Ordem Mundial". **Brasil Escola**. Disponível em https://brasilescola.uol.com.br/geografia/nova-ordem-mundial.htm Acesso em 18/05/2020.

PITANGUY, J. Gênero, cidadania e direitos humanos. In: BRUSCHINI, C.; UNBEHAUM, S.G. **Gênero, Democracia e Sociedade Brasileira**. São Paulo: Fund. Carlos Chagas/Ed. 34, 2002.

ROCCELLA, E.; SCARAFFIA, L. **Contra o cristianismo – A ONU e a União Europeia como nova ideologia**. São Paulo: Ecclesia, 2014.

15
Gênero, performatividade e interpelação
Fragmentos e memórias de uma pesquisa(dora)

Patrícia Abel Balestrin

> *Recordações são fragmentos de tempo. Com elas costuramos um corpo de palavras que nos permite sustentar uma vida.*
> Eliane Brum, 2014).

O que me acomete ao me debruçar sobre a escrita não é a falta (de ideias), mas o excesso. Quando escrevo é como se ecoassem tantas vozes que não puderam ser escutadas, que foram silenciadas no curso da história, que emudeceram. Entre as margens da tela, transbordo. Eu também "continuo pensando que escrever salva a sua vida", como afirma a escritora espanhola Rosa Montero (2004, p. 137). Embora a autora se refira ao "mundo narrativo", penso que em nossa vida acadêmica a escrita também possa exercer essa função. Eliane Brum (2014), sendo uma "contadora de histórias reais", nos conta que a pergunta que a move é "como cada um inventa uma vida. Como cada um cria sentido para os dias, quase nu e com tão pouco. Como cada um se arranca do silêncio para virar narrativa. Como cada um habita-se" (BRUM, 2014, p. 9).

O motivo que me convoca a esta escrita vem de um lugar de encontro, de potência, de resistência, de muita alegria e saudade. Vem da memória de um tempo que foi intensamente vivido, permeado por afetos e outros sentidos[140].

---

140. Refiro-me ao período em que estive vinculada ao Programa de Pós-Graduação em Educação/UFRGS, entre 2005 e 2011, realizando o mestrado e o doutorado na linha de pesquisa

Seriam muitas as recordações e aprendizagens a serem costuradas neste corpo de palavras, mas é preciso fazer um recorte. Para tanto, neste capítulo, pretendo discorrer sobre uma virada conceitual, vital, virada na vida, nos modos de ver e conhecer que experimentei durante o doutorado, quando fiz escolhas teóricas distintas daquelas inicialmente colocadas no projeto de tese[141].

Mergulhando mais intensamente nos estudos teóricos após a qualificação do projeto, vi mais potência em operar com o conceito de performatividade do que seguir na ótica da representação. Essa virada não diz respeito apenas ao plano epistemológico, mas diz de uma posição em relação a si e ao mundo; é um problema teórico, mas também ético-político, pois modos de ver e conhecer instauram mundos, constituem formas de viver. O modo de olhar, analisar, pensar sobre gênero, sexualidade e brasilidade foi sacudido por esse (novo) conceito – novo naquele momento para mim.

Evidentemente, não bastava substituir uma palavra pela outra – representação por performatividade. Foi preciso operar um deslocamento teórico e político com efeitos importantes no contexto da pesquisa. Algumas questões impulsionaram esse movimento. Haveria uma 'incompatibilidade' de uso simultâneo destes dois conceitos: representação e performatividade? O que os distingue? O que os aproxima? Considerei interessante, naquele momento da investigação, ensaiar uma articulação possível entre esses dois conceitos, bem como as tensões existentes entre eles.

Assim, apostando na potência de uma teoria, proponho, neste capítulo, uma intervenção no campo conceitual-ético-político. Antes de revisitar a tese e adentrar essa construção teórica, faço outros dois movimentos suscitados por reflexões mais recentes: um que indaga para que serve uma teoria e outro que comenta alguns acontecimentos em torno da visibilidade e distorção da produção (teórica) de Judith Butler, quando de sua última vinda ao Brasil.

"Educação, Sexualidade e Relações de Gênero", ambos com orientação da Profa.-Dra. Guacira Lopes Louro.

141. O título do projeto já explicitava qual era o foco da pesquisa: "Nem toda brasileira é bunda": representações de gênero, sexualidade e brasilidade no cinema nacional (BALESTRIN, 2009). Já na tese, "O corpo rifado" (BALESTRIN, 2012), o enfoque foi a análise de enunciados performativos em torno do gênero, da sexualidade e da brasilidade a partir de um filme, *O céu de Suely*. Ao longo deste capítulo, retomo fragmentos da tese e revisito conceitos fundamentais que me permitiram sustentar as análises tecidas na tese.

Com isso, desejo afirmar a importância do campo de estudos de gênero na produção contemporânea de conhecimento e de vida!

Para que serve uma teoria?

Há um conjunto de forças em disputa, e há que se perguntar que tipo de intervenção somos capazes de propor a partir das posições que ocupamos e dos lugares de fala[142] que sustentamos. O conhecimento que temos produzido tem estado a serviço de que movimentos e tem tido que tipo de efeitos nos diversos contextos os quais nos constituem e que, de algum modo, nos engajamos em construí-los?

Na perspectiva com a qual aprendi a olhar, compreender, sentir, pensar, desejar e intervir, a partir da experiência que tive durante o mestrado e o doutorado, entendi que um discurso não se limita apenas às ideias que por ele são propagadas. No contexto de nossas pesquisas, discurso é compreendido tal como Judith Butler o define em entrevista concedida à Bauje Prins e Irene Costera Meijer (2002, p. 163) publicada na revista *Estudos Feministas*: "eu acho que os discursos, na verdade, habitam corpos. Eles se acomodam em corpos; os corpos na verdade carregam discursos como parte de seu próprio sangue.".

Quando penso no retrocesso que estamos vivendo em nosso país, em diversos âmbitos e, de modo ainda mais violento, no campo da raça/etnia, diversidade sexual e de gênero, é preciso reconhecer que esse retrocesso não se limita à propagação de ideias conservadoras: 'uma ideia conservadora' sustenta-se por meio de discursos que têm efeitos sobre os corpos, sobre a psique, sobre os modos de vida. Com Butler (2011) reafirmamos que "no se puede separar el poder del discurso para producir una realidad social, de una parte, del poder del discurso para describir una realidad existente de la otra. Ambas cosas suceden al mismo tiempo" (BUTLER, 2011, p. 70-71). Não dissociamos, portanto, as ideias das materialidades dos corpos e vidas. A teoria não está do

---

142. No livro *O que é lugar de fala?*, Djamila Ribeiro (2017) retoma os trabalhos de Grada Kilomba, Patrícia Hill Collins, Linda Alcoff e Gayatri Spivak para afirmar que todos possuem lugares de fala, pois esses dizem respeito à localização social, ao pertencimento a determinados grupos sociais e, portanto, ao colocar em análise nossos lugares de fala, damos visibilidade às hierarquias, privilégios e desigualdades.

outro lado da ponte que se atravessa para "colocar algo em prática"[143]. Aqui teoria tem gosto, forma, cheiro, corpo, vida, pulsação.

Para que serve uma teoria mesmo? Tomando emprestado o argumento deleuziano de Elizabeth Grosz (2002), Dagmar Meyer et al (2005, p. 13) afirmam que "a potência de uma teoria não reside apenas no que ela diz, mas sobretudo naquilo que ela nos permite fazer". Nessa mesma direção, o crítico literário norte-americano Jonathan Culler (1999), um dos autores-interlocutores com os quais dialoguei na tese, questiona: "Se a teoria é definida por seus efeitos práticos, como aquilo que muda os pontos de vistas das pessoas, as faz pensar de maneira diferente a respeito de seus objetos de estudo e de suas atividades de estudá-los, que tipo de efeitos são esses?" (CULLER, 1999, p. 13).

Ao exemplificar os efeitos de diferentes movimentos teóricos como os propostos por Michel Foucault e Jacques Derrida, Culler (1999, p. 22) afirma que o principal ímpeto da teoria recente "é a crítica do que quer que seja tomado como natural, a demonstração de que o que foi pensado ou declarado natural é na realidade um produto histórico, cultural." A 'natureza' da teoria, afirma o autor, "é desfazer, através de uma contestação de premissas e postulados, aquilo que você pensou que sabia, de modo que os efeitos da teoria não são previsíveis. Você não se tornou senhor, tampouco está onde estava antes. Reflete sobre sua leitura de maneiras novas" (CULLER, 1999, p. 24).

Com isso, quero dizer que não saímos "ilesas" após adentrarmos o campo dos estudos de gênero. Quando assumimos nosso interesse e tomamos coragem de enfrentarmos as sombras do nosso tempo, colocamo-nos como contemporâneas[144] (AGAMBEN, 2013) e afirmamos um movimento que se faz

---

143. Suely Rolnik (2011) considera que, para o cartógrafo, "teoria é sempre cartografia". Embora não tenha utilizado o método cartográfico durante as pesquisas no mestrado e doutorado, quando optei pela etnografia (escolar) e "etnografia de tela", respectivamente, hoje certamente apostaria na cartografia como método ou mesmo no encontro entre etnografia de tela e cartografia (etnocartografia), como tem sido proposto pelo grupo de estudos e pesquisa "Balbucios: gaguejar uma infância", vinculado aos Programas de Pós-graduação em Psicologia, Cinema e Educação da Universidade Federal de Sergipe. Neste livro, podemos ver uma etnocartografia realizada por Michele de Freitas Faria de Vasconcelos, Diogo Oliveira Teles e Marcos Ribeiro de Melo no capítulo "Balbucios imagéticos: cinema de horror e o idioma do caos nos governos da infância e do feminino".

144. Nas palavras de Giorgio Agamben (2013, p. 62-63), "contemporâneo é aquele que mantém fixo o olhar no seu tempo para nele perceber não as luzes, mas o escuro. Todos os tempos são, para quem deles experimenta contemporaneidade, obscuros. Contemporâneo é, justamente,

enquanto se produz conhecimento. Não se trata de um conhecimento que será, posteriormente, "aplicado". O ato de conhecer é ele mesmo uma prática e as múltiplas formas de nos posicionarmos frente às teorias que estudamos e ajudamos a produzir possibilitam (ou não) a construção de outros possíveis, a transformação de realidades (opressoras) e a produção de outros olhares, outros fazeres e outras possibilidades de desejar, de viver, de sentir.

Teorizar gênero é fazer corpo, é pulsar com um corpo e é, sobretudo, afirmar que todos, todas e todes têm o direito a existir, a respirar e a seguir vivendo à sua maneira. Por que a existência de um corpo fora das normas incomoda tanto? Por que a afirmação de um desejo outro que não o guiado pela heteronorma (ainda) ameaça tanto e é alvo de tantos ataques? Ameaça o que e a quem?

Quem tem medo de Judith Butler?[145]

Em entrevista ao jornal *O Estado de São Paulo*, na véspera de sua participação no seminário dedicado ao tema "Os fins da democracia", realizado no Sesc/Pompeia em São Paulo, Judith Butler (2017) declarou:

> Acho que me sinto triste com tudo isso, pois a postura de ódio e censura é baseada em medo, medo de mudança, medo de deixar os outros viverem de uma maneira diferente da sua. Mas é essa habilidade de viver com a diferença entre nós que vai nos sustentar no longo prazo.
> Precisamos ser capazes de abrir nossas mentes para entender com quem co-habitamos no mundo, não para subordiná-los a uma forma de viver, mas para aceitar modos de vida no plural, a complexidade de que somos feitos[146].

---

aquele que sabe ver essa obscuridade, que é capaz de escrever mergulhando a pena nas trevas do presente".

145. Ao fazer uma busca pela frase "Quem tem medo de Judith Butler?" na web, encontrei a referência deste seminário que foi impulsionado pelo impacto que as manifestações violentas contrárias à presença de Butler no Brasil em novembro de 2017 causaram no meio acadêmico. Um grupo de pesquisadores e pesquisadoras do campo dos estudos de gênero e sexualidade organizou este evento: "Quem tem medo de Judith Butler? – A cruzada moral contra os direitos humanos no Brasil", que foi realizado na Unifesp (São Paulo) em dezembro de 2017 e que deu origem à publicação do *Cadernos Pagu* (53) [Disponível em,. https://www.scielo.br/pdf/cpa/n53/1809-4449-cpa-18094449201800530000.pdf Acesso em 16/08/2020].

146. Esta entrevista concedida por e-mail ao jornal *O Estado de S. Paulo* foi divulgada em outros veículos de comunicação, como na coluna internacional do jornal *Estado de Minas*: "Visita da filósofa Judith Butler agita meios conservadores do Brasil" [Disponível em https://cultura.esta-

Antes mesmo de desembarcar no Brasil naquele novembro de 2017, houve uma intensa agitação por parte de grupos ultraconservadores que se articularam pelas redes sociais para buscar impedir a vinda de Judith Butler. Uma petição online com quase 400 mil assinaturas exigia o cancelamento da suposta palestra que a filósofa daria no Sesc/Pompeia. Aléxia Bretas (2019, p. 16) comenta esse episódio em seu trabalho apresentado e publicado na coleção do XVIII Encontro Nacional da Anpof:

> Acusada de corromper a moral e os costumes da tradicional família brasileira na condição de criadora da famigerada "ideologia de gênero", a filósofa foi citada nominalmente em uma petição pública que exortava o "cidadão de bem" a exigir o urgente "cancelamento da Palestra de Judith Butler" a uma semana de sua chegada ao país[147].

No dia do seminário, em frente ao Sesc/Pompeia, houve manifestação tanto de pessoas que eram contra Butler como de pessoas que apoiavam a sua vinda e suas ideias. O teor das manifestações contra Butler era carregado de um discurso de ódio que segue ecoando e ganhando força na disputa de quem, o que, como e onde se pode falar sobre gênero, sexualidade, raça/etnia, democracia, igualdade e diferença. Vemos pessoas de diferentes gerações com cartazes e placas contendo palavras de ordem tais como "Não à doutrinação! Escola Sem Partido Já". Numa placa, segurada por uma senhora de mais idade, vemos uma foto de Judith Butler acompanhada da escrita "Pedofilia não"[148]. De um lado esses grupos ultraconservadores e de outro lado grupos progressistas que buscavam responder aos gritos "Fora Butler" com "'Bem-vindo Judith Butler e todos aqueles que defendem a igualdade de gênero". Pediam por "mais amor e menos ódio", mostravam frases como "Eu amo quem eu quiser!".

---

dao.com.br/noticias/geral,judith-butler-o-mundo-que-os-conservadores-querem-destruir-e--muito-poderoso,70002077280 Acesso em: 16/08/2020].

147. Na petição online, "as alegações textuais foram as seguintes: "Judith Butler não é bem-vinda no Brasil! Nossa nação negou a ideologia de gênero no Plano Nacional de Educação e nos Planos Municipais de Educação de quase todos os municípios. Não queremos uma ideologia que mascara um objetivo político marxista. Seus livros querem nos fazer crer que a identidade é variável e fruto da cultura. A ciência e, acima de tudo, a realidade nos mostram o contrário. Sua presença em nosso país num simpósio comunista, pago com o dinheiro de uma fundação internacional, não é desejada pela esmagadora maioria da população nacional. Zelamos pelas nossas crianças e pelo futuro do nosso Brasil. #ForaButler" (BRETAS, A., 2019, p. 16).

148. Matéria disponível em https://brasil.elpais.com/brasil/2017/11/07/politica/1510085652_717856.html Acesso em: 16/08/2020.

No Aeroporto de Congonhas, ao embarcar para o Rio, Butler sofre novamente agressões verbais e é até mesmo empurrada por uma mulher que a acusava de ser pedófila. Que espécie de "pensamento" é esse capaz de associar uma teoria feminista à violência sexual contra crianças? Será a mesma raiz do pensamento que leva um movimento chamado "pró-vida" a militar em defesa do feto que uma criança de 10 anos carrega fruto de um estupro?[149]

Após aquele episódio de 2017, Butler escreve[150] sobre os principais equívocos e pontos que foram alvo de ataque contra ela nesta última vinda ao Brasil e se solidariza "às corajosas feministas e pessoas queer no Brasil que estão batalhando por maior liberdade e igualdade, que buscam defender e realizar uma democracia na qual os direitos sexuais sejam afirmados e a violência contra minorias sexuais e de gênero seja abominada" (BUTLER, 2017). Sobre as manifestações que ocorreram em frente ao Sesc/Pompeia, Butler destaca o fato de terem queimado uma efígie com a imagem dela: "Aquele gesto simbólico de queimar minha imagem transmitiu uma mensagem aterrorizante e ameaçadora para todos que acreditam na igualdade das mulheres e no direito de mulheres, gays e lésbicas, pessoas trans e travestis serem protegidos contra violência e assassinato" (BUTLER, 2017).

Carla Rodrigues (2017) recupera o ocorrido na primeira vinda de Judith Butler ao Brasil, em setembro de 2015, quando houve uma pequena manifestação em frente ao Sesc Mariana/SP, local onde foi realizado o I Seminário Queer, e questiona se não teríamos dado pouca atenção àquele esparso movi-

---

149. Recentemente, a notícia de uma menina de 10 anos vítima de estupro cometido pelo tio que a abusava desde os 6 anos, com 22 semanas de gestação, foi amplamente divulgada na mídia. Houve manifestações que se posicionavam contra a possibilidade dessa menina interromper a gestação fruto desse estupro. Uma equipe de saúde do primeiro hospital a que recorreram se negou a prestar atendimento à menina. Na porta do hospital, ela foi acusada por manifestantes de "assassina". O chamado movimento pró-vida defende uma moral que vai contra o aborto acima de tudo, violando, uma vez mais, direitos de crianças, adolescentes, mulheres que sofrem cotidianamente com a cultura de estupro. As mulheres negras são as mais atingidas por esse e outros tipos de violência de gênero, como aponta o Atlas da violência no Brasil de 2020, disponível em: https://www.ipea.gov.br/atlasviolencia/ Acesso em 16/08/2020. Em nome de um deus naturalizam-se práticas misóginas, machistas e mortíferas; apaga-se a história, objetifica-se um corpo, mata-se a possibilidade de reconstrução de uma vida.

150. Este texto foi traduzido por Carla Allain e publicado pelo Núcleo de Direitos Humanos e Cidadania LGBT da UFMG [Disponível em http://www.fafich.ufmg.br/nuh/2017/11/21/judith-butler-escreve-sobre-sua-vinda-ao-brasil-e-sobre-os-ataques-sofridos/ Acesso em 16/08/2020].

mento. Numa das fotos divulgadas na mídia[151], apareciam apenas cinco pessoas nessa manifestação, mas o discurso proferido por elas tornou-se o discurso repetido por uma massa raivosa dois anos depois (RODRIGUES, 2017).

Ao reler as notícias e rever imagens desse episódio ocorrido em novembro de 2017, e ao escutar e ler as palavras de Judith Butler sobre essa experiência no Brasil, tenho a sensação de que ali tivemos um retrato explícito do que vivíamos e do que estávamos por ver e viver de forma mais intensa em nosso país e seu governo genocida. Um governo que em plena pandemia despreza a ciência e o trabalho de intelectuais[152] que (nos) fazem pensar sobre os rumos da democracia. Por que e por quem Judith Butler é tão temida?

A seguir, exponho algumas reflexões de Judith Butler acerca da "representação" nos movimentos e teorizações feministas, para posteriormente colocar esse conceito sob rasura.

Judith Butler, bem-vinda!

No início de sua obra *Gender trouble – feminism and the subversion of identity*[153] (1990), traduzida no Brasil com o título *Problemas de gênero – feminismo e subversão da identidade*, Judith Butler (2003) reconhece que foi necessário para a teoria feminista desenvolver uma linguagem capaz de promover visibilidade política das mulheres, ou seja, uma linguagem capaz de representá-las; no entanto, a autora questiona:

> O próprio sujeito das mulheres não é mais compreendido em termos estáveis ou permanentes. É significativa a quantidade de material ensaístico que não só questiona a viabilidade do "sujeito" como candidato último à

---

151. Na imagem aparecem cinco jovens integrantes e identificados do Instituto Plínio Corrêa de Oliveira que ostentavam uma bandeira do Brasil, um estandarte do Instituto e cartazes que diziam: "Cuidado! Querem impor a ideologia homossexual nas escolas" e "A ideologia de gênero nas escolas destruirá a família". A referida foto se encontra na matéria publicada em https://operamundi.uol.com.br/samuel/41595/judith-butler-ensino-de-genero-nas-escolas-deveria--ser-obrigatorio Acesso em 22/08/2020.

152. Dentre os intelectuais que têm sido alvo de ataques por esses mesmos grupos ultraconservadores e fundamentalistas está Paulo Freire e seu legado no campo da educação.

153. Ao longo deste capítulo utilizarei tanto a obra original *Gender Trouble – Feminism and the subversion of identity*, publicada em 1990, como a tradução brasileira de 2003. As citações diretas de *Gender Trouble* estarão traduzidas no corpo do texto, com suas versões originais colocadas em notas de rodapé.

> representação, ou mesmo à libertação, como indica que é muito pequena, afinal, a concordância quanto ao que constitui, ou deveria constituir, a categoria das mulheres. Os domínios da "representação" política e linguística estabeleceram *a priori* o critério segundo o qual os próprios sujeitos são formados, com o resultado de a representação só se estender ao que pode ser reconhecido como sujeito. Em outras palavras, as qualificações do ser sujeito têm que ser atendidas para que a representação possa ser expandida (BUTLER, 2003, p. 18).

A autora recorre a Foucault para lembrar que "os sistemas jurídicos de poder *produzem* os sujeitos que subsequentemente passam a representar" (BUTLER, 2003, p. 18). O mesmo poder que produz as formas de representar produz os sujeitos dessa representação. Um sujeito considerado como "sujeito de direitos" é produzido dentro do próprio sistema de leis que o governam e o produzem. Butler (2003) se mostra mais interessada em problematizar como a própria categoria das "mulheres" é constituída e produzida em meio às tramas do poder do que na busca de uma melhor representação política dessa categoria. A autora nos lembra que o ato de colocar no plural o termo "mulher" não garante a desestabilização da categoria. Ela aponta os limites de um discurso representacional na medida em que esse pode acabar recusando-se a reconhecer os poderes que o constituem.

Butler (2003) questiona a validade da própria busca em torno de um referente comum para abarcar todas as mulheres, propondo uma crítica às categorias de identidade que tendem a naturalizar e cristalizar a noção de "mulheres". A autora argumenta que a insistência em torno de uma unidade coerente para a categoria das mulheres rejeitou a multiplicidade de marcadores sociais, culturais e políticos implicados na construção do espectro das "mulheres". Butler (2003, p. 23-24) conclui radicalmente: "Talvez, paradoxalmente, a ideia de 'representação' só venha realmente a fazer sentido para o feminismo quando o sujeito 'mulheres' não for presumido em parte alguma".

A representação *sob rasura*

Apoiado na perspectiva desconstrutiva de Derrida, Stuart Hall (2004) coloca "sob rasura" alguns conceitos-chave cuja forma original já não sustentam o pensamento emergente e que, no entanto, ainda não podem ser totalmente abandonados/descartados. O autor sugere que identidade seria um desses conceitos que operam "sob rasura". No lugar de descartá-lo: reconfigurá-lo. Movimentos pós-identitários entram em cena. Movimentos teóricos e políticos combinam-se, tomando a identidade ainda como uma referência, mesmo que seja para provocar deslocamentos e perturbações.

Eu diria que o conceito de representação também tem sido colocado "sob rasura" por diferentes campos e correntes teóricas; em outros, tem sido, de fato, rejeitado. Representações sociais, representações mentais, representações visuais, representações culturais, tudo é representação? Percebo que, em alguns estudos, não fica evidente a partir de que referencial teórico o conceito está sendo mencionado. Em outros, representação é colocada como um conceito já dado/entendido por todos/as. Os significados mobilizados pelo conceito às vezes se confundem; por vezes um significado complementa o outro; por vezes tornam-se incompatíveis.

No campo da Psicologia, por exemplo, é comum o uso do conceito de representação associado à representação mental, especialmente numa perspectiva da Psicologia Social crítica que se debruçou amplamente sobre o estudo das Representações Sociais (RS) e seu 'papel' na constituição das subjetividades e dos grupos sociais[154]. Anita Bernardes e Júlio César Hoenisch (2003), em estudo sobre possibilidades de interlocução da Psicologia Social com os Estudos Culturais, afirmam que a teoria das Representações Sociais carrega esta ideia de representação mental ao basear-se na dimensão cognitiva dos sujeitos; além disso, essa teoria costuma enfatizar o caráter ideológico das RS. Os autores também retomam o trabalho de Stuart Hall e, da mesma forma como o fez Tomaz Tadeu da Silva (2003), criticam, ou melhor, desconstroem a teoria da representação sob esta perspectiva. Os autores argumentam, a partir dos Estudos Culturais, que a representação é uma apresentação, "em função de que não há nada anterior, nem por detrás do universo linguístico, somente a construção discursiva que se nos apresenta" (BERNARDES; HOENISCH, 2003, p. 103).

---

154. O conceito de representação foi/é criticado por vertentes da psicologia que, de algum modo, romperam com a chamada "lógica representacional" para compreender os processos psíquicos e sociais.

Ao defender a existência de dois sistemas de representação, sendo um de representações mentais e outro que seria a própria linguagem, Stuart Hall "restaura, assim, a existência de um mundo pré-linguístico de significação" contrariando, desta forma, "a ênfase no processo de significação como inseparável da linguagem, do texto, do discurso, da escrita, que tem caracterizado a análise cultural contemporânea" (SILVA, 2003, p. 68-69).

A posição assumida por Stuart Hall (e criticada por Tomaz Tadeu da Silva) é comumente aceita entre diferentes teóricos da comunicação e do cinema e pressupõe, de fato, a preexistência do objeto cuja representação deverá torná-lo presente através da linguagem (JOLY, 1999, p. 159). A representação, nesse caso, é tomada como um processo em que um representante substitui o próprio objeto que ele representa.

Aliás esta é outra possibilidade de definição: a representação como delegação. Alguns membros de determinado grupo social fazem o trabalho de representá-lo na impossibilidade de todos/as participarem diretamente dos processos de decisão e dos movimentos realizados em nome do grupo. Os movimentos sociais, assim como os sindicais, são exemplares nesse sentido. No entanto, há que se questionar os modos como os sujeitos são representados por esses "representantes", já que esse tipo de representação exige, ainda que provisoriamente, uma unificação ou o que comumente se chama uma "identidade coletiva"[155].

Guacira Louro (2004a) se refere à "política de identidades" como uma série de movimentos protagonizados por "grupos sociais historicamente subordinados", a partir dos anos de 1960 (LOURO, 2004a, p. 204). O objetivo era dar visibilidade a esses grupos na "luta pelo direito de falar por si e de falar de si" (LOURO, 2008, p. 20); em outras palavras, lutava-se/luta-se pelo direito à autorrepresentação. Como nos mostra Guacira Louro (2008, p. 20), a luta empreendida pelos movimentos sociais organizados, como o movimento feminista e o das "minorias" sexuais, incluiu/inclui "o acesso e o controle dos

---

155. Tomaz Tadeu da Silva (2003, p. 33-34) se refere às duas formas de compreender a representação no contexto da política de identidade, conforme sugerem Julien e Mercer (1996, apud SILVA, 2003): uma que seria a representação enquanto delegação e outra que seria enquanto descrição. O autor analisa como ambos os processos estão entrecruzados, na medida em que, quem representa o outro, de certa forma dirige os modos de descrever/representar esse outro.

espaços culturais, como a mídia, o cinema, a televisão, os jornais, os currículos das escolas e universidades [...]". A meta desses grupos submetidos passa a ser "[...] apropriar-se dessas instâncias culturais e aí inscrever sua própria representação e sua história, pôr em evidência as questões de seu interesse" (LOURO, 2008, p. 21).

Nos Estudos Culturais de viés pós-estruturalista, representação é a própria materialidade daquilo que se nomeia e que se torna visível, como um texto, uma imagem, um filme, uma música. A materialidade dos sujeitos, das práticas e das coisas de um modo geral não é negada, porém o que se analisa é como esses sujeitos, práticas, coisas são 'representados', descritos ou mostrados graficamente, textualmente, visualmente etc. Como afirma Tomaz Tadeu da Silva (2003), a representação é aquilo que conta como real. A representação é uma forma de apresentar o real como real e esta apresentação é feita através das diferentes formas de linguagem. Por conter e pôr em ação códigos de uma determinada linguagem é que a representação passa literalmente a fazer sentido: a ter sentido reconhecido em determinados contextos e, ao mesmo tempo, a fabricar sentido. Dessa forma, a representação pode ser lida como algo que produz, que faz acontecer. Penso que seria justamente nesse aspecto que a representação se aproximaria da noção de enunciado performativo.

Um enunciado performativo não apenas descreve, mas produz aquilo que enuncia. Faz acontecer. Se a representação (material) também 'fabrica' sentidos, se ela também 'produz' significados, efeitos, então, talvez se possa entendê-la como exercendo uma função ou uma ação performativa. Talvez a distinção que se possa fazer entre representação e performatividade seja, de fato, tênue, sutil e frágil. Talvez esses não sejam conceitos que necessariamente se atritem, mas que indiquem possibilidades e desafios diferentes ao olhar para um mesmo objeto de pesquisa.

Num viés pós-estruturalista, representação permite pensar em instabilidade e provisoriedade dos significados. No entanto, parece haver uma espécie de 'congelamento' da imagem/representação no momento de analisá-la – o que, no meu entender, é distinto de uma análise sob o enfoque da performatividade. Analisar enunciados performativos implicaria observar os processos, as engenharias, as condições de possibilidade para a construção de um corpo, de uma prática, de um sujeito.

Na representação, haveria algo passível de uma captura, como numa fotografia, num quadro ou num congelamento de imagem. Ao olhar para a representação, estaríamos diante de algo que, por um instante, foi capturado dentro de um sistema de significação. Assim sendo, a representação, tal como a identidade, não estaria movida pelo desejo de fixar, ainda que muito provisoriamente, para poder dizer de si? Por sua vez, num enunciado performativo, estaria implícito um movimento, uma interpelação, um chamamento. Talvez na performatividade a instabilidade, o movimento, a provisoriedade estejam mais evidentes do que na representação. Essa foi a minha aposta a partir da qualificação do projeto de tese no qual eu ainda trabalhava na perspectiva da representação. Evidentemente, não há garantias ou seguranças nessa escolha teórica (como de resto não há em qualquer escolha).

Da representação à performatividade de gênero e à interpelação

Nas palavras de Judith Butler (1990, p. 33): "Gênero é a repetida estilização do corpo, um conjunto de atos repetidos no interior de um quadro regulatório altamente rígido que se cristaliza ao longo do tempo para produzir a aparência de substância, de um tipo se ser natural"[156]. Gênero é entendido aqui como uma construção que se dá através de um conjunto de práticas reguladoras que impõem uma determinada ordem e coerência para os corpos e desejos. Essa construção do gênero fabrica uma aparência de fixidez do corpo e de seu 'sexo biológico'. Paradoxalmente, aparência de 'natural' e 'estável' do corpo só é obtida a partir de inúmeras operações repetidas, disseminadas, impostas, desejadas e esperadas. Judith Butler (1990, p. 24) analisa: "o gênero demonstra ser performativo – quer dizer, constituinte da identidade pela qual ele se faz passar, ou que ele simula ser. Nesse sentido, o gênero é sempre um fazer, embora não um fazer por um sujeito que se poderia dizer preexistente ao fei-

---

156. "Gender is the repeated stylization of the body, a set of repeated acts within a highly rigid regulatory frame that congeal over time to produce the appearance of substance, of a natural sort of being" (BUTLER, 1990, p. 33).

to"[157]. A autora nos desafia a pensar as categorias do gênero distanciando-se daquele discurso herdado da metafísica da substância e, para isso, apoia-se em Nietzsche quando esse afirma que não há um 'ser' por trás do fazer, não há um fazedor por trás da obra. O que há então? Apenas a obra. Butler (1990, p. 25) conclui: "não há identidade de gênero por trás das expressões do gênero; a identidade é performativamente constituída pelas próprias 'expressões' que se diz serem seus resultados"[158].

Sobre a afirmação de Simone de Beauvoir já tantas vezes citada, problematizada e ressignificada, Judith Butler (1990, p. 33) comenta: "Se há alguma coisa correta na declaração de Beauvoir de que não nascemos, mas nos *tornamos* uma mulher, segue-se que *mulher* é em si um termo em processo, um devir, um construir do qual não se pode dizer legitimamente que tenha origem ou fim"[159].

Para Judith Butler (2000, p. 163), "a construção não apenas ocorre *no* tempo, mas é, ela própria, um processo temporal que atua através da reiteração de normas; o sexo é produzido e, ao mesmo tempo, desestabilizado no curso dessa reiteração". A autora problematiza a noção de construção subjacente às perspectivas construcionistas que colocaram em questão o sujeito do humanismo e, no entanto, por vezes, não deixaram de pressupor a existência de um sujeito que executa a construção a que se referem. Desta forma, a autora questiona:

> Se o gênero é uma construção, deve haver um "eu" ou um "nós" que executa ou desempenha essa construção? Como pode haver uma atividade no ato de construir sem que pressuponhamos um agente que precede e desempenha esta atividade? Como poderíamos explicar a motivação e a direção da construção sem esse sujeito? (BUTLER, 2000, p. 160).

Retomo aqui a argumentação proposta por Guacira Louro (2004c) para afirmar que o processo de construção dos corpos, gêneros e sexualidades é

---

157. "[…] gender proves to be performative – that is, constituting the identity it is purported to be. In this sense, gender is always a doing, though not a doing by a subject who might be said to preexist the deed" (BUTLER, 1990, p. 25).
158. "There is no gender identity behind the expressions of gender; the identity is performatively constituted by the very 'expressions' that are said to be its results" (BUTLER, 1990, p. 25).
159. "If there is something right in Beauvoir's claim that one is not born, but rather *becomes* a woman, it follows that *woman* itself is a term in process, a becoming, a constructing that cannot rightfully be said to originate or to end" (BUTLER, 1990, p. 33).

contínuo, sempre inacabado e instável. Busco, nas palavras dessa autora, uma resposta provisória às indagações de Judith Butler:

> Embora participantes ativos dessa construção, os sujeitos não a exercitam livres de constrangimentos. Uma matriz heterossexual delimita os padrões a serem seguidos e, ao mesmo tempo, paradoxalmente, fornece a pauta para as transgressões. É em referência a ela que se fazem não apenas os corpos que se conformam às regras de gênero e sexuais, mas também os corpos que as subvertem (LOURO, 2004c, p. 17).

O sujeito generificado, antes de ser a causa ou a origem das instituições e práticas ou dos discursos, é o seu efeito (BUTLER, 1990; LOURO, 2004c). A norma regulatória do gênero está para além da constituição e produção de subjetividades. O gênero tem se mostrado um sistema muito mais amplo que se infiltra, de diversas formas, em práticas, objetos, produtos, além dos sujeitos. O gênero tem sido um organizador fundamental da cultura. Diferentes culturas, olhadas em pequenos contextos socioculturais, estão carregadas de marcas de gênero.

> No sólo entramos en la vida social porque alguien cuida de nosostros o porque alguien se dirige a nosostros mediante el lenguaje o los gestos, sino que estamos en parte constituidos por como somos interpelados como cuerpos. Cuando somos interpelados en términos de género, como hombre o mujer, se nos atribuye un género en virtud de nuestro cuerpo y mediante esta interpelación también se le da al cuerpo en cierto modo una forma social (BUTLER, 2011, p. 60).

Embora tenha havido leituras da obra de Butler que tomaram performatividade e *performance* como sinônimos, vale notar – como sinaliza Sara Salih (2012) – que a autora as distingue pelo fato de a *performance* pressupor a existência de um sujeito que realiza o ato performático, enquanto que "a performatividade contesta a própria noção de sujeito" (SALIH, 2012, p. 90). Butler reconhece ter deixado um tanto deslizantes ou confusas as noções de performatividade e *performance*, especialmente em *Gender Trouble*. Contudo, fez questão de demarcar posteriormente a diferença e a relação existente entre esses dois termos:

> [aunque] la performance es una parte crucial de la performatividad, sucede también algo más: la performance del género está también limitada por normas que yo no elijo. Opero dentro de las normas que me constituyen.

Hago algo con ellas. Esas normas son la condición de posibilidad de mi agencia; son el límite y la condición al mismo tiempo (BUTLER, apud NAVARRO, 2008, p. 42).

Pode-se dizer que os processos de significação em torno dos corpos, gêneros e sexualidades, bem como todos os processos de significação de uma dada cultura, acabam por apagar as marcas de sua própria produção e historicidade. Analisar processos de significação implica adentrar um terreno de indecibilidade. O significado é indecidível: é impossível chegar a um único e verdadeiro significado, há sempre várias leituras possíveis. Estamos condenados a sermos "intérpretes", dirá Foucault (2005), ainda que o ato de interpretar sempre nos escape. "Não há nada absolutamente primário a interpretar, porque no fundo já tudo é interpretação" (FOUCAULT, 2005, p. 57). Enquanto "intérpretes", interpretamos e perpetramos alguns signos e símbolos em detrimento de outros. Com isso, temos uma naturalização de práticas e 'verdades' que são repetidas e reiteradas. Desconfiar do que é tido como 'natural', como já assinalou Guacira Louro (2004b), talvez seja o nosso maior desafio. Diria que essa tem sido uma das principais estratégias dentro de uma atividade político-investigativa na perspectiva com a qual trabalhamos.

A linguagem assume extrema relevância nesse processo, por se constituir em um "conjunto de atos, repetidos ao longo do tempo, que produzem efeitos de realidade que acabam sendo percebidos como 'fatos'"[160] (WITTIG, apud BUTLER, 1990, p. 115). E assim se constitui a 'realidade': na repetição de atos, acompanhados de palavras, gestos e olhares que produzem esses efeitos de 'verdade-realidade'. Nessa mesma direção, no livro intitulado *Judith Butler e a Teoria Queer*[161], Sara Salih (2012, p. 112-113) afirma: "Longe de ser neutra, a percepção e descrição do corpo ('É uma menina!' etc.) é um enunciado in-

---

160. "Language, for Wittig, is a set of acts, repeated over time, that produce reality-effects that are eventually misperceived as 'facts'" (BUTLER, 1990, p. 115).
161. Sara Salih (2012) nos conduz às principais formulações butlerianas ou, como prefere chamar, às ideias-chave de sua obra que é considerada complexa e até mesmo controversa e que, no entanto, tem sido utilizada em diversos contextos e campos de estudo. Em cada capítulo, a autora nos convida a revisitar uma das obras de Judith Butler, dando ênfase aos principais conceitos abordados nas mesmas: em *Gender*, Sara Salih (2012) refaz o caminho percorrido por Butler em *Gender Trouble*, publicado em 1990, reeditado em 1999 e traduzido para o português somente em 2003. A tradução e as notas do livro de Sara Salih na publicação brasileira são de Guacira Lopes Louro.

terpelativo performativo, e a linguagem que parece simplesmente descrever o corpo efetivamente o constitui" (SALIH, 2012, p. 112-113). Essa afirmação nos remete a dois conceitos formulados, respectivamente, por Althusser e Austin[162]: interpelação e atos de fala performativos. Judith Butler (2007) revisita esses conceitos e com eles propõe novos arranjos teóricos. A autora analisa os atos de fala como interpelação e argumenta que é possível ressignificar e criar espaços de resistência dentro dos limites da própria linguagem. Partindo da obra de Althusser, Butler (2007, p. 15) define interpelação como:

> una apelación que se equivoca de blanco regularmente, requiere el reconocimiento de una autoridad al mismo tiempo que confiere identidad a través de su acto que implica forzar con éxito ese reconocimiento. La identidad es una función de ese circuito pero no es preexistente a él. La marca que hace la interpelación no describe; inaugura. Busca introducir una realidad más que informar de una realidad existente, y logra esta introdución a través de la cita de una convención existente.

Para que a interpelação seja efetiva, é preciso que o sujeito interpelado se reconheça como o sujeito que está sendo chamado (SALIH, 2012). Mais do que isso: "La interpelación no se dirige, como pretende, a un sujeto que ya existe con anterioridad a este acto, sino que lo produce en su misma operación" (GARCIA, 2003, p. 91). O clássico exemplo de Althusser – ao qual Butler recorre em *Cuerpos que importan: Sobre los límites materiales y discursivos del "sexo"* – refere-se a uma cena em que um policial grita para um homem na rua "Ei, você aí!". Esse enunciado interpelativo não cumpre apenas a função de impor a lei e repreender; ele possibilita, ao mesmo tempo, reconhecimento e existência social (BUTLER, 2010, p. 179-180). Nessa mesma direção, Butler (2011) conclui:

> No sólo entramos en la vida social porque alguien cuida de nosostros o porque alguien se dirige a nosostros mediante el lenguaje o los gestos, sino que estamos en parte constituidos por como somos interpelados como cuerpos. Cuando somos interpelados en términos de género, como hombre

---

162. O filósofo britânico John Langshaw Austin publicou em 1962 o livro *How to do Things with words*, no qual reúne seus estudos sobre linguagem que culmina com a teoria dos atos de fala, tão amplamente citada entre filósofos e estudiosos da linguagem. Seu trabalho aponta para o surgimento de "um novo paradigma teórico que considera a linguagem como ação, como forma de atuação sobre o real, e, portanto, de constituição do real, e não meramente de representação ou correspondência com a realidade" (AUSTIN, 1990, p. 10).

o mujer, se nos atribuye un género en virtud de nuestro cuerpo y mediante esta interpelación también se le da al cuerpo en cierto modo una forma social (BUTLER, 2011, p. 60).

Na teoria dos atos de fala, Austin (1990) diferencia as declarações constativas das declarações performativas. No primeiro caso, trata-se de proferimentos que descrevem algo e podem ser considerados verdadeiros ou falsos. No segundo caso, o ato de fala realiza o que está sendo proferido. A escolha pelo termo performativo[163] advém do verbo inglês *to perform* – "verbo correlato do substantivo ação" (AUSTIN, 1990, p. 25). Segundo Herman Parret (1988, p. 19), "nas últimas fases da teoria de Austin, já não se admitia que algumas sentenças tivessem pelo menos um sentido puramente descritivo, dito "constativo", sem ser performativa [...]". Para Austin, o contexto em que as palavras são proferidas é determinante para a eficácia desses atos de fala.

Dentre os filósofos que retomaram a teoria dos enunciados performativos de Austin, encontram-se Jacques Derrida e Judith Butler. Derrida (1986, p. 403-404) problematiza a noção de contexto buscando "demonstrar porque é que um contexto nunca é absolutamente determinável, ou melhor, em que é que sua determinação nunca é assegurada ou saturada"[164]. Para Derrida, os atos de fala são inteligíveis na medida em que são repetíveis e citáveis independentemente do contexto. O autor enfatiza o caráter da "iterabilidade geral" que seria uma lei da linguagem: deve-se poder citar e repetir em todos os tipos de circunstâncias um signo para que esse seja reconhecido e para que faça sentido. Se não pudessem ser repetidos, não seriam eficazes, tampouco inteligíveis (CULLER, 1999; DERRIDA, 1986; SALIH, 2012; VIDARTE, 2005).

Judith Butler (2000) faz uma aproximação entre a teoria da performatividade e o que Derrida chamou de citacionalidade, encontrando nessa última uma possível estratégia de agência e subversão, na medida em que performativas de gênero podem ser citadas e transplantadas para contextos outros. Nessa

---

163. O tradutor da edição brasileira de 1990 desta obra de John Austin considera que o termo equivalente mais próximo em português seria "realizativo", ressaltando que o termo "performativo" foi um neologismo criado por Austin e consagrado pela literatura especializada; por isso, manteve essa tradução (nota do tradutor, in: AUSTIN, 1990, p. 25).
164. Conferência proferida em 1971 pelo pensador francês Jacques Derrida, realizada em Montréal e intitulada *Assinatura, acontecimento, contexto,* publicada no livro *Margens da filosofia.*

direção, a força do performativo residiria justamente em seu caráter repetível, de responder a um código reconhecível e, no entanto, não redutível a nenhum contexto determinado (GARCIA, 2003).

O teórico literário Jonathan Culler (1999) retoma o conceito de "elocução performativa" proposto por Austin para pensar sobre os sentidos e os efeitos da linguagem, tanto na literatura como na linguagem de um modo geral, considerando que "A linguagem é performativa no sentido de que não apenas transmite informação mas realiza através de sua repetição de práticas discursivas ou de maneiras de fazer as coisas estabelecidas" (CULLER, 1999, p. 99). O ato de afirmar ou mesmo descrever algo já é, de fato, performativo. Nesse argumento, desenvolvido por Judith Butler (2000, 2003), "a ênfase recai na maneira como a força performativa da linguagem vem da repetição de normas anteriores, de atos anteriores" (CULLER, 1999, p. 103).

Explicitamente conectada às formulações austinianas e derridianas, Judith Butler (2000) argumenta que: "A performatividade não é, assim, um "ato" singular, pois ela é sempre uma reiteração de uma norma ou conjunto de normas. E na medida em que ela adquire o status de ato no presente, ela oculta ou dissimula as convenções das quais ela é uma repetição" (BUTLER, 2000, p. 167).

A mesma possibilidade de repetir normas e atos anteriores é que torna possível a subversão dessas normas e sua ressignificação, segundo Judith Butler (2007). Exemplo disso é a ressignificação de termos usados para ferir, injuriar, desqualificar mulheres, gays, negros/as, sujeitos desviantes. Se os signos são instáveis, reiteráveis e nunca finalmente determinados pelo contexto como sugere Derrida (1986), isso significa que é possível ressignificar palavras que foram feitas para ferir. No lugar de um palavrão que ofende e desqualifica o sujeito, o significado é torcido e recontextualizado. Obviamente não temos controle algum sobre o efeito dessas estratégias subversivas. Certamente estamos diante de um paradoxo, como analisou Judith Butler (2007) ao argumentar que um nome injurioso não apenas diminui e deprecia um sujeito; ele pode promover uma possibilidade de existência social. Além disso, é possível que a partir do insulto o sujeito produza uma resposta inesperada e novas possibilidades de existência.

Como argumenta Judith Butler (2003, p. 209), "é somente no interior das práticas de significação repetitiva que se torna possível a subversão da identidade" e acrescentaria que qualquer subversão depende do ato de "pegar as ferramentas" que existem e com elas operar movimentos de ressignificação e resistência. Retomo aqui o argumento de Judith Butler sobre o papel subversivo da repetição. Haveria como subverter sem citar a norma da qual se está afastando ou a qual se está criticando? Haveria uma forma de subverter que não fosse pela repetição?

O conceito de resistência em Foucault nos remete imediatamente ao de agência em Butler, na medida em que ambos significam alguma subversão dentro e a partir daquilo a qual se busca subverter. "Para Foucault, a resistência ao poder não pode vir de fora do poder; ela é contemporânea e integrável às estratégias de poder" (CASTRO, 2009, p. 387). Assim como o poder aqui não é soberano, a agência também não deriva de uma força soberana, mas de uma capacidade de agir que é sempre limitada e constrangida. Judith Butler (1999, p. 5), analisa "o duplo aspecto da sujeição que parece levar a um círculo vicioso: a agência de um sujeito parecer ser um efeito de sua subordinação." A autora nos lembra que para se voltar contra uma subordinação, acabamos por pressupô-la, ou ainda, por reiterá-la, questionando "como podemos pensar a resistência dentro dos termos dessa reiteração?" (Ibid, p. 6).

Judith Butler reconhece que "as interpelações não nos 'intimam' apenas ao sexo, à sexualidade e ao gênero: elas são também imperativos 'racializantes' que instituem a diferença racial como um requisito da condição de 'sujeitidade'" (SALIH, 2012, p. 130). Dessa forma, um corpo (racializado) é produzido performativamente através de enunciados que reiteram normas racializantes. Os processos de generificação e racialização tornam-se condição um para o outro. Sendo assim, não há um regime regulatório que se sobreponha ao outro ou mesmo que seja anterior ao outro (SALIH, 2012). Nesse momento, Butler expõe a parcialidade de cada leitura que fazemos, seja do ponto de vista do gênero, seja do ponto de vista da raça[165]. A autora questiona ainda "como a raça é

---

165. Embora a categoria "raça" não tenha sido elencada como uma das categorias de análise na pesquisa aqui revisitada, é preciso reconhecer que a articulação que fiz entre gênero, sexualidade e brasilidade, de algum modo indicou a necessidade de mencionar o quanto normas "racializantes" são disparadas nesse contexto.

vivida na modalidade da sexualidade? Como o gênero é vivido na modalidade da raça? Como as nações-estados coloniais e neocoloniais jogam com as relações de gênero na consolidação do poder de estado?" (BUTLER *apud* SALIH, 2011, p. 130).

Com Judith Butler (e com Guacira Louro), persistamos!

Costumo agradecer a cada convite que me chega para falar desde esse lugar de quem estuda gênero e sexualidade, dizendo que é uma forma de eu não esquecer desse compromisso ético-político de quem viveu e vive uma trajetória acadêmica implicada com essas questões/lutas. Deixamos de ocupar institucionalmente alguns lugares (como o de pesquisadora vinculada a um programa de pós-graduação), ao mesmo tempo, carregamos marcas dessa formação.

Nesse processo de escrita, estive imersa em recordações que me permitiram costurar "um corpo de palavras" (BRUM, 2014) sempre provisório e inacabado. Vontade de agradecer a todas as pessoas do Geerge com quem convivi e aprendi tanto, de modo especial, agradecer à Guacira, minha "eterna orientadora", por tudo que não cabe num nome. Em tempos de isolamento/distanciamento social, esse esforço de narrar fragmentos e memórias de um percurso de pesquisa(dora) de relações de gênero ativa afetos como a saudade e aciona o desejo de seguir implicada nesta produção de conhecimento e de vida.

As demandas tanto da clínica como da docência têm me interpelado fortemente a seguir aprofundando a reflexão e os estudos sobre corpo, prazer, sexo, desejo, sexualidade, diferença e mais recentemente também têm me provocado a estudar e refletir sobre questões raciais. Nesse processo, diversas fontes de inspiração são acionadas na tentativa de produzir outras formas de intervir no consultório, na sala de aula e na vida, com suas urgências e insurgências.

Finalizo esta escrita com mais algumas inspirações butlerianas como uma afirmação da potência dessa teoria para pensar o nosso tempo. Recupero uma nota de rodapé deste capítulo no qual menciono a definição de contemporâneo para Giorgio Agamben (2013), para com ele afirmar que Butler não é apenas uma pensadora do contemporâneo, mas é uma contemporânea por ser "capaz de escrever mergulhando a pena nas trevas do presente" (AGAMBEN, 2013, p. 63). Talvez provenha daí um dos temores que tanto desperta: por ser contemporânea, mantém fixo o olhar no nosso tempo, "para nele perceber não as luzes, mas o escuro. Todos os tempos são, para quem deles experimenta contemporaneidade, obscuros" (AGAMBEN, 2013, p. 62-63).

Em obra mais recente, ao discutir cenas de interpelação e as implicações éticas no relato que se faz de si mesma, Judith Butler (2015, p. 31) afirma: "A norma não produz o sujeito como seu efeito necessário, tampouco o sujeito é totalmente livre para desprezar a norma que inaugura sua reflexividade; o sujeito luta invariavelmente com condições de vida que não poderia ter escolhido". Aqui, a autora levanta uma questão ética relativa à liberdade, uma vez que nossa capacidade de ação funciona "dentro de um campo facilitador e limitante de restrições. Essa ação ética não é totalmente determinada nem radicalmente livre" (BUTLER, 2015, p. 31). E aqui relembro as palavras de Butler (2017) já mencionadas no início deste trabalho: "Precisamos ser capazes de abrir nossas mentes para entender com quem co-habitamos no mundo, não para subordiná-los a uma forma de viver, mas para aceitar modos de vida no plural, a complexidade de que somos feitos".

Butler (2015) toma como intercessora a filósofa feminista Adriana Cavarero (cujas referências partem de Lévinas e Arendt) para pensar o quanto precisamos da interpelação e do reconhecimento do outro para existir:

> Segundo Cavarero, eu não sou, por assim dizer, um sujeito interior, fechado em si mesmo, solipsista, que põe questões apenas para si mesmo. Eu existo em um sentido importante para o tu e em virtude do tu. Se perco as condições de interpelação é porque não tenho um "tu" a quem interpelar, e assim também perco "eu mesma". Para ela, só se pode contar uma autobiografia para o outro, e só se pode fazer referência a um "eu" em relação a um "tu": sem o "tu", minha própria narrativa torna-se impossível (BUTLER, 2015, p. 46).

De quantos "eus", "nós", "tus" e "eles" somos feitas? Quem nos interpela? A quem interpelamos? De que lugar? Com que expectativas? Minha trajetória é feita de nós do Geerge, de encontros, de pertencimento a esse grupo vivo de estudo e de pesquisas. Com ele e as pessoas que o compõem, coabito uma posição ética-teórico-política; com ele, vou criando uma vida a interpelar outramentos: que formas de vida queremos afirmar com nossas pesquisas?

Esta foi a narrativa possível de produzir neste momento. Ela disparou em mim memórias, sonhos e desejos que envolvem a potência da escrita, na clínica e na docência. "Posso ficar em silêncio, mas não posso ficar sem escrever" (REZENDE, 2008). Com essa frase finalizei a tese e com ela, por ora, me despeço de ti. E tu, quem és? Eu continuo pensando que escrever salva a minha vida.

Referências

AGAMBEN, G. **O que é o contemporâneo? e outros ensaios**. Trad. de Vinícius Nicastro Honesko. 5. reimpr. Chapecó: Argos, 2013.

AUSTIN, J.L. **Quando dizer é fazer: palavras e ação**. Trad. e apresentação à edição brasileira de Danilo Marcondes de Souza Filho. Porto Alegre: Artes Médicas, 1990.

BALESTRIN, P.A. **"Nem toda brasileira é bunda" – Representações de gênero, sexualidade e brasilidade no cinema nacional**. Projeto de tese (doutorado em Educação. 133 f. Porto Alegre: Faculdade de Educação/Universidade Federal do Rio Grande do Sul, 2009.

BALESTRIN, P.A. **O corpo rifado**. Tese de doutorado em Educação, 177 f. Porto Alegre: Faculdade de Educação/Universidade Federal do Rio Grande do Sul, 2011.

BERNARDES, A.G.; HOENISCH, J.C.D. Subjetividade e identidades: possibilidades de interlocução da Psicologia Social com os Estudos Culturais. In: GUARESCHI, N.M.F.; BRUSCHI, M.E. (orgs.). **Psicologia Social nos Estudos Culturais: perspectivas e desafios para uma nova Psicologia Social**. Petrópolis: Vozes, 2003, p. 95-126.

BRETAS, A. Resistir nos limiares do reconhecimento: performatividade, precariedade e o direito de aparecer. In: PANSARELLI, D. et al (orgs.). **Gênero, psicanálise, filosofia na América Latina, filosofia da libertação e pensamento descolonial**. São Paulo: Anpof, 2019.

BRUM, E. **Meus desacontecimentos: a história da minha vida com as palavras**. São Paulo: LeYa, 2014.

BUTLER, J. **Gender Trouble: feminism and subversion of identity**. Nova York: Routledge, 1990.

BUTLER, J. La vida psíquica del poder: teorías de la sujeción – Introducción. **Feminaria**, Buenos Aires, ano XII, n. 22/23, p. 1-13, jul./1999.

BUTLER, J. Corpos que pesam – Sobre os limites discursivos do sexo. In: LOURO, G. **O corpo educado – Pedagogias da sexualidade**. 2. ed. Belo Horizonte: Autêntica, 2000, p. 151-172.

BUTLER, J. **Problemas de gênero – Feminismo e subversão da identidade**. Trad. de Renato Aguiar. Rio de Janeiro: Civilização Brasileira, 2003.

BUTLER, J. Sobre la vulnerabilidad linguística. **Feminaria**, Buenos Aires, ano XVI, n. 30/31, p. 1-20, abr./2007.

BUTLER, J. **Cuerpos que importan – Sobre los límites materiales y discursivos del sexo**. Trad. de Alcira Bixio. 2. ed. 1. reimpr. Buenos Aires: Paidós, 2010.

BUTLER, J. **Violência de Estado, guerra, resistencia – Por una nueva política de la izquierda**. Buenos Aires/Barcelona: Katz/Centro de Cultura Contemporánea de Barcelona, 2011.

BUTLER, J. **Relatar a si mesmo – Crítica da violência ética**. Trad. de Rogério Bettoni. Belo Horizonte: Autêntica, 2015.

BUTLER, J. **Judith Butler escreve sobre sua vinda ao Brasil e sobre os ataques sofridos**, 2017. Trad. de Clara Allain. Disponível em http://www.fafich.ufmg.br/nuh/2017/11/21/judith-butler-escreve-sobre-sua-vinda-ao-brasil-e-sobre-os-ataques-sofridos/ Acesso em 28/08/2020.

CASTRO, E. **Vocabulário de Foucault**. Trad. de Ingrid Müller Xavier. Belo Horizonte: Autêntica, 2009.

CULLER, J. Linguagem performativa. In: CULLER, J. **Teoria literária: uma introdução**. Trad. de Sandra Vasconcelos. São Paulo: Beca, 1999.

DERRIDA, J. Assinatura, acontecimento, contexto. **Margens da filosofia**. Porto: Rés, 1986, p. 401-433.

FOUCAULT, M. **Um diálogo sobre os prazeres do sexo – Nietzsche, Freud e Marx: *Theatrum philosoficum***. 2. ed. São Paulo: Landy, 2005.

GARCIA, D.C. Identidad sexual y performatividad. **Athenea Digital**, n. 4, 2003, p. 1-10.

GROSZ, E. Futuros feministas ou o futuro do pensamento. **Labrys: Estudos Feministas**, n. 1-2, jul.-dez./2002.

HALL, S. Quem precisa da identidade? In: SILVA, T.T. (org.) **Identidade e diferença – A perspectiva dos estudos culturais**. Petrópolis: Vozes, 2004, p. 103-133.

JOLY, M. **Introdução à análise da imagem**. 2. ed. Campinas: Papirus, 1999.

LOURO, G.L. Sexualidades contemporâneas: políticas de identidade e pós-identidade. In: UZIEL, A.P.; RIOS, L.F.; PARKER, R.R.G. (orgs.). **Construções da sexualidade – Gênero, identidade e comportamento em tempos de Aids**. Rio de Janeiro: Pallas/Programa em Gênero e Sexualidade, 2004a, p. 203-212.

LOURO, G.L. **Gênero, sexualidade e educação – Uma perspectiva pós-estruturalista**. 7. ed. Petrópolis: Vozes, 2004b.

LOURO, G.L. **Um corpo estranho – Ensaios sobre sexualidade e Teoria Queer**. Belo Horizonte: Autêntica, 2004c.

LOURO, G.L. Gênero e sexualidade: pedagogias contemporâneas. **Pro-Posições**, v. 19, n. 2 (56), p. 17-23, mai.-ago./2008, p. 17-23.

MEYER, D.E.E. et al. "Você aprende. A gente ensina?": interrogando relações entre educação e saúde desde a perspectiva da vulnerabilidade. **Cad. Saúde Pública**, v. 22, n. 6, p. 1.335-1.342, jun./2006.

MONTERO, R. **A louca da casa**. Trad. de Paulina Wacht e Ari Roitman. Rio de Janeiro: Ediouro, 2004.

NAVARRO, P.P. **Del texto al sexo: Judith Butler y la performatividad**. Madri: Egales, 2008.

PARRET, H. **Enunciação e pragmática**. Campinas: Unicamp, 1988.

PRINS, B.; MEIJER, I.C. Como os corpos se tornam matéria – Entrevista com Judith Butler. **Revista Estudos Feministas**, Florianópolis, v. 10 n. 1, jan./2002.

REZENDE, M. **Bendita palavra**, 2008 [Poemas em CD].

RIBEIRO, D. **O que é lugar de fala?** Belo Horizonte: Letramento/Justificando, 2017.

RODRIGUES, C. **Uma filósofa e dois Brasis – Dos gatos pingados de 2015 à massa raivosa de 2017: Por que o país mudou tanto?**, 2017. Disponível em https://projetocolabora.com.br/ods5/uma-filosofa-e-dois-brasis/ Acesso em 28/08/2020.

ROLNIK, S. **Cartografia sentimental: transformações contemporâneas do desejo**. Porto Alegre: Sulina/UFRGS, 2011.

SALIH, S. **Judith Butler e a Teoria Queer**. Trad. e notas de Guacira Lopes Louro. Belo Horizonte: Autêntica, 2012.

SILVA, T.T. **O currículo como fetiche – A poética e a política do texto curricular**. 2. reimpr. Belo Horizonte: Autêntica, 2003.

VIDARTE, P. El banquete uniqueersitario: disquisiciones sobre el s(ab)er queer. In: CÓRDOBA, D.; SÁEZ, J.; VIDARTE, P. (orgs.) **Teoría Queer: políticas bolleras, maricas, trans, mestizas**. Madri: Egales, 2005, p. 77-109.

Sobre as autoras e os autores

Bianca Salazar Guizzo

Professora da área de Educação Infantil da Faculdade de Educação da UFRGS. É formada em Pedagogia, tem mestrado e doutorado em Educação pela mesma Universidade, tendo realizado suas pesquisas na linha *Educação, sexualidade e relações de gênero"*. Integra o Geerge desde 2001. Realizou estágio pós-doutoral na Universidade de Bolonha (Itália). Foi professora, pesquisadora e coordenadora do Programa de Pós-Graduação em Educação na Universidade Luterana do Brasil (Ulbra).
E-mail: bguizzo_1@hotmail.com

Carin Klein

Professora do Programa de Pós-Graduação em Educação e do Curso de Pedagogia da Universidade Luterana do Brasil (Ulbra/RS). Professora aposentada da Prefeitura Municipal de Canoas, atuou como membro do Grupo Técnico da Política Primeira Infância Melhor (2009-2017). Doutora em Educação pela Universidade Federal do Rio Grande do Sul (UFRGS). Membro do Grupo de Estudos de Educação e Relações de Gênero (Geerge/UFRGS). Seus interesses de pesquisa direcionam-se para as temáticas de gênero, maternidade, infância, juventudes, educação e políticas públicas de inclusão social.
E-mail: carinklein31@gmail.com

Catharina Silveira

Professora da Educação Infantil da Rede Municipal de Educação de Porto Alegre, integra o grupo operador da política pública Programa Bolsa Família dessa capital. Membro do Grupo de Estudos em Educação e Relações de

Gênero (Geerge/UFRGS/CNPq). Pedagoga, mestra e doutora em Educação pela Universidade Federal do Rio Grande do Sul (UFRGS). Seus estudos analisam a relação entre gênero e infâncias, educação infantil, docência e políticas públicas.
E-mail: catharinasilveira@gmail.com

Dagmar Estermann Meyer

Professora aposentada, atuou de 1992 a 2019 na Faculdade de Educação da Universidade Federal do Rio Grande do Sul (UFRGS). Doutora em Educação pela UFRGS. Foi uma das orientandas da Prof. Guacira Lopes Louro que participaram da criação do Geerge, em 1990. Nos Programas de Pós-Graduação em Educação, Enfermagem e Saúde Coletiva, nos quais atuou, desenvolveu uma agenda de pesquisa que privilegiou o exame de Políticas Públicas de Inclusão Social em sua articulação com gênero e sexualidade.
E-mail: dagmaremeyer@gmail.com

Diogo Oliveira Teles

Bacharel em Audiovisual (UFS) e mestre em Cinema (PPGCine/UFS). Tem interesse em temas de pesquisa que articulem cinema de horror, infância, relações de gênero e educação.
E-mail: diogo-teles@hotmail.com

Fernando Altair Pocahy

Professor do Programa de Pós-Graduação em Educação e do Programa de Pós-Graduação em Psicologia Social da Universidade do Estado do Rio de Janeiro. Coordenador do Geni – Grupo de Estudos em Gênero, Sexualidade e/m Interseccionalidades na Educação em Saúde. Desenvolve estudos e pesquisas sobre gênero, sexualidade e envelhecimento na educação e/m saúde.
E-mail: fernando.pocahy@gmail.com

Fernando Seffner

Professor titular da Faculdade de Educação UFRGS, vinculado ao Programa de Pós-Graduação em Educação PPGEDU/UFRGS e ao mestrado profissional em Ensino de História – PROFHISTÓRIA UFRGS. Coordenador do

Grupo de Estudos de Educação e Relações de Gênero Geerge, e também do GT23 – Gênero, Sexualidade e Educação da Anped – Associação Nacional de Pós-Graduação e Pesquisa em Educação (2017-2021); licenciado em História e doutor em Educação pela Universidade Federal do Rio Grande do Sul (UFRGS), com pós-doutorado junto à Columbia Public Health, Columbia University.
E-mail: fernandoseffner@gmail.com

Gládis Kaercher

Professora-associada da Universidade Federal do Rio Grande do Sul; coordenadora do Programa de Extensão Uniafro/UFRGS; idealizadora do Giz de Cera Cores de pele Pintkor; membro da Coordenadoria de Ações Afirmativas da UFRGS; também é membro do GT 26A do Tribunal de Contas do Estado do Rio Grande do Sul, onde assessora o auditamento das leis 10.639 e 11.645 nas redes públicas de ensino do Rio Grande do Sul. Doutora e mestre em Educação pela Universidade Federal do Rio Grande do Sul (UFRGS). Formada em Letras (literatura) pela mesma universidade. Seus interesses de pesquisa se direcionam para as temáticas de raça, antirracismo, Educação para as relações etnicorraciais, gênero e infâncias.
E-mail: gskaaercher@gmail.com

Guacira Lopes Louro

Professora titular aposentada da Universidade Federal do Rio Grande do Sul. Doutora em Educação pela Unicamp, formada em História, logo se voltou para o campo da Educação. Pesquisadora das áreas de gênero, sexualidade e Teoria Queer. Em 1990 criou o Geerge (Grupo de Estudos de Educação e Relações de Gênero), na UFRGS, junto com um grupo de estudantes. Sempre foi professora. Agora, fora das salas de aula, continua estudando e escrevendo. Seu último livro publicado é *Flor de açafrão* (Autêntica Ed.).
E-mail: guacira.louro@gmail.com

Gustavo Andrada Bandeira

Doutor em Educação pela Universidade Federal do Rio Grande do Sul (UFRGS). Técnico em assuntos educacionais na Escola de Administração da UFRGS. In-

tegrante do Grupo de Estudos em Educação e Relações de Gênero (Geerge), do Seminário Permanente de Estudios Sociales del Deporte e do Observatório da Discriminação Racial no Futebol. Tem estudado as práticas de machismo, heterossexismo, racismo e elitização nas práticas esportivas e de lazer.
E-mail: gustavoabandeira@yahoo.com.br

Ileana Wenetz

Professora-adjunta do Departamento Ginástica do Centro de Educação Física e Desportos (CEFD) da Universidade Federal do Espírito Santo (Ufes). Professora da Pós-graduação em Psicologia Institucional (Ufes). Participante do Laboratório de Estudos em Educação Física (Lesef) da UFES e do Grupo de Estudos e Pesquisas em Sexualidade (Gepss). Coordenadora do Grupo de Trabalho Temático Gênero do Cbce. Doutora em Ciências do Movimento Humano pela Universidade Federal do Rio Grande do Sul (UFRGS), com pós--doutorado realizado no Programa Interdisciplinar de Ciências Humanas da Universidade Federal de Santa Catarina (UFSC).
E-mail: ilewenetz@gmail.com

Jane Felipe

Professora titular aposentada da Faced/UFRGS; formada em Psicologia pela Universidade Federal do Rio de Janeiro (UFRJ). Mestre (UFF) e doutora em Educação (UFRGS). Realizou estágio pós-doutoral na Universidade de Barcelona. É integrante do Geerge desde 1995 e da linha de pesquisa "Educação, sexualidade e relações de gênero", coordenando o eixo temático "Infâncias, gênero e sexualidade" desde 2001. Foi uma das fundadoras do Gein – Grupo de Estudos de Educação Infantil e Infâncias, da Faced/UFRGS.
E-mail: janefelipe.souza@gmail.com

Jimena Furlani

Professora efetiva da Udesc/Faed desde 1994. Doutora em Educação pela Universidade Federal do Rio Grande do Sul (UFRGS). Integrante do Geerge desde 2001, quando iniciou o doutorado sob orientação da Profa. Guacira Lopes Louro. Seu foco de pesquisa é a formação continuada de professoras/es da educação básica, para educação sexual, estudos das relações de gênero

e sexualidade. Possui um canal no YouTube intitulado Papo de Corujas, com Jimena Furlani; Blog papodecorujas-jimenafurlani.blogpot.com.br
E-mail: jimena.udesc@gmail.com

Letícia Prezzi Fernandes

Doutora em Educação pela Universidade Federal do Rio Grande do Sul (UFRGS). É técnica em Assuntos Educacionais pela mesma universidade com exercício na pró-reitoria de Ensino. Possui mestrado e doutorado em Educação pela UFRGS. Sua formação no Geerge se deu com o estudo de Políticas Públicas de Inclusão Social em articulação com gênero. Tem se dedicado ao estudo da evasão e desempenho acadêmico de estudantes de graduação.
E-mail: leticiaprezzifernandes@gmail.com

Liliane Madruga Prestes

Professora do Instituto Federal de Ciência e Tecnologia do Rio Grande do Sul – Campus Porto Alegre (IFRS/POA), no qual integra o corpo docente do Mestrado em Educação Profissional, Técnica e Tecnológica. Coordena o Núcleo de Estudos de Gênero e Sexualidade – NEPGS/IFRS/POA e o Programa de Extensão desenvolvido em parceria com o coletivo TransEnem. Licenciada em Pedagogia com formação complementar na área de Educação Inclusiva. É mestre em Educação nas Ciências pela Universidade Regional do Noroeste do Estado do Rio Grande do Sul (Unijui), doutora em Educação pela Universidade Federal do Rio Grande do Sul (UFRGS) e integrante do Geerge. Atua como líder do Grupo de Pesquisa Caleidoscópio: interseccionando estudos sobre educação, gênero, raça/etnia, classe, geração e mundo do trabalho.
E-mail: liliane.prestes@poa.ifrs.edu.br

Luiz Fernando Calage Alvarenga

Professor do Programa de Pós-Graduação Mestrado Profissional em Ensino na Saúde e do Curso de Fisioterapia da Universidade Federal do Rio Grande do Sul. Desenvolve estudos sobre educação em/na saúde, formação e políticas públicas.
E-mail: lfcalvarenga@gmail.com

Maria Cláudia Dal'Igna

Professora do Programa de Pós-Graduação em Educação da Universidade do Vale do Rio dos Sinos (Unisinos). Vice-líder do Grupo Interinstitucional em Docências, Pedagogias e Diferenças (Gipedi/Unisinos/CNPq) e docente-pesquisadora do Grupo de Estudos de Educação e Relações de Gênero (Geerge/UFRGS/CNPq). Doutora em Educação pela Universidade Federal do Rio Grande do Sul (UFRGS). Suas pesquisas analisam os seguintes temas: gênero; formação de professores; profissionalidade docente; docência: afeto, amor e cuidado; pedagogia: campo e atuação.
E-mail: mcdaligna@hotmal.com

Marcos Ribeiro de Melo

Professor do Departamento de Psicologia (DPS/UFS) e do Programa de Pós-graduação Interdisciplinar em Cinema (PPGCine/UFS). Tem interesse em temas de estudos que articulem infâncias, culturas infantis, cinema e educação.
E-mail: marcos_demelo@hotmail.com

Michele de Freitas Faria de Vasconceos

Professora do Departamento de Psicologia (DPS/UFS) e do Programa de Pós-Graduação em Psicologia (PPGPSI/UFS) na linha de pesquisa *Processos de subjetivação e política*. Suas pesquisas têm articulado os temas: dispositivos clínico-institucionais no campo da saúde mental; clínica, arte e corpo; corpo, relações de gênero e sexualidade; produção de saúde e subjetividade; educação em saúde; infâncias.
E-mail: michelevasconcelos@hotmail.com

Monise Gomes Serpa

É formada e licenciada em Psicologia pela Universidade Federal de Sergipe (UFS), especialista em Docência do Ensino Superior pela Faculdade de Educação da Universidade Estadual do Piauí (Uespi), mestre em Psicologia pela Universidade Federal do Rio Grande do Sul (UFRGS) e doutora em Educação pela UFRGS, além de integrante do Geerge. Graduanda em Dança pela UFRGS.
E-mail: monise.serpa@gmail.com

Patrícia Abel Balestrin

Professora do Curso de Psicologia da Unisinos – Universidade do Vale do Rio dos Sinos, desde 2013 e sócia-colaboradora do Instituto Dakini – Movimento e igualdade; é psicóloga com atuação na clínica; fez o mestrado e o doutorado em Educação na UFRGS. Áreas de interesse: clínica junguiana/arquetípica; dança; relações raciais; educação; gênero e sexualidade.
E-mail: patriciaabelbalestrin8@gmail.com

Priscila Gomes Dornelles-Avelino

Professora-adjunta do Centro de Formação de Professores e professora vinculada ao mestrado profissional em Educação do Campo da Universidade Federal do Recôncavo da Bahia (UFRB). Mestre e doutora em Educação pela Universidade Federal do Rio Grande do Sul (UFRGS). Licenciada em Educação Física pela UFRGS. Especialista em Pedagogias do Corpo e da Saúde. Integrante do Grupo de Estudos e Pesquisas em Educação, Formação de Professores e Educação Física (Gepefe/UFRB) e do Núcleo Gênero, Diversidade e Sexualidade (Núcleo Capitu/UFRB).
E-mail: prisciladornelles@gmail.com

Rosângela de Fátima Rodrigues Soares

Professora-associada da Faculdade de Educação da Universidade Federal do Rio Grande do Sul. É membro do Grupo de Estudos de Educação e Relações de Gênero (Geerge-UFRGS), atuando principalmente nos seguintes temas: formação de professores, gênero e relações afetivas.
E-mail: rosangelarsoares@gmail.com

Rosimeri Aquino da Silva

Professora-associada do Departamento de Ensino e Currículo da Faculdade de Educação da UFRGS e do PPG em Segurança Cidadã do Instituto de Filosofia e Ciências Humanas e Instituto Latino-Americano de Estudos Avançados da UFRGS. É integrante do GPVC (Grupo de Pesquisa Violência e Cidadania) e do Geerge (Grupo de Estudos de Educação e Relações de Gênero).
E-mail: rosimeriaquinodasilva@gmail.com

Sandra dos Santos Andrade

Professora-associada da Faculdade de Educação da UFRGS, coordenadora da extensão Didacoteca – Acervo de Recursos Didáticos para os Anos Iniciais do Ensino Fundamental. Membro também do grupo Aula que faz a assessoria pedagógica para o município de Canoas dentro do projeto ABC. Doutora em Educação pela UFRGS, tendo recebido o Prêmio Capes de Tese na área da Educação em 2009. Integrante do Geerge desde 1998. Seus interesses de pesquisa estão focados em temas como: formação de professores, currículo, gênero, exclusão, deficiência, autismo, processos de aprendizagem.
E-mail: sandrasantosandrade@gmail.com

Conecte-se conosco:

f facebook.com/editoravozes

 @editoravozes

 @editora_vozes

 youtube.com/editoravozes

📱 +55 24 99267-9864

www.vozes.com.br

Conheça nossas lojas:

www.livrariavozes.com.br

Belo Horizonte – Brasília – Campinas – Cuiabá – Curitiba
Fortaleza – Juiz de Fora – Petrópolis – Recife – São Paulo

EDITORA VOZES LTDA.
Rua Frei Luís, 100 – Centro – Cep 25689-900 – Petrópolis, RJ
Tel.: (24) 2233-9000 – E-mail: vendas@vozes.com.br